我为鲁迅茅盾辩护

秋　石◎著

文匯出版社

图书在版编目(CIP)数据

我为鲁迅茅盾辩护 / 秋石著. —上海：文汇出版社，2009.11

ISBN 978-7-80741-515-2

Ⅰ.我…　Ⅱ.秋…　Ⅲ.作家-人物研究-中国-现代-文集　Ⅳ.K825.6-53

中国版本图书馆 CIP 数据核字(2009)第 127909 号

我为鲁迅茅盾辩护

作　　者 / 秋　石

责任编辑 / 甘　棠
封面装帧 / 周夏萍

出版发行 / 文匯出版社
上海市威海路 755 号
(邮政编码 200041)
经　　销 / 全国新华书店
照　　排 / 南京展望文化发展有限公司
印刷装订 / 上海新文印刷厂
版　　次 / 2009 年 11 月第 1 版
印　　次 / 2009 年 11 月第 1 次印刷
开　　本 / 640×960　1/16
字　　数 / 320 千
印　　张 / 21.25
印　　数 / 1-2100

ISBN 978-7-80741-515-2
定　　价 / 34.00 元

目录

前的一孔之见，不经任何调查考证，想当然地对自己祖国享誉世界的文学大师说三道四，妄加发挥评述？

针对徐贲这种缺乏必要的治学态度及其“成果”，本文作者运用事实材料反复印证，逐一批驳徐贲错讹百出的这篇“学术随笔”。本文提供的一些史料，不少为首次例证：如著名国际友人艾格尼丝·史沫特莱留存的有关她当年的亲密同事伊罗生是否系“托派”的答案；建国初茅盾屡屡请辞毛泽东提名他担任共和国首任文化部长的内情；以及谁是1962年大连会议“中间人物论”的最早提出者……

“糖水里泡大的冰心，难以写出深刻的文字”吗？

冰心“偏离了‘五四’进取精神”“存留着相当的‘旧传统’”吗？

“鲁迅从未公开谈论过冰心”吗？“鲁迅对冰心不够友善”存“有隔膜”吗？

针对专门研究“五四”时期作家的陈学勇提出的上述一系列观点，本文作者进行了大量而又深入细致的调查考证，并向南北十余位熟谙那段历史的专家、学者请教及反复印证。可喜的是，作者最终从大量史料特别是当事人留存的资料中寻觅到了当年鲁迅、茅盾对冰心的真实友善态度和准确评价，从而，于根本上还了二十世纪中国最优秀女性作家和儿童文学大师冰心的清白。

这份“整理稿”是由著名国际友人、享誉世界的新闻双杰和文坛双璧、《西行漫记》一书作者埃德加·斯诺和《续西行漫记》一书作者海伦·福斯特·斯诺夫妇联袂完成的，从而为我们留下了一份极为珍贵的文学文化遗产。

这份“整理稿”的真实性是不容置疑的，其内涵也十分丰富。

但鲁迅是人，不是神，是人，也会有说错话的时候，因之，十分自然的，“整理稿”也存在着一些瑕疵。

中共十一届三中全会召开后的第一个鲁迅纪念日，鲁迅生前亲密战友、著名文学大师茅盾在《人民日报》上撰文指出：鲁迅研

鲁迅传人贾植芳（代序）

2008年4月23日下午6时46分，我的人生暨学术道路上的引路人、著名文艺理论家贾植芳先生静静地走完了他的九十二年的人生道路。

贾植芳先生一生甚是坎坷，但他活得又是那样的正直、顽强和极富人情味。

在半个世纪前发生的“胡风反革命集团”一案中，他是顶着花岗岩脑袋至死也不承认胡风是向党进攻的反革命而被判处十二年徒刑的两名“骨干分子”之一……

有这么一件事，是一件早已往事如烟微不足道的小事，多年来，却令人们深深地感受到了贾植芳先生宽广的胸襟。

在1955年胡风案的那场惊天大冤狱中，由于舒芜先生在关键时刻实施反戈一击，悉数交出胡风给他的来信，令胡风及其“反革命同伙”们雪上加霜。舒芜先生纵是这等的“不齿”，但在贾植芳、任敏这对患难夫妻的心中，从来没有忘却舒芜先生当年对他们的真善之举。那是1947年冬，贾植芳先生被国民党中统特务捕去囚禁。离开安徽老家赴广西寻找工作，途经上海的舒芜先生闻讯后，探望了任敏，并从自己有限的旅费中取出一部分交与任敏。尽管数额不大，但半个多世纪以来，贾植芳任敏夫妇却一直没有忘怀，并将此事写进了公开发表的文章和书中。任敏去世后，贾植芳先生又将这一段弥足珍贵的历史放入《做知识分子的老婆——任敏女士纪念集》一书中。他们的这种实事求是的作为，受到了与之来往的所有人的交口称颂，也为下一代，下下一代知识分子如何做人、如何尊重历史，尽到了一个楷模的作用。

贾植芳先生遭受莫须有冤狱这么多年，要说没有怨愤没有这个那个想法，是不现实的，但在其复出以来的这几十年间，凡是与之有过来往并交谈过的人，从没有见他骂爹骂娘哭天呛地，怨言、愤激之词也甚罕见。在我同他交往的这么多年间，数十次会面晤谈，从没有见过他对共产党、毛泽东指责过一句。他以他高尚的人品，尤其是处处、时时、事事顾全大局的高风亮节，影响了许多人尤其是我们这一代晚辈。

记得2000年岁末，在提请贾植芳先生为我《萧红与萧军》一书修订本《两个倔强的灵魂》作新序时，应我要求，他慨然应诺，特地加入了一段于外人看来“贾先生很难接受”的话。这段话是：

秋石同萧军有着近乎一样的幼年痛苦生活，而在青年时期又频频历经风浪磨砺，有着许多同龄人所没有的传奇性经历。秋石说，他永远忘不了共产党的恩情，新中国带来的温暖：“至少，在我心中，毛泽东是不可否定的！”在祖国黎明前一年差一点与兄姐一起冻饿夭折的秋石，进入新社会后备受国家照顾，使他免费读完了小学、初中和中专。秋石出生在鲁迅的故乡，而其出生地距鲁迅故居仅“一箭之遥”，因而，自幼时起，他对鲁迅这位故乡名人、伟大的文学家、思想家、革命家充满着深深的敬意。数年后，当他小学刚刚毕业的时候，他便矢志向鲁迅看齐，当一名时时刻刻为时代、为人民鼓与呼的硬骨头作家。

贾植芳先生爱憎分明，对人之谦和、热忱，远近闻名。对此，他的朋友们，他带出的三代弟子都有专文撰述，我不再复述。在这里，我要说的是，与他交往九年来他对我的全力扶持。在这方面，我体会尤深：像鲁迅一样善待有进取心的后生，尤是学界新人。

我只有高中文化，从没进过大学，也没接受过一天半日的文艺理论培训，“似一匹野马不守规则地闯了进来”（贾植芳戏谑之语）。

记得是在1999年的10月，在《文汇报》两位报人的引见下，我第一次来到了位于国顺路复旦大学第九宿舍的贾植芳先生家中。当时，我撰写的带有大量史料见证的《萧红与萧军》一书付印在即，极盼有一位三十年代左翼前辈为之作序。就这样，在两位报人的引荐下，我与贾植芳先生有了来往。不出一个月，他在阅读完我带去的近十万字资料后，为拙著作了一个分量颇重的序。次年三月,《文艺报》在北京为拙著召开的研讨会,其宗旨正是贾植芳先生在其序中强调的一个核心:为历史做一份生动真实的证词。自那时起到现在,他的这句话成为了我的座右铭。自 1979 年 8 月我与萧军在哈尔滨以“不打不相识”的方式交往始,先后结识了与萧军同一时期的左翼作家近二十位,他们对我的创作和研究注入了活力。而我在学术领域的真正进步,乃是与贾植芳先生的大力扶持是分不开的。尤其是他那句话,将影响我的后半生。

《萧红与萧军》一书出版后,仅四个月,就在上海脱销,不出半年,首印 3 000册即告售罄。八个月后又再版 3 000 册。取得这么好的销售业绩,不能不说这是与贾植芳先生所撰的序有很大关系。而也正是贾植芳先生震聋发聩的“为历史做一份生动真实的证词”这句话,使我感受到了其沉重无比的压力。一年后,根据贾植芳先生和研讨会上众多学者、专家的中肯意见,我对《萧红与萧军》一书作了较为完整的修订,同时也检讨了自己过于站在自己所熟识的传主一边,原著中对端木蕻良、周扬等前辈不恰当的指责,以及不应有的“扬军抑红”的倾向——这些,都在一年后于作家出版社的全新修订本《两个倔强的灵魂》中作了纠正。

记得是在 2000 年 3 月间,贾植芳先生嘱我给他“几本书”。我问他干什么用。他说送给韩国和日本的年轻学者。听了这话,犹如冬日里的一股暖流涌遍了我的全身。他这话,使我回想起了二十年前萧军满含激情同我谈及的一件事:那是在《八月的乡村》出版后,鲁迅亲将其一一推荐(寄)给多国学者、作家的事。从贾植芳先生的身上,我见诸了当年鲁迅善待后辈的风范。

据贾植芳先生的弟子对我转述,贾植芳先生一直关注着我的成长,几乎我每发表一篇长文,凡是能找得到,他都要看上一遍。如果有一段时间见不着我的人,又读不着近期我的文章,他必然会关切地向去探望他同时又与我熟识的人询问我的动向。他不仅仅是关切,还经常与我平等地一起探讨问题,特别是学术上的问题及动向。他的作风也影响了不少人。他的弟子们,如苏州大学年望八秩的范伯群教授,复旦大学我的同龄人陈思和教授,也都继承了他的传统和为人之道,并不因为我是一个只有高中文化的门外汉而卑视我,而是热情、平等地与我相交相叙、探讨问题。

贾植芳先生对历史人物的评价，从不因为官方及传统的既有定论或政治标准作为自己交往的准则，而是看其是否活得像个“人”来加以界定。如对待历史上那个曾与国民党蒋介石独裁政权作过坚决斗争的中共早期元老级党员、“大托派”郑超麟，他就毫不避讳地与之交往，甚至亲往其寓所探视、叙谈。记得是在2003年岁末的一天，我去探望他，谈及因“非典”已耽误了半年多、现即将成行的中国作家协会代表团访问台湾一事，我对他说，除代表团已安排的在台正常日程外，我个人唯一的安排，就是想去拜访一下历史上那个曾受周恩来、董必武等中共领导人委托，义不容辞参与营救被囚禁在上饶集中营里的冯雪峰的多色彩的“文学自由人”胡秋原先生。他听后，连说“好哇！好哇！应当去探望，应当去探望”。又说，有人说他是托派，就因为他坚持了不同的文学流派和独立的主张。2004年2月13日，抵台次日晚，我终于如愿以偿地坐在了位于台北县新店中央新村五街十一号狭小的胡府客厅里，与年已94岁高龄的胡秋原前辈及其92岁的夫人胡敬幼如、他的长女、外孙女等一起畅谈了整整100分钟。这也是胡秋原先生生前最后一次接受大陆作家、学者的访谈。这次访谈后三个月，5月24日晚，胡秋原先生因年迈器官衰竭救治无效逝世。9天后，2004年6月2日，北京出版的《中华读书报》刊登了由我撰写的特稿：《胡秋原：“两岸破冰第一人”》。接着，在贾植芳先生的不断鼓励指点下，我开始了新一轮的胡秋原研究，重在他终生以祖国统一、民族团结为己任的正确立场。同时，对七十多年前因“左联”头面人物奉行的严重关门主义政策，不恰当地对胡秋原先生展开围剿式批判的那场本不该发生的激烈论战，进行全方位史料考证的重新认识和界定；在学术领域里首次全面阐述胡秋原先生对鲁迅的心向往之，与鲁迅站在一道，撰文痛斥独夫民贼蒋介石鼓吹的“攘外必先安内”的媚日投降论调，坚决反对日本军国主义对中国的侵略和占领；以及那场本不该发生的文艺论争结束后，鲁迅赠送胡秋原一帧“俄国马克思主义之父”（列宁语）普列汉诺夫照片，胡秋原不记前隙，掩护、营救中共要员瞿秋白、冯雪峰的义举。此外，我还对1981年版《鲁迅全集》第4卷第442页中对胡秋原先生极不公正的带有“左”的严重印记的错误注释，向新版《鲁迅全集》修订、编辑委员会逐一“投诉”，得到了他们的重视和认肯，也作了一些必要的修订。

2004年5月，胡秋原先生逝世后，93岁高龄的胡夫人敬幼如偕众子女在读了北京《中华读书报》刊发的拙文后,迅速作出了决定:全权委托由我负责《胡秋原传》的大陆出版事宜。此事,经联系,很快便得到了胡秋原家乡湖北人民出版社的支持。为此,胡夫人偕众子女很快寄来了亲笔签署的委托书,授权由我和湖北人民出版社全权处理。收到台湾特快专递寄达的授权书后,我特去上海向贾植芳先生面禀,并恳请由他撰写序言。贾植芳先生听后,说这是一件好事。随后,他对我恳请作序一事却报之微微一笑,且笑得很是开怀、慈祥。五年来,一向对我"有求必应"的先生,这回却一口予以了拒绝,且不留任何余地。他摇摇头,以一种不容置疑的口吻对我说道:"我不写!"困惑中的我问:这是为什么?他爽快地作了回答:我一没有见过胡秋原先生,二没有系统读过他的著作,所以……"那,请谁来写呢?"他又笑了,说道:"你,我看你就行!"我一听,顿时慌了神:"我,不行,不行!""第一,你已经抢在死神前面和他见过面了,"贾植芳先生给我细细分析上了,"第二,你已经为他公开平了反(指的是《中华读书报》那一整版特稿),第三,你现在完全有能力写好。而别人不了解,是写不好的。"

说这番话的时候,他那睿智、慈祥、亲切的目光,分明是在对我说:秋石,你已经成长起来了,再也不用人扶了……

是啊,我细细回味着他的话,继而一想,可不是么,我也已是抵近花甲之年的人了,"大人"们扶着我走过了这难忘的二十多年,现在,难道还要他们再扶着走路吗?……

就这样,我顿时来了勇气,被可敬可爱的前辈大家贾植芳先生硬是活生生撵着吆喝着上了架。这个序的完成,使我又一次深切地体会到了多年前贾植芳先生关于"为历史做一份生动真实的证词"的提示,对于一个学术研究者来说,是何等的重要。

现在,修订后的大陆版《胡秋原传》,由笔者担纲撰序作跋,已经出版。

这九年的交往,我从贾植芳先生身上学到了很多东西。像先生一样,做一个"为历史做一份生动真实证词"的严谨学人,这是我最大的收获。

作为误打误撞闯入学术界的"一匹野马",我忘不了二十多年来那么多的学者、左翼作家对我的厚爱,尤其忘不了贾植芳先生九年中对我一点一滴的言传身教。

我将永远记住十年前他为拙著《萧红与萧军》所撰序言中写下的一

段话：

秋石正值盛年，希望以后在两萧研究，包括对中国左翼文艺运动的研究中，不断走向深入，拿出更多富有自己的学术个性和文化品位的新作。

令我同样无法忘怀的是，四年前在其寓所进行的一次长谈中，他老人家对我语重心长的教诲：

秋石，你不是吃官饭的，也不受那些既定的条条框框的约束，更应当有自己独立的观点和立场。鲁迅研究同样不能例外。

毋庸置疑，贾植芳先生生前对我的这些殷殷嘱告，正是本书整合出版的宗旨所在。

秋石

2009 年 10 月于昆山香樟园

鲁迅精神是中华民族精神的结晶

1937 年10月19日，毛泽东在陕北公学所作《论鲁迅》的讲话中指出："鲁迅是从正在溃败的封建社会中出来的，但他会杀回马枪，朝着他所经历过来的腐败的社会进攻，朝着帝国主义的恶势力进攻……他近年来站在无产阶级与民族解放的立场，为真理与自由而斗争。鲁迅先生的第一个特点，是他的政治的远见。他用望远镜和显微镜观察社会。""鲁迅的第二个特点，就是他的斗争精神……他在黑暗与暴力的进袭中，是一株独立支持的大树，不是向两旁偏侧的小草。他看清了政治的方向，就向着一个目标奋勇地斗争下去，决不中途投降妥协。""鲁迅的第三个特点是他的牺牲精神。他一点也不畏惧敌人对于他的威胁、利诱和残害，他一点不避锋芒地把钢刀一样的笔刺向他所憎恨的一切。他往往是站在战士的血痕中，坚韧地反抗着、呼啸着前进。"

毛泽东最后指出："综合上述这几个特点，形成了一种伟大的'鲁迅精神'。鲁迅的一生就贯穿了这种精神……我们纪念鲁迅，就要学习鲁迅的精神，把它带到全国各地的抗战队伍中去，为中华民族的解放而奋斗！"

在1940年1月所作的《新民主主义论》一文中，毛泽东再次强调指出：

"鲁迅是中国文化革命的主将，他不但是伟大的文学家，而且是伟大的思想家和伟大的革命家。鲁迅的骨头是最硬的，他没有丝毫的奴颜和媚骨，这是殖民地半殖民地人民最可宝贵的性格。鲁迅是在文化战线上，代表全民族的大多数，向着敌人冲锋陷阵的最正确、最勇敢、最坚决、最忠实、最热忱的空前的民族英雄。鲁迅的方向，就是中华民族新文化的方向。”

毛泽东对鲁迅评价集全民族意愿

鲁迅精神，就是中华民族精神的结晶。

鲁迅落葬时，在数千人众诵唱的《安息歌》与哀乐声中，一面黄绸大旗庄重地覆盖在了他的灵柩上面，旗帜上缀着的“民族魂”三个大字，就最好不过地说明了这一切。

我们应当看到，毛泽东对鲁迅的评价，毛泽东对鲁迅精神的精辟诠释，并不是他一个人的感受和图解，而是集海内外无数热爱鲁迅、崇敬鲁迅的人的肺腑之言。

试想，没有鲁迅逝世时成千上万各界民众自发地为之追悼与送葬，毛泽东同志能如此高度概括鲁迅精神吗？诚如著名作家郁达夫先生所书的挽词：鲁迅虽死，精神与我中华民族永在！

远在毛泽东同志作《论鲁迅》的讲演之前，老一代的共产党人、革命家就以自己读鲁迅著作或与鲁迅并肩作战的亲身体会，作出了同毛泽东同志一样的精辟论述。他们中有陈云、周恩来、张闻天、瞿秋白、冯雪峰、潘汉年、陈毅、叶剑英、陈赓等人，还有因主张抗日爱国遭受反动政府迫害流亡在外的炎黄子孙中的杰出代表。

1939 年 10 月 19 日，在皖南云岭新四军军部举行的鲁迅逝世三周年纪念会上，北伐名将、新四军军长叶挺以鲁迅为镜子，作了一个充满激情的讲话。叶挺指出：现在我们在战斗中纪念鲁迅先生，当然是很真诚的，他是我们永远怀念的敬爱的战斗者。我是一个军人，十年内战时期，离开了武装战斗岗位，流亡在海外，读到了鲁迅先生的战斗文章，他在国内反动政府统治之下，用笔坚持着斗争，文章的战斗性又是那么鲜明、强烈，篇篇击中敌人要害。我读时心里感到非常非常的惭愧。现在我又回来了，回到战斗的队伍，今天特地来跟同志们一起纪念鲁迅先生。我们要向鲁迅先生学习，不仅要坚持战斗，而且要善于战斗，像他的文章一样，要打漂亮仗，有力地打击敌人。

正是在叶挺将军的号召下，鲁迅精神很快地融合在了新四军的日常训练和战斗中，纵然是背信弃义的蒋介石发动灭绝人性的“皖南事变”，最终，也无法使新四军这支铁军丧失一丝一毫的元气。

在1936年11月15日法国巴黎举行的全欧华侨华人抗日联合会发起组织的追悼鲁迅先生大会上，上海“一·二八”奋勇抵御日寇侵略的国民党著名爱国将领陈铭枢将军指出：“鲁迅为中国文坛上首屈一指的先进左翼作家，自‘五四’运动以来，他便站在新时代的前面，领导着中国青年及民众。”

中共驻共产国际代表团负责人王明，于鲁迅逝世次日写就的《中国人民之重大损失》一文中指出：鲁迅之所以能在中国思想界和解放运动中占有显著的地位，是由于他能够不断地随着时代的进化而进化，从“五四”运动时代到现在，他始终能站在先进思潮的浪头；是由于他具有一个伟大大革命家应具有的品格和操守，从北洋军阀统治时代到现在，他始终不受任何反动势力的利诱和威胁；是由于他不仅在文学方面尽力于解放事业，而且直接实际参加中国伟大人民的解放斗争。

鲁迅人格之伟大，鲁迅精神在越出国界的同时，也在一定程度上震撼了敌对阵营。鲁迅逝世次日，当时的上海市市长吴铁城、国民党政府财政部长孔祥熙为之送去了花圈和挽联。鲁迅大出殡时，孔祥熙的夫人宋蔼龄还专程赶至上海，与胞妹宋庆龄一起徒步为鲁迅送行。

老一代革命家率先垂范传承鲁迅精神

值得一提的是，为大力弘扬民族魂，将鲁迅精神更广泛地传承下去，毛泽东同志为全国人民做出了光辉的典范。在鲁迅逝世后的四十年间，无论是在战火纷飞的岁月，重庆谈判的紧张时期，还是在带领全国人民建设新中国的新长征中，毛泽东带头孜孜不倦地研读鲁迅著作，大力弘扬鲁迅精神。直到1976年9月9日逝世，在其床旁，茶几上，书柜中，到处都有他翻动阅读过的鲁迅著作。

毛泽东对鲁迅的崇敬与热爱，毛泽东对鲁迅精神的融会贯通和推介，还体现在他爱屋及乌，对鲁迅学生无微不至的关怀上。笔者与鲁迅学生萧军交往整九年，萧军生前多次同我讲过他当年在延安毛泽东“三顾茅庐”的动人故事。1938 年春，为了实现“和小鬼子面对面地干”的夙愿，萧军独自一人从山西吉县出发，渡过黄河，徒步 20 余天抵达延安。次日，毛泽东从前来汇报工作的丁玲处获知了消息。毛泽东很想见见这位鲁迅学生，于是就派秘书和培元先行去边区招待所探望萧军，询问他愿不愿意去见毛泽东，心气孤傲的萧军则回答说：“我打算去五台打游击，到延安是路过，住不了几天，毛主席公务很忙，我就不去打扰了！”然而，不及萧军动身，毛主席就亲自到招待所探望萧军来了。毛泽东还邀请他和丁玲、何思敬、聂绀弩等一起在招待所共进午餐。毛主席平易近人，礼贤下士谦恭友好的态度，令萧军深受感动。尤其是当他听说在鲁迅逝世一周年大会上，毛泽东作《论鲁迅》讲话时对鲁迅的高度评价，使得他对毛泽东更加崇敬了。

10 天后，1938 年 4 月 1 日，毛泽东又邀他参加了陕北公学举行的第二届开学典礼。会后他与毛泽东，陈云等领导人一起在漫天风沙的操场上会餐，而且是用一个大碗盛酒，大家你一口我一口地轮流喝着。

1940 年 6 月 14 日，萧军第二次抵达延安。一年后，由于生性耿直，不善于调理人际关系，他萌生了想离开延安的念头。毛泽东知道后，一次又一次挽留他，和他促膝长谈，听取他的意见，帮助他解开心头疙瘩。在不足一年的时间内，毛泽东先后十次写信给他，多次派马接他到杨家岭谈话。1941 年 8 月 11 日晚，毛泽东带着通讯员，提着马灯，从杨家岭住所步行来到“文抗”驻地的萧军窑洞探望。第二天中午，毛泽东还在自己工作、居住的杨家岭窑洞设专宴款待了萧军和其他作家。在以后的多次谈话中，毛泽东在循循善诱帮助他改正自身不足的同时还不止一次提议萧军“改行”：“入党，当官”。

1943 年岁末，因不满个别人的作风，盛怒之下的萧军领着妻儿在延安县一个偏僻山村过起了自食其力的山野村民生活。三个月后，毛泽东特派自己的秘书胡乔木与延安县委书记王丕年一道，来到萧军居住的刘庄石窑探望了他的一家。四天后又派来两头毛驴，将萧军一家人送回了延安城内。

1945 年 11 月，萧军赴东北前夕，毛泽东又两次亲切接待了他，语重心长地与他进行交谈，殷殷期盼他能加入中国共产党。毛泽东还邀请萧军去朱德总司令家共进午餐。饭后，毛泽东与朱德总司令一道，一直送到大路旁才与他挥手告别。

1953 年，萧军在其作品屡屡被拒出版的情况下，毅然上书毛泽东求助。毛泽东阅信后，并不因为四年前他已被中共东北局冠之以“三反”这一“前科”，批示予以出版萧军 110 万字的两部作品，同时再版萧军 18 年前由鲁迅亲手扶植的成名作《八月的乡村》。

毛泽东对萧军的关怀，尤其是对鲁迅的评价，整整影响了萧军的一生。在他晚年同笔者的几次谈话中，他都强调了自己内心的这一深切感受。诚如他于逝世前一年同家人的谈话中所强调的：

> ——我之所以和彭真同志、毛泽东相交，首先，他们不是按一般的作家来看待我的，我也不是按一般的政治领袖来看待他们的……正因为他们二位对鲁迅先生有着深刻的认识，而且十分尊重；鲁迅先生对中国共产党也有着充分的认识的。我们的友情，是建立在“鲁迅关系”上的，才可能有这样的理解和久远。

据了解，在延安，毛泽东不仅对萧军这位鲁迅学生给予了特别的关怀与宽容，而且，对所有与鲁迅有过往来的作家艺术家，包括一度受到鲁迅先生批评过的人，如徐懋庸等人，毛泽东也几乎无一例外地与他们进行了促膝长谈。谈话的内容，多涉及鲁迅，鲁迅作品和鲁迅精神。

延安的毛泽东如此，党和人民军队的其他领导人同样如此。另一位与我交往达六年的鲁迅学生黄源也以他的切身经历印证了这一点。

自 1938 年 12 月黄源抵达新四军起，新四军的两任四位领导，都给予了他特别的保护和重用。抵达新四军不久，项英、叶挺、陈毅都曾指定黄源跟随自己视察前线部队。视察途中，三位领导与他谈话的内容都涉及到对鲁迅的认识。在与陈毅抵足同眠一床的数个夜晚，陈毅多次与他谈及当年在苏区听瞿秋白谈鲁迅、鲁迅作品的情景，还述说自己曾给鲁迅写过信。当有人提议黄源重返国统区工作时，项英当即予以制止道：黄源不能出去。我们不能再出现第二个吴大琨(吴系上海各界人民赴新四军慰问团团长，在其返回的途中，被国民党三战区抓去，后关押在上饶集中营)！项英不止一次指示下属：切实保护好这位鲁迅学生。“皖南事变”发生时，项英指示在为黄源配备专职警卫员的同时，还发给他一支驳壳枪。叶挺将军被囚后，依旧惦念着他这位鲁迅学生。由于讹传，叶挺在托人秘密带给周恩来副主席的

第一个纸条里写道:“被围时已不见黄源,大概是阵亡了。”后来,叶挺在囚牢中写就的《囚语》中(此件现存中央档案馆),关心“鲁迅学生”胜过自己。叶挺沉痛地写道:“闻黄源亦死于此次皖南惨变……(黄君)工作努力,成绩也甚好。在此次惨变中饱受奔波饥饿之苦,形容憔悴,又不免一死,痛哉!”

后来,黄源胜利突围抵达苏北盐城新四军军部时,代军长陈毅亲自出来迎接。刘少奇同志亲自委派黄源担任由他兼任院长的鲁迅艺术学院华中分院的教导主任。接手时,刘少奇异常亲切地对黄源说:“我已委托陈毅同志代我兼管鲁艺工作,工作上的问题你找陈毅同志,你有什么事找我,也可找我的秘书刘斌同志转告我。”陈毅同志鼓励他道:“你要有魄力地干!”针对有人私下串联,反对华中局对黄源的任命,并欲取而代之的企图,陈毅同志和华中局宣传部长彭康来到鲁艺分院,专门召开了长达一个星期的领导干部会议。陈毅在会上声色俱厉地责问带头搞宗派活动的那个人:“你凭什么反对华中局的决定?委派黄源为教导主任,华中局是凭历史和现实的考虑决定。……鲁迅在30年代选定黄源代理他编辑《译文》月刊,茅盾也选定黄源实际负责编《文学》月刊;……政治上他参加过鲁迅先生领导的反文化围剿运动,最近又接受皖南事变的考验,这都是客观事实。你凭哪一点反对华中局的决定?”旗帜鲜明地支持了黄源的工作。

2002年七八月间,提及当年在新四军的那些日子,已是96岁高龄的黄源先生神往地同笔者说道:“在新四军,就像在鲁迅家中一样精神舒畅。”

鲁迅、鲁迅精神不容诋毁

值得指出的是,继承和发扬鲁迅精神,已经成为全民族的意愿。毛泽东同志逝世后,中国共产党为使鲁迅精神化为建设现代化强国的强大动力,做了大量的工作:1981年的鲁迅百年诞辰和1991年的鲁迅110周年诞辰,中共中央都在北京隆重举行纪念大会,党中央主要负责同志作了进一步在全民族传承鲁迅精神的讲话。

但是,我们也看到,自上世纪末以来,在对待鲁迅及其作品,在鲁迅精神的诠释上,出现了一些不健康不和谐的音符。具体表现在以下几个方面:一是极少数自诩为前卫的年轻学者和作家,打着重评二十世纪中国文学的旗号，用西方嬉皮士式的态度恣意贬低鲁迅。他们不承认鲁迅是二十世纪中国现代文学和新文学运动的奠基人，借口鲁迅没有写过长篇小说，否认鲁迅是中国乃至享誉世界的伟大作家，否认鲁迅及其作品对二十世纪中国的历史发展进程作出的巨大贡献。这其中，固然反映了上层建筑领域中鲁迅思想和鲁迅精神传承、教育的缺失、薄弱之处。但这些人之所以这么做，其目的在于借贬低鲁迅来炒作提高自己的“知名度”。这里，我们决不可以用所谓“年轻”、“无知”这样的字眼加以诠释，从而忽视其危害的程度——这是一种毁弃民族精神的历史虚无主义思潮的泛滥。

二是片面解读鲁迅作品及其内涵，将鲁迅诠释为自由主义派知识分子的领袖或什么“旷世英雄”。

这个问题，主要反映在，只要一提及鲁迅，就不分青红皂白地把鲁迅视作为一切社会的对立面。似乎，鲁迅与生俱来就注定要作造反派，包括对他晚年崇尚的中国共产党为之奋斗将要实现的事业。事实真的如同这些人诠释的吗？感谢鲁迅先生生前最钟爱的女弟子萧红，为我们留下了最为动听美妙也最能解读鲁迅心情的一瞬间。1939 年 10 月，萧红在其全方位记录鲁迅饮食起居生活的《回忆鲁迅先生》一文中，这样生动地向我们讲述道：

> 鲁迅先生坐在××电影院楼上的第一排，那片名忘记了，新闻片是苏联纪念五一节的红场。
>
> “这个我怕看不到的……你们将来可以看得到”。鲁迅先生向我们周围的人说。*

三是给鲁迅精神下狭义的定义。

有些人一谈及鲁迅与鲁迅精神，似乎只注重一个词：“战斗”。还有人说鲁迅心胸狭窄，容不得不同意见，等等。

诚然，鲁迅生活在那么一个黑暗的年代，他必然要同这些反动黑暗势力作不懈的战斗。但是，鲁迅的心胸并不是狭窄的。他有着包容一切海纳百川的广阔胸怀。这，我们可以从上世纪三十年代两场颇具代表性的论战中

---

* 据查，萧红所说的这次看电影，1936 年 4 月 13 日鲁迅日记载：“……晚张因来。萧军、悄吟来。饭后邀三客并同广平往上海大戏院观《Chapayev》”（中译名《夏伯阳》）

得到印证。

1932年，针对“文学自由人”胡秋原先生发表的《阿狗文艺论》一文，“左联”的一些头面人物如冯雪峰、瞿秋白、周扬等人不恰当地发动了对胡秋原的批判。但在长达10个月的论战中，鲁迅先生没有公开点名批判胡秋原。而当“左联”个别人撰诗谩骂、攻击胡秋原先生时，鲁迅先生却再也无法保持沉默了。他挺身而出，写下了著名的《辱骂和恐吓决不是战斗》一文，保护了胡秋原先生。后来，论战接近尾声时，鲁迅又和时任中共中央政治局常委的张闻天一道，批评了“左联”一些人的错误做法，还委托冯雪峰给胡秋原先生送去了“俄国马克思主义之父”（列宁语）普列汉诺夫的照片，调和了胡秋原与“左联”之间的紧张气氛。究其原因所在，是因为鲁迅先生看到了胡秋原身上固有的民族气节，以及胡秋原撰写《阿狗文艺论》的本意，主要在于抨击国民党右翼文人鼓吹的“民族主义文学”立论。2004年2月笔者在台湾访问时，专程拜访了胡秋原先生。不久，其长女在电话中向笔者传达了94岁高龄的父亲满含深情的临终遗言：“我永远忘不了鲁迅！”也正是这个至死不变的信念，1988年，胡秋原先生不顾李登辉当局的百般阻挠，毅然来到北京，与李先念、邓颖超等中共老友一起畅谈两岸统一大业，被誉为“两岸破冰第一人”。这就是鲁迅精神在现代中国的最好体现！

1936年夏，正当两个口号之争越演越烈时，正是鲁迅站出来第一个涵容了“国防文学”的口号。在《答徐懋庸并关于抗日统一战线问题》一文中，鲁迅写道：“我以为文艺家在抗日问题上的联合是无条件的，只要他不是汉奸，愿意或赞成抗日，则不论叫哥哥妹妹，之乎者也，或鸳鸯蝴蝶都无妨。”鲁迅进而强调指出：“我说‘国防文学’是我们目前文学运动的具体口号之一，为的是‘国防文学’这口号颇通俗，已经好多人听惯，它能扩大我们政治的和文学的影响，加之它可以解释为作家在国防旗帜下联合，为广大的爱国主义的文学的缘故。”

自鲁迅海纳百川的这封公开信发表后，一度令亲者痛、仇者快的两个口号的激烈论战沉寂了下来。这，正证明了鲁迅有着如大海如天空一般的广阔胸怀！

四是，用远远超出学术论争范畴的假设，借鲁迅之名，行否定毛泽东和中国共产党数十年如一日为推介鲁迅和鲁迅精神所作的努力及其本意。其代表作就是“假如鲁迅活着”这一命题。抛出这一命题的人认为，假如鲁迅活到人民当家做主人的新中国，那么他的命运一定是“坐牢”，而不会是其他。说这种话的人，本身就不是站在历史唯物主义的立场上。为了使这个“假设”，这个“对话”更具爆炸性，更能吸引人们的眼球，最早将这个“假设”抛向社会的那个人，在引证他人的私下讲述时，竟然将根本不复存在的近十个凭空想象臆造的私货强行塞进了“对话”中。为此，原始讲述者不得不在主流媒体上撰文予以一一澄清。

随后，在京、沪、穗三地同步发表了同一内容的“亲聆”文章。大量事实表明，此文已涉及严重造假。就拿所涉及的会议出席者之一的赵丹先生来说吧，据“亲聆”文章的作者讲，赵丹先生在出席这次座谈会前有多个“前科”——既有多年前因饰演电影《武训传》主角时所受的“冲击”，也有当时为“他自己的《炉边夜话》在挂钩上纲写检查”，还有为与他人“合写的一篇文章写检查”，云云。可令人们读后深感疑惑的是，尽管有这么多的“前科”，赵丹先生及他的妻子不也双双应邀出席了与毛泽东会面的这个座谈会了吗？毛泽东不也一视同仁地与他们谈笑风生与亲切握手了吗？会后，他们夫妇俩不也没有被打成右派吗？而且，尤其能说明问题的一个事实是，正是在1957年的大风大浪中，以反右立场坚定著称的赵丹加入了中国共产党。不仅他们，包括那个胆大妄为提出“假如”的罗稷南在内的其他34位出席座谈会并与毛泽东握手、对话的人，都没有被打成右派吗?！还有，在刊登该文的上方，一张有毛泽东图像的照片中，被该文作者言之凿凿指认为罗稷南的那个背影，现在已经有人站出来加以确切指认：是他的导师，时任复旦大学经济学院的著名教授漆琪生先生，而非罗稷南！而指认者则是上海市的一名著名学者、社会活动家，他现在还担任着相应的重要职务。

而且，谁要是依据史料论证提出不同见解，就会立时被群起而攻，甚至被对方怒气冲冲地冠之以“左”或“凡是的习惯势力”，等等。

然而，我们必须正视的是：历史并没有这个“假如”，也不可能有这么多的“假如”！这是因为，早在1936年10月19日晨5时25分，鲁迅就离开了人世。这就是历史！一个不容置疑的历史！一个不容“戏说”的历史！

面对世纪初一些人掀起的“鲁迅假如活着”的话题，不仅遭到了越来越多的有良知的学界人士的质疑，而且，也令一些境外学者难于接受和理解。

就笔者接触过的韩国、日本、台湾的学者，无不直率地表明了自己的态度。其中，当数在澳大利亚新南威尔士大学任汉学教授的美籍学者寇志明先生反应尤烈。他在各种场合，同包括笔者在内的多位学界人士的交谈中，不止一次质疑说：说实话，我就是想不通，在你们中国，共产党、毛泽东对鲁迅哪点不好？他们这么做的目的又是为了什么？为此，这位多年来拿着台湾蒋经国基金会经费从事现当代中国研究的洋学者，还专门撰写了一篇针对所谓"毛罗对话"等相关内容的质疑文章，旗帜鲜明地表明了自己的态度。

五是，抛出所谓"还原历史中的鲁迅"和使鲁迅形象非意识形态化的时尚化命题，否定七十年来全民族特别是新中国成立以来在鲁迅宣传、普及上的巨大成就，其实质在于抽掉鲁迅精神中的爱国主义这条主线，使鲁迅的形象更加模糊。

然而，历史的真实是谁也无法抹杀的。"灵台无计逃神矢，风雨如磐暗故园，寄意寒星荃不察，我以我血荐轩辕。"不错，青年时代的鲁迅曾经受过叔本华、尼采的影响，但是，鲁迅从来不是那种为着所谓个体生命和个体尊严写作的文人。自 1906 年弃医从文那一刻起，鲁迅就把自己的命运，同祖国、民族的命运紧密地联系在了一起。鲁迅逝世后，宋庆龄、沈钧儒等各界爱国领袖，以及成千上万自发前来为鲁迅送葬的民众，尊崇鲁迅为"民族魂"，就是对其一生革命性战斗性的真实写照和褒扬。我们无法想象，一个将国家、人民命运漠然置于一边而只知张扬"自我"的个人自由主义者，能够荣膺"民族魂"的至高称誉。

自鲁迅逝世后的 70 年间，特别是新中国成立以来的 57 年间，亿万人民有目共睹的是：正是代表着最广大的中国人民的利益、先进文化的中国共产党，切切实实为弘扬鲁迅精神作了大量的卓有成效的普及工作。今年，北京鲁迅故居被国务院列为全国重点文物保护单位，就是其中的最好说明。这同当年蒋介石独裁政权没有出版过一本鲁迅著作，且时时封杀鲁迅声音，对鲁迅进行各种形式的迫害，形成了何等鲜明的对比。

事实上，对鲁迅的污蔑，对鲁迅作品的恣意图解乃至否定，对鲁迅精神的扭曲，早在鲁迅生前就已有之。而且，自鲁迅逝世七十年来，这种污蔑，这种图解与否定，这种扭曲，也一直没有停止过，台湾、香港有之，西方一些敌对势力、一些媒体和学者，出于他们试图颠覆社会主义新中国精神载体的需要，更是有过之而无不及。

然而，鲁迅是任谁也无法否定的，鲁迅精神是决不容诋毁的。鲁迅是海内外全体炎黄子孙的骄傲，鲁迅精神是中华民族的一笔宝贵财富。中华民族的伟大复兴，建设一个强大的傲立于世界东方的现代化的和谐中国，更需要鲁迅精神的传承。

捍卫鲁迅，就是捍卫民族魂。

（本文刊于2006年第20期《求是》杂志，发表时略有删节。）

于包容中见伟大

——从胡秋原的临终遗言中读懂鲁迅

鲁迅是人，不是神。

鲁迅曾经说过：人要完人，那么配活的人也就有限了……

是人，说话看问题写文章，难免会有局限性，会犯各式各样的错误，乃至会产生与事实相去甚远的偏见。然而，鲁迅是一个敢于无情地解剖自己，善于且不断地纠正失误与偏见的真汉子。

距《论“第三种人”》一文发表尚不足两个月，鲁迅又写下了那篇至今仍在熠熠生辉的传世之作：《辱骂和恐吓决不是战斗》。在《辱骂和恐吓决不是战斗》一文中，鲁迅不仅一改其初衷，纠正了在此前出现的错讹与偏见，而且，还有力地保护了同样具有强烈民族气节的无畏后生胡秋原。

及至到了相隔72年后的新世纪，在宝岛台湾生活了半个多世纪行将告别人世的近百岁老人胡秋原，于病榻上为我们留下了“我永远忘不了鲁迅”的珍贵遗言……

“我永远忘不了鲁迅！”

这是生活在宝岛台湾一位94岁高龄的著名文化老人，于临终前夕留给我的弥足珍贵的遗言。

2004年3月的一天，胡秋原先生在病榻上说出了他积达70余年的肺腑之言。次日，受其委托，长女胡采禾特地在电话中告诉我:"父亲是在听取有关秋石先生你的研究专著中鲁迅竭尽全力扶持来自东北沦陷区两位爱国热血青年作家的感人情节后,深有感触地说出这话的。"两个月后,胡秋原静静地离开了他的颇多争议的人世。

在上一世纪三十年代初的沪上文坛,胡秋原先生因坚持"文学艺术至死又是自由的、民主的"独立主张,备受各方关注和争议。其中,尤以来自"左联"方面的批评不绝于耳。

值得一提的是,在冯雪峰(论辩中化名洛扬、丹仁)、瞿秋白(化名司马今、易嘉)、周扬(用名周起应、绮影)等"左联"一干头面人物对他展开火力威猛的排炮式批评的同时,鲁迅也在其《论"第三种人"》一文中,对胡秋原独树一帜的"文学自由人"主张进行了不点名的严厉批评。然而,说到底,真正让胡秋原直到晚年仍然铭记在心的,却是在论辩中和论辩结束时,鲁迅给予他的特有的包容与厚爱所凸显的博大情怀。

临终前夕,在与家人的谈话中,胡秋原记忆犹新地谈到了72年前发生的那场文艺自由论辩。胡秋原先生神往地说,是鲁迅先生仗义执言保护了他。而当论辩临近尾声时,鲁迅还"很有人情味"地委托冯雪峰给他送去了一桢为他格外敬崇、被列宁称誉为"俄国马克思主义之父"的普列汉诺夫照片。鲁迅的这一举动,令他终生难忘。在这里,胡秋原所说的鲁迅为他仗义执言一事,系指鲁迅亲笔写下的那篇题为《辱骂和恐吓决不是战斗》的著名文章。

《辱骂和恐吓决不是战斗》,写于1932年12月10日,发表在5天后出版的《文学月报》一卷五、六期合刊上。鲁迅之所以写《辱骂和恐吓决不是战斗》,缘起于此前一期的《文学月报》刊登了一位名叫芸生的作者所写的题为《汉奸的供状》的诗作。然而,这是一篇令鲁迅读后"却非常失望"、"确不能不说是一个退步"的格调低下的作品。为此,鲁迅先生一针见血地批评道:"……这诗怎么样?有辱骂,有恐吓,还有无聊的攻击:其实是大可以不必作的。"

针对芸生诗"现在我来写汉奸的供状,据说他也姓胡,可不叫立夫"的开首语——由于姓氏相同,芸生将日寇发动"九·一八"侵占我东三省后毅然放弃官费留日学业,留在国内以笔作刀枪坚持抗战宣传的胡秋原,与上海"一·二八"事变时卖身附逆,任敌伪"上海北市人民地方维持会会长"的大汉奸胡立夫，故意混为一谈——的极端错误做法，鲁迅先生给予了严肃的批评并纠正道："例如罢，开首就是对于姓的开玩笑。……但姓氏籍贯，却不能决定本人的功罪，因为这是从上代传下来的，不能由他自主。"

显而易见，在这里，历来看人注重大节的鲁迅先生，将坚持不同文艺主张但满怀爱国激情的胡秋原，同遭到全上海人民唾弃的汉奸胡立夫严格区分开来，从而有效地保护了胡秋原，维护了胡秋原人格的清白。

继指出"尤其不堪的是结末的辱骂"之后，鲁迅浓墨饱蘸写下了本文中极为精彩且包容万千的一笔。鲁迅写道："接着又是什么'剖西瓜'之类的恐吓，这也是极不对的，我想。无产者的革命，乃是为了自己的解放和消灭阶级，并非因为要杀人，即使是正面的敌人，倘不死于战场，就有大众的裁判，决不是一个诗人所能提笔判定生死的。现在虽然很有什么'杀人放火'的传闻，但这只是一种诬陷。中国的报纸上看不出实话，然而只要一看别国的例子就可以恍然：德国的无产阶级革命(虽然没有成功)，并没有乱杀人；俄国不是连皇帝的宫殿都没有烧掉么？而我们的作者，却将革命的工农用笔涂成一个吓人的鬼脸，由我看来，真是卤莽之极了。"

鲁迅不仅在《辱骂和恐吓决不是战斗》一文中包容了胡秋原，保护了胡秋原，而且，难能可贵的是，当这场文艺自由论辩临近尾声时，鲁迅与时在上海的中共中央负责人张闻天一道，严肃地批评了"左联"一些人奉行的严重左倾关门主义政策及其错误做法。趁着冯雪峰登门向胡秋原道歉的机会，鲁迅特地将苏联友人刚刚送与他的普列汉诺夫照片，拿去照相馆精心翻拍后，送给不久前出版了煌煌七十万言巨著《唯物史观艺术论：朴列汗诺夫及其艺术理论》的作者胡秋原。鲁迅的这一体贴入微细致周到善待后生的义举，令胡秋原深为感动，连称"很有人情味！""很有人情味！"于是，便有了72年后的胡秋原于临终时刻一吐为快的**"我永远忘不了鲁迅"**的珍贵遗言。

鲁迅的包容，鲁迅的保护，还有，更多的是鲁迅给予的厚爱，整整影响了胡秋原的一生。

文艺自由论辩结束不久，胡秋原携着鲁迅对他的包容与厚爱，参加了由国民党爱国将领发起的联共抗日倒蒋的闽变政府，后遭蒋介石通缉迫走海外。在欧洲流亡期间，他与老友王礼锡一起，为积极宣传中国人民的伟大抗战事业，风尘仆仆地奔走于多个国家，深入到华人世界中。他还为进一步唤起民众千百万同心抗日，主动扬弃成见，欣然接受中共驻共产国际代表团的约请，担当起精心编撰《救国时报》和《全民月刊》的重任……

1936年11月15日，在巴黎召开的全欧华人华侨追悼民族魂鲁迅的大会上，胡秋原先生以自己的切身感受，道出了对伟大鲁迅的无限崇敬之情。胡秋原在发言中深刻指出：

> 我只谈谈鲁迅先生在文艺上的事业。第一，他是一贯地以写实主义作为描写中国旧社会的一个最伟大的作家；第二，他是介绍外国（欧洲日本苏联）文学到中国最初人物之一，同时也是成就最大的一人；第三，他是介绍东西方文艺理论和批评著作到中国最初的一人，也是功绩最大的一人；第四，他是中国无产阶级文学提倡者之一，他介绍了许多无产阶级作品及其理论到中国，在今日民族危机日深之日，他就特别起来提倡民族革命战争的大众文学；第五，他不仅是个大作家，同时也组织过若干文学团体和刊物来指导青年，训练新的作家；第六，年来鲁迅先生在他的杂感中用极深刻痛烈的笔调揭发一切黑暗，鼓励一切光明。鲁迅先生曾对一个向他问出路的青年说过：第一要生存，第二要温饱，第三要发展，这话也可以说是对中国民族说的。因此我们在纪念鲁迅先生的时候，就不要忘记为中华民族的生存幸福和发展而斗争，为全人类的幸福和发展而斗争（摘自1936年12月10日巴黎出版的《救国时报》第71期）。

即使是后来客居在台湾的半个多世纪中，无论风云怎样变幻，胡秋原先生也一直铭记着当年鲁迅对自己的包容与厚爱，高扬民族魂，始终不渝地反对“台独”，坚持一个中国的正确立场。及至进入晚年，他的“**最重要的是，我是一个中国人，……我做中国人到底了**”的中华赤子情怀，更是炽烈如雷电天火：1988年阳春四月，胡秋原在宝岛登高一呼，倡导成立了中国统一联盟；五个月后的金秋时分，他全然不顾李登辉政权的百般阻挠和威胁恐吓，以八旬年迈之躯借道万里之遥的美国直飞北京，与中共老友李先念、邓颖超等握手笑论中华民族一统大业，被誉为“两岸破冰第一人”，从而受到普天下炎黄子孙的称道。

晚年的胡秋原，在同家人、友人、学人的谈话中，每每忆及当年那场文艺自由论辩，他都要满怀深情地谈论起鲁迅对他的包容与厚爱。他说，当初，他完全可以驾乘鲁迅委托冯雪峰向他赠送普列汉诺夫照片的东风，登门拜访鲁迅并聆听其教诲。他说鲁迅是伟大的，如若自己求见鲁迅，鲁迅一定会亲切热情地接待他的。然而，最终，自己却因年少气盛放不下架子而痛失了良机，乃至抱憾终生。

附注：

本文作者于 2004 年 2 月 12 日随同中国作协代表团赴台访问，于 2 月 13 日晚专程前往台北新店中央新村胡府，探访了年已 94 高龄正在病中的胡秋原先生，晤谈约 100 分钟，并向其赠送了有关萧红萧军研究的专著。这也是胡秋原先生生前最后一次会见大陆学者。

（本文刊于 2008 年 7 月 31 日《文学报》，并获中国作家协会、中国鲁迅研究会等主办的“我读鲁迅”全国征文比赛二等奖。）

伊罗生与鲁迅、茅盾

——就《红潮往事》与徐贲先生商榷

经大量史料考证比对，尤以与其共事的那一段历史见证人、著名左翼国际友人艾格尼丝·史沫特莱留存文字对比，进一步廓清了七十多年来史学界的一个存疑：

当年协助鲁迅、茅盾选编《草鞋脚》的美国人伊罗生从来不是托派！

对托派持强硬态度的鲁迅，之所以在寓所宴别伊罗生，决非存在他“包容”托派的这一说法。笔者以为，其真实原因有三：

A. 他与伊罗生同为中国民权保障同盟执委；

B. 由伊罗生主编的英文《中国论坛》，给予了鲁迅和“左联”及其他民主力量大量又宝贵的支持；

C. 选编以左翼作家作品为主的中国现代短篇小说集《草鞋脚》。

另查《鲁迅全集》中外人名注释条目：凡确系托派者，均一一予以明确标注，惟伊罗生名下，却无此标注。

茅盾从来不是终身革命作家：

1. 他对郭沫若跟风修改作品的政治化倾向持鲜明的批评否定态度；

2. 1940 年进入延安，在毛泽东亲笔赠予他《新民主主义论》后，茅盾在延安大学等处撰文授课，独讲以中国四大古典名著为主要内容的“市民文学”，而非遵命文学，政治文学。

3. 坚持独立的为人为文原则：

A. 建国初，毛泽东授命茅盾任文化部长，他多次请辞，一再声称愿作一个深入生活的作家，而不愿从政为官；

B. 从不人云亦云。“文革”伊始，黑云压城，在众多追风者频频撰文“痛打落水狗”，猛批“大叛徒”瞿秋白时，茅盾不畏压力，初衷不改，始终坚持“瞿秋白是一位优秀共产党员，著名左翼作家”的正确立场；

C. 后来备受毛泽东批评并被某些人斥之为“黑会”的 1962 年大连会议，其“中间人物论”、“现实主义文学创作道路”等创作理论的原始提出者为茅盾，邵荃麟仅为宣布者和诠释者。

4.“四人帮”一经粉碎，茅盾即旗帜鲜明地大声疾呼：“我们反对文艺作品堕落为政治口号的图解”！并率先提出破除鲁迅研究中存在的“两个凡是”，即“凡是鲁迅骂过的人就一定糟糕，凡是鲁迅赏识的人就好到底。”

真是往事悠悠。而悠悠往事，往往又能引发出尘封已久的旧闻新疑来。

2008 年第 1 期的《随笔》杂志，刊登了徐贲先生撰写的《红潮往事》一文。文中的一些内容，由于其存在的历史价值令我们受益匪浅，但还有不少内容与提法，值得与之商榷，尤其是有关伊罗生本人，及其与鲁迅、茅盾交往并叙谈的内容。

看得出来，徐贲先生撰写的这篇《红潮往事》，也许是得益于他旅居海外讲学的便利条件，对伊罗生其人其事的描述比较细一些（当然，也有失之偏颇的地方），但对上一世纪三十年代发生在上海政坛、文坛的一些典故，特别是《红潮往事》一文中涉及的有关鲁迅、茅盾（包括“四人帮”粉碎后的茅盾其人）的内容，就显得苍白了一些，有的，甚至大相径庭。这是因为，徐贲先生偏重于伊罗生其人其文的研究。由于伊罗生先生已于 1986 年告别人世，故而作者也不曾与其本人当面求证过什么。所获材料来源，也多来自伊罗生生前著述。即或有所求证的话，也仅仅是“不久前，我和伊罗生的一位朋友的朋友一起主持过一门希腊思想课，常常有机会和她谈起革命年代里那些‘在帝国主义上海的激进外国人’，这才渐渐觉得仿佛与那些曾经在中国红潮中搏浪的外国人熟悉起来”而已。例如，伊罗生是否（或曰是否如伊本人认定的那样）系托派成员，迄今尚无可资证实的材料予以认定。此外，当年，伊罗生临离上海赴北平时，鲁迅会“一反常态”，全然不顾其一向反对的对方之“托派”身份，而于“夜招知味观来寓治馔，为伊君夫妇饯行，同席共十人”，这其中真实原因（也是徐贲先生文中不及深探的重要原因）又是什么？又如，茅盾先生，尤其是新中国成立之后位居“文化部长”高位的茅盾先生，是否如《红潮往事》一文（或曰源自伊罗生本人的认定）描述的“老党员”身份，而且是“一直‘把文学当作政治工具’”，等等。

有关上述，作为一名长期研究以鲁迅为代表的三十年代左翼文学、左翼作家及与多位鲁迅学生、左翼作家、三十年代文学流派人物交往叙谈过的学术工作者，在阅读、比对大量当事人史料，并与茅盾先生至爱亲朋、晚年茅盾口述回忆录的忠实记录者、整理者反复多次沟通印证之后，就《红潮往事》一文所涉及相关内容，与徐贲先生商榷。

伊罗生是托派吗？

在《红潮往事》一文中，徐贲先生专设了《鲁迅为伊罗生饯行》一节，藉以说明鲁迅不避讳伊罗生之“托派”这一特殊身份，专为其“治馔”送行的这一感人事例。

史实，果真如徐贲先生引证的这样吗？

在该文中，徐贲先生借伊罗生之口，在回顾了伊罗生当年与许多中国左翼作家（伊罗生：“他们包括鲁迅、茅盾、丁玲，等等。”——笔者注）的“私交”后，笔锋突然一转，提出了一个令现今某些人颇感“兴趣”的问题：“鲁迅与托派的关系，一直是鲁迅研究中的一个争议问题。”

在这里，有必要澄清一下：有关徐贲先生文中杜撰的“鲁迅与托派的关系，一直是鲁迅研究中的一个争议问题”的表述，在鲁迅研究领域里几乎不复存在。历史已经表明，就鲁迅本人而言，他不但亲自翻译过《托洛茨基文学革命论》一书中的相关篇章，而且，他也曾一度接受过“博学雄辩”且讲演中“唾沫乱飞”（鲁迅独到的刻画语）的托洛茨基文艺思想的某些主张，如托氏鼓吹的“文学是余裕的产物，……战争中没有文学”等观点。后来，由于受当时大环境的影响，特别是国民党蒋介石独裁政权对共产党和民主进步势力、左翼文学事业的百般摧残，以及来自亲苏俄斯大林的共产党阵营对托派尤其是中国托派所奉行主张的误导和刻意渲染，鲁迅渐渐地淡化并转变了他对托派的初衷，直至最终持强硬无比的批判立场。回顾历史，我们可以看到，有关徐贲先生所说的“鲁迅与托派的关系”的这一问题的“研究”，从来没有形成过气候：在中国，于“文革”前无疑是一个禁区，那时，人们多采取的是回避的态度。而到了“文革”后，虽然一度笼罩在人们头上的禁锢消失了，但是由于鲁迅在其临终前对托派那种水火不相容的强硬批判立场（见鲁迅著《论“第三种人”》、《答托洛茨基派的信》、《论〈现在我们的文学运动〉》等），自然，也鲜有人拿这个“问题”说事诠释，更罔论什么“一直”在“争议”了。还应当指出的是，长期以来，鲁迅研究界也从来没有把这个问题当作什么焦点、热点来进行讨论或开展争鸣——这是一个不争的事实。至于少数人出于一时的“好奇”，将其拿来当作什么政治不政治，立场不立场的问题加以“争鸣”，则又另当别论了。

《红潮往事》在回顾“1933 年以后托派与斯大林派的对立愈来严重”的同时，着重说明作为“托派”的伊罗生的种种所为之后，又写道：“上海的左派更视他为托派敌人。这个时候鲁迅能公开为伊罗生饯行，实在不是一件简单的事情。”紧接着，在引述伊罗生事后的感受时，徐贲先生着重写道：“伊罗生是事后才领悟鲁迅送行的意义，‘这件小事之所以重要，乃是因为它让我们看到鲁迅是怎样的一个人。当时……我已经停止和所有的共产党朋友往来，他们也不再理睬我，也就是说断绝了一切个人关系。然而，尽管鲁迅当时很接近在上海的共产党……但还是这样礼遇于我……这样一个小小友谊行为其实有很重的政治和个人的分量’。”

在这里，在论证鲁迅“夜招知味观来寓治馔，为伊君夫妇饯行”这一个史实的来龙去脉之前，先要搞清楚一个问题，即：伊罗生是不是托派？或者说，是不是如其本人自我认定的“托派”？

显然，这个问题十分重要，也是解开这个问题锁结的一把钥匙。

在这里，笔者要格外强调的一点是，在世界进入 21 世纪的今天，也就是徐贲先生落笔撰写《红潮往事》一文的今天，无论是早在 20 年前苏联共产党中央委员会就已经为托派彻底平反，还是从上一世纪八十年代末以来，中国共产党对过去的中国托派的提法，同样有了全新诠释的比较宽松、实事求是的内涵（秋石注：详细一点的诠释，可见由中央党史出版社 2002 年出版的《中国共产党历史》一书）。

遗憾的是，至今没有任何确凿的证据，可以证明伊罗生是什么“托派”。

顾名思义，凡“托派”，必须是在历史上加入过共产党，尔后又因严重的政治分歧，从共产党内分裂出来，履行一定的手续，加入到有组织有纲领的托派团体中去，并积极参与其中的活动。一个局外人，包括共产党员在内，或同情托派的某些观点，或与托派有过来往，但这决不能与“托派”混为一谈。就像伊罗生当年在获悉斯大林有违于法制、民主的一系列作为之后，于颂扬列宁所领导的伟大十月革命同时，又严词拒绝吹捧斯大林一样，但这决不能作为他是托派的依据。

其次，在遍查当年与之密切来往的鲁迅、茅盾、丁玲（这三个人是伊罗生回忆及谈话中反复提及的）等著名左翼作家撰写的文章、回忆录，包括《鲁迅全集》有关伊罗生的人物诠释，都无一人、一处、一家提及伊罗生是“托派”的问题。丁玲的回忆录没有提及伊罗生。茅盾晚年形成的口述三卷回忆录（由其子、媳根据录音和谈话整理而成）《我走过的道路》中用了较大篇幅，论述他和鲁迅同伊罗生之间的交往，主要是谈他们协助伊罗生编选中国现代短篇小说集《草鞋脚》前后经过的（见《我走过的道路》中册第 242 页—246 页），但同样不曾提及伊罗生是托派或具有托派嫌疑这个当时看来颇为敏感的问题。但茅盾的回忆录却向我们证实了两个有助于解开伊罗生是否系托派的这个锁结论据。

其一，茅盾的回忆录在记叙伊罗生 1930 年抵达中国后，写道：“……在史沫特莱的建议与协助下，由他（伊罗生）出面，于一九三二年一月十三日创办了英文刊物《中国论坛》。因为他没有政治倾向的身份，从公共租界工部局取得办《中国论坛》的执照比较容易。我和鲁迅是通过史沫特莱的介绍认识伊罗生的，当时他很年轻，才二十多岁。《中国论坛》出版了整整两年，这期间我们与伊罗生常有往来，许多中国报纸不准刊登的消息，我们就通过《中国论坛》报道出去，例如‘左联’五烈士被国民党反动派杀害的消息，就首先公开登在《中国论坛》上。”

茅盾先生的上述表述，清清楚楚地表明了伊罗生“没有政治倾向的身份”，若是有的话，嗅觉灵敏、触角发达的英法殖民主义当局早就对他作出种种限制，甭说批准他办《中国论坛》了。而两年后的《中国论坛》的停办，也与殖民当局的租界工部局毫无关联。这一点，艾格尼丝·史沫特莱是远远不能比的。当史沫特莱 1929 年 12 月末自苏联越过满洲边界进入中国后，无论是在沈阳、旅顺、大连，还是在北京、南京，以及在 1930 年 5 月抵达上海后，她都被当作一名色彩鲜艳的赤色危险分子，受到了英、日等殖民当局的严密监控，甚至英国情报机关还多次要求美国领事馆吊销其护照。这也是她想办《中国论坛》无法办理，而最终由伊罗生申请取得执照的根本原因所在。

其二，我们仍然可以从茅盾先生的回忆录中找到答案。茅盾先生在紧随上文之后这样写道："到一九三四年一月十三日，《中国论坛》停刊了，因为伊罗生和史沫特莱在《中国论坛》的编辑方针上发生了分歧。我和鲁迅应伊罗生之请帮他选编《草鞋脚》，就是在他不编《中国论坛》之后。"

茅盾先生的这一段表述同样十分重要，清楚地说明了此时的伊罗生，对苏联国内的现状和斯大林的一些非人道的作为——在"肃反"的幌子下大搞个人崇拜，清除异己，包括对昔日战友托洛茨基阵营的成员，还有与斯大林意见相左的高层共产党人进行几乎无法律节制的抓捕和杀戮，表现出了极大的厌恶和反对。正因为如此，他被一些左得出奇的人视之为事实上的"托派"，而史沫特莱却依然奉行亲斯大林阵营的观点和立场。诚如徐贲先生在《红潮往事》一文中披露的那样：

> 1933 年以后托派与斯大林派的对立愈来愈严重，那是以后的事了。1933 年 11 月，伊罗生在一篇纪念十月革命 16 周年的文章中，没有提到伟大领袖斯大林同志，上海的左派大为不满。一天开会时，伊罗生被要求重写一篇文章赞扬斯大林同志，他拒绝了，他和在上海的亲斯大林左派的关系因此跌到了冰点。随后他又被给予一个到苏联学习，"认识错误"的机会，他又拒绝了。上海的左派更视他为托派敌人。

然而，徐贲先生文中所指的"上海的左派"，依笔者看，则是一个比较模糊的说法。他并没有向我们指明"视"伊罗生"为托派敌人"的"上海的左派"，究竟是些什么人。而从作为历史现场见证人的茅盾先生文中，我们却可以这么理解：他和鲁迅并不认为伊罗生是什么"托派敌人"。他只是说《中国论坛》的停刊，是"因为伊罗生和史沫特莱在《中国论坛》的编辑方针上发生了分歧"，如此而已！换言之，也就是在《中国论坛》的办刊方针上，显然，伊罗生已经由先前的亲斯大林的走向，切换到了比较理性地看待当时苏联国内发生的一切，以及不盲从斯大林统治下的苏联共产党的现实主义立场上来，因而与史沫特莱发生了严重的分歧（秋石注：有趣的是，相隔十年后，也就是在上一世纪的四十年代中后期，史沫特莱也转变了她的亲斯大林的立场，这是她从许多沉痛的教训和中国共产党面临的困境中觉醒过来的）。而且，这个分歧，也许包含着对在王明左倾机会主义路线的影响下盲从斯大林模式的中国共产党的一些做法的不满与抨击，例如当时苏区一度盛行的肃反扩大化。笔者认为，伊罗生的这个转向，存在着一个极其痛苦的裂变过程，一种近似信仰的崩溃。我们看到，无独有偶，在当时“左联”成员中，而且是有影响的成员，也存在着类似伊罗生一类“转向”的人。例如被组织派往鄂豫皖苏区“体验生活”，回到上海后写过《离开政党生活的战壕》、《揭起小资产阶级革命文学之旗》、《我的自供状》、《赤区归来记》的杨邨人，最终被“左联”（包括鲁迅在内）视之为“叛徒”（而且还一度被纳入“托派”的行列）遭到抛弃。

有一个例子，颇能说明这个问题。

这个例子中的主人公，名叫安德烈·纪德，1947 年诺贝尔文学奖得主，鼎鼎大名的法国纪实作家。纵观他在 1936 年访问苏联前后所发生的巨大变化，亦就是他的转向，是颇能说明伊罗生在中国期间转向这一问题的。

在去苏联访问之前，纪德对苏联充满了遐想与憧憬，是把苏联当做柏拉图式的理想国，把斯大林奉若为神明那些狂热而又天真的西方知识分子的一员。

有一点，必须提一下。早在纪德应邀访问苏联的 10 年前，即 1926 年 7 月—1927 年 5 月，他从巴黎的塞纳河畔出发，用近一年的时间沿着刚果河周游了赤道非洲的几个法属殖民地。回国后，他发表了《刚果之行》，继而又发表了《乍得归来》。纪德以自己的亲历亲见，抛弃政治成见，从社会学、人种学的角度，详细而又具体地介绍了法国殖民地赤道非洲的现状，记录了殖民制度下的不公正等丑恶的现象。纪德毫不留情地指出：正是万恶的殖民地制度破坏了非洲。而这也正是纪德一贯坚持的对现实的理性而客观的质疑态度。实际上，纪德在这里抨击的“破坏了非洲”的殖民地制度，恰恰是他自己祖国的统治者所制定和强加的。

纪德的《刚果之行》发表之后，自然而然地遭到了法国殖民制度的制定者和右翼报刊的围攻，当然，纪德也给予了针锋相对的反击。纪德高瞻远瞩地指出，如果殖民地政府继续那样统治下去的话，殖民地制度是长久不了的。在后来的三四十间，非洲前进的历史，特别是风起云涌的非洲民族解放运动，最终导致了殖民制度的彻底崩溃。历史证实了纪德当年这一论断的正确性。

围绕《刚果之行》的这场大辩论，大大地提高了纪德的知名度，与此同时，还超出了文学以及文学讨论的圈子，走向了整个社会。毋庸置疑，纪德当初写《刚果之行》和《乍得归来》的初衷，只是凭着一个知识分子、一个作家的良知，是想唤起公民的正义意识，为处在水深火热之中的非洲土著居民讲几句应该讲的公道话。然而，事情的发展，却远远超出了他原来的意愿。随着时间的推移，纪德对非洲土著居民的那么一点点同情，渐渐地把他引向当时盛行的共产主义思潮。二十世纪二十年代末叶，在世界上，苏联还是一个新兴事物，右翼势力拼命攻击它、诋毁它，而左翼势力则竭尽全力拥护它、向往它，并寄希望于它。从文四十载，纪德一直在苦苦思索着一些问题，特别是人类向什么方向发展的问题。而他对天主教的禁锢和家庭束缚的不满，又使他对标榜为人类最美好的共产主义的苏联产生了新的希望和向往。纪德不止一次写道："我要大声为苏联呼喊，我的呼喊一定会被人听到的，一定会起作用的，我一定要去看看苏联。"

1936 年 5 月，纪德怀着满腔热忱应邀赴苏联访问。他先是出席了在莫斯科红场上举行的为高尔基举行的追悼大会。为此，他发表了热情洋溢的讲话。纪德说："在我们的思想中，文化的前途和苏联的命运是紧紧地相连的，我们要捍卫它！"

在苏联访问的最初一些日子里，纪德心里充满了对苏联的期望和感情。他说："我想，人们在任何地方也不会在苏联一样表现出如此深沉、强烈的人类感情！"

但是，随着访问的深入，他亲眼所见的苏联现状打破了他的理想式幻觉。纪德对在苏联到处所见的对斯大林狂热的个人崇拜十分反感。他认为对斯大林那种令人肉麻的称呼实在是太愚蠢了，他一针见血地指出："这种做法在斯大林与人民之间设置了一段可怕的，无可逾越的距离。"与此同时，他对苏联人民的生存环境及其内心世界，以及苏联的前途充满了忧虑。于是，经过独立思考，他写出了《访苏联归来》，真实地记录了他在苏联的所见所闻与所感。如同十年前写《刚果之行》和《乍得归来》一样，纪德认为他完全有权这样做，这是作为一个作家应当具有的良知与社会责任感的正常表现。他不无痛楚又胸怀坦荡，铿锵有力地告示世人道："如果说，起先我弄错了，那么最好的办法，就是尽快地承认我的错误……在我看来，还有比我自己更重要的东西，那就是全人类，全人类的命运，全人类的文化。"

于是，纪德也就由一开始踏上社会主义苏维埃的歌德派，一跃蜕变为"诽谤"斯大林和世界上第一个社会主义国家的叛逆。他也因此遭到了同样受邀请访问苏联同样大名鼎鼎的同乡同行的巴比塞与罗曼·曼兰的指责与抨击。他还遭到了几乎所有左派文化势力的痛斥与围剿。毋庸置疑，同十年前因撰写《刚果之行》和《乍得归来》遭受的右翼势力的围攻相比，命运一下子改变了一百八十度。但是，所有的一切，丝毫也不能证明几十年如一日坚持讲真话的纪德是什么托洛茨基分子。

同样，我们可以想象的到的是，若伊罗生真的沦为什么"托派敌人"的话，在《中国论坛》停办后，鲁迅（我们在这里姑且不论茅盾如何看待这个问题。这是因为，茅盾在一些大是大非的问题上会有自己的独立见解，他并不盲从鲁迅，例如这之后的生活书店风波。尽管在大多时候茅盾也会顾全大局，采取同鲁迅保持同一步调的做法，例如1936年的两个口号之争）是不会接受伊罗生的邀请，助其选编《草鞋脚》的。

随着时间的推移，鲁迅对托派的看法也越来越比较偏激，还时不时加以威猛火力的抨击。这，我们不仅仅可以从他临终前病重时"口授"、冯雪峰拟就的《答托洛茨基派的信》中见证其这一鲜明立场的——附带说明一下，早在此信公开发表时的1936年7月（刊《文学丛刊》月刊第4期和《现实文学》月刊第1期），信末尾鲁迅署名下方就明白无误地标注有"此信由先生口授，O. V. 笔写"之字样。而且，此信刊出时，鲁迅已经能够起居行走，自然也读到了刊有此信的两家文学月刊。对此，鲁迅从来没有表示异议过。因此，也断不存在徐贲先生文中所述的相隔六十年后，由英国里兹大学本顿教授撰文向世人说明所谓"事实真相"的这一说法，只要读一读《鲁迅全集》即可。历史的真实存在也好，作为遵鲁迅"口授"而"笔写"的冯雪峰也好，都不存在误导或欺骗世人的问题。

而且，更为重要的是，作为当时受委托亲将鲁迅"口授"、冯雪峰"笔写"的《论托洛茨基派的信》与杂志交涉发表的茅盾先生，谈及当年国防文学派控制的《文学界》杂志拒绝刊登一事时，在"我直觉地感到了宗派主义的顽固"的同时，多次证实此"信"确系出自鲁迅本意并病中"口授"。茅盾先生还旗帜鲜明地着重申明道："而这封信却是有重大的政治意义的。"（见茅盾著《我走过的道路》中册第330页）

关于对托派的态度问题，我们还可以从鲁迅亲笔写于1932年10月10日的《论"第三种人"》一文中找到答案。在此文中，鲁迅以异常尖刻、愤激的语调，对坚决反蒋反内战反日本侵略又号称"文学自由人"的胡秋原先生，予以了不点名的猛烈抨击。鲁迅这样写道："……除了在指挥刀的保护之下，挂着'左翼'的招牌，在马克思主义里发见了文学自由论，列宁主义里找到了杀尽共匪说的论客的'理论'之外，……"

还有一篇几近家喻户晓，仍然是按照鲁迅病中"口授"、冯雪峰"笔写"，复经鲁迅补充、修改而成的《答徐懋庸并关于抗日统一战线问题》的檄文，同样说明了问题。

无论是2005年版的《鲁迅全集》，还是充满着"左"的诠释条款的1981年版《鲁迅全集》，在其"人物注释"条目中，都没有关于伊罗生是"托派"的注释性文字。倒是那个当初受到"左联"群起而攻剿，后掩护过瞿秋白、参与过中共高层营救冯雪峰的"文学自由人"的胡秋原先生，在新旧版的《鲁迅全集》的多个注释条款中，无不享受到了他作为攻击普罗文学、"冒充"或"自称"马克思主义者，并和托派紧紧捆绑在一起的荣耀待遇！

最后，关于伊罗生是否系托派的问题，笔者依然这么认为，直至在过去了七十多年后，我们仍然无法找到任何确凿可信经得起历史检验的资料来加以佐证。与此同时，中国的那些托派成员，也没有一个人，在其生前说过或留下亲笔文字：主办过《中国论坛》的美国人伊罗生曾经履行过一定的手续，并参加过他们的组织活动。笔者以为，当年伊罗生的这个"转向"，充其量是一个托派的同情者罢了。他也许发表过文章，赞同托派的某些观点。例如，对斯大林从起始的崇拜转为否定，反对中国共产党同国民党蒋介石的任何妥协或联系，等等。总之，伊罗生与现实中的托派是有一定距离的，有这样或那样的类似观点，是一码事，在不在组织，又是另一码事。而且，更重要的是，今天，我们是站在越来越理性、越来越远离"左"或右、越来越宽松及尊重历史的立场上，来分析、看待这个问题的。

应当说，在《中国论坛》创办之初，伊罗生与史沫特莱的合作是卓有成效的。他们共同为支持、宣传中国共产党的正确主张，声援国统区日益高涨的民主运动和反蒋抗日的浪潮，揭露蒋介石当局残暴的黑暗统治，发挥了积极的有着广泛而又深远影响的作用。两人之间密切合作并肩作战最为外界瞩目的成果，是1932年5月出版的《国民党反动的五年》。这是史沫特莱和伊罗生合作编写的一本书，也是一份历数1927年"四·一二"蒋介石发动反革命政变以来比较详尽的国民党残暴统治的控诉状。该书出版后，迅即惊动了国民政府的所谓新闻检查当局，并在上海的外国官场中引发了一阵震撼与恐慌。

艾格尼丝·史沫特莱在回到美国后所撰写的一系列著述，以及在同他人的谈话中，不止一次地提及自己的搭档伊罗生。但她也只是进行客观的叙述，认为伊罗生仅仅有"托派倾向"而已，并不曾言说伊罗生已经成了托派，或者"曾经加入过托派"。至于伊罗生回国后，同美国的托派有过什么关系，比如请全世界的托派领袖托洛茨基本人为自己所写的《中国革命的悲剧》一书撰写序言，等等，则不在本文的讨论范围内。这是因为，本文要商榷的是鲁迅、茅盾、伊罗生、史沫特莱和宋庆龄等人共同存在的三十年代前期上海所发生的事。综观世界各国托派史，事实上，我们极难寻觅到托派阵营里的人有改变自己主张的。但伊罗生就不同——从这一点上也可以证明：伊罗生从来不是真正意义上的托派。诚如徐贲先生在《红潮往事》一文中所指出的："1940年托洛茨基遭害后，伊罗生就脱离了托洛茨基主义运动。他的《中国革命的悲剧》后来经过不止一次修改，……在1951年新版的《中国革命的悲剧》中，伊罗生去除了托洛茨基的原序。"

笔者之所以强调托派阵营中鲜有改变自己主张的，即使是长达十年二十年暗无天日的牢狱之灾，也是如此。例如托派核心人物陈其昌，在遭受日寇严刑折磨后仍然坚贞不屈，高扬民族气节而告别人世。

若论伊罗生当年在中国撰写的关于1925年—1927年的《中国革命的悲剧》一书，现在看来，是有着一定的积极意义的。这就是，那一特定时期的中共，过于唯命是从共产国际，过于仁慈，过于相信国民党蒋介石和“国共合作”的蜜月之交了，所以才会有猝不及防的1927年的悲惨结局。这也是陈独秀痛定思痛，大有一种受蒙蔽和被人摆弄当阿斗的感受，于是，在深刻反省、检讨之余，决定在中国创立不听命于斯大林和共产国际的托派组织之真实原因所在。

关于伊罗生是否托派的问题，我们可以从一本名叫《史沫特莱传》的书中寻找到答案。

美国著名传记作家简尼丝·麦金农和斯蒂芬·麦金农（他们是夫妇作家），在“花了14年时间去汇编史沫特莱的著作，收集她的信件，追踪并访晤她往日的朋友和论敌政敌，以及，搜索情报部门的档案”之后，“为了努力做到从各个可能的方面来观察史沫特莱，我们沿着她的足迹走遍了美国，绕了世界一周，到过欧洲、印度和中国。中国这部分的工作尤为困难，特别是在1973年刚开始我们的研究工作时，但在几次旅行和自1979年至1981年我们在北京居住两年之后，史沫特莱生平拼板图的中国部分就开始落实到位了。到最后，我们共会见了活跃在三十年代的32位中国知识分子和领导人，我们相信这是1976年以来，对这方面最集中深入的研究。”正是经过如此严谨、缜密而又长时间的研究，麦金农夫妇写出了迄今为止最具权威也最能说明问题的《史沫特莱传》(辽宁人民出版社1991年中文版)。

《史沫特莱传》中有关伊罗生的“托派”问题的表述，是比较客观的，因而也是实事求是符合历史真实的，有助于我们最终解开这个锁结。

该书第213页，作者这样写道：

> 在史沫特莱的政治活动日益扩大的同时，她在美国新闻工作同行中的朋友圈子却愈来愈缩小到只剩下几名左派记者，如伊罗生(Harold Lssacs)和弗兰克·格拉斯(Frank Glass)。伊罗生是个富有的年轻纽约人，在20岁上，从哥伦比亚大学一毕业，就来到了中国。在寻求冒险的历程中，他最初在上海一家为中国人所有而为国民党控制的英文报纸工作(秋石注：据茅盾回忆，是两家英文报纸《大美晚报》和《大陆报》，伊罗生的工作性质是记者)。而最后，他接受了史沫特莱和弗兰克·格拉斯的影响。格拉斯是个年龄较大的南非新闻工作者，还是个

在中国拥有一批忠实追随者的热诚的托洛茨基分子。和格拉斯一起到内地作过一次旅行之后(秋石注:据茅盾先生证实,时间为1931年,地点为中国西南地区,这也是为大多数西方记者、学者选择的旅行地),他(伊罗生)经历了一种类似于皈依宗教的过程:回来时已是一个以天下为己任而有着日益增强的托洛茨基主义倾向的左派分子。1932年初,在格拉斯、史沫特莱和孙夫人的鼓励下,伊罗生创办了《中国论坛》,一份在观点上与中国共产党人接近的英文周刊。史沫特莱、陈翰笙、弗兰克·格拉斯、乔治·肯尼迪(George Kennedy)等(秋石注:还有日后写出了轰动整个西方世界的《西行漫记》、《续西行漫记》辉煌著作的埃德加·斯诺和海伦·福斯特夫妇),都以大量匿名稿件为这个刊物作出了重大贡献,其中包括鲁迅的左翼作家联盟其他成员的作品最初的译文。……

请读者们注意了,依据史沫特莱生前留存文字,特别是她在中国亲历亲见的《中国的战歌》一书,复经麦金农夫妇长达14年细致周密调查考证写成的这段文字,其用词、界限十分严谨:在描述弗兰克·格拉斯时,除点明他"是个年龄较大的南非新闻工作者"外,又明确说明他是一个"拥有一批忠实追随者的热诚的托洛茨基分子"!而当描写到伊罗生时,作者则异常之客观地谈到了他受弗兰克·格拉斯的熏陶而"皈依","皈依"的结果,表明伊罗生"是一个以天下为己任而有着日益增强的托洛茨基主义倾向的左派分子"!

两者的描述泾渭分明:前者是一个地地道道的"托洛茨基分子",而后者则仅仅是有着"托洛茨基主义倾向的左派分子",除此而已!可见伊罗生从来不是一个在组织的真正意义上的托派!同样,也决不能因为当时错综复杂的大环境普遍存在的误区,加之伊罗生本人也有这种糊涂认识予以自我标榜,即可以据此作为认定的结论。

"鲁迅为伊罗生饯行"之解读

笔者于前面已论述了,伊罗生并非什么托派。因而,历史上也不存在因为伊罗生是托派,而鲁迅仍然包容大度地给予在自己居住的寓所中为其夫妇饯行的特殊礼遇的问题。

关于伊罗生离开上海去北平定居前夕，鲁迅“夜招知味观来寓治馔，为伊君夫妇饯行”一事，笔者认为，其原因有三，其中《鲁迅全集》“人物注释”栏的“伊罗生”条目中有“二”可作说明。

2005 年版《鲁迅全集》第 17 卷第 56 页“人物注释”这样标注道：

伊罗生(H. R. Isaacs，1910—1986)中文名伊罗生，日记又作伊、伊君、罗生、伊洛生，美国人。1930 年到上海，任上海《大美晚报》记者，1932 年时为上海出版的《中国论坛》(《China Forum》)编辑(应为主编——引者注)。1933 年约请鲁迅和茅盾编选中国现代短篇小说集《草鞋脚》，随即往北平翻译。1935 年 7 月回国。……

上述“人物注释”中，不仅说明了伊罗生与鲁迅关系较为密切，而且伊罗生也确实给予了鲁迅以有力支持的——即由伊罗生担任发行人兼主编的英文杂志《中国论坛》，以及编选中国现代短篇小说集《草鞋脚》，这两件事。

先谈《中国论坛》所起的作用。

有前文所引茅盾先生的评价：“《中国论坛》出版了整整两年，这期间我们与伊罗生常有往来，许多中国报纸不准刊登的消息，我们就通过《中国论坛》报道出去，……”

从茅盾的回忆录《我走过的道路》中有关丁玲、潘梓年被捕、应修人拒捕时壮烈牺牲事件的描述中，我们可以找到由伊罗生主编的《中国论坛》所起的无与伦比的作用。

茅盾写道：

丁玲被捕后不久，就传出她已被秘密杀害的消息。我们听到都十分沉痛，因为丁玲是左翼文艺运动兴起后出现的第一个最有才华最有希望的女作家。鲁迅在六月二十八日的日记上写了一首悲恸旧体诗《悼丁君》：“如磐夜气压重楼，剪柳春风导九秋。瑶瑟凝尘清怨绝，可怜无女耀高丘。”(秋石注：茅盾先生在此引述的为鲁迅发表时的诗文。此诗先是发表于 1933 年 9 月 30 日出版的《涛声》周刊第二卷第三十八期，后收入《集外集》。原诗于 1933 年 6 月 28 日日记中记载。诗中首句原作为“如磐遥夜拥重楼”——见2005年版《鲁迅全集》16卷第384页。发表时改为“如磐夜气压重楼”）我听得丁玲被害的传闻后，也赶写了一篇文章《悼丁玲》，以为悼念。

由于茅盾先生的这篇“悼文”，题目甚是鲜明，内容也颇为尖锐，无处敢接受，于是，茅盾将它交给了伊罗生。后者迅即将其安排在1933年6月19日出版的《中国论坛》二卷七期上。茅盾认为：“因为在上海租界上出版的外文报刊，即使把国民党骂得再凶点，他们也不敢干涉。”

不仅丁玲等人遭国民党蒋氏独裁政权的迫害，在《中国论坛》上最早披露出来，起到了强有力的舆论震慑作用，致使特务机关最终没能实施杀害计划。而且，有关一年前被杀害的柔石等“左联”五烈士，以及国际著名民主人士牛兰夫妇被捕押往南京等的一系列后续纪念、救援、呼吁，也都适时地刊登在了《中国论坛》上。

更甚的是，继1933年5月14日丁玲、潘梓年被捕后，6月18日，中国民权保障同盟总干事杨杏佛，被国民党特务枪杀在他所任职的中央研究院大门口的台阶上。不足一月，伊罗生毅然在《中国论坛》第二卷第八期上刊登出了一份《钩名单》，即传说中的由国民党特务组织蓝衣社开列的五十六人暗杀黑名单抄本，内中就有杨杏佛。为此，《中国论坛》在公布时还专门加了编者按。《编者按》指出：由于国民党上海市政府害怕引发更大的抗议浪潮带来的众多麻烦，因而，蓝衣社的这个暗杀计划已经推迟，云云。

《钩名单》的公开与揭露，一时间，在国内外引起了一片抗议声。

自然，正是由于伊罗生主政的《中国论坛》所发挥的声讨国民党蒋介石残暴统治，声援中国左翼力量和民主运动的鲜明立场，令鲁迅对伊罗生这个年轻的美国人高看上一眼。

其二，是由于伊罗生约请鲁迅和茅盾编选中国现代短篇小说选《草鞋脚》。

1934年1月13日，《中国论坛》停刊后。对鲁迅对中国左翼作家情有独钟的伊罗生，找到鲁迅和茅盾，说他准备集中精力编一本中国现代进步作家的短篇小说集，并希望为他提供一个选目，以及一份关于中国左翼期刊的介绍。显然，伊罗生此举，是继另一位美国进步记者埃德加·斯诺请求鲁迅协助提供选目予他所编的小说集《活的中国》之后，另一个令鲁迅欣慰的友善之举。而且,这也正符合鲁迅多年来考虑的一个心愿,一个难得的机会:把“左联”成立以后涌现出来的一批有才华但在国际上尚无人知晓的青年进步作家的作品介绍出去。为此,鲁迅与茅盾几经研究后,拟订了23位作家的26篇作品。三个月后,伊罗生带着鲁迅与茅盾为他拟订的选目和作品,鲁迅先生写的序言,鲁迅与茅盾各自亲拟的《小传》,离开上海去了北平。此后,他们之间有多次通信探讨,反复斡选,直到1935年最终编定。尽管篇数还是当初拟订的26篇,但与鲁迅、茅盾商定的出入很大。遗憾的是,这本倾注了鲁迅和茅盾心血的《草鞋脚》,没能在鲁迅生前出版(埃德加·斯诺主编的《活的中国》一书在鲁迅逝世后不久的1936年10月由英国伦敦的乔治·G·哈拉普公司出版),直到1974年,才由美国麻省理工学院出版社印行。而茅盾先生见到这本书的目录,则是在他逝世前两年的1979年。

1934年3月23日,也就是鲁迅“夜招知味观来寓治馔,为伊君夫妇饯行”的前两天,鲁迅先生热情地写下了《〈草鞋脚〉(英译中国短篇小说选)小引》,交与了即将北上的伊罗生。鲁迅先生这样写道。

……小说家的侵入文坛,仅是开始“文学革命”运动,即一九一七年以来的事。自然,一方面是由于社会的要求的,一方面则是受了西洋文学的影响。

……大约十年之后,阶级意识觉醒了起来,前进的作家,就都成了革命文学者,而迫害也更加厉害,禁止出版,烧掉书籍,杀戮作家,有许多青年,竟至于在黑暗中,将生命殉了他的工作了。

至今为止,便是十五年来的,“文学革命”以后的短篇小说的选集。因为在我们还算是新的尝试,自然不免幼稚,但恐怕也可以看见它恰如压在大石下面的植物一般,虽然并不繁荣,它却在曲曲折折地生长。

至今为止,西洋人讲中国的著作,大约比中国人民讲自己的还要多。不过这些总不免只是西洋人的看法,中国有一句古谚,说“肺腑而能语,医师面如土。”我想假使肺腑真能说话,怕也未必一定完全可靠的罢,然而,也一定有医师所诊察不到,出乎意外,而其实是十分真实的地方。

在1935年12月30日为《且介亭杂文》编讫的《附记》中,鲁迅先生又作了这样的说明：

> 《草鞋脚》是现代中国作家的短篇小说集，应伊罗生（H. Isaacs）先生之托，由我和茅盾先生选出，他更加选择，译成英文的。但至今好像还没有出版。

伊罗生主编以中国左翼作家作品为主的中国现代短篇小说集，同埃德加·斯诺主编《活的中国》，在鲁迅先生的心底里，占据着极为重要的地位。但斯诺的《活的中国》一书，要比伊罗生的《草鞋脚》做得精细，影响也大。为引导西方读者读懂《活的中国》一书的内容和它对推动中国前进的积极意义，斯诺夫人海伦·福斯特还专门拟就了关于中国现代文学的二十三个问题，并在1936年5月由斯诺当面向鲁迅请教修成正果。不仅如此，为正确、全面地反映书中收入作品的内涵，他们不仅向鲁迅茅盾请教，还向包括郑振铎等一些名家发出问题征询单，同时聘请了一些英文底子好，有深厚文学基础，又发表过有影响作品的中国进步青年作家共同选编和翻译，如姚克、杨刚、萧乾等。而伊罗生在收到鲁迅、茅盾供给的选目后，基本上是一个人在操作（虽然他就近征求了一些北平文人的意见），且选目的改动随意性极大，缺少严谨的治学作风，多了一点“独断专行”。尽管在当时他也多次写信给鲁迅、茅盾，但真正接受后者提出的意见或建议，却少得可怜。至于说到必要的考证，则更少了。而且，出版周期竟然出乎所有人的意料：持续了整整四十个年头！因而，其所能产生的影响，也就微乎其微了。然而，《草鞋脚》的编选，毕竟是令鲁迅甚感欣慰的事情。

其三，伊罗生是中国民权保障同盟的成员，而且还是执行委员，这一点，也甚为鲁迅看重。

据另一位国际著名友人史沫特莱在其所著的《中国的战歌》一书中写道：

> ……一九三二年中（秋石注：确切地说，应为该年12月），……中国出现了第一个民权保障同盟。蔡元培先生和杨铨（杨杏佛）先生都是国民党员，却分别担任了同盟的副主席和总干事。孙逸仙夫人当选为主席；林语堂博士和鲁迅都是执行委员会委员。参加这一同盟的仅有的两名外国人，是伊罗生先生——一位年轻的美国新闻工作者——和

我本人。林博士，伊罗生先生和我负责全部英语出版、通讯方面的工作。

另据笔者于上海查阅史料获知：同鲁迅、林语堂一样，伊罗生也是民权保障同盟的执行委员会成员。

中国民权保障同盟成立后，积极参与了三次争取民权的重大行动。

第一次，因揭露国民党江苏省主席顾祝同涉案鸦片交易和其他腐败，镇江《民声报》经理兼主笔刘煜生被当局不加审讯于 1933 年 1 月 21 日秘密枪决。为此，中国民权保障同盟、《中国论坛》，联合上海众多新闻媒体披露了这桩案子，并要求当局公开调查，撤销顾祝同的江苏省主席职务。

第二次，是试图为包括廖承志在内的被当局控为“共党”的五位工会工作者作公开辩护。结果，在“引渡”前廖承志一人先行获救，其母，国民党元老何香凝从中进行了有力的干预。而陈赓，则是因了宋庆龄前往南京据理力争，当面怒斥蒋介石忘恩负义（秋石注：此处系指当年国民党东征讨伐陈炯明时陈赓救过蒋介石命一事）后，亲自带出监狱的。但罗登贤、余文化等人终被惨遭杀害。

第三次，公开披露丁玲被秘密逮捕一案，从而形成了一个为国际瞩目的司法问题。在国际舆论强有力干预下，丁玲被免于杀害。但几天后的 1933 年 6 月 18 日，民权保障同盟总干事杨杏佛先生却遭蓝衣社特务枪杀在位于上海法租界亚尔培路 331 号的中央研究院出版品国际交换处大门外的台阶上。之后，民权保障同盟被迫中止活动。

附带说明一下，徐贲先生在其《红潮往事》一文中提及的一度被抹去伊罗生和林语堂先生身影的那幅照片，经查，为 1933 年 2 月 17 日宋庆龄先生于其居住的法租界莫里哀路 29 号寓所（今香山路孙中山故居），宴请萧伯纳先生所致。照片中，除萧伯纳外，其余六人均为民权保障同盟的高层成员。他们是宋庆龄、鲁迅、蔡元培、林语堂，以及伊罗生和史沫特莱。

伊罗生于 1935 年 7 月从上海登船归国，在华凡七年。从鲁迅日记我们可知：回国前夕，1935 年 6 月 25 日，伊罗生前往鲁迅寓所辞行。鲁迅亲切地与他进行话别。回到美国后，伊罗生给鲁迅来过一信。查鲁迅日记，有 1935 年 10 月“七日……得伊罗生信”之记载。九天后，“十六日　晴。夜复伊罗生信。”这是鲁迅生前与伊罗生之间的最后一次往来联系。

茅盾是终身革命作家吗?

在《红潮往事》中,徐贲先生还给与伊罗生交往的另一位中国文坛大师茅盾下了如下定义:

“和鲁迅不同,茅盾是个老党员,所以一直‘把文学当作政治的工具,把作家看成是为党的事业服务的战士’。”

这里,先纠正一个说法,徐贲先生杜撰的“茅盾是老党员”的说法,不符合历史事实。说茅盾是中国共产党创建时期入党的党员,这一点不假。但在1927年血雨腥风的宁汉合流之后,受蒋介石和汪精卫两方面的迫害,茅盾几经辗转,最终不得不亡命日本避难,直到1930年才回到国内。之后,尽管他应邀加入了“左联”,但党的组织关系永远失去了。历史上,他也做过一些努力,试图恢复党籍,但由于种种原因而未能遂愿。实际上,他一直是一个以卖文为生的写书匠和自由撰稿人。建国后尽管担任了文化部长(他不止一次向周总理力拒,终未获批准,下文当有专述),但他一直是一位党外人士。直到1981年3月27日5时55分逝世后,他才被中共中央追认为中国共产党党员。虽名为“恢复”,其真正的含义却是“重新入党”。尽管他是1921年中国共产党成立之初入的党,但在他的85年人生中,实际意义的党龄却只有六年,应该说,这是一个不争的事实。

在谈及1980年10月15日伊罗生会见茅盾时,问及茅盾是否仍在写作时,徐贲先生在其《红潮往事》一文中作了这样的表述:

……茅盾答道:“我在写我的自传,从青年时代写到1949年。”伊罗生问:“1949年以后要不要写呢?”茅盾说:“要是有时间,再写1949年以后吧。”

在引述完伊罗生生前记述的他与茅盾会面时的这番对话后,徐贲先生完全依据自己不经任何考证的猜测,武断地下了这样的结论:“茅盾终于没有能写出他的自传来,1981年4月5日,就在见伊罗生的6个月后,他就去世了。”

事实究竟是否如同徐贲先生杜撰的那样,近日,为进一步搞清楚有关内容，笔者复又多次同帮助茅盾先生整理回忆录的茅盾儿媳陈小曼女士进行了较长时间的沟通。尔后，又同茅盾先生之子，年届八旬的韦韬先生作了电话沟通。

第一，此时茅盾的回忆录撰写及录音已完全进入尾声，即整理修饰阶段。提及茅盾撰写回忆录的愿望，早在"文革"初就酝酿上了。那场以毁坏人类文明的文化大革命开始后，除《沙家浜》、《红灯记》等八个样板戏和浩然的《金光大道》一本书外，几乎所有的文学艺术作品的创作都陷入了停顿。由于得益于毛泽东和周恩来特别是周恩来的强有力保护，茅盾先生基本上没有受到冲击，也没进过诸如"学习班"、"五七干校"之类的临时政治性训诫组织。除接待一拨又一拨来自各地的"揪叛徒"造反派组织，以及相关部门、组织的外调人员，相对那些正遭受冲击、迫害的作家艺术家来说，茅盾自然是"清闲"了一些。于是，在家人的劝说下，已入古稀之年的茅盾先生开始了回忆录的撰写，进程是断断续续的。之所以断断续续，一是因为正在进行的"文革"的严重干扰，在他内心里有着许多难以理解的事情。就他内心而言，对"文革"是排斥的，尤其是那么多朝夕相处的文艺界朋友成为"叛徒"、"特务"和各类"分子"之后，他更是难以理解了。二是因为青年时代进入商务印书馆后由于日夜看书、译作的劳累引发的严重失眠，一直陪伴至晚年，有时一天要服好几次安眠药，不服就无法入睡。

第二，回忆录的后半段，由于健康状况每况愈下，由亲笔撰写改为了口述录音。尔后，再由子、媳根据录音整理成稿。不久前，陈小曼女士在接受笔者印证时一再强调：已出版二十余年的茅盾回忆录《我走过的道路》，百分之一百的真实，即完全符合茅公的真实表述的内涵。除作一些语句理顺承前启后的修饰工作，作为整理者的他们，没有作任何的修改和删节，尽管他们是茅盾先生最亲近的人，而且一直生活在一起。

据陈小曼女士证实，就茅公本心而言，确确实实是准备完成建国以后的回忆录的。但是，最终，疾病阻断了他的这个愿望与进程。不久，便去世了。

而徐贲先生文中关于"茅盾先生终于没有能写出他的自传"来的说法，显然是一个失之千里的臆断！

伊罗生先生没有能够看到茅盾先生回忆录的问世，并不等于说，茅盾的回忆录没有出版，何况伊罗生也早在22年前就告别了人世——在茅盾逝世五年后。其次，作为一名在中国出生、长大、上学，而且还是在经历了茅盾先生的逝世，茅盾回忆录《我走过的道路》(先是发表在《新文学史料》上)——出版之后，赴海外深造的中国学子，在对祖国数一数二文学大师的研究中，竟然会出现如此之严重错讹(包括恣意杜撰茅盾先生的逝世日期，下文当论及)，而且，疏于必要的原始的考证，实在太不应该了，可见治学之风草草——恕我直言以谏之。

下面，先摘录一段茅盾先生于逝世前半年—1980 年 9 月 17 日为其回忆录撰写的《序》中的一段话，与徐贲先生共勉，也可作为你我今后治学之良师益友。

在《序》中，茅盾先生以一颗平常之心，同时，又以其一贯尊奉的尊重历史的严谨态度，面对人生，面对读者，坦坦荡荡地写道：

> 人到了老年，自知来日无多，回忆过去，凡所见所闻所亲身经历，一时都如断烂影片，呈现脑海。此时百感交集，又百无聊赖。于是便有把有生以来所见所闻所亲身经历者写出来的意念。
>
> ……
>
> 所记事物，务求真实，言语对答，或偶添藻饰，但切不因华失真。凡有书刊可查核者，必求得而心安。凡有友朋可咨询者，亦必虚心求教。他人之回忆可供参考者，亦多方搜求，务求无有遗珠。已发表之稿，或有误记者，承读者来信指出，将据以改正。其有两说不同者，存疑而已。
>
> 出版社今将已发表出部分单行本，嘱写序言，因草此数行以答，并将回忆录题名曰：《我走过的道路》。此道路之起点是我的幼年，其终点则为一九四八年冬我从香港到大连。

茅盾先生的回忆录《我走过的道路》(承蒙先生亲属相赠，笔者于多年前获此书)，在其逝世后分上、中、下三册出版，出版者为人民文学出版社。而早在该书出版前，国内各地和香港的媒体、书籍就已预发了广告。

此外，关于茅盾先生仙逝的日子，也非徐贲先生信手拈之的“1981 年 4 月 5 日”，而是在这之前的 3 月 27 日。据其家人介绍，他于当年 2 月 2 日低烧发病，在服药未见效的情况下，次日他依然伏案写作，旋即被家人送入北京医院治疗。然而，仅仅过了一个来月，因低烧引发的体内脏器严重衰竭，虽经院方尽力抢救，还是告别了人世。

尤其令人费解的是，茅公生卒年月，网上就能查阅到，不知徐贲先生凭什么将其锁定在“1981 年 4 月 5 日”这个疑似清明节的日子？

论及茅盾一生的为人为文方向，无论是与茅盾先生一起从那个黑暗、独裁、战祸遍地的旧中国走过来的文人和知识分子，还是新中国成长起来的一代作家、艺术家、研究工作者，无论是认识茅公的，还是素无谋面但是读过其书的，恐怕没有一个人会赞同徐贲先生在其《红潮往事》一文中给茅公贴上的“左”的标签。

若论为人及坚守道德操守，以笔者之拙见，茅公是堪为人师的。

先举一例，谈对瞿秋白的态度，而且是几十年如一日的一贯态度。

在同时代文人中，同瞿秋白关系较密切较长久的，有三个人。一个，是为之书写过“人生得一知己足矣”条幅的鲁迅；一个是同为“左联”成员，又同在江西瑞金苏区并肩工作过的冯雪峰；再有一个，就是茅盾先生。

鲁迅对瞿秋白之热忱，人所共知。在获知瞿秋白被蒋介石下令杀害后，鲁迅为悼念这位亲密战友、优秀共产党人，抱病夜以继日为其出版遗著遗译《海上述林》，直至卧床不起，倾尽最后一滴心血。鲁迅这种鞠躬尽瘁为战友的高尚风范，至今为后人高山仰止。

同冯雪峰一样，茅盾从不因政治形势的千变万化，而对瞿秋白的感情、态度和立场动摇一分。

据茅盾先生的家人介绍，在“文革”中，尤其是鲁迅精神被大大歪曲了的 1966 年 10 月 19 日由中央文革小组召开的纪念鲁迅逝世三十周年大会之后，不时地有一拨又一拨的所谓造反派红卫兵组织，以及中央文革、中央专案组之类派出的所谓“外调人员”，来到茅公府上，无休止地纠缠并要求茅公出具证实瞿秋白“叛变”、“自首变节”、“投降国民党”的“证言”。在一般情况下，茅盾先生会以自己亲眼目睹鲁迅与瞿秋白之间的那种血浓于水的深情厚谊，鲁迅为瞿秋白写下的那幅撼动人心的条幅，以及鲁迅不顾每况愈下的病体，为瞿秋白精心编选《海上述林》的动人情景，同时辅之以自己曾经与瞿秋白之间的交往的深切感受，鲜明地表明了自己的态度：瞿秋白同志决不是什么叛徒！见无法从茅公这位历史见证人身上打开缺口，大部分来访者只得怏怏而去，但也有一些“与时俱进”的人，谈着谈着，就不耐烦了起来，甚至拍起了桌子，大声呵斥茅盾“袒护叛徒，顽固不化”。但茅盾先生依旧不为所动，昂首作答：是就是，不是就是不是！我茅盾不能闭着眼睛说瞎话，我更不会不顾事实来证明瞿秋白同志是什么叛徒！

不仅如此，茅盾先生还对另一些自恃“有来头”汹汹来势的外调人员强调道：你们可以不让我说话，我也可以选择保持沉默，但我茅盾决不会昧着良心胡言乱语！

有关上述，茅公在世时有过交往的两任中国现代文学馆馆长舒乙先生和陈建功先生，近年来都有专文发表，加以详细阐述。

有关茅盾先生对瞿秋白的态度和立场，而且是几十年一贯的态度和立场，我们可以从其撰写的回忆录《我走过的道路》一书中得到印证。茅盾坦坦荡荡地写道（见该书中册第291页—292页）：

> 事隔多年，在“文化大革命”中，在秋白因为《多余的话》而重新被打成“叛徒”之后，我又重读了这篇自述。我看不出有什么叛变的事实。秋白不过是在走上刑场之前，真诚地坦率地解剖了自己，他一面高呼口号慷慨就义，一面却向人们毫无保留地暴露了自己的弱点和内心的痛苦。他不想成为完人，他不想在自己死后在人们心中树立一个虚假的伟人形象，他却希望后人以他为前车之鉴。他慨叹于自己由于“历史的误会”而被推上了政治风云的尖端。这使我想起三十年代的一件事。他那时写给我和鲁迅的短信中，有一次署名“犬耕”，我和鲁迅都不解其意，问他。他说，他搞政治，就好比使犬耕地，力不胜任。他又进而解释道，这并不是说他不能做共产党员，他仍是共产党员，信仰马克思主义，坚定不移。他又说，他做个中央委员，也还可以，但要他担任党的总书记诸如此类领导全党的工作，那就是使犬耕田了。他这自知之明、自我解剖的话，曾使我肃然起敬。《多余的话》中所表述的不正是他那“犬耕”的心情吗？这不是叛徒的心情，这是一个认识到自己的“力不胜任”给中国革命带来了重大损失的共产党员出自内心深处的忏悔。这是一个真正的不考虑个人得失的无私无畏的共产党员，一个虽有弱点却使人永远崇敬的共产党员！

在六十余载的文学生涯中，茅盾先生始终保持着一种独立的清醒意识，即在为祖国、为人民鼓与呼的同时，不为“左”或右的思潮或宗派所干扰。而且，对一些名家名作的评判，也有着自己独到的创见与标准。

如对郭沫若早年创作的《女神》，茅盾先生在肯定它的艺术文笔及其积极意义的同时，又批评了作者在将其收入《沫若文集》时按照政治要求作时髦更改的败笔。

在这里，茅盾先生以其中的《巨炮的教训》为例进行评判。

附带说明一下，《巨炮的教训》，以日本博多湾海岸上的两门巨炮起兴。这两门巨炮是日俄战争时被打败了的沙皇军队遗留下来的，从而成为日方大肆炫耀的博多湾海岸上的“幽囚者”。作者（郭沫若）与巨炮对话，问道：你们为什么都把面皮红着，你们还是羞，还是怒？你们的故乡早已改换了从前的故步，你们往日的冤家却又闯进了你们的门庭大肆屠刳（此指十月革命胜利后日本与美国出兵西伯利亚武装干涉并企图颠覆苏维埃政权）。

为此，茅盾先生批评道，而且是不留情面的批评：

> 作者对巨炮的话还未说完，“清凉的海风吹来些睡眠”，有两个人形前来相见，一个好像托尔斯泰，一个好像列宁。托尔斯泰称赞中国的“墨”与“老”，又宣传他的无抵抗主义；列宁“却只在一旁喊叫”。“为自由而战哟！为人道而战哟！为正义而战哟！至高的理想只在农劳！最终的胜利总在吾曹。他这霹雳的几声，把我从梦中惊醒了。”
>
> 这里，“自由、人道、正义”是资产阶级民主革命的口号。作者赞颂十月革命，却让列宁喊出资产阶级民主革命的口号，原也不足为奇。当时，作家们为十月革命所惊醒而对十月革命的性质并不了解的，不止一郭沫若。后来《沫若文集》把这三句改成“为阶级消灭而战哟！为民族解放而战哟！为社会改造而战哟！”反倒失了本来面目。
>
> ——茅盾《我走过的道路》上册第 200 页—201 页

读了茅盾先生对郭沫若这一作品主题前后更改的批评，笔者以为，足以说明茅盾先生并非如伊罗生那样认为，更非如旅居海外淡忘了祖国文学大师创作轨迹的徐贲先生想当然恣意加以杜撰的：“一直把文学当作政治工具”的图解！

在自己的作品创作和讲学中，茅盾先生也始终保持着独立的见解和意识。既不人云亦云，也不随着政治浪潮的起伏随意修改自己的创作方向和创作轨迹。在早期与鲁迅在一起的时期，他对“左联”的关门主义倾向一直是持严厉批评立场的。同时，当与鲁迅碰到同一问题时，他也并不盲从鲁迅，该有自己的见解就有自己的见解，该有自己的处置方式就有自己的处置方式。如对生活书店风波，对胡风先生的态度和一些作法，他始终有着自己的看法，而并非与鲁迅“保持步调一致”——这与事关国家、民族命运的问题上所采取的态度是完全不同的。

1940 年 5 月，茅盾先生偕夫人和一双儿女逃脱新疆土皇帝盛世才欲加以害的魔爪，经过起起伏伏惊惊险险的长途跋涉，最终得以进入延安。他与毛泽东是早年的旧相识，又与张闻天、陈云先后在商务印书馆和上海左翼文坛共过事，当时的延安政治气氛是可想而知的。为此，毛泽东还专门送了一本亲著的《新民主主义论》给予他。有关方面也寄厚望予他——给鲁艺师生和日趋兴旺的延安文艺界讲讲课，并写点文章。对此，茅盾爽朗地答应了。一连写了两篇文章，可以这么说，这两篇文章与当局寄希望的，与延安倡导的，很少有什么关联。一篇叫做《关于〈新水浒〉》，是评谷斯范利用旧形式写就的章回体长篇小说《太湖游击队》的。茅盾的本意十分明确：“就通过对他的评论发表自己的意见罢，这比空冷地谈理论有把握一些。”

另一篇文章的题目叫做《论如何学习文学的民族形式》。茅盾先生认为“学习民族形式一要向中国民族的文学遗产去学习，二要向人民大众的生活去学习。而前者就有‘剔除其封建性的糟粕，吸收其民主性的精华’的问题。”接下去，茅盾先生又强调指出（秋石注：茅盾先生下面论述的，十分重要，可见他从来不会“察言观色”，更不是那种随风飘移的空头政论政党性作家）：

> 我又认为我们民族的文学遗产“几乎百分之九十九是奉诏应制的歌功颂德，或者是‘代圣立言’的麻醉剂，或者是‘身在山林’，心系魏阙的自欺欺人之谈，或者是攒眉拧眼的无病呻吟”。它们和“人民大众的利益、思想情感，全不相干”。只有剩下来的百分之一，“数量虽则太少，可是或多或少是代表了极大多数人民大众的利益，表白了人民大众的思想情感、喜怒爱憎的作品”。这百分之一“才是我们民族的货真价实

的文学遗产”，“这百分之一中间，才有我们的文学形式，或文学的民族形式”。我给这百分之一起了一个总名，即《市民文学》。

——见茅盾《我走过的道路》下册第210页

茅盾还指出：“市民文学是在与封建贵族地主阶级的儒家思想的斗争中发展起来的。”

结合“市民文学”这个论题，茅盾先生在给鲁艺学生讲授时，先后点评了《水浒》、《西游记》和《红楼梦》，给当时专门讲授政治经济学和毛泽东《论新民主主义》的延安学界注入了一股浓烈的学习、研究祖国文学遗产的清新而又活跃的空气，也给来自海内外各地投入抗日救国洪流的学子们活跃了气氛，暂时脱离了说教式的枯燥，多了一点探索。

笔者认为，茅盾先生的可贵之处在于他对文学事业的执著，以及他的前后一致。以战乱时期茅盾先生在香港创作的长篇小说《腐蚀》为例来说吧！这部小说是茅盾先生边创作边在《大众生活》杂志上刊出的。当连载到第十四期将要结束时，同在香港的邹韬奋先生对他说：已看完《腐蚀》的结尾，希望能再续写几节，给主人公赵惠明一条自新之路。茅盾先生听后，欣然接受了韬奋的意见，在原来的结尾后面，添加了一段女主人公被派到某大学区的邮局内当邮检员的故事。在那里，她结识了一个刚刚陷入特务罗网的女学生，最终帮助她从火坑中逃了出去。至于女主人公的前途，茅盾先生在书中写了革命者对这个曾经当过特务后又幡然悔悟的女人的殷殷期望：“生活不像我们意想那么好，也不那么坏。只有自己去创造环境。……她一定能够创造新的生活。有无数友谊的手向她招引。”

《腐蚀》的单行本出版后，受到了广大读者的热烈欢迎。日本投降后，更是一时“洛阳纸贵”，以至于被众多媒体称为“是一部用血写成的特务反动分子罪行的记录”，“胜利后一本最受欢迎的书”，等等。但却引起了国民党当局的格外恐慌，迅即下令予以全面查禁，而在共产党领导的各个解放区里，则是大量翻印源源不断地投向市场。

新中国成立后，尽管这部小说的作者已经位居中央人民政府首任文化部长的高位，然而，对他十年前在孤岛香港创作，深受广大读者欢迎的这部长篇小说，命运却来了一个逆反。当时，镇压反革命（以国民党“残渣余孽”

为主)的浪潮在新中国的各个角角落落全面深入展开,于是,对这部小说的评价也有了新的"看法"——占主导的意见是:《腐蚀》不应该给赵惠明这样一个满手血污的特务以自新之路。以致有人据此下了定义:"这是一本对特务抱同情的书"。

在听取上述这些带有严重政治色彩违反他本人创作意愿(包括已去世的邹韬奋先生在内的众多有识之士)的所谓"主导意见"后,茅盾不为所动。后来,1954 年人民文学出版社重新排印这部小说时,茅盾先生专门写了一个《后记》,借以表明自己的态度。茅盾先生写道:"在考虑了这几年我所听到的关于《腐蚀》的几种意见以后",决定"终于不作任何修改"。

这就是广大读者眼中不向左倾也不向右转,坚持现实主义创作方向而又旗帜鲜明的茅盾先生的所作所为!

在世界变得更加宽容、和谐、极富人情味的今天,当我们重读茅盾先生 60 多年前于战乱中创作的这部小说,我们由衷地感受到一代宗师茅盾,还有出版界前驱邹韬奋先生的远见卓识,更是为茅盾先生在宗教式政治压力下作出的"终于不作任何修改"的决定拍手叫好。

新中国的成立,也预示着我国的文学运动进入了一个新的时期。如何把握好时代的脉搏,创作出人民群众喜闻乐见的作品,摆在了每一个文学工作者的面前。有人选择了歌颂,一味的歌颂;有人选择了沉默;也有人选择了思索,理性的思索。还有人我以我血荐轩辕,为创造一个真正民主、平等、博爱的新社会鼓与呼。无疑,茅盾先生是后者,是属于愿为人民群众鼓与呼、理性思索的文学家。然而,令他意想不到的是,毛泽东亲自点将他出任人民共和国的首任文化部长。他惶惑,他不安,毛泽东的决定,是那么沉甸甸地压在了他的心头。于是,他一再求见总理周恩来,述说不想作官,只想深入生活专心写作几部没有写完的长篇小说,真正当一个人民的作家。及至到了最后,他提议让郭沫若兼任文化部长。

他的要求没有被接受。

毛泽东不同意,他不想收回已经作出的任命决定。及至后来,在周总理劝说未果的情况下,不得不由毛泽东亲自出面找他谈话,说文化部长这把交椅是好多人想坐的,只是我们不放心,所以想请你出来。茅盾问:"为何不请郭老担任?"毛泽东回答:他已经担任了两个职务,一个是中央文化教育委员会主任，一个是中国科学院院长，再让他兼任文化部长，别人就更有意见了。为说服“不愿做官”的茅盾，毛泽东还表示：“你可以挂个名，我们给你配一个得力助手，实际工作由他去做。”这样，在文化部主持实际工作的，先是周扬，接着是钱俊瑞，以后又换了齐燕铭，中间虽偶有微澜，中央都没有动茅盾的意思。例如1957年5月整风时，他在中央统战部召开的一个民主党派座谈会上作了一个题为《我的看法》的发言，主要是分析中共党内主观主义、教条主义和官僚主义的来源。别人的发言都登了报，他的发言却不见登出来。正在疑惑的时候，有关方面向他暗示：你那个发言有错误，不公开发表是对你的爱护，你要吸取教训。在继起的反右派的运动中，身为文化部长和中国作家协会主席，他必须表态，于是，不得不写了几篇有关在贯彻“双百方针”、写真实、公式化和概念化等问题上的所谓针对右派言论的应景批判文章。

就这样，处于无奈中的茅盾担任了文化部长。担任文化部长后，在茅盾的潜意识中，他仍然想做一个独立的文化人，并且注意听取来自基层各方面的意见。虽说他在“文革”的前一年给卸掉了文化部长的职务，但毛泽东对他主政的文化部是很不满意的：17年间（茅盾干了16年，当然责任更大），毛泽东认为，死人统治舞台，借古讽今“从事反党活动”（例如引发“文化大革命”的导火索吴晗的京剧《海瑞罢官》），文化部是帝王将相部、才子佳人部，牛鬼蛇神部，与毛泽东大加赞赏的、不久前去世的上海市委书记柯庆施提倡的“大写十三年”唱对台戏，等等，……于是，当文化大革命一爆发，随着被毛泽东讥讽为阎王殿的中宣部的轰然倒塌，文化部自然是在首当其冲之列。于是，只当了一年文化部长的萧望东成了一只公开的替罪羊。

这里，还有两个插曲。

其一，1964年底，中央动议换文化部长的时候，周恩来曾找茅盾作了一个解释：“文化部的工作这些年来一直没有搞好，这责任不在你，在我们给你的助手没有选好，一个热衷于封建主义，一个推崇资本主义文化”，“现在打算满足你的要求，让你卸下这副担子，轻轻松松。”当茅盾进一步提出连担任了十几年的中国作家协会主席也一并辞去时，周恩来拒绝了，拒绝的十分干脆利落：“你不当作协主席，还有谁能当呢？”

其二，茅盾辞去文化部长一周后，时任中宣部常务副部长的周扬，专门登门长谈了一次，主要是向他介绍文艺界学习和贯彻毛主席两个“批示”的情形，也谈了夏衍、田汉、阳翰笙等人所犯的错误。还说：“主席对文化部和各协会的批评，主要责任在党员领导干部，是他们马列主义水平不高，犯了错误。”其实，说这个话的时候，周扬也自身难保了。

1964 年 11 月底，毛泽东在一份《简报》上批示道：

> 整个文化系统不在我们手里。究竟有多少在我们手里？我看至少一半不在我们的手里。整个文化部都垮了。在部长、副部长里面，有没有一个人站得住？现在看，都垮了。文化部长为什么不能撤掉？

于是，1965 年的元旦刚过，在毛泽东的怒气冲冲的批评下，当初由毛泽东亲自提议并坚持、当了一十五年文化部长的茅盾被免去此职，改任全国政协副主席。

当今 60 岁以上的文化人都还记得，二十世纪六十年代持续数年的大批特批“中间人物论”，以及提出“中间人物论”的中国作家协会党组书记邵荃麟那一档子事情。

1962 年 8 月，在大连举行的农村题材创作会议上，时任中国作家协会常务副主席兼党组书记的邵荃麟，在会上提出了“现实主义的深化”的一整套创作理念，主张文艺作品应当多写中间人物，强调“文艺的主要教育对象是中间人物”，同时提倡反“题材决定”论。这样一来，就违反了毛泽东二十年前在延安文艺座谈会上提出的“为什么人的问题，是一个原则的问题，根本的问题”、“我们的文学艺术都是为人民大众的，首先是为工农兵的，为工农兵而创作，为工农兵所利用的”这一创作方针。因此，会议结束不久，即遭到了火力威猛的抨击。及至文化大革命爆发，几乎是所有出席大连会议并且赞同邵荃麟写“中间人物”的作家、艺术家们，统统请君入瓮，成了这条“反革命修正主义文艺黑线”的大小人物，而受到残酷迫害，不少人因此过早地离开人世。

其实，邵荃麟提出的“中间人物”论，正是茅盾先生最早思索并在自己的创作实践中加以运用、完善提出来的。茅盾始终认为：英雄人物毕竟是少数，落后阶层也是少数，中间人物占了大多数，在农村尤其如此。因此，文艺作品首先要反映要描写的是占据大多数的充满内心矛盾向上转化中的“中间人物”，“概括几千年来个体农民的精神负担”，表现他们从个体经济到集体经济的彷徨、前进的历程才是最具现实性的，因此，首先要体现的正是这大多数人的平凡生活，文艺作品创作的现实主义才能进一步深化。

邵荃麟去大连主持这个被后来称为“黑会”的农村题材创作会议时，自然向这位文化部长兼中国作家协会主席的当家人作了沟通。毋庸置疑，两人的想法是一致的。正是在茅盾的全力支持下，邵荃麟向全体与会者正式提出了“现实主义的深化”论和写“中间人物”论这一符合当时中国社会现状尤其是农村面临的现实主题。

毫无疑问，邵荃麟是提出“中间人物”论的急先锋，而茅盾则是其“黑后台”——这一点，洞若观火的毛泽东在大抓特抓阶级斗争时不会不清楚。于是，便有了后来的怒斥；于是，便有了“文革”掀起后的首当其冲和全军覆灭；于是，17 年的文化部便被首先开刀问斩进而被砸烂陷于瘫痪。

请问徐贲先生，读了以上的述评，你是否还认为茅盾“一直‘把文学当作政治的工具，把作家看成是为党的事业服务的战士’”？

“四人帮”被粉碎后，一个文艺界的春天来到了。压抑多年的茅盾也又一次地焕发出了青春和朝气，尽管他不可能也无法再创作出诸如《子夜》、《腐蚀》这样轰动国内外的长篇小说，还有《林家铺子》这样的优秀短篇小说，但他的喜悦，他的热情，他的志在千里的趋向仍是显而易见的，尽管他已经到了耄耋之年了。

进入晚年的茅盾先生，依然保持着从年轻时代从文开始时的那种独立的清醒的思想意识。他不可能“左”，也永远不会“左”，更不会“把文学当作政治的工具”！不仅没有“把文学当作政治的工具”，而且，他还把自己从年轻时代起就树立的那种独立的清醒的文化思想意识传承给后来者，积极支持后来者的文学觉醒意识和推动社会前进的创新运动。对此，著名作家、中国文联副主席冯骥才先生就有很深的体会。

那是“四人帮”粉碎不久，以否定文化大革命为主体的“伤痕文学”应运而生，冯骥才写的中篇小说《铺花的歧路》就是其中的一朵奇葩。但当他把这部小说投向创刊不久的《当代》时，迅即在人民文学出版社内部引起了不小的争论，一些人反对刊发《铺花的歧路》，认为它存在着“严重的政治问题”。而当时，文化大革命尚未全盘否定——思想界、理论界尽管对“四人帮”的倒行逆施特别是对中华民族传统文化的摧残扼杀有了一定的认识，但仍有不少人固守着文化大革命是“毛主席无产阶级专政下继续革命理论”这一基本认识的立场。后来，到了1978年的冬天，中国作家协会有关部门偕同人民文学出版社在北京和平宾馆适时地召开了“文革”后的第一个中篇小说座谈会。会上，当冯骥才讲述完这部小说的主要内容及自己的创作目的后，到会的中国作家协会主席、82岁高龄的茅盾先生予以热烈鼓掌，并在简短的发言中对包括《铺花的歧路》在内等一批旨在揭露、批判“文革”黑暗的作品给予了旗帜鲜明的支持。二十多年后，冯骥才先生在《记韦君宜》一文中，这样心存感激且记忆犹新地写道：“……韦君宜有意安排我在茅盾先生在场时讲述这部小说，赢得了茅公的支持。于是，阻碍被扫除，我便被推入了‘伤痕文学’激荡的洪流中……”

记得具有划时代意义的中共十一届三中全会召开后的第一个鲁迅逝世周年纪念日，针对十年动乱中“四人帮”一伙对鲁迅研究的干扰与破坏，曾与鲁迅一起并肩作战的战友茅盾先生，在其《答〈鲁迅研究年刊〉记者的访问》(刊1979年10月17日《人民日报》)一文中深刻指出：

> 鲁迅研究中有不少形而上学，把鲁迅神化了，把真正的鲁迅歪曲了。鲁迅最反对别人神化他。鲁迅也想不到他死了以后，人家把他歪曲成这个样子。

茅盾先生还特别指出，鲁迅研究中也有“两个凡是”的问题，即：

> 凡是鲁迅骂过的人就是一定糟糕，凡是鲁迅赏识的人就好到底。

可见，茅盾连对鲁迅都没有盲从，又何来他“一直把文学当作政治工具”的这个定论呢?!

同月底——1979年10月30日，在北京人民大会堂召开的中国文学艺术工作者第四次代表大会上，继中国改革开放总设计师邓小平在祝词中明确而又庄重宣布“党对文艺工作的领导，不是发号施令，不是要求文学艺术从属于临时的、具体的、直接的政治任务”、党对文艺工作者“不要横加干涉”之后，茅盾先生在向大会所作的发言中代表全体文艺工作者再次明确宣布：

我们反对文艺作品堕落为政治口号的图解！

而这句话，恰恰是47年前那个以天下为己任，高举反对蒋介石“攘外必先安内”、媚日投降反动政策大旗的“文学自由人”胡秋原先生的主张。据胡秋原先生长女同笔者讲：当时父亲在听到邓小平和茅盾先生发出的这个庄重宣布后，兴奋得顿时老泪纵横。后来，从2004年2月胡秋原先生在其台湾寓所亲赠笔者的书籍中，见到了他所写的反映当时心境的文字。

值得在此书上一笔的是，遍查当年(1932年)那场由“左联”头面人物倾巢出动攻剿“文学自由人”的“文艺自由论辩”的文字资料，茅盾竟然无一字一文参与。由此，足见其内心深处是不同意冯雪峰、周扬等人的轻率做法的。然而，与此成鲜明对比的是，在此前反击国民党右翼文人鼓吹的“民族主义文艺”的战斗中，茅盾与鲁迅、瞿秋白，却和胡秋原先生同仇敌忾地站到了一起。茅盾撰写的这篇文章的题目叫：《“民族主义文艺”的原形》，刊1930年《文学导报》第4期。

论及茅盾先生对“左联”奉行的严重关门主义政策的看法，我们还可以从其1946年1月写于重庆的《也是漫谈而已》的讨论文章中窥出一二来。茅盾的这篇文章，是呼应当时冯雪峰撰写的《论民主革命的文艺运动》的长文的。在这篇长文中，谈及“左联”时期，冯雪峰是这样认为的：“一九二八年至一九三六年期间形成的左翼阵线的思想和文艺运动，也还是统一战线的。”对此，茅盾先生表示了他的不同的看法。茅盾先生这样写道：

> 一九二八——三六年的左翼阵线的思想和文艺运动，据我看来，并不是从开始就采取了统一战线的。“左联”成立时，有一个纲领，这是要求左联盟员非接受不可的，这纲领上一方面承认当时的革命任务还没超过资产阶级民主革命的阶段，但另一方面要求联盟员在政治上服从无产阶级的领导，在思想上须是马克思主义者。这一纲领，显然不是站在统一战线的原则上订立的。“左联”的这一个纲领，在那时觉得很自然，并不过火，因为那时候政治上还是“苏维埃运动”时期。和“苏维埃运动”相比，“左联”的纲领已经见得很温和了，然而这仍然不是统一战线的。这一个纲领到“一·二八”以后便废置了。但“一·二八”以后的“左联”也还不能视为统一战线的。雪峰的意思，也许只说“一九二八——三六年的左翼阵线的思想和文艺运动”是统一战线的，而不是说“左联”这团体是统一战线的性质。但在“左联”这样全国性的文艺团体

存在的时候，和统一战线运动总有点格格不入吧？因此，一九三六年“左联”的自动解散是必要的，这才为统一战线铺平了道路。雪峰说：“左联自行解散，于是开始清算着宗派主义和关门主义”，好像宗派主义和关门主义乃在那时方始清算，而且宗派主义和关门主义好象是依附了“左联”这机构乃始有根可托，这恐怕也未必然。事实上，“左联”未解散前，便已经屡次和宗派主义、关门主义作斗争，“左联”解散后，宗派主义和关门主义并未绝迹，——这一切，雪峰都亲身经历过，因而我相信他这里的“于是开始清算”不过是措词上的失检。但恐读者不明过去的历史而有误会，所以带便提一笔。

对于当时的“左联”以外的文学者和作家们之“消沉”、“旁观”、“战斗意志不很强”等等，雪峰说明其所以然之故，一由于当时旁观的困难很大(政治压迫太强)，二由于左翼方面“没有怎样去策动他们战斗”；这样的解释我不反对，可是我觉得也还不够。我以为当时这些“并不属于反动的文化阵营”，甚至对于当时的现状深致不满的文学者和作家们之所以不积极，除了雪峰所举的原因，尚有更加根本的原因存在。这是些什么呢？依我的了解，是因为他们对于中国民主革命发展之路径，认识尚不大清楚，对于当时政权之本质也还认识不够，对于统治阶层还存有幻想。换言之，还是思想问题。

——茅盾《我走过的道路》中册第 89—90 页

上述，是笔者对徐贲先生杜撰的《红潮往事》一文的质疑与批评。所谓质疑与批评，也仅仅局限于笔者在对于左翼文学、左翼作家的长期研究中所熟悉的，并有确凿史料作依托的相关内容进行。然而，令笔者深感诧异的是，对于徐贲先生这样一位生于中国、长于中国，又在中国上完大学的学者，在研究与祖国文学大师相关的历史特别是人和事时，怎么可以如此轻率地不经考证比对(哪怕是简单的网上求证一些资料)，不分青红皂白地仅仅根据一个外国人的单方面著述来杜撰并加以自己的主观想象发挥呢？显而易见，这是一种极不严肃极不负责的研究作风与行为，且差错如此之大，令人难以相信。在此再举一简单例子：如其在《伊罗生的〈重访中国见闻录〉》这一节之结尾(见该期《随笔》第 121 页)，谈及伊罗生访问上海鲁迅纪念馆，一会儿说是“鲁迅纪念馆”(同页第12行),一会儿又将其说成是“上海鲁迅博物馆”(同页16行),这就更加让人无所适从,匪夷所思了!

至于徐贲先生文中引述的(见同期《随笔》第120页),1980年伊罗生重访中国时同茅盾先生之间的对话,特别是有关茅盾的回答,诸如“四人帮”粉碎后作家不可写“反革命作品”、“反党作品”及鲁迅活着“不会允许反革命、反党作品的”内容,对此,笔者很难相信于一年前四次文代大会上作出“我们反对文艺作品堕落为政治口号的图解”庄重宣布和在鲁迅研究领域率先反对两个“凡是”的茅盾先生,会说出如此令人难以理喻,并与时代精神格格不入的话来。茅盾先生的家人也不予认可,1978—1981年间与茅盾先生交往叙谈过的中青年作家、学者,也没有人会相信。而且,就在这段不足500字的描述中,就出现了两个最简单不过的史实错讹——也就是笔者于前文为徐贲先生更正的:一个是所谓“茅盾终于没有能写出他的自传来”,再有一个,就是想当然地将茅盾逝世的真实日子,挪至九天之后的清明时节。对此,我们又怎么能够相信这区区不足500字的描述有几分真实呢?包括其引述伊罗生原著以及其他部分描述的准确与否。

(本文刊于2009年第2期《新文学史料》,有删节。)

附注:

2008年1月,我先是在上海出版的《文学报》上读到了有关徐贲先生《红潮往事》一文内容的摘登。不日,我又读到了《随笔》杂志所刊原文。令我,也令其他史学研究者惊讶的是,素以严谨著称的《随笔》杂志的编辑们,怎么会不加分析(简单分析即中)地刊登这篇有着大量的,或自说自话,或借用洋人之口评述的明显错讹,且是非不清、史实混淆的“随笔”呢?这样的“随笔”,也太随心所欲,妄加杜撰了吧!为此,我一边向《随笔》的决策者指出明显错讹之所在,一边继续翻阅史料,阅读鲁迅相关书信文章和茅盾回忆录《我走过的道路》有关那一段时间人和事的描述,并同茅盾先生家人及相关作家、学者等叙谈印证。历时两个来月时间,七易其稿,写就了拙文,并请人打印成文稿。最终发表在《新文学史料》上。

鲁迅是与人公开谈论过冰心的

近些年来，在谈及冰心时，一些人发出了这么一种奇怪的论调，云："五四"以后，冰心先生"偏离了五四进取精神"、"取向泰戈尔消极的一面"、"存留着相当的旧传统"等等，从而遭受到了"不够友善"的鲁迅的冷遇。这其中，尤以研究"五四"时期作家的退休教授陈学勇先生所持的观点与立场为甚。他在所撰写的《冰心与鲁迅》一文（原刊2007年1月19日《文汇读书周报》，后收入2007年2月中华书局出版的其所著的《旧痕新影说文人》一书时，竟又被其无端扩张成"糖水里泡大的冰心，难以写出深刻的文字……"如此无视史实的荒谬立论——见2007年5月11日《文汇读书周报》六版所刊徐婷君为其书所作的绍介文章：《新影原旧痕》）中，开门见山地向我们抛出了这样一个"冷门"的话题：

> 不少人忽略了，鲁迅从未公开谈论过冰心。鲁迅不谈冰心令读者有点意外吧，……

读着这句开门见山的结论式话题，而且还是一个被作者冠之以"令读者有点意外吧"非同寻常的话题，笔者一时给弄糊涂了：不知道陈学勇先生提出这个结论式话题的依据是什么？这是因为，就笔者所知的一个史实来说，鲁迅是与人公开谈论过冰心的。而且，他的这次有关新文学运动诸多问题的解答，就非常明确无误地一而再、再而三地提及到了冰心其人及冰心的作品。他还着重指出：冰心的作品"全是供青少年消遣的无害读物”……值得一提的是，这次含有深远历史意义的对话，鲁迅是心知肚明的：他十分清楚与之对话的这位名叫斯诺的洋记者的本意，是为着中外千百万读者阅读和长知识的需要的。

1936年5月的一天（在陪同前往并担任翻译的姚克先生留存的文字中，标注的是5月3日），鲁迅在自己居住的北四川路底大陆新村的寓所里，亲切地接待了到访的美国记者埃德加·斯诺，俩人之间进行了一次为后人留下极为珍贵的有关中国新文学遗产的长谈。斯诺这次造访鲁迅的主要目的，是为了完成其夫人海伦·福斯特赋予的一项重托——临行前，海伦交给丈夫一份用打字机打印出来的甚为庞大且又长长的问题清单，以便斯诺抵达上海时当面向鲁迅请教。提出这么一份令一般人难于回答的问题单子的主要原因在于，海伦正在为斯诺选编的《活的中国》一书撰写题为《现代中国文学运动》的长篇论文（《活的中国》一书，斯诺夫妇在杨刚、萧乾、姚克等人参与下，自选择、翻译、编辑到出版，前后历经了三年多一点的时间，1936年底由英国伦敦乔治·G·哈拉普公司出版。该书共分两部分，第一部分由“鲁迅生平”及其7篇短篇小说和杂文组成，第二部分为丁玲、茅盾、田军、柔石、巴金、沈从文、孙席珍、林语堂、张天翼、郭沫若、沙汀、萧乾、失名即杨刚等13位当红作家的16个短篇小说——笔者注）。其时，海伦的这篇论文尚未脱稿，也不可能脱稿，这是因为，这其中的许多问题需要通过中国现代文学之父鲁迅来加以定夺。后来，在鲁迅解答完她所需要弄清楚的所有问题后，海伦据此修订完成了自己撰写多时的这篇近2万字的论文，并将它作为附录，全文收进了《活的中国》一书。

笔者需要在这里强调的一点是，正是海伦提出的这份问题清单，以及《活的中国》一书收入的海伦女士的这篇题为《现代中国文学运动》的专论，使我们得以获知：鲁迅生前确实与他人，而且是同洋记者公开谈论过冰心的。

海伦·福斯特提出的这份长长问题单，共列有二十三个大问题，其中还包括三十多个小问题。

这份问题清单，原文是一份英文打字稿，它足足尘封了半个世纪之久，是我国著名学者安危先生于1986年9月赴美国讲学交流之余，从当时尚健在的海伦·福斯特所居住的美国康州麦迪逊小镇那座用《西行漫记》版税购得的小木屋里的一只纸箱里发现的。英文打字稿原件上标注："同鲁迅的谈话"。而这个谈话的整理者正是斯诺本人。据海伦·福斯特回忆证实，主要是采访鲁迅的纪要，所记鲁迅的观点，大体符合鲁迅的思想。但由于当时环境的险恶，对外界情况不甚了解，或局限于个人的思维，鲁迅在回答问题时的表述也会出现一些偏差，乃至比较明显的与现实脱节的失误。最终整理时，斯诺夫妇依据自己掌握的最新权威资料作了一些纠偏。个别处，记录整理者作了少量添注，例如文中多处出现的括号中的一些文字，如"鲁迅"等（系鲁迅谦虚不自提而致）。

海伦在第一个大问题第四个小问题中问道：

最优秀的诗人是谁？

鲁迅在回答中第一次提及了冰心，并且把冰心与两位大师级的长者相提并论：

冰心、胡适、郭沫若。

海伦开列出的第三个大问题是：

包括诗人和戏剧作家在内，最优秀的左翼作家有哪些？

对于这个问题，谈话整理稿既有鲁迅的回答，也有斯诺夫妇依据最新资料对鲁迅个中偏颇看法的纠正。但这一次，鲁迅再一次非常明确而又肯定地谈到了冰心，而且鲁迅是拿二十世纪中国另二位左翼女性作家与之相比较，足可以见著冰心在文学上的成就和地位。这段文字如下：

最优秀的左翼作家有（鲁迅）、茅盾、叶紫、艾芜、沙汀、周文、柔石、郭沫若。田军、张天翼被认为有左翼倾向，但不是左翼。丁玲是左翼作家，可是自她被捕、与冯达（原是左翼作家，后来成了叛徒）结婚以后，鲁迅认为她完了。萧乾不同意这个看法，称他最近从丁玲那儿得到一个短篇小说，这是她三年来写的第一篇，很快就要在《大公报》上发表。她的作品毫不含糊地表明，她的思想并没改变。然而，鲁迅对这个问题的看法，似乎相当肯定，他相信的事情，必有原因。他认为，田军的妻子萧红，是当今中国最有前途的女作家，很可能成为丁玲的后继者，而且，她接替丁玲的时间，要比丁玲接替冰心的时间早得多。

在接下来的第五个大问题中，在回答斯诺夫妇关于"活跃在当今文学界的最优秀的作家有谁？他们的地位如何？"时，鲁迅再一次提及到了冰心。尽管鲁迅有点儿偏执地认定"最优秀的作家，几乎毫无例外地都是左翼作家"这一基本出发点，但他还是肯定了冰心其人其作品。鲁迅说："冰心也不能被认为是资产阶级作家。在她的作品中，从来没有文化方面的问题，实际上，她的作品，全是写给孩子们看的。她无意使她的作品带上某种倾向或目的，她的作品，全是供青少年消遣的无害读物。"

在海伦·福斯特开列的第十一个大问题所列当时文坛各派的名单中，鲁迅将海伦开列的归隐派（鲁迅在此将"归隐派"改为"结束派"）七人名单中剔除了其胞弟周作人的名字，**仍将冰心与落华生、庐隐、俞平伯、钱玄同、胡适等五人并列。***

综上所述，仅在这一次与洋记者埃德加·斯诺的谈话中，鲁迅便四次提及到了冰心，以及冰心的作品。何况这次访谈的内容，是要面对千百万读者的，这又怎么如陈学勇先生所断定的"鲁迅从未公开谈论过冰心"呢？

除此之外，陈学勇先生还在同一文中写下了如下这么几段文字：

> 鲁迅于冰心不够友善，更深层的原因在于冰心创作偏离了五四进取精神……
>
> ……冰心崇拜泰戈尔，她的小诗（指 1922 年写的《繁星》）正是崇拜的产物，而且取向泰戈尔消极的一面。……
>
> 说到底，冰心与鲁迅是有隔膜的，五四把冰心震上文坛，却没有使她思想焕然一新，存留着相当的旧传统。……

事实，真的如陈学勇先生论述的这样吗？

看来，陈学勇先生犯了一个几十年来人们易犯的通病，这就是以鲁迅个人的好恶，鲁迅作品的走向和价值观，来评判同时代其他任何一位当红作家及其作品的走向和价值观。这等于是说，当年有人在重庆，例如刘白羽、何其芳等人，拿延安文艺的政治评判标准，不加避讳地来要求并规范国统区作

* 上述，均引自《新文学史料》1987 年第 3 期所刊安危译（斯诺 1936 年整理）的《鲁迅同斯诺谈话整理稿》一文。

家们的言行和创作，这可能吗？应当说，这是不足取的。固然，鲁迅是华夏子孙值得敬仰的民族魂，是二十世纪中国作家尤其是新文学运动的伟大斗士和旗手，但这决不是评判任何一位作家包括同时代作家及其作品的唯一标准。须知，鲁迅是人不是神，他也有犯错误看错人的时候，个别处甚至易怒易偏激，乃至失之偏颇于千里之外。别的且不论，就拿前文笔者引述过的鲁迅对海伦·福斯特提出的第三个问题的解答，就明显存在着比较大的错讹，而且是原则根本的错讹。如鲁迅认为：丁玲自被捕起就“完了”。可事实呢？事实远非鲁迅认定的这样，恰恰相反！正如斯诺夫妇从担任《大公报》副刊编辑的萧乾那儿得到的第一手信息，丁玲并没有“完了”，而且还在写作，还在战斗：“她的作品毫不含糊地表明，她的思想并没改变。”丁玲自1933年5月14日被捕，被囚禁了三年多，至1936年8月底在地下党的营救下逃脱囚笼，尔后抵达陕北红军根据地。在这三年多的时间里，鲁迅直到逝世，也没有能与丁玲会上一面。尽管在1936年的初夏首次从幽囚地的南京抵达上海后，丁玲多次向冯雪峰、胡风提出要求探望鲁迅，但一再被婉拒。因为鲁迅正在病中，情绪受不得任何意外的激动，这也正说明了鲁迅对丁玲情况的一无所知，由此产生丁玲“完了”的认识，也是在人们的意料之中的。在丁玲遭幽囚的后期，也就是1936年的南京时期，丁玲一共写了五个短篇小说，即《松子》、《一月二十三》、《陈伯祥》、《八月生活》和《团聚》。《松子》是第一篇，发表在1936年4月19日的由萧乾主编的《大公报》文艺副刊上，故而斯诺夫妇记有“萧乾不同意(鲁迅)这个看法”的重要更正文字。

其次，萧红、冰心与丁玲之间，似是并不存在“接替”或可比的关系，尽管鲁迅是这么认为的。而且，自鲁迅说出这个话以来的七十年间，也极少有人拿鲁迅的这个评价奉若圣明地来加以评判。如若按照鲁迅的这个评价，冰心早在七八十年前就被丁玲“接替”了，“完了”，可事实远非如此。对冰心在二十世纪中国文学特别是对下一代产生深远影响的儿童文学上的巨大成就，以及文字上的驾驭能力，中外广大读者是有目共睹的，并不因为鲁迅不认为她是“左翼作家”而失却一丝光辉。萧红作品魅力迄今仍在，还远涉海外多个国家和地区，但她死得太早。丁玲作品的左翼倾向因了一部获得斯大林奖金的长篇小说《太阳照在桑干河上》更上一层楼，但她晚年却因为受飞来横祸遭长期流放、坐牢而大有失落。总之，这三位女性作家各有千秋，其创作内容、创作风格也大相径庭，在二十世纪的中国文坛上都领有自己的一席显赫之地，而在事实上也并不存在如鲁迅认定的谁“接替”谁的说法。

论及陈学勇先生文中所云的诸如冰心“偏离了五四进取精神”、“取向泰戈尔消极的一面”及“存留着相当的旧传统”的种种结论，笔者却不敢苟同。对此，笔者手头有一份至今仍健在的当事人写的一份资料，最好不过地说明了这个问题，这篇文章的题目叫做《1979 年进京记》。此文写于 1999 年，撰稿人为 1955 年那个震惊中外的“胡风反革命集团”中因死不改悔拒与胡风划清界线而被判了 12 年徒刑的“骨干分子”贾植芳先生，他今年九十一周岁。时隔 20 年，在《1979 年进京记》(收入大象出版社 2002 年 7 月出版的《老人老事》一书)的结尾部分，贾植芳先生记忆犹新地向我们这样回顾道：

> 趁这次进京的机会，我还访问了冰心先生，因为我们当时编“文学研究会”的资料，而冰心是该会的重要作家。年轻时我读过她的书，当时我觉得她是个自由主义知识分子，写的都是大海、母爱、儿童之类，不喜欢凑热闹，印象中解放后各种运动中她也没有积极投入。我和苏同志去中央民族学院访问她前，事先也没有通知。见到冰心后，我先介绍了自己的情况，让她有个心理准备，冰心连说：“知道，知道。”1955 年的事情搞得轰轰烈烈，可以说是妇孺皆知，不过老太太仍然记得我的名字，真是难得。她说 1957 年她也差点变成“右派”，“‘大鸣大放’时费孝通响应郭沫若的文章，写了篇《知识分子的早春天气》。费孝通这个人是写理论文章的，文章写的干巴巴，他们说我是写抒情散文的，让我帮他改改，增加一些感情色彩，后来费孝通被打成‘右派’，他幸亏没有坦白交代，交代了，我也是右派！”我原来以为这个老太太只写一些“大海”、“母爱”之类的美文，谈话过程中才发现她的思想其实很解放，很大胆，头脑很清醒，也很关心现实，并不像我想象的那样“脱离现实”。她对我说：“老人家说讲真话要有‘五不怕’：一不怕开除公职，二不怕开除出党，三不怕离婚，四不怕坐监狱，五不怕杀头。我现在是什么也不怕了。开除公职，我现在早退休了，开除出党，我不是党员，离婚，你问他愿不愿意——(说到这里，她笑着指指客厅对面卧室里面中风尚未复原的吴文藻，他原任北京大学社会学教授，1957 年被划为右派分子)；

坐监狱,我现在已经八十岁了,监狱里还没去过,倒可以增加人生阅历;杀头——死了以后是烈士!”这时候还是1979年,仍是“乍暖还寒”的季节,“左”的势力还很严重,更何况她知道我是什么人,头上的“帽子”还没有摘除,冰心说出这段话,给我的印象是蛮开放,也蛮勇敢,经过三十年的风风雨雨,却一点没有人格萎缩的痕迹。过了一些年读朱珩青女士送来的《冰心近作集》,其中有两篇给我的印象很深刻:一篇是讲知识分子待遇的,一篇是从中国历史的角度谈官民数额比较的,里面讲现代的干部与人口数额的比例,是历朝历代最大的。从谈话及《近作集》来看,她晚年不但没有脱离实际,反而更加关心社会生活,具有关怀社会的责任感,保持了“五四”知识分子的优良传统。这是很让我钦佩的。今年初冰心先生以近百岁的高龄辞世,我突然想起了二十年前的这件旧事,拉拉杂杂将这些记忆的碎片插叙在这里,也算是我的一点悼念吧。

值得提出的是,就在1957年的非常气候中,冰心一家有三个至亲被划为“右派”。他们分别是新中国高校社会学创建人之一的冰心丈夫吴文藻教授;从清华大学毕业不久、任职于一机部系统的冰心26岁长子吴平;时任上海航道局工程师的冰心三弟谢为楫。1958年开全国人代会时,由福建省选出的人大代表冰心,遭到了团里一些代表的围攻,指责她没有和“大右派”的丈夫吴文藻教授划清界限。冰心听了十分生气,气鼓鼓地跑去对周总理说:“如果吴文藻是100分的反党,我起码是50分,我和他没法划清界限,我也帮不了他!”原先还想让冰心“帮助”吴文藻的总理,听了冰心这一席宛若小姑娘也似的赌气话儿,不禁一阵哈哈大笑,连说:“好吧!好吧!你回去吧!”事后,周总理出面给福建人大代表团的负责人打了招呼,制止了一些人对冰心的非礼举止。

说实话,对于自己三个最亲密的人被打成“右派”,冰心的心里是极为难过的,她非但不信而且一点儿也想不通。她不止一次地替丈夫辩解道:吴文藻是一个比共产党还共产党的正派人,完全是个大好人。纯粹因为他是搞社会学和人类学的,在哲学上是不能容忍他的存在的。先是他的得意门生潘光旦给打成了“右派”;接着,又是另一个高徒,即那个写了《知识分子的早春天气》一文而引火烧身的费孝通，自投罗网地成了“右派”；再往后，到了反右即将收尾的1958年4月，又把他们的祖师爷——为学生鸣冤叫屈的吴文藻给顺理成章地“补划”进了“右派”的行列，由吴文藻主导的整个学派也因此宣告全军覆没。

其实，不仅仅是吴文藻有什么“右派”言论，冰心自己的言论也十分率直而“出格”。若非周总理的鼎力保护，保不准早在吴文藻之前，她就给打入了六万万五千万“全民共讨之”的“右派”行列了呢！

下面，笔者引用的是当年人民日报记者写的一则《内参》的内容，从中，我们可以得出冰心有无“五四”进取精神，有无自己独立的见解与人格，乃至她该不该被划为“右派”的结论。

1957年，新华社出过一套《内部参考》，刊载了一篇当时人民日报记者林钢对冰心的访问记，文章这样写道：

冰心对肃反有很大的意见：“我有些朋友，在敌伪时期，蒋介石统治时期，坐过牢，受过苦刑，从敌人的狱门出来，他们的腰板更硬了。肃反运动中，他们无辜地挨了整。这一回却像是抽掉了脊梁骨似的，成了软体动物，再也直不起腰来了。学生们斗争他，朋友们见了不理他。最残酷的是，又要他活着，要他教课。不应该那么做，这太过火了。许多做法是违反宪法的。有些人自杀了。这不是平常的损失，没有人可以代替他们的工作。这种做法不合中国传统。国家丧失了元气，学术方面倒退了好几年。”

她对报纸也提了意见。“党号召我们谦虚，要独立思考。报纸却教育人民夜郎自大。国内报道，报喜不报忧；报道资本主义国家，报忧不报喜。兼听则明，偏听则暗，这没有什么好处。人民不知道独立思考，没有材料独立思考。”

更值得一提，也颇能说明问题的是，当年，在日寇磨刀霍霍，即将发动全面侵华战争民族危亡的关键时刻，冰心并没有“两耳不闻窗外事”，沉湎于所谓“爱的哲学”的创作领域，而是积极、勇敢地站到了愤怒声讨日本帝国主义入侵，呼吁文艺界同人及全民族团结一致的全民抗战的前列。1936年6月7日，茅盾、王任叔、王统照等文艺界名流发起的中国文艺家协会甫一成立，冰心迅即加入这个协会，并在呼吁文艺家们顾全民族利益团结一致，呼吁当局停止内战，抵抗侵略，坚决拥护抗日民族救国阵线为根本宗旨的《宣言》上签了字。

时隔三个多月，同年 10 月 1 日，距鲁迅逝世还有十八天，冰心又与鲁迅、茅盾、郭沫若、叶圣陶、夏丏尊、郑振铎、丰子恺、陈望道、王统照、林语堂、洪深、张天翼、郑伯奇、赵家璧、巴金、黎烈文、包天笑、沈起予、周瘦鹃、傅东华等 20 位爱国著名作家联名发表了《文艺界同人为团结御侮与言论自由宣言》。在团结御侮的伟大斗争中，冰心与鲁迅并肩作战，并且始终站在最前列。

冰心“消极”“颓丧”了吗？

“冰心创作偏离了五四精神”了吗？

否也！

有史为证。

更有其在当年民族危亡之际亲笔写就的檄文，足以说明冰心身上独有的那股子浩然正气和民族情结，以及向外来入侵者宣战的战士风貌。

1937 年“七七”事变后北平陷落，面对祖国大好河山横遭日寇铁蹄践踏的寸寸沦陷，冰心奋笔写下了充溢着对自己居住了二十多年的故都北平强烈的爱恋，和对入侵者日寇强烈的仇恨的《默庐试笔》一文(收入《冰心文集》第三卷；1984 年上海文艺出版社出版)。

冰心写道：

> 我如今镇静下来，细细分析：我的一生，至今日止在北平居住的时光，占了一生之半，从十一二岁，到三十几岁，这二十年是生平最关键、最难忘的发育，模塑的年光，印象最深，情感最浓，关系最切。一提到北平，后面立刻涌现了一副一副的面庞，一幅一幅的图画：我死去的母亲，健在的父亲，弟，侄，师，友，车夫，报童，店伙……剪子巷的庭院，佟府堂前的玫瑰，天安门的华表，“五四”的游行，“九一八”黄昏时的卖报声，“国难至矣”的大标题，……我思潮奔放，眼前的图画和人面，也突兀变换，不可制止，最后我看见了景山最高顶，“明思宗殉国处”的方亭栏杆上，有灯彩扎成的六个大字，是“庆祝徐州陷落！”
>
> 北平死去了！我至爱苦恋的北平，在不挣扎不抵抗之后，断续呻吟了几声，便恹然死去了！

二十六年(1937 年)七月十八早晨,十六架日机,在晓光熹微中悠悠的低飞而来;投了三十二颗炸弹,只炸得西苑一座空营。——但这一声巨响,震得一切都变了色。海甸被砍死了九个警察,第二天警察都换了黑色的制服,因为穿黄制服的人,都当做了散兵,游击队,有砍死刺死的危险。

四野的炮声枪声,由繁而稀,由近而远,声音也死去了!

五光十色的旗帜都高高地悬起了,日本旗,意大利旗,美国旗,英语旗,黄卐字旗,红十字旗,……只看不见了青天白日旗。

西直门楼上,深黄色军服的日兵,箕踞在雉堞上,倚着枪,咧着厚厚的嘴唇,露着不整齐的牙齿,下视狂笑。

街道上死一般的静寂,只三三两两褴褛趑趄的人,在仰首围读着"香月入城司令"的通告。

晴空下的天安门,饱看过千百青年摇旗呐喊,高呼"打倒日本帝国主义"的,如今只镇定的在看着一队一队零落的中小学生的行列,拖着太阳旗,五色旗,红着眼,低着头,来"庆祝"保定陷落,南京陷落……后面有日本的机关枪队紧紧地监视跟随着。

日本的游历团一船一船一车一车的从神户横滨运来,挂着旗号的大汽车,在景山路东长安街横冲直撞的飞走。东兴楼,东来顺挂起日文的招牌,欢迎远客。

故宫北海颐和园看不见一个穿长褂和西服的中国人,只听见橐橐的军靴声,木屐声。穿长褂和西服的中国人都羞的藏起了,恨的溜走了。

街市忽然繁荣起来了,尤其是米市大街,王府井大街,店面上安起木门,挂上布帘,无线电机在广播着友邦的音乐。

我想起东京神户,想起大连沈阳……北平也跟着大连沈阳死去了,一个女神王后般美丽尊严的城市,在蹂躏侮辱之下,恹然地死去了。

我恨了这美丽尊严的皮囊,躯壳!我走,我回顾这尊严美丽,瞠目瞪视的皮囊,没有一星留恋。在那高山丛林中,我仰首看到了一面飘扬的旗帜,我站在旗影下,我走,我要走到天之涯,地之角,抖拂身上的怨尘恨土,深深地呼吸一下兴奋新鲜的朝气,我再走,我要揹着这方旗帜,来招集一星星的尊严美丽的灵魂，杀入那美丽尊严的躯壳！

至于陈学勇先生在《冰心与鲁迅》一文中独出心裁的那个“五四把冰心震上文坛，却没有使她思想焕然一新，存留着相当的旧传统”的表述或立论，相信这不能代表鲁迅的本意，实际上鲁迅也从没说过类似的话。

历史业已证明，不仅没有发生过如同陈学勇先生在其《冰心与鲁迅》一文中恣意编排的所谓鲁迅与冰心存在“隔膜”的说法，而且，正是鲁迅，以及另一位文坛泰斗茅盾先生，把冰心归入“是‘五四’时代注意到文学的社会意义”的一类优秀作家行列的。1934 年初，《中国论坛》停刊后，对中国现代文学和左翼作家热烈推崇的美国友人伊罗生，决定编选一本英译中国现代短篇小说集《草鞋脚》（原拟名《中国被窒息的声音》，以左翼作家作品为主——秋石注），并商请鲁迅与茅盾帮助编选。事实胜于雄辩，从最初拟定的《草鞋脚》编选目录可以证明，恰恰是鲁迅和茅盾，共同将冰心刚刚发表的一篇作品《冬儿姑娘》推荐给了伊罗生（后来成集时，在未征求推荐人鲁迅和茅盾意见的情况下，伊罗生擅自删去了冰心和巴金等人的作品——秋石注）。有关上述情况，茅盾先生于晚年抱病完成的回忆录《我走过的道路》一书中，这样原汁原味地告诉了我们（见《我走过的道路》中册第 256 页—260 页，人民文学出版社 1984 年 5 月版）：

> 现在文艺界的朋友，即使和庐隐同时代的，恐怕也忘了曾有庐隐其人。我之所以撮要地引述四十多年前我写的《庐隐论》，就因为她是“五四”时代曾注意到文学的社会意义的第一个女作家。
>
> 我的第二篇作家论是《冰心论》，登在(《文学》)三卷二期上（1934 年下半年发表——秋石注）。在鲁迅和我为伊罗生拟定的《草鞋脚》选目中，我们选了冰心的一篇刚发表的作品《冬儿姑娘》，因为从这篇作品，我们看到冰心创作道路的新的起点正在加深。后来，冰心的这篇《冬儿姑娘》，伊罗生没有选入，但是却促使我写了《冰心论》。
>
> 冰心在她的《往事集自序》中，曾把自己走过的创作道路比作弹奏一组连续的三部曲。她把第一部曲称为“神仙故事”；而在第二部曲内，她“唱着人世的欢娱”，——从以为“人世间只有同情和爱恋”，终于看出了“人世间是同情带着虚伪”，“爱恋带着装诬”；第三部曲尚未开始，但

她已在寻觅，“竿头的孩子那里去了，我摸索着含泪哀呼。”我在《冰心论》中表示同意作者对自己思想的发展分作三段的分析，但又为它作了补充。我说，冰心说她的第一部曲是“神仙故事”，是不够确切的，因为作者创作的起点是对于“现实”的注视，是“‘五四’期的热蓬蓬的社会运动激发了冰心女士第一次的创作活动”。所以第一部曲更确切的内容应该是“问题小说”，如《两个家庭》、《斯人独憔悴》、《去国》、《最后的安息》等。然而作者的家庭影响，她个人的生活环境，使她不喜欢“极端派”的思想，因此在她的“问题小说”中，人物都是一些“软脊骨的好人”。例如《斯人独憔悴》中，作者勇敢地提出了“父与子的冲突”来，可是她使那“子”——一个“五四”式的青年，终于屈伏在旧官僚的“父”的淫威之下；又如《去国》，她使那位学成归国满怀壮志的年青留学生，终于灰心去国。冰心生长在一个不旧也不新的生活优裕的做官人家，她从小就是在父母的爱恋下过着平静而又孤寂的生活。一个对于过去和现在的生活都感到满足的人，一旦面对丑恶的现实而又没有科学思想的指导，她是无法对现实提出的问题作出解答的。这使她痛苦。“末了，她只好从‘问题’面前逃走了，‘心中的风雨来了’时，她躲到‘母亲的怀里’了。这一个‘过程’，可说是‘五四’期许多具有正义感然而孱弱的好好人儿他们的共通经验，而冰心女士是其中‘典型’的一个。而且因为个人生活环境的影响，冰心女士所借以‘躲避风雨’的‘母亲的怀抱’也就不得不是‘爱的哲学’。”

“爱的哲学”是冰心的“第二部曲”的主调。在《超人》中，她赞扬“世界上的母亲和母亲都是好朋友”，“世界上的儿子和儿子也都是好朋友”，因为没有不爱儿子的母亲，也没有不爱母亲的儿子。在《悟》中更宣称“这一切是为着爱”！是爱创造了宇宙，调整了万象，引导了人生。于是她唱出了“人世间只有同情和爱恋”。我认为，冰心把社会现象看得太单纯了，她是以“自我”为起点去解释社会人生的。“她从自己小我生活的美满，想到人生之所以有丑恶全是为的不知道互相爱；她从自己小我生活的和谐，推论到凡世间人都能够互相爱。她这‘天真’，这‘好心肠’，何尝不美，何尝不值得称赞，然而用以解释社会人生却一无是处！”

然而，后来，冰心不大提她的“爱的哲学”了，因为她发现人世间的同情带着虚伪，爱恋带着装诬，她觉得她这“盲诗人”的竿头没有了引路的“孩子”。

我认为冰心的全部作品大致可分为两类，一类是描写人们生活中的痛苦和快乐的，这样的作品虽然

被一切友伴和同时有学问的人
轻藐——讥笑；
然而在孩子，农夫，和愚拙的妇人，
他们听过之后，
慢慢的低头，
深深的思索，
我听得见“同情”在他们心中鼓荡；

（《假如我是个作家》）

这一类的作品，她写下了二十九通的《寄小读者》，还有《山中杂记》、《寂寞》和《别后》等。另一类作品是以自我为中心的，用作者自己的话说，这些作品“在人间不露光芒”，“更没有人注意”，

只我自己忧愁，快乐，
或是独对无限的自然，
能以自己抒写，
当我积压的思想发落在纸上

（同上）

这一类作品的数量是最多的，引路的孩子也最尽职。可以说，在所有“五四”期的作家中，只有冰心最属于她自己，她的作品中，把自己反映得再清楚也没有了。

冰心的“第三部曲”表示她开始找到了新的引路的孩子，这就是她在一九三一年写的小说《分》，和前面提到的《冬儿姑娘》。《分》是借两个新生的婴儿抒写作者自己的思想，这是一篇严肃的对人生的观察。一家医院里有两个婴儿同时落地，一个是大学教授的儿子，另一个是屠夫的儿子。作者比喻他们为一朵暖房里的小花和一颗道旁的小草。两个婴儿躺在一起，穿着一色的衣服，原也不分贵贱，然而一切的种种将

把他们分开。他们同时离开医院，一个跟父母坐了汽车走了，且将在“划一的温度之下，娇嫩的开放着”。另一个则伏在父亲的肩头上走回家去，迎着扑面的风雪，开始了人生道路的奋斗！这篇《分》跟作者以前的作品很不相同。“至少应说，这位富有强烈的正义感的作家不但悲哀着‘花房里的一朵小花’，不但赞美着刚决勇毅的‘小草’，她也知道这两者‘精神上，物质上的一切，都永远分开了！’”文章最后我引了作者自己的几句诗作为结束：

先驱者！
前途认定了
切莫回头！
一回头——
灵魂里潜藏的怯弱，
要你停留。

这也是我们——我和鲁迅还有其他朋友，在当年对于冰心的鼓励和期望。因为在三十年代中期，对于象冰心这样有正义感的愿意接近我们的“五四”时代的老作家，我们是主张团结、帮助和鼓励的，而不造成冷落、排斥甚至“批判”。

在这里，茅盾先生分析得何等的透彻！

读着茅盾先生有关“我和鲁迅还有其他朋友，在当年对于冰心的鼓励和期望……”的话，以及紧随其后对于冰心的中肯评价，是何等的震聋发聩啊！这就更有力地证明了陈学勇先生杜撰的所谓“鲁迅于冰心不够友善”、“冰心与鲁迅是有隔膜的”等说法，又是何等的不堪一击！

先驱者！
前途认定了
切莫回头！

读着如此激昂的诗句，难道，这不正证明了冰心是一位不断进取，逐步同旧传统、旧观念决裂，名副其实的“五四”传统的忠实继承与守护者吗?!

毋庸置疑，冰心不仅是一位二十世纪中国大地上最受欢迎的高扬和谐、博爱永恒旋律的儿童文学作家，而且，也是自 1917 年新文学运动以来一位紧随民族前进脚步和时代潮流的最优秀的女性作家。尽管她从来不曾被贴上“左翼”的标签。

事实充分说明，在事关大是大非尤其是关乎国家、民族命运的原则问题上，冰心与鲁迅之间断不存在《冰心与鲁迅》一文作者所说的那种“隔膜”。

退一万步讲，即使鲁迅生前持有过类似陈学勇先生文中恣意杜撰的这种极为偏颇的看法，但也毫发无损于冰心作为一个二十世纪华夏最优秀儿女和最优秀母亲的形象。这是因为，历史已经为我们活生生地展现了冰心所独具的人品文品：深受一代又一代祖国花朵喜爱的文学精品；表面看似平静冷漠而内心是燃烧着一团烈火的民族气节和祖国情结；更重要的是，她在亿万中外读者心目中那种谁也无法替代的人格魅力，以及割舍不断的亲和力。

历史同样向我们证实，在那个谁都可以一展风采主办文学刊物，且文学刊物层出不穷又方生方灭，谁都可以投稿发表作品，又谁都可以张扬个性成为作家的二十世纪三十年代，并非堪称优秀的作家都是来自于左翼阵营。同样，并非所有贴上左翼标签的作家，都可以堂而皇之地进入堪称那个年代优秀作家行列的。

（本文刊于2007年3月16日《文汇读书周报》，发表时有删节。）

关于《鲁迅与斯诺谈话整理稿》及其他

——与陈学勇先生同戒：务请尊重历史的事实与魂魄

拙文《鲁迅是与人公开谈论过冰心的》刊出后，陈学勇先生复以《如何解读“鲁迅与斯诺谈话”这份史料》（下称，《如何解读》，但陈学勇先生似是有意漏掉了原题中至关重要的最后三个字：“整理稿”。见 3 月 30 日《文汇读书周报》）作答。笔者读后，深感有必要再与陈学勇先生论辩一下：一是究竟谁在“误读讹用史料”？二是关于《鲁迅同斯诺谈话整理稿》之真实可信程度，及与此谈话之目的是否存在一个面对千百万读者的问题。三是鲁迅生前同人谈话、撰文及书信往来会不会出现错讹的问题。

笔者以为，上述问题，已经不是什么解读不解读的问题，而是一个十分严肃的如何尊重历史的事实与魂魄的原则问题了。

本文首先指出的一点是，在谈论、考证历史问题时，大可不必把现时代一些专家学者的观点、认识，作为主要论据来加以佐证。如陈学勇先生的前一文《冰心与鲁迅》，文章伊始就来了一个“先得说明”，说是有关鲁迅与冰心的话题是“附和”陈漱渝先生的文章，意即是一旦出现差错，他可以不负或少负责任；还有在《如何解读》中引用的姚锡佩女士的论述等。这是因为有关斯诺 1936 年 5 月同鲁迅的这次晤谈，早在《活的中国》一书于 1936 年 10 月英文版问世以后就有了确凿无误的定论。对于负有重要使命的中外友人的到访,鲁迅从不将其记录进日记书信的做法,并不是什么珍稀秘闻,半个多世纪前已为人所知。对此,与之交往过的老一代革命家陈云、陈赓、潘汉年,以及冯雪峰、许广平、蒋锡金、唐弢、楼适夷、李何林等最早一代鲁迅研究专家,在其回忆撰述中都有过类似表述。鲁迅先生的两位晚期弟子——萧军在同我长达九年的交往叙谈时,以 97 高龄逝世的黄源先生生前同我的交谈印证中,也有过类似的表述。

关于斯诺陕北之行的目的

在《如何解读》一文中,陈学勇先生以十分肯定的语气向我们告示道:"鲁迅与斯诺的谈话决非公开行为。斯诺这位进步倾向鲜明的美国记者,除致力翻译左翼作家作品,还准备去陕北革命根据地深入了解那里的文学运动。"

笔者认为,自 1936 年 5 月鲁、斯晤谈以来的七十年间,提出类似关于斯诺"去陕北革命根据地深入了解那里的文学运动"立论的,迄今为止,恐怕仅只陈学勇先生一人,笔者不知道陈学勇先生此说依据何在?请问:《西行漫记》有"陕北革命根据地文学运动"的影子吗?

毋庸置疑,在这里,陈学勇先生愣是向我们开了一个名副其实的国际玩笑。

七十年来为中外史学界人士所熟知的史实,同时也是埃德加·斯诺与当时力促他陕北之行的夫人海伦·福斯特留存的近百万字亲笔文字材料所显示的那样:早在 1932 年的上海,斯诺就曾试图通过中共地下党介绍去江西苏区访问,但未能实现。1934 年初,美国出版商哈里逊·史密斯提议同斯诺签订一项合同,写一本关于毛泽东和红军的书,并预付稿酬 750 美元。但是蒋介石发动了第五次围剿,接着红军被迫突围进行长征。就在这时,斯诺采访了由江西"剿匪前线"到北平协和医院休养的蒋介石,蒋踌躇满志地对他说:"红军已被剿灭,今后不能为患了!"斯诺认为,如果蒋介石宣布的是事实,那么江西红军根据地已不复存在了。于是他只好取消了为史密斯出版公司写书的合同。然而,国民党报纸上那些总是自相矛盾、破绽百出的报道:一会儿宣传"毛泽东已被打死",不几天又出现了毛泽东率领的"赤匪"

向某地“流窜”的消息，这使得斯诺更加坚定起寻找红军寻找毛泽东的信心和决心。次年，英国《每日先驱报》也建议斯诺做一次获得“关于红色中国的真相”的旅行。然而，其时红军正在长征路上进行着一场事关自身命运生死存亡的艰难奋战，自然不存在这种“旅行”的可能了的。斯诺始终认为，自己连一名“红色士兵”都没有见过，要写这么一本关于红军的书是不可能的。他曾对卡尔逊说过这样的话：“中国有句成语‘百闻不如一见’，我只有见到了南京通缉的毛泽东……我也许能解开红军这个斯芬克司之谜。”

1936年春，在亿万民众抗日救国呼声日益高涨的时刻，被蒋介石调往西北围剿红军的东北军将领张学良同中国共产党代表周恩来，于4月9日晚在肤施（今延安）的天主教堂里举行了联合抗日救国的秘密会谈。感召于中国共产党抗日救国、一致对外的政策，张学良与西北军将领杨虎城一道同意停止内战，共同抗日。双方达成协议，将西北交通枢纽西安与陕北保安之间的交通封锁秘密解除了。此时参加过北平“一二·九”运动的东北流亡学生宋黎在西安访问张学良之后，一回到北平就告诉了斯诺这个消息，从而又一次唤起了几个月前挺身走在“一二·九”爱国抗日学生示威行列前面的斯诺访问苏区、寻找毛泽东及其“赤匪”的欲望。很快，斯诺把他要去陕北苏区的想法秘密地告诉了纽约《太阳报》和伦敦《每日先驱报》编辑部，得到了两报的热烈支持。《每日先驱报》还答应负担他此行的全部费用，如获成功则另付给他一笔奖金。同时，美国兰多姆出版社也向他约稿，并预付了少量的稿费。斯诺对妻子说：“机会千载难逢，不能错过。我决定抓住这个机会，要立即动身。”“这样做好极了！”海伦热烈地支持丈夫道。

“也许死亡会粗暴地打断我的访问，使我半途而废。”斯诺不无担心地说道。“无论付出什么代价，你都应该去。如果可能的话，我跟你一起去，我还可以是很好的掩护呢！”海伦进一步鼓励道。

“是的，这次采访的机会太重要了，不要错过，如果有危险，我至少可以拿一点来自慰，就是许许多多中国人已经为这个运动牺牲了性命，为了探明事实真相，拿一个外国人的头颅去冒一下险也是值得的。用中国人的一句成语说，我要破釜沉舟！”斯诺激动地对热心支持他的贤内助说出了他的心声。

其实，早在这之前，斯诺已经向中共北平地下市委书记黄敬提出过去苏区的愿望，尽管黄敬也为此专门请示过主持中共北方局工作的刘少奇，但终因当时的环境所限，未能适时作出安排，于是，斯诺决定转而求助于孙夫人宋庆龄。1936 年 4 月下旬，斯诺南下来到上海，一下火车他就直奔法租界莫里哀路宋庆龄寓所。

宋庆龄对斯诺的意外到来十分高兴。这是她自 1932 年底亲为斯诺与海伦结婚举行宴会分别以来，两人之间的第一次会面。在这之前，宋庆龄已经从一些英文报刊上读到过斯诺关于北平"一二·九"学生运动的一系列报道。她对斯诺夫妇大力支持中国爱国学生抗日救亡运动的举动大表赞赏。而斯诺则迫不及待地向宋庆龄打听关于红军的情况。宋庆龄告诉他：红军长征胜利到达陕北以后已经站稳了脚跟，并同东北军张学良达成了停止内战、抗日救国的秘密协定。这就证实了斯诺前不久在北平获得的消息的可靠性。他当即向宋庆龄提出请她帮助去陕北苏区的要求。

十分幸运的是，就在他从北平启程来到上海的前几天，毛泽东和周恩来自陕北发密电给宋庆龄，请他物色一位客观公正而且同共产国际没有任何关系的外国记者和一名医生到苏区考察，以打破国民党蒋介石的新闻封锁，把中国共产党的内外政策昭示天下，让国际上了解中共的抗日主张，同时帮助苏区和红军改善极为困难的医疗卫生事业。

在宋庆龄的帮助下，于是就有了斯诺与同为美国人后来成为延安乃至新中国医疗卫生事业中坚的马海德博士（原名乔治·海德姆）的陕北之行。而埃德加·斯诺这次陕北之行的目的只有一个，就是采访红军和蒋介石悬赏 25 万大洋要捉拿的毛泽东。自 6 月 3 日离开北平西行，到 10 月 19 日斯诺由苏区返抵西安，四个月的采访，诞生了一部二十世纪的伟大纪实作品，这就是至今仍熠熠闪光的《西行漫记》，又名《红星照耀中国》。二十多年后，斯诺这样写道：1936 年我对中国共产党人的那次访问"是教育兼阅历，入学兼旅游"，是我人生经历的一个重大转折（引自斯诺《红色中华杂记》自序，北京群众出版社 1983 年内部版）。

综上所述，斯诺的这次陕北之行，是他足足酝酿了四五年之久的一个重大计划的付诸实施，为的是将中国共产党领导的红军及民族解放事业，和他们的领路人毛泽东，介绍给整个世界，而决非是陈学勇先生杜撰的什么"去陕北革命根据地深入了解那里的文学运动"。众所周知，当时的陕北苏区也根本不存在什么"文学运动"。斯诺抵达保安的时候，红军在那里扎根不足八个月，他们一边打仗，一边落实共产国际七大精神和中共驻共产国际代表团发布的《八一宣言》，与张学良、杨虎城等国民党爱国将领谈判筹划抗日统一战线。而无论是居住在上海亭子间的作家艺术家，还是植根于各个零散根据地的草根文人，都尚未抵达保安（后来逃脱囚笼的丁玲，是在斯诺离去一个月后才从西安来到保安的）。历史上的陕北苏区，包括后来大批文人云集的鼎盛期的延安，也从来不曾产生过什么单纯的"文学运动"，史学界统称为"文艺运动"——为根据地为八路军为政治服务的大众文艺运动。那个著名的毛泽东的《在延安文艺座谈会上的讲话》，也是这么界定的。毋庸置疑，这是一个基本的历史常识。

关于《鲁迅与斯诺谈话整理稿》的若干问题

在《如何解读》一文中，陈学勇驳斥笔者关于鲁迅斯诺之间"这次访谈的内容，是要面对千百万读者的"见解时，无来由断定笔者是"这话属于他未顾及当时历史环境的猜想"，不仅如此，而且还毫无任何史料依托地作出了"我们有理由设想，鲁迅可能与斯诺约好了谈话不对外报道……"的判断。

据此，陈学勇先生随意性很大地得出了如此这样的结论："斯诺根本无意发表'访谈'，事实上，《鲁迅同斯诺谈话整理稿》始终没有公开披露，不论在中国还是在国外，它在斯诺、海伦夫妇的私人文档里尘封了整整半个世纪，直到五十年后才由访美的中国学者、翻译家安危先生偶然得知，译成中文发表于一九八七年第三期《新文学史料》。"

史实果真是陈学勇先生断定的吗？

历史有它的延续性，历史是不可割裂的。

事实上，鲁迅接受斯诺的访谈的一些内容，早在1936年10月就已经向世界上的千百万读者公开了。

1936年10月下旬，伦敦乔治·G·哈拉普公司出版了斯诺花费近五年时间精心编就的《活的中国》(《Living China》(副标题是"现代中国短编小说选")一书。该书序由斯诺亲撰，尼姆·威尔士（即海伦·福斯特的笔名）所撰写的《现代中国文学运动》一文，作为《活的中国》附录一收入。而《现代中国文学运动》一文，正是以鲁迅与斯诺的这次访谈为依托而撰写的。

海伦在1936年6月最终修订完毕的该文中写道：

毫无疑问，鲁迅是中国所产生的最重要的现代作家。他不但是一位创作家——多半是中国最好的短篇小说家，也是一位活跃的知识界领袖，是最好的散文家及评论家之一。既然他是中国最受尊敬的评论家，在这里值得援引一下最近他在一次与埃德加·斯诺的谈话中所发表的意见：

> 自从新文学运动开始以来，茅盾、丁玲女士、郭沫若、张天翼、郁达夫、沈从文和田军大概是所出现的最好的作家。这里包括了最好的短篇和长篇小说家，到现在为止，还没有真正重要的小说家。沈从文、郁达夫、老舍等人的“小说”实际上只是中篇小说或长的短篇小说，他们是以短篇而闻名的，不是由于他们对长篇小说的尝试。
>
> 在近代中国文学的发展史上，短篇小说比任何其他文体更具有重要性。它在技巧、素材、风格——老实说，在一切方面，对中国文学传统来说，都差不多是崭新的，而戏剧则有不少可以从过去借鉴的。最好的戏剧家有郭沫若、田汉、洪深和一个新出现的左翼戏剧家曹禺。
>
> 在诗歌方面，冰心、郭沫若和胡适同旁的人写得一样好。不过中国新诗好象还只是在尝试阶段。迄今为止，我们的新诗是失败的。散文方面更有成就一些。重要的散文家有周作人、林语堂、陈独秀和梁启超——著名的清代学者，他是现代文学运动的前驱。
>
> 当前我们最好的作家几乎毫无例外都是左翼的，因为只有他们所写的内容才有充分的生命力，足以引起知识界认真的注视。最优秀的左翼作家有茅盾、丁玲女士、沙汀、柔石、郭沫若、张天翼、田军、叶紫、艾芜和周文。田军（真名萧军）的妻子萧红是最有前途的女作家，看来她有可能接替丁玲女士，正如丁玲接替了冰心女士。
>
> 中国文学的发展不可能经历一个真正资产阶级的时期，正如它在政治上的发展不可能经历一个独立的资产阶级时期一样。时间来不及，我们没有选择的余地。今日中国唯一可能的文化是左翼革命文化，否则就只有接受侵略性的帝国主义文化，那就意味着完全没有独立的民族文化。“当世界其他地方在使用飞机的时候，中国不能仍有旧式火

轮——生活上是这样,艺术上也是这样。我们得向前飞跃,奔向当前世界上最有价值,最有意义的事物。”

正因为我们是从封建的社会概念飞跃到无产阶级的文化概念,所以现代中国文学的基础才这样差。这一方面,中国文学的发展在世界上很可能是绝无仅有的。甚至在文艺复兴运动初期,就有这样强烈的左的倾向。奇怪的是中国并没产生任何重要资产阶级作家。连林语堂也不能算作资产阶级的,他属于从封建背景产生出来的古老的学院派文学传统,多于近代的资产阶级概念——实际上,他讽刺的正是那些。冰心也不属于资产阶级。她的作品几乎都是为儿童写的。她在作品中从没提出过任何文化问题。

同时,倘若说来自农民、工人中的真正的“无产阶级”作家还没有在中国出现,这一点不假。左翼文学仍然只局限在革命知识分子和小资产阶级的圈子里。

只要比对一下《鲁迅与斯诺谈话整理稿》,我们就不难看出,海伦引用的这段话有着惊人的一致。乔治·G·哈拉普公司出版的这个《活的中国》英文版于同年底进入中国市场,据了解,上海图书馆和徐家汇藏书楼以及首都图书馆、北京图书馆、北京大学、人民大学等就有这个版本。

在这里,尤其要指出的是,早在1936年的八九月间,明确标注有鲁迅与斯诺这次访谈内容的《中国现代文学运动》一文,就已经发表在了伦敦的《今日生活与文学》杂志上,从而为不日出版的《活的中国》一书起到了一个很好的先导作用。

而且,海伦·福斯特于1936年6月根据鲁迅与斯诺访谈内容写就的这篇《现代中国文学运动》,由萧乾夫人、著名翻译家文洁若翻译成中文,刊登在1978年第一期(创刊号)《新文学史料》上。发表的时间要比刊登谈话整理稿原件早九年!就在这一期《新文学史料》上,专门编就了题为《关于活的中国》的一组特辑,除尼姆·威尔士的《现代中国文学运动》外,还刊有萧乾先生的《斯诺与中国新文艺运动——记〈活的中国〉》一文,斯诺亲笔撰写的编者序言,《活的中国》目次,杨刚的《评〈活的中国〉》,以及参考书目——《活的中国》附录二等。

1983年4月,《活的中国》一书的中文版正式面世,它由湖南人民出版社出版,首印26 500册,版权页标注:埃德加·斯诺主编;中文材料记录者陈琼芝;英文材料翻译者文洁若;编辑朱正。随着该书中文版的在中国发行,越来越多的读者读到了海伦引述的鲁迅对于中国新文学运动的精辟见解。这就从根本上击破了陈学勇先生关于在1987年8月22日(指该期《新文学史料》发行日)之前"始终没有公开披露"和什么"鲁迅可能与斯诺约好了谈话不对外报道"的毫无史料依据的捏造"结论"!

陈学勇先生还在其文中提及了《新文学史料》为发表《鲁迅与斯诺谈话整理稿》所加的编者按。但陈学勇先生在引用时却完全根据自己个人所需,割裂其他特别是编者按重点说明的两个问题,一是"这份经过整理的资料,主要是采访鲁迅的纪要,所记鲁迅的观点,大体符合鲁迅的思想"——而这段表述,恰恰紧紧排在陈学勇先生引述的"这样的整理稿不能等同于鲁迅手笔的正式文章"的前面!不知陈学勇先生为何视而不见。二是《编者按》向广大读者预告的一个至关重要的信息:"我们拟请一些老同志和研究者举行座谈或撰写文章,于本刊发表。"现将该期《新文学史料》的《编者按》全文辑录如下,以供广大读者和学者明辨是非。

编者按:

这是一份珍贵的历史资料。翻译家安危,去美国讲学期间,与海伦·斯诺共同工作了一段时间。在翻阅埃德加·斯诺遗物时,偶然发现了这份文稿。经过半个世纪社会变乱的风风雨雨,原稿完好保存,弥足珍贵。

斯诺根据记录稿,并加上自己的理解,以及通过其他途径得来的资料,进行了综合整理。这份经过整理的资料,主要是采访鲁迅的记要,所记鲁迅的观点,大体符合鲁迅的思想。当然这样的整理稿不能等同于出自鲁迅手笔的正式文章,也是毋庸置疑的。

鉴于当时历史条件的局限,他们之间的谈话难免不受某种时代环境的影响。比如,文稿中有明显的讹误不准确的措辞等等。但是,为了保持文稿的原貌,我们将原件译稿全文刊出,并请安危同志写了一篇《鲁迅和斯诺谈话的前前后后》同时发表,相信读者会按照历史唯物主义的观点去正确鉴别和分析。我们拟请一些老同志和研究者举行座谈或撰写文章,于本刊发表。

我刊本期发表这份资料，正值海伦·福斯特九月二十一日八十寿辰之际，借以表示热诚的庆贺；同时，今年二月十五日是埃德加·斯诺逝世十五周年忌辰，在此表示深切的怀念。

《编者按》中所预告的座谈会很快就付诸于实施，于一个月后的1987年9月25日举行。主持人为时任《新文学史料》主编的牛汉先生，与牛汉同为《新文学史料》主编、时任人民文学出版社社长的陈早春，以及副主编胡德培。“老同志”共五人，他们是唐弢、卞之琳、楼适夷、萧乾、臧克家，这五人全是从鲁迅时期过来的著名作家和学者，其中萧乾、臧克家因事缺席，但都送达了由他们亲笔撰写的解读文章。“研究者”为五人，他们是《鲁迅与斯诺谈话整理稿》一文的发现者和译稿人安危（出席这次座谈会时，他与海伦·福斯特已保持了九年之久的往来友谊，并与夫人一道翻译出版了海伦·斯诺的多部著作）；鲁迅研究专家陈漱渝先生；现代文学研究工作者、中国社会科学院文学研究所的张大明先生与徐迺翔先生；以及《鲁迅与斯诺谈话整理稿》一文及相关文章的责编张小鼎先生等。

这次座谈会的发言（含缺席者）纪要全部刊登在了1988年第一期《新文学史料》上，这同样“好在不难找”。不知陈学勇先生为什么不根据《编者按》指引的方向，去认真地浏览一下呢？这是因为，所有与会者一致赞同1987年第三期《编者按》的立场，即“原稿完好，弥足珍贵”与“斯诺根据记录稿，并加上自己的理解，以及通过其他途径得来的资料，进行了综合整理（这也正是斯诺的可贵之处，不偏听偏信一个人的见解，进行全方位考证，他并不因为鲁迅是中国现代文学之父而笃信其全部见解——秋石注）。这份经过整理的资料，主要是采访鲁迅的记要，所记鲁迅的观点，大体符合鲁迅的思想。当然这样的整理稿不能等同于出自鲁迅手笔的正式文章，也是毋容置疑的。”与会者还高度赞扬了安危先生为此作出的贡献。

关于鲁迅言行书信有否偏差的问题

笔者在拙文《鲁迅是与人公开谈论过冰心的》中指出：“鲁迅在回答问题时表述也会出现一些偏差，乃至比较明显的与现实脱节的失误。最终整理时，斯诺夫妇依据自己掌握的最新权威资料作了一些纠偏。”对此，陈学勇先生在《如何解读》一文中用了“秋石先生竟轻率地批评”及“秋石先生文章把斯诺的讹误算在鲁迅头上，有点草草。可谓误读错用史料一例。而对史料不作研究，误读错用，对学术无补与空论无异，我愿和秋石先生共同引以为戒”等词句，加以全然不顾事实的歪曲和指斥。

上述，是陈学勇先生不及细看《鲁迅与斯诺谈话整理稿》及不读鲁迅相关书信之后的又一武断结论！而且，更为可悲的是还夹杂有同我们这个时代格格不入的个人迷信，似乎作为伟人名人的鲁迅是不会出现偏差与错讹的。

在这里，笔者别的且不论，单就《鲁迅与斯诺谈话整理稿》一文来看，就存在着因环境险恶、情况不明产生的鲁迅回答之错讹。

整理稿中，在回答斯诺夫妇提出的第三个大问题，即“包括诗人和戏剧作家在内最优秀的左翼作家有哪些?”时，鲁迅在一一列举“最优秀的左翼作家”七人名单之后，专门谈到了丁玲。斯诺这样记录道：丁玲是左翼作家，可是自她被捕，与冯达(原是左翼作家，后来成了叛徒)结婚以后，鲁迅认为她完了……

先谈鲁迅认为丁玲“她完了”的看法，且不论与事实有着多大的出入，但确确实实来自鲁迅内心的认识。这是有此前鲁迅书信为证的，而且鲁迅书信也有一个丁玲从“死”到“活着”到“丁玲还活着，政府在养她”“便此后大约未必再有文章，或再有先前那样的文章，因为这是健在的代价……”的完整演绎过程。

请看鲁迅亲笔所为：

一九三三年六月三十日《我的种痘》：

> 整整的五十年，从地球年龄来计算，真是微乎其微，然而从人类历史上说，却已经是半世纪，柔石丁玲他们，就活不到这么久。

一九三三年八月一日致科学新闻社信：

> ……至于丁玲，毫无消息，据我看来，是已经被害的了，而有些刊物还造许多关于她的谣言，真是畜生之不如也。……

一九三三年九月二十一日致曹聚仁信：

旧诗一首，不知可登《涛声》否？

注：这里所指的“诗”，系指鲁迅作于1933年6月28日（据鲁迅日记载）的《悼丁君》一诗。诗如下：

悼　丁　君

如磐夜气压重楼，剪柳春风导九秋。

瑶瑟凝尘清怨绝，可怜无女耀高丘。

另注：1936年10月19日鲁迅逝世后，正在西安等待去苏区保安的丁玲以“耀高丘”之名给上海的许广平发了唁函。

一九三四年九月四日致王志之信：

……丁君确健在，但此后大约未必再有文章，或再有先前那样的文章，因为这是健在的代价。……

一九三四年十一月十二日致萧军萧红信：

……蓬子转向；丁玲还活着，政府在养她。

显然，活生生的事实与鲁迅“完了”的认识存在着很大的差距，于是便有了整理稿上继“鲁迅认为她完了”之后斯诺的另一个表述：“萧乾不同意这个看法，称他最近从丁玲那儿得到一个短篇小说，这是她三年来（指被捕、囚禁以后）写的第一篇。她的作品毫不含糊地表明，她的思想没有改变。”

关于整理稿中记述的在丁玲问题上的鲁迅错误看法，以及斯诺给予的纠正，当事人萧乾先生在提交座谈会的书面发言中，则作了一个非常符合当时实际又非常符合老友斯诺为人为文严谨、公正一贯作风的说明。萧乾先生写道：

整理稿中有一处涉及我个人。在问题之三中，谈起丁玲，斯诺说：“鲁迅认为她完了。萧乾不同意这个看法”。乍读起来似给人以这样的错觉：仿佛鲁迅、斯诺和我三人在议论丁玲，而我（当时仅是个二十几岁的小伙子）同鲁迅针锋相对，甚至显得我多么高明。

事实是：

1. 丁玲在沪被捕时，我还在燕京念书，1935年我接编《大公报·文艺》，1936年又兼编津沪两地的《文艺》，坐阵上海。36年我得知丁玲出狱，当时出于当编辑的一种本能，我立即搭沪宁夜车去南京，找到她，并向她组稿。承她把出狱后第一篇小说《松子》给了我，我也马上把它刊登出来。

2. 作为一个精明的记者，斯诺在征询我对丁玲的看法时，不曾也不会把鲁迅对她如何看法告诉我；那样就会影响了我回答的真实性。我对她狱中生活一无所知。我回答的根据，也只能是我当时所经手的她的稿子。记得《松子》是以同情的笔调写贫苦农民的。

事实也正如斯诺标注、萧乾坚持的那样：在丁玲遭幽囚获得有限自由的后期，也就是 1936 年的南京时期，丁玲一共写了五个短篇小说，即《松子》、《一月二十三》、《陈伯祥》、《八月生活》和《团聚》。《松子》是第一篇，发表在 1936 年 4 月 19 日的由萧乾主编的《大公报》文艺副刊上。故而斯诺夫妇记有“萧乾不同意(鲁迅)这个看法”的重要更正文字。显然，斯诺在访谈鲁迅之后，对鲁迅的其中一些看法拿摸不定，故而也征求了一些人的意见，如萧乾、杨刚、郑振铎等以及其他一些人。对此，萧乾、杨刚的回忆中有所涉及。

至于为什么这是一个整理稿呢？对此，安危先生在与海伦·福斯特叙谈、印证后得出了以下这样的结论，或者叫做说明也好。

这次在上海采访鲁迅，虽是斯诺夫妇的共同愿望，但其时海伦并未南下，仍留北平。斯诺既不能为了省事，把记录手稿交给海伦去看，使她摸不着头脑，又不能等他返回北平后，当面对海伦详述，因为他回去后，将立即出发前往陕北。所以谈话纪要基本上是以第三人称整理出来的……

诚如《新文学史料》在刊发“整理稿”时指出的：“斯诺根据记录稿，并加上自己的理解，以及通过其他途径得来的资料，进行了综合整理……”

还需要说明的是，正如史料“编者按”指出的那样：“鉴于当时历史条件的局限，他们之间的谈话难免不受某种时代环境的影响。比如，文稿中有明显的讹误或不准确的措辞等等……”显然，这里指的是交谈双方都存在着一些错误的表述，并不局限于斯诺本人。随后为此举行的“老同志”和专家、学者座谈会的发言，也证实了这一点。

在这里必须指出的是，坚持独立思考，不迷信伟人名人不盲从一家之言的求真和率直精神，贯串了斯诺的一生。1970年斯诺访问中国时，毛泽东与斯诺进行了长达5个小时之久的推心置腹的谈话。作为毛泽东的唯一外国知己，斯诺向毛泽东直言不讳地谈到中国存在“个人崇拜”的问题，说出了当时在中国无人敢公开讲的心里话。毛泽东则坦诚地承认这是事实，说“四个伟大讨嫌”，高度赞赏斯诺对他不说假话，保持独立思考，没有受这一套的欺骗是对的。

会上，同鲁迅有过较为密切交往，并对其言谈行文举止研究甚深的唐弢先生的发言，则是比较全面、深刻、中肯，而又贴近当时的史实。唐弢先生指出：

> 这份史料非常重要，在许多地方体现了鲁迅对中国革命、文化、文学、作家、文学体裁等方面的重要看法。如：鲁迅认为，“中国可以经过资产阶级的政治发展阶段，却再也不能经过一个资产阶级的文学发展阶段。”这就说明政治上需要补课，要经过一个商品经济阶段，很有远见。文化上别无选择，时间也来不及了，这一思想受到了来自苏联的文化发展观的影响——文化应走在政治革命的前头。“因为由封建主义观念到无产阶级文化观念的大飞跃，现代中国文学的基础，才到了如此之差的地步。”这确是鲁迅的重要创见。
>
> 当然，这篇史料因是一个外国记者的记录整理稿，斯诺记录时通过口译，匆匆忙忙，记录稿又未经鲁迅本人过目，不免有一些弄错了的地方。总之，这份谈话记录稿的内容大都符合鲁迅的思想，它的重要性和真实性是不容怀疑的，但也确有不少舛误，有待进一步探讨。关于这些，我已为《人民日报》写了一篇文章。（参见1987年10月15—16日《人民日报》——引者注）

臧克家先生在书面发言中充分肯定了斯诺的贡献和作用，及受夫人海伦委托所进行的这次访谈的主要目的。他指出：埃德加·斯诺，同情中国革命，赞扬共产党，对左翼作家心怀敬意，特别是对鲁迅、茅盾、郭沫若更是钦佩。他之所以访问鲁迅，提出三十年代文坛情况、作家倾向等问题，意在掌握全部情况之后，好向全世界报道，以张左翼声威。他与鲁迅的谈话，使他确认左翼作家是整个文坛上的领导力量，没有别的力量可以与之抗衡或并驾齐驱。

在鲁迅先生言谈举止存在不存在错讹的问题上，座谈会上有两位专家的发言很有代表性，也很有说服力。一位是臧克家老先生，一位就是你陈学勇先生"附和"过的陈漱渝先生。臧克家先生在书面发言中指出：

> 五十年前，中国革命的老朋友埃德加·斯诺和海伦·斯诺夫妇，这么关心我国的革命事业和文学发展，是令人感动的。鲁迅的答问，概要的对他谈了当时文坛的概况，从这些谈话中，可以看出鲁迅的思想立场以及对文艺的看法，这都是很珍贵的历史材料。今之视昔，觉得其中也有一些含混不清，不够实事求是的地方，一个人，他见识再高，也不能事事完全正确，永无缺陷。

时为中年学者的陈漱渝先生在座谈会上的发言颇有见地。我想陈漱渝先生的这个发言，对你陈学勇先生诸如"五四把冰心震上文坛，却没有使她思想焕然一新，存留着相当的旧传统"的恣意发挥，诸如你关于这次访谈鲁迅不该有错讹的迷信意识，是大有裨益的。陈漱渝先生发言道：

> 刚才听了几位前辈和专家的发言，颇受启发。我以为，斯诺不是一般的记者，而是在一定程度上推动了历史进程的国际著名记者；鲁迅也不是一般作家，而是被誉为"人类明灯"的伟大作家。现在，这两位著名人物半个世纪之前的谈话被发现和披露，确实很难得。它是对二十世纪、三十年代中国文学宏观考察的一份宝贵文献。鲁迅在谈话中不仅提出了很多新的、重要的见解，如唐老上面所谈到的；即使卞老提到的鲁迅关于新诗的看法，貌似偏激，但我认为也符合鲁迅的思想，是一种"鲁迅式的偏激"。谈话中还涉及了一些史实，如1934年8月23日，鲁迅因内山书店两名职员被捕而离寓避难，内情不详，我们在编《鲁迅年谱》时也没有全搞清楚。这份谈话稿中提到了这件事，有史料价值。
>
> 以谈话的形式谈文艺问题，优点是比较坦诚，彼此均少拘束；缺点是即问即答，措词不可能跟形诸文字那样经过严格的筛选斟酌。尤其需要指出的是，提问者的水平、问题本身的质量对答问者水平的发挥有很大的影响。海伦·斯诺译介中国新文艺的热忱是令人感动的，但她

对中国现代文学的状况毕竟十分隔膜，比如“归隐派”、“独立派”、“无党派浪漫主义”的划分，就既不科学，也不符合中国现代文艺运动的实际。又比如“左翼”和“右翼倾向”的划分，也不很精确，象张天翼，楼适夷这样的作家，是名副其实的左翼作家，而不是仅仅具有“左翼倾向”。

基于上述情况，我们在利用这份谈话记录的时候，有两条原则必须掌握。一是要联系鲁迅谈话的历史背景，二是要联系鲁迅其它有关论述。比如鲁迅对萧军萧红作品的奖掖推崇，只有联系当时抗日救亡的大背景才能准确理解，而不能采用某些文摘报刊的做法，从鲁迅谈话中孤立摘出只言片语加以渲染。尤其要顾及鲁迅对同一作家或同一问题的有关论述。谈话中说：“鲁迅不喜欢但丁”，而鲁迅在其它作品中却多次给但丁以很高的评价。

总之，鲁迅是伟人，不是完人。他的著作和谈话固然随处都闪烁出睿智的思想火花，但也并非句句是真理。在鲁迅研究领域中，我们要开展在科学研究基础上的百家争鸣，所反对的仅仅是那种出于哗众取宠动机恣意贬鲁迅的不良倾向。

在本文行将结束时，笔者深感有必要披露两件事，一件是当初安危先生将《鲁迅与斯诺谈话整理稿》精心翻译完毕后，国内曾有多家权威杂志争相要求刊登，但最终，安危先生将目光投向了《新文学史料》。这是因为《新文学史料》不仅拥有其庞大的读者和学者群，而且还拥有为数不少的与鲁迅交往过的前辈作家、学者。

另一件事是，笔者在读到陈学勇先生杜撰的《冰心与鲁迅》一文时，曾与鲁迅研究专家陈漱渝先生沟通过。在约略听完我的不同看法和表述后，陈漱渝先生先是坦率地承认陈学勇一文是受了他的影响。其后他更坦率地承认：在论述这个话题时，却忘了关注《鲁迅与斯诺谈话整理稿》及《活的中国》附录的尼姆·威尔士的《现代中国文学运动》一文了……陈漱渝先生的这两个坦率，表现了一个史家应有的气度和有错必纠的求真精神。

其实，有关鲁迅是否一贯正确及其行文谈话有无错讹的问题，早已被鲁迅同时代的前辈作家加以澄清和批驳。记得具有划时代意义的中共十一届三中全会召开后的第一个鲁迅逝世纪念日，曾与鲁迅一起并肩作战多年的战友茅盾先生，针对十年动乱中“四人帮”一伙对鲁迅研究的干扰与破坏，在其《答〈鲁迅研究年刊〉记者的访问》一文（刊 1979 年 10 月 17 日《人民日报》）中，即有深刻的表述。

至于陈学勇先生在《冰心与鲁迅》一文中独出心裁的那个“五四把冰心震上文坛，却没有使她思想焕然一新，存留着相当的旧传统”的表述或立论，相信这不能代表鲁迅的本意，实际上鲁迅也从没说过类似的话。而且，如同陈学勇先生在《如何解读》一文中关于 1936 年斯诺陕北之行是“准备去陕北革命根据地深入了解那里的文学运动”的“创新”立论一样，既没有任何史料可以佐证，而且也是迄今为止提出这一空穴来风式论点的唯一学者。

注：

本文在撰写过程中，先后得到鲁迅研究专家陈漱渝先生，现代文学研究专家张小鼎先生，前《新文学史料》主编、著名诗人牛汉先生，拥有多部斯诺研究专著的资深三 S 研究专家武际良先生，前中国作家协会外联部主任、《文艺报》主编金坚范先生，萧乾夫人、著名翻译家文洁若先生，延安文艺老战士陈明先生以及已故鲁迅学生黄源的亲密战友、新四军老战士巴一熔先生提供的及时帮助，一并表示感谢。

又：今年，适逢毕生都在对伟大中国奉献着光和热的著名国际友人海伦·福斯特·斯诺诞辰 100 周年、逝世 10 周年，及其延安之行 70 周年，笔者同时以此文，予以最诚挚最虔敬的纪念和祭奠。

2007.4.2—4.10 昆山香樟园寓所

（本文刊于 2007 年 5 月 9 日《文汇读书周报》，发表时有删节。）

"鲁迅是教我懂得中国的一把钥匙"

——纪念埃德加·斯诺与姚克诞辰100周年

今年,是伟大的国际主义战士、中国人民的老朋友、美国著名记者埃德加·斯诺诞辰100周年(1905年7月19日出生于美国密苏里州堪萨斯城),同时又是他的亲密战友、我国著名翻译家、剧作家姚克诞辰100周年(1905年1月24日出生在浙江省杭县)。值得一提的是,1936年5月,在姚克陪同下,鲁迅先生在家中亲切地接待了斯诺先生,同其进行了一次具有深远历史意义的谈话。在这次长时间的晤谈中,鲁迅先生详尽地回答了斯诺先生提出的有关中国新文学运动的一系列问题。此外,斯诺还与姚克通力协作,将鲁迅及中国左翼作家的代表作源源不断地介绍给西方世界的广大读者,其经典之作是迄今仍在熠熠闪光的《活的中国》……

姚克,原名姚志伊,学名姚莘农,于上个世纪二十年代毕业于苏州东吴大学文学系。二十年代末叶起,姚克凭藉其娴熟的英文技巧,在英美人办的《字林西报》、《密勒氏评论报》和《亚细亚》杂志上频频发表文章,重在介绍鲁迅著作,并由此结识了刚刚抵达中国不久的美国青年记者埃德加·斯诺。不久,出于同样的对鲁迅先生的崇敬心情,自《呐喊》着手,俩人携手同译鲁迅著作。三十年代初,斯诺在北京撰写《鲁迅评传》,正是由姚克一手译成中文,并亲寄鲁迅本人审阅。

在我国新文学史上，姚克有着其独特的不可估量的一席之地。1933年3月7日，他同鲁迅的初次会面，便在鲁迅的脑中留下了"有真才实学，是个切实做事的人"的深刻印象。而且，正是这个姚克，将美国人民的友好使者埃德加·斯诺同中国现代革命文学的奠基人鲁迅紧紧地维系在了一起，从而为二十世纪的中国文坛和世界文坛留下了一段佳话。

深厚诚挚的友谊

把鲁迅著作翻译成英文，让世界人民知道"中国的伏尔泰"(斯诺语)，这是斯诺和姚克从一开始携手就立下的共同心愿，也正是这个心愿，缔结了这两位不同国籍的青年才俊同鲁迅先生之间深厚诚挚的友谊。

《呐喊》，是两人联手翻译的鲁迅的一篇重要著作。为征求鲁迅本人的同意并解答翻译中面临的疑难问题，尤其是作品中鲁迅独特的语言、对白，以及博大精深的思想内涵，姚克于1932年12月4日写信寄请北新书局代转鲁迅先生。但这封信直到次年3月5日才和姚克于1933年3月3日发出的第二封信一起转到了鲁迅先生的手中。鲁迅当天即复信于姚克，并告知了今后写信的快捷地址及会面地点。鲁迅写道："三月三日的信，今天收到了，同时也得了去年十二月四日的信。北新书局中人的办事，散漫得很，简直连电报都会搁起来。所以此后赐示，可寄'北四川路底、内山书店转、周豫才收'，较妥。""先生有要面问的事，亦请于本月七日午后二时，驾临内山书店北四川路底，施高塔路口，我当在那里相候，书中疑问，亦得当面答复也。"

鲁迅逝世后，姚克在其《最初和最后的一面》的悼文中这样回忆道："一九三三年三月七日是个可爱的日子。而我呢，这也是个极可纪念的日子。在那天下午二时，我初次见了鲁迅先生。"

姚克按时来到了内山书店，向书店老板内山完造先生说明来意后，内山把姚克引到店堂后面早已等候着的鲁迅先生跟前。待姚克落座后，鲁迅先生不加客套，就直截了当地谈起翻译中遇到的"三百大钱九二串"、"猹"(关于"猹"，鲁迅承认："这猹字是我自己造的"。不是刺猬但比刺猬大，"大概是'獾'一类东西罢"。鲁迅还承认，有关"猹"的来源，"是乡下人说的，我也不大了然。"而"三百大钱九二串"一说,则为绍兴人特有的表达方式。——秋石注)等一些问题,并且不厌其烦地一直解释到对方完全弄明白为主。谈话中,姚克被鲁迅谈吐中的完全平等所深深打动,初见面那一刻的拘谨顿时烟消云散。接下去,俩人又谈了一些有关文学文化的情况。当鲁迅谈及:"不错,中国的文化也有美丽的地方,但丑恶的地方实在太多,正像一个美人生了遍体的恶疮。若要遮她的面子,当然只好歌颂她的美丽,而讳隐她的疮。但我以为指出她的恶疮的人倒是真爱她的人,因为她可以因此自惭而急于求医。"鲁迅的诚挚,鲁迅谈话回答问题时的诙谐及一语中的,姚克被完全吸引住了。这一天,直到临近天黑,姚克方才带着极大的满足向先生告辞而去。

对于这次会见,双方都留下了较为深刻的印象。鲁迅后来同朋友谈起姚克时说道:"别看他西装革履,倒有真才实学,是个切实做事的人。"而姚克则在《最初和最后的一面》悼文中谈及了自己那一天的感受:"最先感觉到的当然是欢欣:再过几分钟就可以见到我一向憧憬着的鲁迅先生了!随后我自己一忖:我是新近才写起文章来的,而且寥寥的几篇还是用英文发表的,文坛上绝对没人知道我的名字。鲁迅先生恐怕会瞧不起我吧?其次,我又想起他是左翼文坛的领袖,最讨厌的是浮滑的'洋场恶少';而我那天恰穿着一套崭新的洋服,头发也梳得光光的,只怕被他斥辱一顿。而他骂起人来是会使受骂者藏身无地的啊!"姚克还写道:我初见他的时候就觉得自己似乎矮了半截。但他并没有一点吓人的"大师"派头和"学者"架子,也没有那种谦虚得要命而圆滑得可怕的"君子"之风。

自此之后,姚克在与鲁迅信来信往的同时,也时时前往拜访,虚心求教。其时,为正在翻译中的英译本《鲁迅短篇小说集》(后成为《活的中国》一书的第一部分——秋石注)的需要,埃德加·斯诺正在撰写一篇题为《鲁迅评传》的介绍文章,因而,他极盼得到鲁迅先生的一帧近照以辅之。经姚克转达后,鲁迅就拿出一些照片让姚克挑选,但姚克看后,觉得都"不能把他的性格传出神来",于是,提出若鲁迅方便的话请重拍一张。姚克还请求与鲁迅先生合一个影准备将来以一个鲁迅著作译者的身份一起刊登在海外的刊物上。对此,鲁迅欣然表示同意。1933 年 4 月 13 日,姚克邀请鲁迅先生至家中晚餐,特备了二斤绍兴花雕酒和几样精致的家常菜。俩人边吃边谈,从文学创作、名著翻译谈到时下流行的漫画、木刻,以致于竟忘了原定饭后同去照相馆留影的打算。直到一个多月后的1933年5月26日下午,姚克陪同鲁迅先生一起来到位于南京路上的雪怀照相馆,照了两张照片。一张是鲁迅的单身半人像,拍摄效果甚佳,鲁迅本人也深感满意。在赠与亲朋好友的照片中,也多是这张半身像——笔者在其学生黄源先生处也曾见过此照。此照片最早与斯诺撰写的《鲁迅评传》一起,刊登在1935年1月出版的美国《亚细亚》杂志上,以后又刊登在1936年底英国伦敦出版的《活的中国》一书的扉页上。鲁迅逝世后于万国殡仪馆供人吊唁的巨幅遗像,就是由这张单人照放大而来。另一张则是鲁迅与姚克俩人并立的大半身像。有一段时间,姚克在北京除与斯诺合作翻译外,还经常为中、英文报刊写稿。他曾写信告诉鲁迅说,他有志于创作,写小说和写些对中国当代文学的评论。对此,先生很高兴,多次予以鼓励。他在1934年1月25日的信中说:"先生作小说,极好。其实只要写出实情,即于中国有益,是非曲直,昭然具在,揭其障蔽,便是公道耳。"同年2月20日、3月6日,又在信中写道:"先生能发表英文,极好,发表之处,是不必太选择的。""关于中国文艺情形,先生能陆续作文发表,最好。我看外国人对于这些事,非常模糊,而所谓'大师''学者'之流,则一味自吹自捧,绝不可靠,青年又少有精通外国文者,有话难开口,弄得漆黑一团。"

通过这个时期的不断交谈和通信,鲁迅对姚克更加赏识和关怀,引为忘年之交,乃至以"吾友"相称。姚克也因受知于先生,得到更多的教益和鞭策。

1934年4月12日,鲁迅写信给姚克说:"向来索居,近则朋友愈少了,真觉得寂寞,不知先生至迟于何日南来,愿得晤谈为幸耳。"5月间,姚克从北京南返,一到上海,即去拜访鲁迅先生,未遇,留条内山书店。先生见条后,立即复信说:"今日往书店,得见留条,欣幸之至。本星期日(二十七日)下午五点钟,希'惠临施高塔路大陆新村第一弄第九号',拟略设菲酌,藉作长谈。令弟是日想必休息,万乞同来为幸。"在信中,鲁迅还极为细致周到地指引道:"大陆新村去书店不远,一进施高塔路,即见新造楼房数排,是为'留青小筑',此'小筑'一完,即新村第一弄矣。"这是先生第一次把当时很少有人知道的住址告诉姚克,是对姚克兄弟俩的莫大信任。从此姚克成了先生家中常客之一。先生有时也请夫人许广平亲来姚克寓所联系，交往更趋密切。

在姚克与鲁迅交往的四年间，鲁迅日记中有关姚克的信息多达95处，姚克致函先生52封，多是因翻译鲁迅著作求教于先生，鲁迅则复函29封，两人见面交谈也有数十次。鲁迅不但不厌其烦地一一回答姚克需要解决的问题，而且还就做人作文观察社会给了姚克不少教诲。对待姚克如此，对待斯诺和姚克的朋友，鲁迅也一样竭尽全力给以帮助。1935年夏，姚克的朋友，另一位青年画家王钧初，在斯诺安排下从北京来上海，住在姚克处，准备去苏联学习。经姚克介绍，得到鲁迅先生的热情关怀和帮助，不仅代为联系咨询，并且设法请国际友人购买了王钧初所作的三幅油画，解决了他出国的旅费问题。王钧初对鲁迅先生感激万分。9月1日，姚克陪他去先生家告别，他特地作了一幅工人、农民、学生三个青年在一起读《呐喊》的油画，送给先生。先生赠王钧初和姚克《北平笺谱》各一册。

姚克与鲁迅先生的交往，虽然前后只有四年，但在鲁迅先生的熏陶下，他不仅结识了不少左翼文艺工作者，积极参加左翼文艺界的一些活动，还在向世界介绍中国的文化艺术、沟通中外文化交流方面作出了贡献。仅在1935年到1937年间，姚克以旺盛的精力，在英、中文刊物上，发表了许多文章，除介绍鲁迅的一些重要作品外，还系统地评述中国戏剧从元曲、昆曲到现代话剧和电影的发展，翻译昆曲《贩马记》、京剧《打渔杀家》、现代剧《雷雨》等剧本，还为《译文》翻译介绍西方进步作家的作品。他翻译的肖伯纳的《魔鬼的门徒》被列为《译文》丛书之一。这是姚克的译著高峰期，取得的重要成就是同鲁迅先生的指引和鼓励分不开的。

姚克最后一次与鲁迅会面，是在鲁迅逝世前一个月的1936年9月22日下午。那天，姚克是给鲁迅送两本书去的。一本是姚克翻译的萧伯纳的戏剧《魔鬼的门徒》，还有一本是美国刚刚出版的《亚细亚》杂志九月号，在这一期《亚细亚》杂志上，有一篇是经姚克亲手翻译的鲁迅先生所著《野草》集中的散文《风筝》。在这次会面中，大病刚愈的鲁迅向姚克询问了《活的中国》一书的发排情况，谈到了自己所患肺病的情况，以及他对死、去外地或外国疗养的态度，还谈到了前不久撰写《答徐懋庸并关于抗日统一战线问题》长信的经过……

1936年10月19日，鲁迅先生溘然逝世。姚克惊闻噩耗，泫然泪下，急忙赶到先生家里，在遗体前默哀致敬。接着他又去万国殡仪馆守灵，参与所有治丧活动。他怀着极其沉痛的心情，写了一副挽联，与斯诺一同署名，敬献在先生灵前。

鲁迅先生不死

译著尚未成书，惊闻殒星，中国何人领呐喊；

先生已经作古，痛忆旧雨，文坛从此感彷徨。

姚莘农

EDGAR SNOW 敬挽

姚克还同欧阳予倩与明星电影公司联系为鲁迅先生丧礼拍摄纪录影片，招待中外记者，担任司仪；最后又与先生的生前友好共同扶柩下葬。

鲁迅先生逝世后，姚克以极大的热忱，在众多英、中文刊物上介绍鲁迅的生平和作品，报道《活的中国》一书在西方出版与发行的消息。在这里，值得一提的是，鲁迅逝世后，姚克用英文写就的题为《鲁迅：他的生平和作品》的介绍文章，刊登在 1936 年 11 月出版的英文杂志《天下月刊》第 3 卷第 4 期上。姚克的这篇文章是专门为西方读者写的，也可以说是凝结着作者多年研究心血的一篇精心之作。后来，此文又被译成中文，收入《鲁迅研究资料》第 10 辑。

谈及鲁迅与斯诺的交往，并不多。查鲁迅日记，也仅有七处记及斯诺；见面一次，时间为 1933 年 2 月 21 日。在这一天日记中，鲁迅写道："晚晤施乐君。"但实际上的会面在二三次以上，其他有关转赠书刊、提出和解答问题，大多由姚克转达，郑振铎与萧乾等人也曾为他们充当过信使。如 1934 年 10 月 8 日鲁迅日记记有"上午复西谛信并赠《木刻纪程》一册，又二册托其转赠施乐君夫妇"的字样。萧乾先生后来也曾回忆道："一九三六年春，我从天津调到上海《大公报》编《文艺》时，斯诺曾托我把一封信面交鲁迅先生。信中可能提到了我同《活的中国》的关系。一次在新雅餐厅举行的茶会上，先生还曾亲切地向我问起斯诺那本书的情况。"

尽管鲁迅与斯诺之间的交往不多，但这并不影响各自对对方的深情厚意和敬重。1935 年 11 月 8 日，鲁迅致信在北平的郑振铎，在谈及穆木天等人的"反正"时，鲁迅高度赞扬了斯诺："S 君是明白的，有几个外国人之爱中国，远胜于有些同胞……"

而斯诺对鲁迅的评价则是无与伦比的。他在鲁迅逝世后写的《向鲁迅致敬》的文章(刊 1937 年 6 月 8 日出版的《民主》杂志 1 卷 3 期)中这样写道：

鲁迅是当代中国产生的一位最重要的文学家。他是那些为数不多的使自己成为整个民族历史组成部分的作家之一。他生活于中国革命之中，毕生的经历就是描述那个伟大而又激烈的运动的一部史诗。1917 年，他为中国的新文化奠定了基础。从那时起，直到 1936 年 10 月 19 日，他 55 岁在上海逝世止，他在思想领域中一直起着主导的作用。

斯诺还写道：

……我认为鲁迅确实是一个精神上的巨人……

然而使鲁迅的形象显示出无上高贵和尊严的并不是他那颗硕大的，带有两道粗黑浓眉的杰出的头颅，也不是他那双深邃的眼睛，而是人民倾注给他的巨大的爱。自从我来到中国，七年中从未感到一个中国人的死，像鲁迅那样真正震撼着整个民族的心。

为什么鲁迅会如此深受人民的爱戴?

斯诺的回答是：在一个民族的历史发展的长河中，偶尔会出现这样一类人，他是他所处时代的代表，他的一生如同一座大桥，跨越了两个世界，鲁迅是这样的人，伏尔泰也如此……只是因为时代接近的关系，人们才随口把鲁迅称为“中国的高尔基”，不过，鲁迅远远超出了这个称号。也许，更确切地说，应称他为“中国的伏尔泰”。但事实清楚地表明，最恰如其分的称呼应是“中国的鲁迅”，因为鲁迅这个名字本身在史册上就占有着光辉的一页。

令斯诺为之大开眼界的，并不单纯是鲁迅那些富有哲理的向旧世界宣战的作品，而是鲁迅独特的富有中国民族特色的逻辑思维。而鲁迅对整个世界和中国未来发展的看法，从某种程度上来说，甚至要比斯诺所敬仰的另一伟人毛泽东还要远见卓识一些。

在 1933 年 2 月 21 日两人的初次晤谈中，鲁迅精辟地认为(斯诺亲笔记录，见其《鲁迅印象记》一文，后收录《我在旧中国十三年》一书，北京三联书店 1973 年出版——秋石注)：“民国以前，人民是奴隶。”鲁迅说，“民国以后，我们变成了前奴隶的奴隶了。"

"既然国民党已进行了第二次革命了，"我（斯诺）向鲁迅问道，"难道你认为现在阿Q依然跟以前一样多吗？"

鲁迅大笑道："更坏。他们现在管理着国家哩。"

"你认为俄国的政府形式更加适合中国吗？"

"我不了解苏联的情况，但我读过很多关于革命前俄国情况的东西，它同中国的情况有某些类似之点。没有疑问，我们可以向苏联学习。此外，我们也可以向美国学习。但是，对中国来说，只能够有一种革命——中国的革命。我们也要向我们的历史学习。"

正是鲁迅那独特的不同凡响的思维，使得斯诺和后来成为他妻子的海伦·福斯特改变了"想看一看中国就走"的初衷。上世纪八十年代中叶，独居在美国康州麦迪逊小镇小木屋里已经进入暮年的海伦·福斯特对中国访问学者安危先生这样描述道：

> "埃德和我先后结识了宋庆龄和鲁迅，他们就像磁石一样吸引着我们。他们使我俩明白如何去研究中国社会，怎样去认识错综复杂的中国问题。我们从宋庆龄和鲁迅身上发现了东方的魅力，看到了中国的希望。在中国，埃德和我受宋庆龄、鲁迅的影响最大。我俩不谋而合，最初的计划极其相似，都想看一看中国就走，结果一呆下来，竟是十几个年头"。*

"鲁迅是教我懂得中国的一把钥匙。"

这是1944年秋天，在盟军刚刚解放了的巴黎，穿着军装的西方战地记者斯诺在与同样穿着军装正准备随盟军挺进希特勒巢穴的中国《大公报》欧洲战场记者萧乾重逢时发出的肺腑之语。

萧乾先生后来在其所著的《斯诺与中国新文艺运动》一文（刊1978年创刊号《新文学史料》）中开宗明义地向我们介绍道：

> 三十年代上半期，斯诺在中国曾做过一件极有意义的工作：他和

* 上述见安危著《鲁迅和斯诺谈话的前前后后》一文，刊《新文学史料》1987年第3期。

他当时的妻子海伦·福斯特（佩格）花了不少心血把我国新文艺的概况及一些作品介绍给广大世界读者，在国际上为我们修通一道精神桥梁。这项工作同时也使斯诺大开眼界，他从中国事态的表层进而接触到中国人民的思想感情，使他在对中国现实的认识上，来了个飞跃。四十年代中期在一次会晤中他告诉我，在这条路上指引他的是鲁迅先生。《活的中国》是《西行漫记》的前奏。

萧乾先生指出：

一九二八年这个米苏里出生的美国青年来到中国时，才二十三岁。他自己说，像所有的冒险家一样，他到远东最初也是来撞大运的。然而皇姑屯的炮声很快震撼了他。随后，由于认识了鲁迅先生和孙夫人，他接触到中国人民为抗日、为民主而进行的英勇不屈的斗争。同时，为了编《活的中国》，他读了鲁迅先生和三十年代其他中国作家的作品。同旁的外国记者不一样，他看到了一个被鞭笞着的民族的伤痕血迹，但也看到这个民族倔强高贵的灵魂。通过新文艺创作中的形象和其中的精神世界，他一步步地认识到中国人民的伟大并成为我们革命事业的同情者。

萧乾先生进而指出：

《西行漫记》问世于一九三八年。在那之前，斯诺最重要的一部书不是《远东战线》（一九三三年），而是《活的中国》。这本书的编译，也正是他在鲁迅先生指引下，认识旧中国的现实和新中国前景的开端。

纵横捭阖论左翼

毫无疑问，鲁迅与斯诺、姚克于 1936 年 5 月进行的那次长时间的会晤，是一次具有深远历史意义的会晤。

在这里，笔者要强调的是我国访美学者安危先生从中所起的重要作用：上世纪八十年代中叶，于访美留学期间，安危先生同斯诺前妻海伦·福斯特密切合作，并从海伦女士珍藏了整整半个世纪的书信文件资料中，找到了当年斯诺采访鲁迅的一份提问单、采访记录手稿和根据记录整理的谈话纪要原件。

笔者还要指出的，正是在这次会晤后，以鲁迅为代表的中国左翼文学特别是反对日本入侵的抗战文学，通过斯诺与姚克等人的译介，源源不断地被介绍往西方国家，从而使得那里的人民和广大读者对中国自1917年以来的新文学运动所发生的深刻变革有了一个比较全面的了解。

值得庆幸的是，这次会晤选择的时间，竟是如此之及时——就在会晤结束不多日，鲁迅先生再一次被缠身的肺结核顽疾袭倒，病得连自1912年5月以来从不间断的撰写日记的习惯也中断了近一个月，他同外界的书信往来联系自然是可想而知了。

1936年4月26日鲁迅日记载："姚克、施乐同来，未见。"

因鲁迅那天正"与广平携海婴在卡尔登影戏院观杂片"。之后，大约是在五月初，或者确切的一点说，是在五月三日这一天，在有三十多人参加的文学社聚会上，鲁迅亲切地会见了由姚克陪同前来的斯诺先生。两人经简谈后约定：作一次极为重要的探讨，并且初步确定了大致的会晤时间、地点等。此后不久，仍然是在五月里的一天，仍然由姚克陪同，斯诺来到北四川路底大陆新村鲁迅先生的寓所，进行了一次为后人留下极为珍贵的文学遗产的长谈（秋石注：斯诺于同年六月启程前往陕北保安中央红军根据地。从此，直到鲁迅逝世，两人再也没有机会晤面）。

斯诺的此次上海之行，是想实现去陕北红军根据地访问之迫切愿望，他是在先行拜访了宋庆龄之后又去拜访鲁迅的。拜访鲁迅的主要目的，就是为了完成其夫人海伦·福斯特赋予的一项重托——临行前，海伦交给他一份用打字机打印出来的庞大的问题单，以便在丈夫抵达上海后拜访鲁迅时当面向他请教。提出这么一份令一般人极难于回答的问题单的主要原因是，海伦正在为斯诺选编的《活的中国》一书拟定题为《现代中国文学运动》的长篇论文。此文当时尚未脱稿，也不可能脱稿，这是因为，其中有不少问题需要通过中国现代文学之父鲁迅来加以定夺。除此之外，海伦提出这份庞杂的问题单的另一个愿望，亦即在她心底深处的一个更为宏伟的计划——编写一部《中国文学史》。

海伦·福斯特提出的这份问题单共有二十三个大问题，其中还包括三十多个小问题。在整个晤谈中，有意思也值得一提的是，鲁迅把他晚年最钟爱的两位学生、此时已在上海文坛上频露头角的东北抗日流亡青年作家萧军（田军）、萧红一一列举。

海伦提出的第一个问题，即“自 1917 年的新文学运动以来，中国涌现出来的最优秀的作家有哪些？”鲁迅回答：

鲁迅（似是斯诺添注，下同）、茅盾、丁玲、郭沫若、张天翼、郁达夫、田军。

第三个大问题：

“包括诗人和戏剧作家在内，最优秀的左翼作家有哪些？”

鲁迅回答：

（鲁迅）、茅盾、叶紫、艾芜、周文、柔石（已牺牲）、郭沫若、田军……

鲁迅还认为：

“田军的妻子萧红，是当今中国最有前途的女作家，很可能成为丁玲的后继者，而且她接替丁玲的时间，要比丁玲接替冰心的时间早得多。”

在第十五个大问题中，海伦·福斯特开列出的一大批作家名单中，有关“新现实主义派”一类（计 26 位）中，萧军又赫然在列。

有关妻子海伦·福斯特提出的“新现实主义”一词，斯诺亲笔作了如下说明：在中国鲜为人知，极少为人们应用。佩格（即海伦的爱称）当作“新现实主义派”开列出的那些作家，（鲁迅认为）绝大部分是左翼或左翼倾向的作家，即——

左翼：

茅盾、沙汀、东平、欧阳山、夏征农、艾芜、胡风、萧红、田军、蒲风、鲁迅。

左翼倾向：

张天翼、魏金枝、吴组缃、楼适夷（现在被监禁）、许杰、萧军（田军）、王统照、曹禺、芦焚、孙席珍、洪深、郑振铎。

就在这次晤谈中，为日后在美国及其英语系国家翻译出版《八月的乡村》的需要，经鲁迅与斯诺商定，萧军于数日后的 5 月 25 日写了《萧军小传》，并由鲁迅转给了斯诺。日后的事实表明，继出版《活的中国》一书及撰写完毕具有非凡影响力的不朽之作《红星照耀中国》（又名《西行漫记》）之后，正是由斯诺亲手翻译了由鲁迅作序的《八月的乡村》一书，并在美国和英语系国家出版发行。

除萧军外，萧红也应约写了《萧红小传》，同样由鲁迅转给了斯诺。但后来担纲主持翻译萧红作品的却是另一位美国友人——女作家A·斯沫特莱。

对于这次非同寻常的晤谈，无疑，是对自1917年以来中国新文学运动的一次检阅和反省，同时，也是前所未有的鲁迅同西方学者之间纵横捭阖论述中国左翼文学队伍的一次长时间访谈。同年6月，也就是这次访谈进行后的第二个月，尼姆·威尔士(海伦·福斯特来到中国后启用的笔名——本文作者注)在其历时数年调查考证的基础上精心撰写而成的《现代中国文学运动》的长篇论文中强调指出：

毫无疑问，鲁迅是中国所产生的最重要的现代作家。他不但是一位创作家——多半是中国最好的短篇小说家，也是一位活跃的知识界领袖，是最好的散文家及评论家之一。既然他是中国最受尊敬的评论家，在这里值得援引一下最近他在一次与埃德加·斯诺的谈话中所发表的意见：

> 自从新文学运动开始以来，茅盾、丁玲女士、郭沫若、张天翼、郁达夫、沈从文和田军大概是所出现的最好的作家。这里包括了最好的短篇和长篇小说家，到现在为止，还没有真正重要的小说家。沈从文、郁达夫、老舍等人的“小说”实际上只是中篇小说或长的短篇小说，他们是以短篇而闻名的，不是由于他们对长篇小说的尝试。
>
> 在近代中国文学的发展史上，短篇小说比任何其他文体更具有重要性。它在技巧、素材、风格——老实说，在一切方面，对中国文学传统来说，都差不多是崭新的，而戏剧则有不少可以从过去借鉴的。最好的戏剧家有郭沫若、田汉、洪深和一个新出现的左翼戏剧家曹禺。
>
> 在诗歌方面，冰心、郭沫若和胡适同旁的人写得一样好。不过中国新诗好像还只是在尝试阶段。迄今为止，我们的新诗是失败的。散文方面更有成就一些。重要的散文家有周作人、林语堂、陈独秀和梁启超——著名的清代学者，他是现代文学运动的前驱。
>
> 当前我们最好的作家几乎毫无例外都是左翼的，因为只有他们所写的内容才具有充分的生命力，足以引起知识界认真的注视。最优秀的左翼作家有茅盾、丁玲女士、沙汀、柔石、郭沫若、张天翼、田军、叶紫、

艾芜和周文。田军(真名萧军)的妻子萧红是最有前途的女作家,看来她有可能接替丁玲女士,正如丁玲接替了冰心女士。

中国文学的发展不可能经历一个真正资产阶级的时期,正如它在政治上的发展不可能经历一个独立的资产阶级时期一样。时间来不及,我们没有选择的余地。今日中国唯一可能的文化是左翼革命文化,否则就只有接受侵略性的帝国主义文化,那就意味着完全没有独立的民族文化。"当世界其他地方在使用飞机的时候,中国不能用旧式火轮——生活上是这样,艺术上也是这样。我们得向前飞跃,奔向当前世界上最有价值、最有意义的事物。"

正因为我们是从封建的社会概念飞跑到无产阶级的文化概念,所以现代中国文学的基础才这样差。这一方面,中国文学的发展在世界上很可能是绝无仅有的。甚至在文艺复兴运动初期,就有这种强烈的左的倾向。奇怪的是中国并没产生任何重要的资产阶级作家。连林语堂也不能算作资产阶级的,他属于从封建背景产生出来的古老的学院派文学传统,多于近代的资产阶级概念——实际上,他讽刺的正是那些。冰心也不属于资产阶级。她的作品几乎都是为儿童写的。她的作品中从没提出过任何文化问题。

同时,倘若说来自农民、工人中的真正的"无产阶级"作家还没有在中国出现,这一点也不假。左翼文学仍然只局限在革命知识分子和小资产阶级的圈子里。

应斯诺要求进行的这次会晤,之所以彰显其重要,原因在于它不仅仅解答了西方学者迫切需要了解的有关中国新文学运动、中国作家的诸多问题,而且还在于这些问题的正确答案源自于中国新文学运动和左翼作家、左翼文学的主帅鲁迅的亲口诠释。难道这不是鲁迅生前留存给我们的一笔积淀丰厚的文学遗产吗?!诚如发现这些宝贵遗产原件的安危先生,在其撰写的《鲁迅与斯诺谈话的前前后后》一文中指出的:

鲁迅与斯诺一九三六年五月的这次谈话,无疑是非常重要的。它为鲁迅研究、三S研究(系指埃德加·斯诺、艾格妮丝·史沫特莱和安娜·路易斯·斯特朗。三人均系美国人,均供职于西方媒体;三人都进入过延安,都与毛泽东作过长时间的谈话;其中,埃德加·斯诺与艾格妮丝·史沫特莱和鲁迅之间有着良好的关系,而安娜·路易斯·斯特朗则没有见过鲁迅——秋石注)以及中国新文学运动史的研究,提供了新的珍贵资料。

那么,鲁迅为什么不在日记中记下这次具有深远历史意义的重要会晤呢?现在看来,极有可能,就在这次会晤结束的时候,斯诺把他行将要付诸实施的前往陕北保安中央红军根据地进行采访的计划告诉了值得他信赖的鲁迅。而鲁迅出于对战友的爱护和负责,是从来不把负有特殊使命的人记入日记的,如同瞿秋白、冯雪峰、陈赓、陈云等人。所以,在四月二十六日(这一天,正好是冯雪峰肩负党中央重大使命从陕北来到上海住进鲁迅家中的日子,这一天的鲁迅日记同样没有记载——秋石注)他尚未了解这一秘密时,信手写下了"未见"的字样,而当他一旦获知了个中秘密,则异常谨慎地略去了"会晤"这一笔——这也就是我们今天无法从鲁迅的书信日记中了解到有关这一次会晤的蛛丝马迹的原因所在。

中国!中国!《活的中国》!

斯诺与姚克的亲密合作,以及两人同中国新文学运动的主帅鲁迅之间不同凡响的友谊,历史最好的见证,莫过于一本名叫《活的中国》的书。尽管由于猝然去世,鲁迅没能见到在他身后不多日问世的这本书。

斯诺说过一句感人至深的话是:**"鲁迅是教我懂得中国的一把钥匙。"**

历史印证了他的话。正是有了开启中国古老社会大门的鲁迅这把金不换的钥匙,浑身涌动着青春活力的美国记者得以一步一步地深入到了尚处在黑暗、迷茫但又时时骚动着的东方古老社会中去。不仅如此,他还慧眼独具地预见到了眼前这个黑暗、迷茫的古老社会即将要发生的一场巨大变革。

也正是在同鲁迅的一次次交往中,斯诺进一步认识了被誉为二十世纪中国最伟大女性的宋庆龄,从而进一步认识到中国的未来必将红星普照!

1978 年 8 月,在《活的中国》一书诞生 42 年后,面临正在孕育着的新的一轮伟大变革的浩荡东风,当年也曾参与了《活的中国》一书编译工作的著名老作家萧乾先生，挥动起手中那枝伴随了他一生苍劲有力的如椽之笔，为已经长眠在北大未名湖畔的西方老友写下了以下一段评述：

作为伦敦、纽约和芝加哥几家报纸的驻华记者，十三年来斯诺在苦难的中国采访了不少重要人物，经历了不少重要事件。但有的外国记者比他呆的时间更长，经历的更多，然而他们并没看到“活”的中国。这就回到斯诺所说的那把钥匙上去了。新闻记者的见闻是浮光掠影的，他只是生活在当天的“热消息”中。由于鲁迅先生的指引，斯诺这位外国记者并未停留在“热消息”上。他以更多的精力倾注在中国新文艺运动的探讨上，通过沸腾的三十年代所产生的文艺作品，探索了中国人民的恨与爱，咒诅与憧憬。正因为他窥见了现实更本质的方面，体会到中国人民的思想感情，他才于一九三六年突破黑暗的重围，奔赴陕北革命圣地；他才像另一个美国记者——《震撼世界的十天》的作者约翰·里德那样，洞察到人民革命胜利是历史的必然规律。

在《活的中国》一书的扉页上，刊登了一张颇能体现鲁迅神采的照片（即1933年5月26日由姚克陪同在上海南京路雪怀照相馆拍摄的那桢照片），该书的第一部分除介绍鲁迅生平外，共辑录了鲁迅的七篇短篇小说。此外，在该书卷首，斯诺还为其心目中的另一位中国伟人写下了这么一段献词：

献给 S. C. L[宋庆龄]，
她的坚贞不屈，勇敢忠诚和她的精神的美，
是活的中国最卓越而辉煌的象征。

就为什么要编译《活的中国》一书这个话题，斯诺在其亲笔撰写的“编者序言”中，以其一个多年亲身实践者的独特眼光写道：

任何人在中国不需要呆多久就体会到他是生活在一个动荡不安的社会环境中。这个环境为富有活力的艺术提供了丰富的资料。世界上最古老的、从未间断过的文化解体了，这个国家对内对外的斗争迫使它在创造一个新的文化来代替。千百年来视为正统的、正常的、天经地义的概念、事物和制度，受到了致命的打击，从而使一系列旧的信仰遭到摈弃，而新的领域在时间、空间方面开拓出来了。到处都沸腾着那种健康的骚动，孕育着强有力的、富有意义的萌芽。它将使亚洲东部的经济、政治、文化的面貌大为改观。在中国这个广大的竞技场上,有的是冲突、对比和重新估价。今天,生活的浪涛正在汹涌澎湃。这里的变革所创造的气氛使大地空前肥沃。在伟大艺术的母胎里,新的生命在蠕动。

从1931年萌生编译一本有关中国左翼作家“活的”作品集子的愿望开始,斯诺将目光投向了鲁迅。他不止一次拜访鲁迅,与鲁迅促膝长谈,从心底深处认识到鲁迅就是“中国的高尔基”、“中国的伏尔泰”,从鲁迅手中领取开启中国古老社会大门的钥匙,从鲁迅那里汲取动荡中的中国社会的营养。他和姚克精诚合作,向西方世界广大读者最早介绍的中国作品,便是鲁迅的开山醒世之作《呐喊》和《阿Q正传》。而鲁迅在倾尽全力支持他们编译《活的中国》的同时,热情地向斯诺推荐了已在左翼文坛频露头角来自东北沦陷区的年轻作家、爱徒田军(萧军)的作品,而且一推荐便是两篇。鲁迅还以极其沉痛而又愤怒的心情推荐了被自己奉为知己的年轻挚友、已被国民党残酷杀害的“左联”烈士柔石的力作,推荐了“一个有热情的有进步思想的作家,在屈指可数的好作家之列的作家”的巴金的作品,以及当时尚在国民党特务掌控中煎熬度日的丁玲的作品……

为使《活的中国》一书的编译质量更上一层楼,更忠实于原著的深刻内涵,斯诺与佩格(斯诺对夫人海伦·福斯特的昵称——秋石注)一道拜访了鲁迅的朋友林语堂先生,以及左翼文学运动的另一位先驱者茅盾先生,并与年轻的左翼作家萧乾、失名(杨刚)等人多次磋商。据萧乾先生后来撰文介绍道,早在该书成型前,斯诺夫妇就曾将加工完毕的小说陆陆续续地寄了出去,刊登在《亚细亚》、《论坛》和《今日之生活与写作》等英美刊物上。这样做的目的在于:既替行将出版的《活的中国》一书作了广泛意义上的预展和宣传,同时也多多少少地缓解了一些“中国作家所得的报酬少得可怜”(斯诺语)的困顿之苦。

除编者斯诺写的序言,尼姆·威尔士写的《现代中国文学运动》的论述文及相关参考书目表作为附录外,《活的中国》一共分为两大部分。第一部分为鲁迅短篇小说与杂文集,收有《药》、《一件小事》、《孔乙己》、《祝福》、《风筝》、《离婚》等六个短篇小说和一篇杂文《论“他妈的!”》。被冠以“其他中国作家的小说”的第二部分，计收入14位作家的17件作品。他们是(按目录顺序)：柔石的遗作《为奴隶的母亲》、茅盾的《自杀》和《泥泞》、丁玲的《水》和《消息》、巴金的《狗》、沈从文的《柏子》、孙席珍的《阿娥》、田军(萧军)的《在“大连号”轮船上》和《第三枝枪》、林语堂的《狗肉将军》、萧乾的《皈依》、郁达夫的《紫藤与茑萝》、张天翼的《移行》、郭沫若的《十字架》、失名(杨刚)的《一部遗失了的日记片断》，以及沙汀的《法律外的航线》等。

《活的中国》一书，于1936年岁末由英国伦敦的乔治·哈拉普公司出版。诚如该书编者在其“序言”中庄重宣告的：

> ……本集在精神上和内在涵义上对原作是忠实的，它把原作的素材、根本观点以及他们对中国的命运所提出的问题，都完整地保留下来了。读者可以有把握地相信，通过阅读这些故事，即使欣赏不到原作的文采，至少也可以了解到这个居住着五分之一人类的幅员辽阔而奇妙的国家，经过几千年漫长的历史进程而达到一个崭新的文化时期的人们，具有怎样簇新而真实的思想感情。这里，犹如以巨眼俯瞰它的平原河流，峻岭幽谷，可以看到活的中国的心脏和头脑，偶尔甚至能够窥见它的灵魂。

(本文分两部分刊于2005年7月15日《中华读书报》和2005年7月17日《文汇报》)

为胡风、丁玲等辩护几句

2005年6月1日《中华读书报》瞭望栏编者按：

因有感于《我的婶婶萧红》一书"存在的多处凭空杜撰的不实"，研萧二十余年的学者秋石寄来下文，希望"依据众多当事人的亲历亲见文字"，"说明事物的本来面目"。

去年年底，"呼兰河萧红研究会"宣布就萧红身世谜团订正了17处史实错误，并指出萧红实生于"1911年6月1日(农历五月初五)"。如此说属实，则今日恰是萧红诞辰94周年纪念日。编者以为，无论这一巧合是否成立，探究"事物的本来面目"，是对萧红这位命途多舛而又才华横溢的女作家最起码的尊重和纪念。

在二十世纪的中国文坛上，萧红是一颗凄美而又耀眼的星星。

1936年5月3日，在回答美国著名记者埃德加·斯诺的提问时，鲁迅这样强调道：

> 田军的妻子萧红，是当今中国最有前途的女作家，很可能成为丁玲的后继者，而且她接替丁玲的时间，要比丁玲接替冰心的时间早得多。

就在这一天的谈话中，鲁迅先生先后三次把萧军和萧红这对来自东北沦陷区的年轻夫妻作家双双列入到**"自1917年的新文学运动以来，中国涌现出来的最优秀的作家"**和"左翼作家”的行列。

自那时以来的七十年间，无论是在战乱中的重庆、延安、桂林，还是在和平年代的上世纪五六十年代，乃至新世纪的今天，对这位二十世纪中国文坛最优秀才女的研究，一直没有中断过。

在众多的研究作品中，萧红第三任丈夫端木蕻良的亲属也向我们捧出了有关萧红研究的多本专著。在这几本专著中，尽管作者一再表明“以正视听”，“说明了许多真相，还原了萧红历史的面目”，但仍然多多少少人为地杜撰了一些被作者本人斥之为“谬托知己”的“历史”。这其中，尤以对胡风先生的指责为甚。而对胡风先生的这些指责，又尤以武汉陷落前夕所谓胡风向根本不在武汉的曹靖华隐匿萧红滞留在彼、最终令萧红无缘搭乘周恩来汽车撤往重庆的莫须有“事实”为醒目。本文以这几本专著中屡现的对胡风先生的指责，及提供的有关丁玲、萧军的“莫须有”谈起，以还历史本来面目。

胡风不让萧红乘坐周恩来汽车撤离武汉吗？

端木蕻良夫人钟耀群先生在其《端木与萧红》一书（中国文联出版公司1998年1月版）第45—46页写道：

> 没有几天，曹靖华坐周恩来的汽车从武汉来重庆了，端木以为萧红也会来的，谁知曹靖华说，在武汉的时候曾问胡风，和鲁迅关系近的人，还有谁没走，可以坐这车一起走。胡风明知萧红没走，却说都走了，没人了……

在诠释这一事件前，笔者先说明一个事实，一个当时武汉所有左翼文人留存的资料证实，1938年8月，端木蕻良置新婚不足三个月又挺着大肚子的萧红于武汉不顾，却先行去了重庆。而此时的武汉天天遭受日寇飞机的轰炸。端木此举受到几乎所有在汉左翼作家的责难。而且，令人不解的是，端木没有给萧红留下一文钱。对此，胡风先生率先表示了异议。有关端木自己先赴重庆及不留一文生活费的事，当事人蒋锡金（他不仅与冯乃超等人承揽了萧红的食宿，而且正是他，为萧红担肩筹足了去重庆的路费和生活费用。1998年5月、7月，锡金先生两度在电话中向笔者证实了此事）、高原

(萧红哈尔滨早期好友,1997 年 10 月 9 日,在其南京虎踞路寓所,老人接受了笔者的访谈,并印证了一个事实:时高原自延安抵达武汉,见萧红身无分文,就把自己身边仅有的 5 元钱留给了萧红)等人都曾撰文予以说明。

那么,胡风到底有没有"明知萧红没走,却说都走了",从而让挺着大肚子的萧红冒险乘坐拥挤不堪的轮船呢?也就是说,由于胡风出于"险恶用心"的蓄意隐匿,使萧红失去了与曹靖华一起"坐周恩来汽车"撤离武汉的"福分"。

事实胜于雄辩,有关胡风隐瞒"萧红没走"的说法,是一个彻头彻尾子虚乌有式的杜撰!这是因为,武汉"八办"和《新华日报》大撤退时的 1938 年 10 月中旬,曹靖华先生压根不在武汉!而且,曹靖华先生由他任教的"西北联大"所在地汉中举家搬迁至重庆的日期,已是在一年多后。

请读者们仔细读一读曹靖华先生当年亲笔写下的"自叙经历"(见河南人民出版社 1997 年 1 月出版的《曹靖华》一书第 45—47 页)。曹靖华先生这样写道:

> 同年 7 月(1938 年 7 月)国民党教育部下令改组西北联大校委会,先后增派 CC 分子胡庶华、张北海为校委,校内掀起反对教育 CC 化、法西斯化的声势浩大的运动,全校师生与胡庶华等展开面对面的斗争,要求民主自由,一致对外,一致抗日。
>
> 正在这时,我突然接到武汉电报,便赶往武汉见周恩来同志,周恩来同志要我到武汉工作,我当即表示服从调派,但需回汉中作些安排。不料回到汉中适逢陈立夫亲临联大处理"学潮",勒令校内禁止宣讲马列及开设俄语课程,引起师生公愤,推举我与彭迪先、韩幽桐等几位教授与当局展开面对面斗争,一时无法脱身赴武汉。最后当局宣布解聘 13 位教授。并通令全国院校不得聘用,我也在被解聘之列。这引起全校师生更大的义愤。国民党教育部次长顾毓秀来校整饬弹压,逮捕了地下党支部书记及一些党员,经过斗争,历时三个月,他们才重获自由。这时武汉已经失守……(文内着重点为秋石所加,下同)

曹靖华先生还写道——:

> 1939 年底举家乘敞篷卡车沿"难于上青天"的蜀道日夜兼程,……

历经一周颠簸到达广元，之后经成都抵达重庆。到重庆后的第一件事就是去曾家岩50号，周恩来同志一见到我，没等我汇报就笑着说……

有关1938年7月曹靖华先生接电报赴武汉见周恩来一事，系此前(7月22日)曹靖华托李何林带信给胡风所致。后曹回汉中久无音讯，周恩来还曾向胡风问起过，——见梅志著《胡风传》第394页(十月文艺出版社1998年1月版)，以及张晓风撰《胡风保存的老书信一束》之五，见2002年第2期《新文学史料》。

对此，笔者归纳出一个翔实的时间明细表加以说明，兼供关注此事的读者与学者、专家们明辨是非。

——1938年7月22日，曹靖华先生书亲笔信一封由李何林先生交胡风，请胡风助其在武汉谋一适当工作。胡风接到信当日即找周恩来秘书吴奚如商量。

随后，周恩来嘱吴奚如电告汉中曹靖华：速来武汉面谈。

——7月末某一日，曹靖华自汉中抵达武汉。周恩来告之：已将其安排至军委会为苏联援华军事顾问人员任翻译。曹靖华同意，但表示“需回汉中作些安排”。

回汉中不日，因坚决抵制陈立夫、顾毓秀等国民党要员对西北联大的整饬弹压，曹靖华与其他进步教授被解聘。同时，为向当局抗议并声援被逮捕的共产党员师生，曹靖华不得已滞留汉中带领进步师生进行斗争。直至三个月后，斗争才获得胜利。但胜利之时，已是在武汉失守之后的1938年11月。

——8月初，端木蕻良在不留一分钱的情况下，让挺着大肚子的妻子萧红留在武汉，独自去了重庆。

——9月中旬，萧红与冯乃超夫人李声韵结伴坐船去重庆。船经宜昌，李声韵突然大咯血，被人送进医院抢救。挺着大肚子行走十分不便的萧红在举目无亲、无伴的情况下，被迫一个人转船去重庆。上船时被缆绳绊了一脚，摔倒在地，在好心人的扶持下勉强上了船。前后十天抵达重庆。

——9月28日，距萧红离开武汉约半个月，胡风于下午6时半坐船离开战斗了整一年的武汉。在武汉，胡风主持出版了第18期《七月》。通过主编

《七月》,胡风不但把曾经在鲁迅身边的一大批左翼作家重又凝聚在一起,成为宣传抗日救亡的中坚力量和桥头堡,而且还把来自延安的、江南江北新四军根据地的,乃至国统区的一切力主抗日和坚持抗日民族统一战线的文化人团结在了一起。自武汉乘船经城陵矶、沙市、宜昌,胡风最后抵达宜都。在宜都,胡风和一大家本家人生活了一个来月,后偕夫人梅志和一双年幼的儿女于 1938 年 12 月 2 日抵达战时陪都重庆。

——10 月 19 日,鲁迅先生逝世两周年纪念日,全国文艺界抗敌协会和鲁迅先生纪念委员会在武汉举行纪念会。周恩来、博古、郭沫若、胡愈之、冯乃超、田汉等各界知名人士在会上讲了话。

——10 月 20 日左右,周恩来接待了从八路军抗日前线赶赴新四军途中经停武汉的美国朋友艾格妮丝·史沫特莱。周恩来热情地对史沫特莱说道:"我们中国有句名言'疾风知劲草'! 您对中国革命的支援,是在我们最困难的时候,唯其如此,我们永远难以忘怀。"

——10 月 25 日,日军攻入武汉,武汉沦陷。

下面,我们不妨读一读由权威部门审定的《周恩来年谱》一书,追寻有关武汉沦陷前后这位伟人的行踪,以及他最终进入重庆的时间。

——10 月 22 日　同本日到达武汉的朱德讨论了当前战局及撤退事宜。并陪朱德见蒋介石商谈八路军的扩充编制、增加经费和派部队到华中战场开展游击战争及国共合作举办游击干部训练班等问题。

——10 月 24 日　到新华日报社为武汉出版最后一天报纸作出安排。

——10 月 25 日　送走最后一批撤离的同志,在汉口沦陷前数小时离开。

……

——12 月中旬　到重庆。

从上述,我们清晰地看到,待到周恩来副主席抵达重庆时,一生苦命疲于流浪的萧红,也已在重庆辗转多个地方艰难度日近三个月了。而且正是夫君端木蕻良的不负责任,挺着大肚子的萧红不得不自行设法,直至投靠居住在重庆郊县江津乡下的哈尔滨时期挚友白朗一家的陋室中待产。

几十年间,为消除自己疏于家庭责任而造成的不良形象,同时也是为了扭转所有认识他们的人,尤其是东北老乡发出的频频不满与指责带来的万般尴尬,竟至于不断编造谎言,到了不惜借助一代伟人和鲁迅挚友之口加以实施的荒唐地步，也可谓用心之良苦矣！但后人延续、重复此类根本经不起推敲的谎言，更是不该！

另据了解，创造社元老、“左联”发起人和首任党团书记冯乃超先生(1901—1983)，于上世纪80年代初获知端木蕻良与美国学者葛浩文谈话的这一内容时，就以自己当年在武汉、重庆的所见所闻，明确指出：这不是事实！

值得指出的是，早在1989年，中共中央文献出版社和人民出版社就联手出版了由中央文献研究室精心编排的《周恩来年谱》一书。而由中国文联出版社出版的端木夫人所撰的《端木与萧红》一书，以及由长春时代文艺出版社出版的《我的婶婶萧红》一书，分别是在《周恩来年谱》文献出版九年之后及十六年之后，再如此引述、渲染这则谎言，这就令天下人百思不得其解了。

两书作者于各个场合不断重复这个不堪一击的谎言，特别是《我的婶婶萧红》一书的作者，在其不住申斥他人的同时又不住标榜自己的“后记”中，竟然以自己主张的谬托知己，来百般呵斥“不少学者”坚持历史现场的做法是“谬托知己”。作者以一副“痛心疾首”的面容如此写道：“特别是看到不少学者，包括年轻的博士生、硕士生，颇费心血地写出一篇篇评论、一本本专著，由于依赖了完全错误或不实的资料，得出了互相谬悖的结论，我真是为当代的作家评论而痛心。”等等。

请问，你们如此这等渲染谎言，就不曾想过是否要尊重历史，核对一下最具权威的伟人年谱(而他正是你们渲染的谎言中所涉及的主人公周恩来)？难道，听凭你们随口一张而来的谎言，就可以从此一笔抹杀掉所有历史现场见证人亲见亲闻的留存文字了吗？难道假借一代伟人之“口”编造的谎言，就可以一劳永逸地束缚住一代又一代为求证历史真相努力探索的学者们的手脚了吗？

历史就是历史，历史是冷酷无情的，来不得半点虚假和做作，更容不得有任何丝毫分厘的篡改涂抹。然而我们也应当清醒地认识到，历史本身就是一座为各色人等提供表演的场所和机会的大舞台。历史的进程也好，事物的演变也好，是不会为以人们的意志为转移的。

在端木蕻良侄子曹革成先生的新著《我的婶婶萧红》一书(长春时代文

艺出版社2005年1月出版)第238页，作者借端木蕻良本人之口，重复了钟耀群先生在其《端木与萧红》一书中对胡风先生这一纯属空穴来风的“愤怒”指斥。与此同时，《我的婶婶萧红》一书还对胡风先生进行了一系列的不恰当的指责。——这在所有论述萧红的专著中，实属罕见。这究竟是怎么一回事呢？其出发点又是什么？这样做又要达到什么样的目的？

笔者以为，究其原因或者叫做根本，在于同大多数接触过萧红与端木并且关爱萧红的朋友们一样，胡风先生从一开始就对萧红和端木先生的这桩婚姻没有看好(关于大多数朋友的看法，笔者将在下文具体引及)。不仅没有热情对待，而且还作了“不利方面”的预测。

时隔40年后，在为人民文学出版社1984年2月出版的《萧红》一书所作的代序《悼萧红》中，胡风回忆道，萧红从西安回到武汉后曾去看望胡风。萧红告诉胡风，她已与萧军分离，胡风听了一点儿也不感到惊奇。胡风写道：“我一直感到他们迟早要分开的(由此可见，在这个问题上胡风并没有偏袒萧军，其所持的立场是公正的，客观的——秋石注)，但是目前这种情况，可使我迷惑不解了。我向她坦率地表示了我的意见，可能伤了她的自尊心，尤其使T(当时在武汉、重庆，人们都这样称呼端木蕻良——秋石注)感到不高兴。这以后，我们就显得疏远了。”

后来，萧红抵达香港，两次在给《新华日报》负责人华岗的信上发泄了对胡风的强烈不满。在1940年7月7日的信中，萧红这样写道：

“胡风有信给上海迅夫人，说我秘密赴港，行止诡秘。”

写到这里，萧红自己也承认：“他倒很老实，当我离渝时，我并未通知他，我欲去港，既离渝之后，也未通知他，说我已来港，这倒也难怪他说我怎样怎样。我想他大概不是存心侮陷。”

接下去，萧红愤怒地谴责了在她眼中看来这种“损人而不利己”“有害于人”的说法。

相隔21天后，1941年7月28日，在给华岗的第三封信中，萧红又“坐立不安”地愤愤不平地说开了：“想当年胡兄也受过人家的侮陷，那时是还活着的周先生把那侮陷者给击退了。现在事情也不过三五年，他就出来用同样的手法对待他的同伙了，呜呼哀哉！”

“今天我是发了一大套牢骚，……”

相隔40年后，胡风关于当年"我向她坦率地表示了我的意见，可能伤了她的自尊心，尤其使T感到不高兴"的认识，应当说，还是比较符合当时实际情况的。胡风不但把她"秘密去港"的消息写信告诉了孤岛中的许广平，而且还把她与端木的这桩婚姻，把武汉时期和重庆时期发生的有关事情，以及自己和周遭人们的看法，也有可能悉数倒给了许广平。实际上，胡风一直像关怀自己的小妹妹一样关怀着萧红。而且，持有胡风同样看法的人，在重庆比比皆是，包括萧红早年哈尔滨"牵牛房"的密友白朗，包括两位反战国际友人池田幸子和绿川英子，没有一个人能够理解和接受，这就是历史的真实！任谁也无法掩盖、否定的。

萧红不去延安的真实原因

无论是在钟耀群先生的《端木与萧红》一书中，还是在曹革成先生的《我的婶婶萧红》一书中，多处提及萧红原拟去延安而最终却又不付成行的原因，都归绺于萧军去了延安。史实又是如何呢？萧红后来在返回武汉后同别人的言谈中袒露了她的心底的真实想法。这个"别人"，是她在哈尔滨时的两位老友高原与舒群。这两位老友在抵达武汉前均已去过延安。

而且，两书还在阐述同一个问题时呈现出了一个至关紧要的矛盾点（重要而且又严重对立的是，两人都依据端木留存的自相矛盾的资料）。钟耀群先生在其书中这样写道："丁玲有事要回延安，聂绀弩约萧红、端木和他一起随丁玲去延安（秋石注：事实上，聂绀弩只约了萧红，根本没约端木，而且就他对端木的态度，也绝不会约端木——见聂绀弩《在西安》，载1946年1月22日重庆《新华日报》），但萧红因为知道萧军已经去了延安而坚决不去，并且要端木也别去。本来极想去延安的端木，也就没去"（在钟耀群的这个表述中，我们恰恰可以看出，端木与萧红此时的关系已经非同一般，也可以说是到了难舍难分的地步。从而十分有力地粉碎了两书反复强调的在萧军没有到达西安前，端木与萧红之间没有任何进一步关系的说法）。但曹革成先生在其《我的婶婶萧红》一书第117页这样写道："丁玲走后不几天，萧军（3月20日左右）转道到延安的消息传来了……"那么，既然丁玲走的时候萧军没有到延安，又何以会得出萧红不去延安是因为萧军已在延安的结论呢？

在该书第118页再度写道：二萧彻底分手后，萧红与端木又产生了去延安的念头，但又惧萧军会去延安而转道回武汉……

然而，这又不是事实。

那么，什么是萧红最终不去延安的真实原因呢？

1938年夏天，萧红1928年在哈尔滨求学时的老友高原先生奉命自延安来到武汉，住在此间的东北救亡总会。后经胡风指点，找到了在汉口三教街“文抗”驻地楼梯口打地铺住的大肚子孕妇萧红——此时的端木蕻良已经独自去了重庆（而萧军此时也早已到了四川成都）。叙谈间，高原很想听听萧红对端木的评价与印象，然而，他见到的却是“她的神情很不自然，也不愉快，并不热心谈到D·M”。当高原获悉萧红已经囊空如洗时，便毫不犹豫地将自己身上仅有的五元钱掏给了萧红。当高原批评她过于草率地同萧军离婚时，萧红则气狠狠地回敬了一句：“你从延安回来了，学会了几句政治术语就训人。”（高原1997年10月9日于南京草场门虎踞路寓所同秋石谈话印证）

如果说，同老友高原之间这次久别重逢后不愉快的晤谈，仅仅是“不服气”地表达了她对延安政治气氛反感的话，那么她同另一个老友舒群之间的谈话，则是明白无误地袒露了她之所以不去延安的真正心迹。

舒群是1938年2月由任弼时同志委派来武汉主办《战地》杂志的。当时，舒群住在武汉读书出版社的书库里，端木走后，萧红常到舒群那儿去。据舒群回忆，那时的萧红心情十分苦闷，往往是一到舒群的住所，就把鞋子使劲地一甩，便百无顾忌地躺倒在舒群的床上，两眼直愣愣地望着天花板发呆。每一次去，比她小两岁的舒群都要一股劲地劝说她去延安。有一次，为争论这个问题，两个老朋友之间整整吵了一夜。萧红不容置疑地说道，她的态度是一向愿意做一个无党无派的民主人士。还说她对政治斗争十分外行，在党派斗争的问题上，她总是同情失败的弱者，她一生始终不渝地崇拜的政治家只有一个人，那就是孙中山先生，因此，她不想也不愿去延安——这就是萧红最终不去延安的真实原因和立场。

二萧赴临汾“民大”是端木蕻良转请的吗？

在《我的婶婶萧红》一书第109页，作者这样妄加杜撰道——：

> 阎锡山为扩大学校影响，嘱咐他的女婿梁必武再招一批名人执教。……（1932 年与端木同为北平“左联”成员）身为中共党员的臧云远在山西开展工作，因此梁必武委托他到武汉招聘师资。臧云远遇到端木蕻良，便动员他去民大，……端木蕻良认为这是为抗日出力的好机会，便转请艾青、聂绀弩、李又然和萧红、萧军同去，大家一议即合……

作者如此说，而史实，真正的史实又是如何的呢？请看：

A.《萧军简历年表》（刊《萧军纪念集》第 749 页，春风文艺出版社 1990 年 10 月版）这样写道：

> 1938 年 31 岁……应李公朴的邀请，1 月 27 日离开汉口，于 2 月 6 日到达山西临汾“民族革命大学”任“文艺指导”。

B.《萧红全集·萧红生平事迹考》（哈尔滨出版社 1998 年 10 月版，第 1495 页）：

1938 年（民国 27 年） 28 岁（此处系指虚岁，萧红生于 1911 年——秋石注）：

> 1 月间，应李公朴之邀，萧红、萧军、艾青、田间、端木蕻良、聂绀弩、塞克一行离开武汉去山西临汾民族革命大学任教，萧红任该校文艺指导。

C.《不灭的诗魂——艾青传》（吴洪若著，山东画报出版社 1996 年 10 月版）第 64 页：

> （1938 年）新年一开始，艾青接到了李公朴从山西临汾发来的邀请函，……李公朴在聘请艾青前往任教的同时，还请了萧军等人。

D. 前往车站送行的著名左翼诗人蒋锡金，在其 1986 年 3 月 3 日撰写的《乱离杂记》一文（《萧军萧红外传》序）中写道：

> 不久，二萧来汉口向我们告辞，他们接受了李公朴办的民族革命大学的聘请，要去临汾。

E. 方仲伯先生于 1980 年 2 月 27 日发表在李公朴故乡的《常州报》上的《李公朴》一文指出：

1937年底，阎锡山派专人到汉口约李公朴去山西主持民族革命大学，他自任校长，请李公朴担任副校长，全面管理民大教政。李公朴是著名的“抗日七君子”之一，在民众中有很高的威望，他生性豪爽，而且正想对抗战教育作个实验，于是他就各处奔走，为民族革命大学拟就创立纲领，并约同许多知名人士……

F. 由另一路抵达“民大”任教的徐懋庸先生，在其《我与毛主席的一些接触》一文（刊陕西教育出版社1992年版《延安作家》一书第309页）中，同样标明系李公朴所聘。徐懋庸写道：

由于周扬他们对我不负责任，我又没有别的关系，去延安是很困难的。1937年底，我在汉口利用李公朴为阎锡山办的“民族革命大学”聘请老师的机会，先去临汾作为过渡，……

G. 原中央国际广播电台离休干部鹿野先生在其《一个正直的人》一文（收入《萧军纪念集》第141页）中写道：

我和萧军初识于50年前，1938年2月10日，他应“爱国七君子”之一的李公朴先生之邀，到山西临汾“民族革命大学”担任文艺指导，同他一道到“民大”的还有萧红、艾青、聂绀弩、端木蕻良等。

“民族革命大学”是在中国共产党影响下成立的抗日民族统一战线的学校，校长是阎锡山，实际负责人是共产党员杜心源、杜任之、严希纯等。教授有李公朴、侯外庐、何思敬、陈唯实、徐懋庸等，学生绝大多数是倾向进步，要求抗日的青年。

2月初，在临汾，由平津流亡同学会和“民先”队部联合组织的欢迎萧军、萧红、艾青、聂绀弩等人的会上，我才第一次同萧军、萧红见面了。……

（鹿野先生此文于“1988年7月28日急草”）

令人深感惊讶的是，为了全盘否定所有当事人关于受李公朴先生邀请去临汾“民大”任教的众口一词，同时，更是为了替自己凭空杜撰的所谓端木蕻良“转请艾青、聂绀弩、李又然和萧红、萧军同去”的说法寻找依据，《我的婶婶萧红》一书的作者又凭空杜撰出了一个“当时李公朴、何干之等都已撤回武汉”的“本书内部消息”……

然而，历史的真实是容不得任何人歪曲的。当时的真实情况是：在二萧一干人抵达“民大”后，面对阎锡山只是为捞取“抗日”的名声而不给任何经费放任自流的混乱局面，李公朴先生在共产党人的支持下，以“民大”临时负责人的身份专门发表了《致民大同学的一封公开信》，号召全体师生以“抗日”大局为重，克服困难，坚决贯彻执行“民大”创立十大纲领……

对丁玲、萧军的这些说法站得住脚吗？

在《我的婶婶萧红》一书第116—117页，曹革成先生向我们作了如此能够弹落人们尤其是好奇性读者的眼球，但又百思不得其解的描述：

> 在西安时期，……丁玲与团里（西北战地服务团）的年轻团员陈明建立了恋情。丁玲年龄大，职位高，又是文化名人，与普通团员谈恋爱，被人视为异端，反映到延安，有关领导要她回去“述职”。文化人的这种苦恼，萧红当然理解，知道端木蕻良不多事，便告诉了他。丁玲要回延安了，不知情的聂绀弩跟着要去，他不明白萧红为什么不去延安了。丁玲走后不几天，萧军（3月20日左右）转道到延安的消息传来了，不久又传来另外一些消息，萧红表现得都平静，这样在西战团里大家知道了他们分手的消息。同时萧红怀孕的消息也传开了……直到这时，萧红和端木蕻良还只是能交心的同事关系……
>
> 4月初，丁玲和聂绀弩回来了，同时还有萧军。他不容萧红说话，就宣布：“萧红，你和端木结婚！我和丁玲结婚！”这一下把萧红彻底激怒了。
>
> 萧红却陷入了孤寂中。一位被鲁迅视为有才华的左翼女作家，常年身体虚弱，常年精神郁闷不展，现在又怀着身孕，在这兵荒马乱的战争年代，谁能来接受她，拯救她？
>
> 端木蕻良伸出了援手……他接受了萧红，并且义无反顾……
>
> ——文中着重点，为秋石所加

在读了曹革成先生上述绘声绘色的描述后，笔者的感觉是：如同《端木与萧红》一书(含本书第238页借端木本人之口所述)制造出来的所谓胡风故意隐匿"萧红在武汉"导致萧红无法乘坐周恩来汽车撤退的神话一样,又是一个接一个赤裸裸混淆视听人为制造的与史实相悖的说法!

首先,笔者感到有必要向读者们介绍一下"年轻团员陈明",以及被香港凤凰卫视(2004年1月播出)赞誉为"风雨恋"的丁玲陈明婚姻的有关情况。

一生低调,今年88岁的陈明先生,早年于上海麦伦中学(今继光中学)就读时参加了呼应北平大学生"一二·九"运动的行动,并成为上海中学生抗日救国联合会的骨干。陈明于1936年夏秘密加入了中国共产党。1937年1月31日,经党组织安排,陈明毅然放弃上海商学院的学业,秘密离开上海,按照组织制定的路线,先是坐船由海上抵达天津,尔后至北京—太原—西安。在西安停留一段时间后,坐马车赶赴延安,并于这一年的五月四日抵达革命圣地延安,前后历时三个月余。抵延安后入抗日军政大学学习。"七·七"全面抗战爆发后,陈明参加了丁玲领导的八路军西北战地服务团,赴抗日前线慰问演出。随后不久由于其出色的组织、宣传才能,他担任了"西战团"的宣传股长。经过长时间的审慎相恋,三十八岁的丁玲与二十五岁的陈明于1942年2月在延安结婚。正因为如此,很少有人相信他们能够白头偕老。在随后的几十年中,他们的人生道路充满凶险坎坷,但岁月的风雨考验,见证了他们之间的爱情纯洁与忠贞。于是便有了2004年1月香港凤凰卫视在讲述他们的爱情故事时加注的醒目标题:《丁玲与陈明的风雨恋》,这个标题客观、公正、恰如其分。笔者在黑龙江生活、工作了四分之一世纪,尤其是在从事新闻工作之后,所到之处,无不耳染目濡人们传颂的陈明先生对丁玲忠贞不贰的爱情,以及关爱、呵护"老太太"的一系列动人故事。

若是从1937年夏秋自"西战团"相识,并肩作战起计算,到1986年丁玲去世,丁玲和陈明在一起生活长达半个世纪之久。在1957年以前,两人各有各的工作,生活有聚有离。而在1957年以后,面临风狂雨骤的残酷打击,俩人之间开始了惊天地泣鬼神的真正意义上的相伴相随。众所周知,在丁玲被莫须有地当作反党集团头目遭受狂轰滥炸式的"批判"时,陈明被"上级"要求和丁玲划清界限,离婚并加入到揭发、批判丁玲的行列中来。但陈明却"置若罔闻",反其道行之,帮助丁玲写起申诉材料来。为此,陈明被开除党籍,打入另册,流放北大荒……丁玲在其晚年所写的回忆录《风雪人间》

中记述了陈明被开除党籍那天的情景:“一个从来不流泪的人,忽然流泪了,而且,泪水是那样止不住地涌出来。我无法安慰他,只能陪着他哭,我懂得他,为他的那颗心而哭。”对于少年时代就献身于中国革命事业和民族解放事业的陈明来说,开除党籍给他造成的心灵上的巨大创伤,是可想而知的。但陈明毫不犹豫地选择了与自己所爱的人一起承受厄运,他坚信自己和丁玲都是革命队伍中的忠诚战士,他们遭受的是一场无妄之灾。在陈明眼中,守卫他与丁玲的爱情同坚守革命信仰之间,并不存在什么矛盾。因之,从1957年遭受批判、北疆流放,到1979年云开雾散,平反昭雪。在长达22年的艰难岁月里,包括“文革”批斗、毒打,拘囿于暗无天日的秦城监狱,再度下放山西贫困山村,苦难漫漫,但两人始终相濡以沫,矢志不渝。最终不仅证明了自己的无辜和清白,也为千千万万的世人见证了一段和平年代非常时期凸显的近乎完美的忠贞爱情,从而树立起了一道贞操、信仰双赢的高大丰碑。据说,当1957年丁玲冤案牵连到陈明时,让批判者和当权者暴跳如雷的是,他们愣是找不见可以为他们利用或“定性”的陈明的缺点及问题。

最终,当权者唯一罗织的罪名是:帮助丁玲翻案,与“反党集团”主犯同流合污……

如此而已!

我与陈明先生相识、交往已历20年,陈明先生的正直、仗义执言,既为人所共知,更为我亲历亲见。1994年1月,台湾《中央日报》以两个版的篇幅文字,对鲁迅和鲁迅的两位学生萧红、萧军,以及端木蕻良和骆宾基两位左翼作家多有诬指。在我撰文反击为发表屡屡碰壁后(因在学术界师出无名),正是陈明先生伸出援手,亲将我的万字史料长文荐往《文艺报》(见1994年9月24日《文艺报》:《关于萧军与萧红的一些史料》)发表。在该文的结尾部分《关于其他》一小节中,我这样写道——:

> 我与端木蕻良先生素无往来,无法评判他与萧红之间的恩怨是非,但从李家文中称端木先生为“无名小子”来看,是极不严肃的,更是对老作家人格的不尊重。
>
> 骆宾基并非“萧红的第四个男人”,谁也不会去爱一个生命已入绝境的女子的,无论这个女子多么美丽。作为萧军好友的骆宾基(秋石

注：此系1994年笔者撰写《史实岂容歪曲——驳台湾〈中央日报〉李家〈萧红和她的四个男人〉》时产生的一个不应有的缺乏史实基础的失误，在到香港探望并护理萧红前，骆宾基并非萧军好友，亦即没有直接来往过，但骆宾基读过萧军的《八月的乡村》和萧红的《生死场》……）完全是出于侠义心肠去照料萧红的，更不是李家恣意染指的那样：骆宾基"觊觎她身后的版税。"尤其使人无法容忍的是，正是这个李家，竟然把全中国人民唾弃的"文革"中江青一伙强加在骆宾基头上的莫须有罪名和"历史"重又搬弄出来，可见这位李家做人的良知早已泯灭了个一干二净(秋石注：这位名叫李家的人系前台湾"中央社"记者，现居台南市)。

由于《文艺报》在发表拙文时，着重于澄清萧红与萧军恩怨是非的一些误传讹传及李家制造的"莫须有"上，故这节文字被忍痛割爱。但包括上述文字在内的整个文章，均收入了由本人编著的《聚讼纷纭说萧军》一书中(学林出版社1997年4月版，见该书第132页)。

作者在其《我的婶婶萧红》一书中杜撰了丁玲赴延安汇报她与陈明相恋一事，到了延安后却又"移情别恋"，最终又有萧军"我和丁玲结婚！"不着边际的荒唐故事，并"顺藤摸瓜"地将其归结于二萧西安彻底分手、端木蕻良大行"侠义"向萧红伸出救助之手……笔者认为，在对丁玲、萧军侮辱的同时，毋庸置疑，也是对丁玲、陈明忠贞爱情的一种亵渎！

事情远不止此，该书作者还尽情按照自己一手杜撰"史实"的需要，无视当时事实包括端木本人、端木夫人在《端木与萧红》一书的描述，恣意阉割历史见证人、前辈作家早年写下的见证文字。如在该书第116页，作者写道：

> 她(系指萧红，下同——秋石注)也与聂绀弩交谈，他们之间的交情比别人都早、都深，聂绀弩是她到上海后，由鲁迅先生介绍的朋友。在事后8年，1946年聂绀弩写了《在西安》一文，详细记载了此时的萧红是如何向他倾诉自己感情一再受伤和事实上分手后的结果。说明萧红对他的信任。

在这里，有关萧红"感情一再受伤"的说法，作者显然指的是萧红向聂绀弩数落萧军对其"不忠实"及拿她"做出气包"的事。然而，还必须指出的是，在诉说"委屈"前萧红首先强调了一个基本前提。萧红向聂绀弩所说的这个前提是："我爱萧军，今天还爱，他是个优秀的小说家，在思想上是个同志，又一同在患难中挣扎过来的……"此为其一。

其二，聂绀弩的《在西安》一文，还用六七百字的篇幅，叙述了萧红将与萧军在1936年春天同游杭州西湖时购买的一根小竹棍，作为"定情物"送给端木的事。为此，在聂绀弩去延安的前一日晚间，萧红在谈了端木对她的软磨硬泡、苦苦追求后，用一种无奈而又苦涩的语调请求聂绀弩："要是我有什么事，你肯原谅我么？"

为了给自己杜撰的在二萧西安彻底分手前夕端木"清白人品"不致受损，作者舍去了聂绀弩在同一文中有关小竹棍的描述。然而，在另一本书即端木夫人钟耀群先生七年前著的《端木与萧红》第22—25页中，钟先生用超出聂绀弩有关同一事件描述文字两倍多约2 000字的篇幅，绘声绘色向读者描述了端木喜获这根具有非凡意义的小竹棍的全过程。不仅如此，而且，钟先生在书中还特地向读者抖出了一个相隔时空近六十年之久的戏剧性故事"包袱"：原来，端木蕻良之所以能够不费吹灰之力，轻轻松松地拿到小竹棍，是因为"多情"的萧红事先向端木透露了谁也无法想象到的藏棍所在！在描述小竹棍易主的全过程中，作者是将端木先生作为胜利者加以歌颂的，而聂绀弩则被描绘成了"失败者"——试图赢得萧红芳心情爱的"失败者"。

读着《我的婶婶萧红》第116—117页有关二萧西安彻底分手的这一情节的描写，面对其前后矛盾的说法，我们极有必要搞清楚以下几个问题。

第一，关于丁玲此行延安的真实原因。

丁玲这回去延安，真的是为了向中央汇报她和"年轻团员陈明"的恋情吗？如果不是，那么又是怎么一回事呢？近日，笔者就此事再度长途连线了居住在北京复外木樨地22号楼的陈明先生。电话那头，陈明先生思路相当清晰地作了回答。陈明先生说，首先，而且必须要说明的一点是，写过《莎菲女士的日记》一向前卫的丁玲，不会，也绝对不可能就自己的恋情去征求他人的意见，或者作什么汇报，因为这完全是她个人的事情。自然，丁玲也不会顾忌外界或"上级"在这个问题上的什么看法。谈及丁玲此行延安的真实原因，陈明先生说，是因为当时国民党的陕西省党部秉承蒋介石的旨意，接二连三地强行解散了许多抗日民众爱国团体。由于"西战团"直属八路军总部管辖，无计可施的国民党省党部便采取了挤、压、逼的手段，责令"西战团"

去"战地"而不是留在西安宣传抗日救亡——实际上,有碍于国民党消极抗日和真反共的立场。为此,经请示西安八路军办事处负责人林伯渠和八路军总部高级参议宣侠父,决定由"西战团"主任丁玲和秘书长王玉清(后任陈云同志秘书)去延安向中央和毛泽东汇报(聂绀弩确也随行而去)。到延安后,毛泽东向他们提出并确立了"磨而不裂"的原则。何谓"磨而不裂"?就是说,国民党要和我们闹磨擦,我们必须坚持斗争,坚持"西战团"立足西安宣传抗日扩大共产党八路军影响的原则立场不动摇,但坚持不搞分裂。毛泽东还指示丁玲:斗争要有理、有利、有节,必须贯彻抗日民族统一战线的原则。这,就是丁玲此行延安的真实原因所在!而断非《我的婶婶萧红》一书杜撰的丁玲为与陈明相恋而赴延安去作什么请示汇报。

第二,《我的婶婶萧红》一书的作者极不负责任地将二萧西安最终分手的原因,归结于所谓从延安"又传来另外一些消息"——即暗指丁玲抵达延安后即与不期而遇的萧军相恋"定终身"而致。如此杜撰,实在难以令人信服。就在该书作者撰写的这段文字开始时——即是按照作者的说法,业已向读者告明丁玲去延安是汇报她与陈明相恋之事,那么,又何以见得又怎么可能在短短十来天中"移情别恋",且又神速地与桀骜不驯独来独往的萧军"定下终身"了呢?更何况,丁玲进入延安前压根不知道萧军会来延安,萧军也同样如此。从丁、萧二人各自的历史年表及回忆中,我们可以看出,两人在延安的活动十分繁忙,而丁玲肩负的担子更重。而且,在此行的延安,萧军一直没有中止去五台山抗日前线打日本鬼子的努力——这也是他假道延安的初衷。在此行延安见到毛泽东后的谈话中,萧军仍是重申了去五台山前线"面对面打鬼子"的目的。在延安,萧军先后三次会见了毛泽东。第一次是毛泽东听说鲁迅的学生,《八月的乡村》的作者萧军来到延安后,先是派秘书和培元去请,未果。接着,数天后的一个上午,毛泽东礼贤下士,亲自来到边区政府招待所探望并宴请了萧军。4 月 1 日,陕北公学举行第二届开学典礼,应邀出席的萧军再度与毛泽东相见,并与毛泽东、陈云、李富春及成仿吾校长等在漫天风沙中的操场上一起会餐。此期间的一天晚上,为欢迎新到延安的何思敬、徐懋庸和萧军等人,毛泽东、张闻天、张国焘、康生等人,代表党中央和陕甘宁边区政府宴请了他们——活动如此繁忙,时间如此紧凑,请问《我的婶婶萧红》一书作者,丁玲和萧军有可能热恋,以至于发展到非要“结婚”的地步了吗？此外，从萧军生前的回忆文章我们也可以看出，萧军每每与丁玲会面，都有老友聂绀弩在场。

第三，关于该书中萧军的“萧红，你和端木结婚！我和丁玲结婚”的说法，迄今，只见端木本人及其亲属述说（有个别引用的，也引自于端木 1978 年在接受美国汉学家葛浩文先生访谈时的自述），尚不见萧红生前留下一字，更不见“西战团”任何一个人证实一字，其真实可信程度自然可想而知了。

第四，萧军进入延安后，压根没有动过去西安的念头。当去五台前线的道路被告知有战事无法通过后，正是丁玲，聂绀弩告诉他萧红在西安，并且反复劝说他前去与萧红会合和好而致。

附带在这里强调一个众所周知的史实：当年在“西战团”选择与陈明相恋，并且盯住不放，相恋到底，丁玲是经过深思熟虑的。诚如多位历史证人对这桩婚姻所作的入木三分的评价：从丁玲选定陈明那一刻起，她就把后半生的幸福牢牢地攥在了手中。——从 1955 年丁玲被莫须有打入“丁（玲）、陈（企霞）反党集团”盟主以后长达 20 余年的批判、流放及牢狱生涯，到平反复出后的最后七年生活，历史雄辩地证实了这一点。

仅仅为了“证实”二萧西安彻底分手前端木的“清白”，便可以假借萧军之口制造“我和丁玲结婚！”的说法，且不说如何伤害了丁玲、萧军二人，这也太不严肃太不地道了吧！

在《我的婶婶萧红》一书中，作者还一再强调：是萧军在西安把萧红抛入“孤寂”之中后，端木“伸出了援手”、“接受了萧红，并且义无反顾地……”

史实，确凿无误的史实，真如该书作者标榜的这样吗？

否也！

而且，这又是一个与事实相去十万八千里的杜撰！

有三位目击者的亲历亲见证词，且是在不同年代相互并不知情的情况下写下的文字，是那样的有力而又无情地击破了《我的婶婶萧红》一书作者杜撰的这个“热点”或曰“焦点”与“事实”。

第一位，是渡尽劫波但又一世无争的忠厚之士王洛宾。

洛宾老友、老作家李桦先生在其所著《西部歌王》一书（中国文联出版公司 1992 年 12 月版，时王洛宾仍生龙活虎地活跃在海内外的歌坛舞台上。李桦先生在该书《后记》中强调指出：“书中所写的人和事，包括那些很有故事性的情节，甚至时间地点，都是真实的，绝无杜撰。”近几年来，李桦先生在其北京回龙观龙泽苑西区的家中同笔者的谈话中，多次向笔者证实：有关《八月的乡村》附录的《奴隶之爱》的歌曲，以及有关当年西安发生的这一幕的描述，均为王洛宾先生亲历亲见，并亲向他叙述过）第 49—50 页中这样写道：

> 服务团全体临时住在西安莲湖公园旁的一所学校，大家都住集体宿舍。萧红当时……单独一个人住在楼上。
>
> 因为萧军不在，王洛宾间或上楼去看看萧红，问她有什么事需要帮忙；闲暇时就让洛珊（王洛宾当时爱人——秋石注）去陪陪萧红，尽一份朋友的情谊。
>
> 有天早晨，王洛宾正在学校操场上运动，听见有人喊：“萧军回来了！”王洛宾按捺不住心头的喜悦，兴冲冲地跑上楼去给萧红报信。他想给朋友送去一个突来的惊喜。
>
> 当他推开萧红单独居住的寝室，却看见端木蕻良在屋里，而且……
>
> 他极为扫兴，也有些怨愤，冷冰冰地丢下一句：“萧军回来了！”扭头就走。
>
> 他看到的这一幕，从来没有和萧军说起……

第二位历史见证人，是一生铁骨铮铮的二萧好友聂绀弩先生。聂于 1924 年入黄埔军校第一期，1925 年就读莫斯科中山大学，1927 年回国后于风狂雨骤中加入中国共产党，尔后又在日本组织“新文化研究会”，与胡风等人一起从事宣传马列革命活动，并遭日本警察逮捕被强行遣送回国的聂绀弩，晚年时以“散宜生诗”称雄诗坛。1934 年 10 月二萧逃亡至上海后，于 12 月 9 日鲁迅先生在宴请两位失却松花江家园的东北流亡作家时，专门将聂绀弩介绍给了二萧。

还是《在西安》这篇纪实散文中，聂绀弩先生在用较多文字描述在他去延安前，萧红送定情物小竹棍给端木的详细经过后，专门写了他自延安归来亲历的一幕……

> 半个月后，我和丁玲从延安转来，当中多了一个萧军。他在到五台山去的中途折到延安，我们碰着了。一到××中（我们的住处）的院子

里，就有丁玲的团员喊："主任回来了！"萧红和D·M一同从丁玲的房里出来，一看见萧军，两人都愣住了一下。D·M就赶来和萧军拥抱，但神色一望而知，含着畏惧，惭愧，"啊，这一下可糟了！"等复杂的意义。我刚走进我的房，D·M连忙赶过来，拿起刷子跟我刷衣服上的尘土。他低着头说："辛苦了！"我听取的却是，"如果有什么事，你要帮帮忙！"……

上一世纪九十年代王洛宾老人同作家李桦先生的回忆讲述，竟是如此天衣无缝地印证了聂绀弩写于半个世纪前的1946年1月的这段文字。

根据笔者从事萧红萧军研究20余年所掌握的资料，聂绀弩、丁玲、王洛宾、塞克、朱星南等许多在"西战团"工作过的作家、艺术家们，于生前都向人们提及一个事实：即萧军自延安来到西安步入莲湖中学"西战团"驻地的那一刻起，几乎所有的"旁观者"都怀着一个美好的愿望，即希望能够看到萧军与萧红这一对吮吸着鲁迅乳汁成长起来的文坛双璧手牵手地和好如初！

其实，远在西安，乃至抵达临汾之前的武汉，事情已经起了变化……

美丽、善良，一生疾恶如仇，对爱情对朋友忠贞不渝的"左联"时期女作家梅志先生，在其所著《胡风传》第386页写道：

……他俩又来了。萧红和胡风在花园的蔷薇架下坐着，谈着他们的情况，端木可只在远处看着。其实，他们的情况，没去临汾时，胡风就已看出了一些苗头。萧军是硬汉子，没有说穿，只对胡风说，萧红和端木都想离开武汉。既然同萧军不能共同生活，离开也好。不过听萧红的叙说，和端木那份冷淡的以胜利者自居的样儿，胡风心里很不是滋味，并且为萧红感到委屈。

对于武汉早期发生的不可逆转的变化，不仅胡风梅志夫妇心知肚明，二萧的老友罗烽、白朗、梅林，以及来武汉后结识的好友蒋锡金等人，几十年来都程度不同地作过相关描述。

是的，在萧红的情感裂变上，萧军有错，且是原则上的错——一度负于萧红，但另一个人，就真如其至爱亲朋的书中描绘得如此"清白"而没有一丝一毫的过错、责任了吗？相信读者们读了上述三位历史见证人的描述，会得出一个符合事物本来面目的结论来。

这里还有一个颇能说明问题的事实，而且是铁证，说明早在二萧彻底分手前端木蕻良就已经深深地介入其中了。这个铁证，恰恰是当事人萧红留下的亲笔遗墨，日期为1938年3月30日。正在西安西北战地服务团的萧红写给留在武汉编《七月》的胡风的，信下方的署名者为两人，正是萧红与端木！自一月下旬从武汉去山西临汾“民大”任教，到这封由萧红宣告她和萧军长达六年的婚姻终结、萧红与端木新型关系的开始，其间才不过两个月左右的光景。在这之前一度为鲁迅和文坛看好的“红军夫妇”，现在已经物是人非——尽管早在两个来月前的武汉，胡风已经窥出了一二端倪，可当胡风收到这封信时，心中还是产生了一些难受：为萧军失去萧红难过的同时，也为萧红的这个极不理智的仓促选择感到难受。

萧红亲笔写就的信全文如下：

胡兄：

我一向没有写稿，同时也没有写信给你。这一遭的北方的出行，在别人都是好的，在我就坏了。前些天萧军没有消息的时候，又加上我大概有了孩子。那时候端木说：“不愿意丢掉的那一点，现在丢了；不愿意多的那一点，现在多了。”

现在萧军到延安了，聂也去了，我和端木尚留在西安，因为车子问题。为西北战地服务团我和端木和老聂、塞克共同作了一个三幕剧，并且上演过，现在要想发表，我觉得七月最合适，不知道你看七月担负得了不？并且关于稿费请先电汇来，等急用，是因为不知什么时候要到别处去。

屠小组好！

小朋友好！

萧　红

端　木

三月三十日

塞克附笔问候

电汇到西安七贤庄八路驻陕办事处萧红收

请读者们注意了：此信落款日期为三月三十日，此时萧军抵达延安才十天，由于去五台抗日前线的路上有战事，他尚拿不定主意下一步去何方，但肯定没有去西安的打算。而自西安来到延安汇报的丁玲、聂绀弩则百般劝说萧军随他们一同返回西安，以与萧红重归于好。可见，并非如《我的婶婶萧红》一书中为其百般辩护的那样：在二萧尚未最终分手前，端木与萧红之间并没有任何超越一般人的关系……综览这封信，从其内容到信尾两人的共同署名，都极其明白无误地向胡风传递了这么一个信息：萧红已经作出了最后的抉择，把自己未来的命运交到了新的夫君端木的手上了。

值得指出的是，这个两人的联合署名，并不单纯向胡风宣告两人的结合，更重要的是想通过办《七月》联络人广的胡风的口，向所有仍在武汉两人认识的人传递这么一个信息，从而最终达到一个目的——日后两人在返抵武汉后，不至于遭受其他人的冷眼鄙视，以至于落入极为尴尬的孤独境地，特别是作为"第三者"的端木蕻良所要面对的尴尬和可能招致的谴责。这一点，也可以从信尾所署日期下的"塞克附笔问候"的字样中可以得到印证。

信中所云的"聂"，指的是聂绀弩；有关信中借端木之口的"不愿意丢掉的那一点，现在丢了；不愿意多的那一点，现在多了"的说法，乃指萧红内心深处尚存对萧军的一丝眷恋，由于端木的死缠硬磨而"丢了"。而由于她怀了萧军的亲骨肉却又使萧红深感尴尬：在并非被萧军抛弃的前提下，却怀着萧军的孩子与新夫君陷入了不可自拔的热恋之中。信中所说的"三幕剧"，系指他们一行人自山西至西安行军途中创作的话剧《突击》。从她信中两次提到稿费"等急用"要对方"电汇"的问题，看来，她和端木手头十分拮据，同时两人又急于离开西安到别处去。

问"屠小组好！""小朋友好！"屠指胡风夫人梅志，原名屠玘华，小朋友指他们的儿子晓角，与"萧姑姑"较亲密。

谁在谬托知己？

《我的婶婶萧红》一书的作者在该书《后记》中写道：

> ……这本传记也应是说明了许多真相，还原了萧红历史的本来面目。这本传记在内容上的最大特点，是详述了萧红最后4年的生活经

历和写作状况，也就是她和端木蕻良结为夫妻的4年真相。这个时期，是萧红最重要的时期，是她代表作产生的时期，是她走向文学之路的顶峰时期，也是她情感得到呵护的黄金时期！而这也是她传记最薄弱的地方；也是被某些谬托知己的人搞得最混乱，造成世人诸多误解，从而不能准确评价萧红的关键之处。……

读了上述宣言式文字，读者不禁要问：究竟谁在谬托知己？至于作者宣告的对于萧红最后四年的生活“是其他传记最薄弱的地方”的说法，也未免太过于武断和轻率了吧！

前面笔者为胡风、丁玲等前辈的辩护，读者们读了之后，再来比对一下《我的婶婶萧红》一书所描述的，自可得出一个明辨是非的结论来。

诚如胡风、梅志、梅林、蒋锡金、高原等一干人认为的：由于性格的差异和其他诸般因素，二萧这对从苦难中走出来的作家夫妻分手已是必然，但这并不能证明端木与萧红的结合就是天造地设、珠联璧合，从武汉、到重庆、到香港，端木对萧红的不负责任的作为时时可见。

谁在谬托知己？

《婶婶》一书作者所说的萧红生命的最后四年，“是她代表作产生的时期”，同时强调“是萧红最重要的时期”……笔者以为，作者的此番论述是在蓄意抹杀史实，歪曲历史真相！

萧红的代表作是哪一部？又产生于何地和哪一个时期？

相信，凡是稍稍了解一些左翼文学史和有关鲁迅、鲁迅学生情况的人，都会不约而同地说出同一个事实：萧红最优秀的代表作产生于1934—1935年，由鲁迅先生亲为作序并大力举荐的高扬中华民族爱国御侮大旗的《生死场》！

请读读鲁迅为《生死场》作的序之热烈欢呼——鲁迅雷霆万钧地写道：

……然而北方人民的对于生的坚强，对于死的挣扎，却往往已经力透纸背；女性作者的细致的观察和越轨的笔致，又增加了不少明丽和新鲜。

……不如快看下面的《生死场》，她才会给你们以坚强和挣扎的力气。

有鲁迅的呵护，这才是“萧红最重要的时期”！这才是她情感得到呵护的黄金时期！而非其他地方其他时期。有关这一点，最好的说明是萧红亲笔写下的中篇纪实《回忆鲁迅先生》(生活书店 1941 年出版)，这是萧红用心和血，用全部情感凝就的一部力作，也是一部至今为后人和学术界窥探鲁迅晚年生活起居的优秀作品。在这部作品中，萧红的欢乐，萧红对生活的满足，萧红对鲁迅父母般的孩儿似的依赖心迹，跃然纸上。至于《婶婶》一书作者为什么要把在鲁迅身边的上海生活，把《生死场》这个萧红一生中最重要的代表作，排除在萧红的"顶峰"和"黄金时期"之外，其真实用意是十分明显的：因为产生"力透纸背"的史诗般力作《生死场》的时候，萧红正和萧军生活在一起！不仅如此，而且，萧军几乎是在同时推出了同样大受鲁迅赞扬并作序、同样具有划时代意义高扬民族气节的力作《八月的乡村》！这时期的萧红与萧军，才是真正意义上的文坛双璧，——至今史学界仍然这么认为，今后也难于改变这个事实。

这最后的四年，也是同端木结合的四年，萧红幸福吗？或者换言之，真如《婶婶》一书作者"后记"中认定的"情感得到呵护的黄金时期"吗？

依笔者之见：未必。

依据的是在这段时期内萧红时时感到孤寂与痛苦。产生孤寂与痛苦的原因是两方面的。一方面是与昔日的朋友们疏远了，疏远的原因是一部分朋友站在萧军那一边，更多的朋友则是反对她和端木的结合。另一个原因是战争，战争打碎了她希冀的宁静。

就前一个原因而言，人们给予了很多的描述加以佐证。

被萧红视为长者和鲁迅身边亲近者的茅盾先生，在为萧红所著《呼兰河传》作的序中这样写道：

> ……可是我不知道她之所以想离开香港，因为她在香港的生活是寂寞的，心境是寂寞的，她是希望由于离开香港而解脱那可怕的寂寞，并且我也想不到她那时的心境会这样寂寞。那时正在皖南事变以后，国内文化人大批跑到香港，造成了香港文化界空前的活跃，在这样环境中，而萧红会感到寂寞是难以索解的。等到我知道了而且也理解了这一切的时候，萧红埋在浅水湾已经快一年了。

上述是茅盾先生的心迹，读者们在读了之后，相信并不难理解茅盾文中所云“等到我知道了而且也理解了这一切的时候”这段话的寓意所在。

再有一个人，是香港东北救亡总会的负责人，是被萧红、端木夫妇视为知己、恩人的人，他的名字叫周鲸文。周鲸文先生颇为客观地实事求是地在其《忆萧红》一文中（刊香港 1975 年 12 月《时代批评》第 733 卷第 12 期）道出了他的直观素描：

> 一年的时间，我们得到的一种印象，端木对萧红不大关心。我们也有解释：端木虽系男人，还像小孩子，没有大丈夫气。萧红虽系女人，性情坚强，倒有男人的气质。所以，我们的结论是：端木与萧红的结合，也许操主动权的是萧红。但这也不是说，端木不聪明，他也有一套软中硬的手法。端木与我们往来较频，但我们在精神上却同情萧红。

著名的国际主义战士、为中国人民的民族战争和解放战争流尽最后一滴血的日本友人绿川英子，在 1942 年 11 月 19 日重庆《新华日报》上发表的《忆萧红》一文中，为我们揭开了另一个“谜”。绿川英子在文中写道：

> 后来萧红离开我们和端木去过新生活了。不幸，正如我所担心的，这并没有成为她新生活的第一步。人们就不明白端木为什么在朋友面前始终否认他和她的结婚。尽管如此，她对他的从属性却是一天一天加强了。……于是不久之后，他们就在北碚自囚在只有他们两人的小世界中。专心创作么？——谁也无从知悉。就有他们谜样的香港飞行。

著名女作家、哈尔滨时期与萧红萧军一起共同从事地下反满抗日宣传活动的好友白朗，在其《遥祭》（刊 1942 年 5 月延安《谷雨》）一文中这样描述道：

> ……分别之后，在重庆的一个小镇上，我们有幸又在一起生活一个较长的时期（指萧红临产前在江津白朗家等待生产——秋石注）。虽然整天住在一个小房子里，红却从来不向我说起和军分开以后的生活和情绪。一切都隐藏在她自己的心里，对着一向推心置腹的故友也竟不吐真情。似乎有着不愿告人的隐痛在折磨着她的感情，不然，为什么连她的欢笑也使人感到是一种忧愁的伪装呢？

她变得是那样暴躁易怒，有两三次为了一点小事，竟例外地跟我发起脾气，直到她理智恢复，发觉我不是报复的对象时，才慢慢沉默下去。……这一切，在我看来都是反常的。……无疑的，她和军的分开是无可医治的创痛了。

她不愿意讲，我也不忍心去触她的隐痛，直到我们最后握别时（这里指的是萧红生下孩子恢复体力后从江津搬出返回重庆那一天——秋石注），她才凄然地对我说：“莉，我愿你永远幸福。”

“我也愿你永远幸福。”

“我吗？”她疑问着，接着是一声苦笑：“我会幸福吗？莉，未来的远景已经摆在我的面前，我将孤寂忧郁以终生。”

次年，萧红抵达香港不久，在给白朗的信中，萧红再次诉苦道——：

……不知为什么，莉，我的心情永久是如此忧郁，这里的一切是多么恬静和幽美，有田，有漫山遍野的鲜花和婉转的鸟语，更有澎湃泛白的海潮，面对着碧澄的海水，常会使人神醉的，这一切不都正是我以往所梦想的佳境吗？然而呵，如今我祇感到寂寞！在这里我没有交往，因为没有推心置腹的朋友……

读着白朗回忆中的亲身感受，以及萧红给白朗信中的痛苦诉说，前文引及的茅盾先生有关“难以索解的”萧红身上无处不在散发着的“寂寞”，也就迎刃而解了！这是因为，也是极为可悲的一点，萧红始终没有把自己的丈夫端木蕻良看作是最亲近的人和可以随时随地“推心置腹的朋友”！

事实，活生生演变着的事实，是最雄辩不过，也最能说明问题的。

1938 年 9 月，旅途中差一点命丧黄泉的萧红乘坐拥挤不堪的轮船抵达重庆后，早他一个多月来到重庆的端木蕻良并没有为她找到住处，而是将她送到了一个名叫范士荣的人的家中暂栖身。显然，无论是在战时，还是在平常日子，不是世交不是至爱亲朋的人家，是很难接受一个挺着八、九个月大的肚子并非同一家族中的女人的。于是，没几天，萧红只得投奔了位于重庆郊县生活的昔日密友白朗家中。白朗及其同为东北“老乡”的婆母亲切、热情而又全方位地接待了萧红，直至其分娩。后来萧红从江津返回重庆时，——1939 年 1 月，她先是自行设法来到“终日不见阳光”的米花街小胡同1号,与被她在上海救援过的日本反战人士池田幸子,以及绿川英子同住;稍后,经人帮助,她又去了王昆仑夫人曹孟君任院长的歌乐山保育院居住,与她为邻的,是著名音乐家沙梅、李峰夫妇。直到这一年的六月间——萧红从武汉进入重庆已经历时九个多月了,方才搬往北碚与端木同居……

有关萧红在北碚的生活,著名散文家靳以先生以一个近邻及目击者的身份,写过一篇非常翔实的题为《悼萧红和满红》的散文。在这篇散文中,靳以先生以长达千余字的篇幅,向我们生动地描绘了他所亲历的一些场景。

靳以写道:

> ……那叫做D的人……入晚便睡,早晨12点钟起床,吃过饭,还要睡一大觉。在炎阳下跑东跑西的是她(萧红),在那不平的山城中走上走下拜访朋友的也是她,烧饭做衣裳是她,早晨因为他没有起来,拖着饿肚子等候的也是她。还有一次,他(端木蕻良)把一个四川泼辣的女佣人打了一拳,惹出是非来,去调解接洽的也是她。我记得那时她曾气忿地跑到楼上来说:"你看,他惹了祸要我来收拾,自己关起门躲起来了,怎么办呢?不依不饶的在大街上闹,这可怎么办呢?"
>
> 又要到镇公所回话,又是到医院验伤,结果是赔些钱了事,可是这些又琐碎又麻烦的事都是她一个人奔走,D一直把门关得紧紧的,正如同她所说的那样,"好像打人的是我不是他!"
>
> 可是他自有他的事情,我极少到他们的房里去,去的时候总看到他踡缩在床上睡着。……

当时在复旦大学经济系就读的靳以夫人陶肃琼在《我和靳以》一文中,在谈及这个令人难以理解的情节时,作了更为直观的描写:

> 那时候,住在我们楼下的是端木蕻良和萧红夫妇,由于他家的窗外是用暗色的纸糊住的,加上端木蕻良整日关在屋里,从不见他出门,我根本不知道有这么一家邻居。一直到有一天,端木蕻良打了一个泼辣的四川女佣人一拳,惹出了是非,萧红没有办法,只好跑到楼上来求助靳以,这是我第一次看到萧红。当时萧红非常紧张,一张因为失血而变得苍白的脸,稍高的颧骨大眼睛。她反反复复用一口带有哈尔滨口音的国语叙述了这件事,并气愤地责怪端木蕻良惹出了祸,却要她来收

拾……她那副愁眉不展焦虑的样子给我留下了极深刻的印象。靳以是北方人的性格，耿直又好帮助人，他耐心地听完了萧红的陈诉，十分同情，于是便陪伴萧红到镇公所或者是什么机构办理有关事宜，事情总算了结。……

尊重历史的事实与魂魄

撰写本文的目的，是针对《我的婶婶萧红》一书后记强调的标新立异式论断的质疑，以及对该书存在的多处凭空杜撰、不实等，依据众多当事人（包括恩泽于端木蕻良的长者及友好）的亲历亲撰的文字，以说明事物的本来面目，而非其他。

俗话说，金无足赤，人无完人。

萧军有错，也确曾有负于萧红，但必须予以肯定的——

在地下党员、后来同样成为著名左翼作家的舒群以及在《国际协报》供职的大好人裴馨园等人鼎力相助下：

正是萧军，与差一些被卖往青楼的落拓少妇萧红结为夫妇，并给了萧红以做人的尊严，生存下去的勇气，开创新生活的希望。而且，萧军身体力行，冒严寒，忍饥饿，外出四处打工授课，养活了产后在家待业休养生息的萧红；

正是萧军最早窥出了萧红潜在的才华（这也是他与萧红结合并救她出火海的前提），并不断给以萧红鼓励和几近手把手的扶持，才得以使萧红的初作——短篇小说《王阿嫂的死》发表在《国际协报》上，从而使萧红迈入了文坛的门坎……

正是萧军，带领萧红逃离了荆天棘地的沦陷区，使萧红得以在青山绿水的短暂休养生息环境中一举完成了震撼海内外文坛的《生死场》；

正是萧军率先提议，并且亲自执笔写信给鲁迅先生取得联系；继之，还是萧军将萧红的成名作也是最重要的代表作《生死场》呈到了鲁迅先生的案头上，使得萧红得以与萧军并驾齐驱蜚声国内外文坛，进入亿万高举反法西斯主义入侵大旗的战士和读者的心中。在这部后来被鲁迅赞誉为“力透纸背”的作品中，其中一些至关重要震撼人心、充溢着强烈反满抗日情调的灵与肉、血与火搏击的活生生场面，是在萧军壮烈激昂的提示下润色完成的。

反之，萧红对萧军的细心照料，以及对其创作出“不容于满洲帝国”和入侵者的“一部很好的书”(鲁迅语)，起到了强大的同样是至关重要的推动力：在1934年11月初自青岛逃到上海的初始日子里，萧军曾一度产生将《八月的乡村》初创稿“一把火烧了它”的荒唐念头，是萧红以其细腻体贴入微的女性关怀，给了萧军安慰、鼓励，以及修改好整部文稿的勇气和力量。还是萧红将自己的一件旧毛衣当了七角钱，换来复写《八月的乡村》文稿的纸张。继而，在严寒的冬日里，坐在那没有阳光而又极其阴冷的亭子间里，萧红脚踩冰冷的水泥地，淌着清水鼻涕，时不时地停下来搓一搓冻僵了的手指，一笔一划地为萧军抄完了《八月的乡村》……

那么，二萧西安彻底分手后，萧红是否对萧军还心存……

笔者认为，余情也好，真情也罢，都是客观存在的。毕竟是共同生活了六年的夫妻，毕竟两人都是从苦难中走来，从日本侵略者和伪满洲国的重重压迫下走出，在鲁迅身边“长大”……

梅志先生在其《胡风传》和散文《花椒红了》一文中，向我们叙述了当年在重庆她亲身经历的一段典故：

我们忽然得到萧军从兰州寄来的信，信中还有一张照片，原来他已经和一位姑娘结婚了。双双坐在一处山石上，身边还有一只狗，从照片上可以看出姑娘很年轻、很健康也很漂亮，萧军在信里忍不住宣泄了自己充满幸福的心情。

我们衷心祝愿这一对新婚夫妇，天长地久，永远幸福。

我正在为萧军高兴，萧红一个人爬上三层阁楼来看我们了……

……

闲谈中，我忽然想到萧军的来信，就不假思索地从抽屉里取出来给她看。她仔细地看了信，也看了照片，看了正面又看反面，反面写着：“这是我们从兰州临行前一天在‘圣地’上照的，那只狗也是我们的朋友……”她手里拿着照片一声不响，脸上红潮早已退了，现在白里透青的颜色，像石雕似地呆坐着。

我发慌了，后悔了，想不到她对萧军还有这么深的余情！看得出她心里是痛苦、失望、伤心的。这张照片对她该是一个不小的打击，但又必然要来的一个打击。

后来她像是醒过来了，仍旧没有做任何表示，只是说：

“那我走了，同f(胡风)说我已来过了。”

就这样像逃避什么似的匆匆地走了。

从此以后，萧红不再到胡风家里去了，梅志的感觉是：“我隐隐的知道她不会来看我们。”后来的一系列事情的演变，包括此后不久不辞而别的秘密飞港，印证了同为女性的梅志的感觉。

仍然是发生在重庆时期的事情，时为塔斯社重庆分社负责人的苏联人罗果夫，后来在《回忆我收集鲁迅材料的时候》一书中披露：1939年12月22日，在该分社办公室内他与萧红的首次谈话中(端木蕻良在座)，萧红称萧军为“我的第一个丈夫”，而不是把汪家大少爷呼之为“夫”。这说明萧红十分看重与萧军这段长达六年的夫妻生活……

萧红称萧军为“我的第一个丈夫”，而且，更能说明问题的是，自离开囚笼般的东兴顺旅馆后，萧红再也不向任何人提及令她差一点沦为青楼女子的汪家大少爷的名字。这，就从根本上击破了《我的婶婶萧红》一书作者反复阐述的所谓萧红与汪恩甲之间“相思割不断”的“两人温馨的小世界”婚姻的无稽之谈(见该书第43页之描述)。作者之所以这么无视萧红本人生前的感受，依笔者拙见，目的只有一个，借描述萧红头一个“婚姻”的“温馨”与“幸福安乐”，抬高与深化她的第三次婚姻“是她情感得到呵护的黄金时期”这一根本目的。与此同时，淡化掉萧红从囚笼飞向自由，最终成为鲁迅晚年最钟爱的学生与著名左翼女作家时期的第二次婚姻——尽管这第二次婚姻以萧军的“不忠”成为劳燕分飞的导火索。

另据胡风回忆，1941年皖南事变发生后，由周恩来亲自安排，胡风一家人于这一年六月撤至香港。八月间，胡风去探望了已在香港生活了19个月的萧红，胡风这样描述道：

我去看了一次萧红，无论她的生活情况还是精神状态，都给了我一种了无生气的苍白现象。只是谈到将来到桂林或别的什么地方租个大房子，把萧军也接出来住在一起，共同办一个大刊物时，她的脸上才露出了一丝生气……

刚从玛丽医院回家养伤的萧红，在见到胡风时表现出了少有的欣喜，如同见到远行归来的亲兄长一样。此时此刻的萧红，早已把一年前刚抵达香港时频频给华岗去信责怪胡风的尖薄语言抛在了脑后。她对胡风异常欣喜地说道**“我们一起来办一个大杂志吧！把我们的老朋友都找来写稿子，把萧军也找来，如果萧军知道我病着，我去信要他来，只要他能来，他一定会来看我，帮助我的。”**

后来，在弥留之际，萧红对始终陪伴在她身边的骆宾基这样企盼地说道：

如果三郎在重庆，我给她拍电报，他还会像当年在哈尔滨那样来救我吧！

萧军将萧红领出苦海，领入文坛，领至鲁迅先生的身边，毋庸置疑，是为中国革命、中国的现代文学做了一件大有益处的事情。这一段历史，是任何人否认不了的，而且必将永垂青史！

同样的道理，我们必须尊重同时予以肯定的史实是：

端木蕻良对我国现代文学、繁荣战时香港文艺，以及晚年对红学研究的一系列贡献。

萧红临终前，端木蕻良由先前准备突围尔后幡然悔悟回到萧红病榻前（见骆宾基著《萧红小传》，黑龙江人民出版社1981年11月版），并为实施临终关怀及冒险保存萧红骨灰所做的努力。

在1955年“全党共诛之，全国共讨之”的反胡风运动中，面对“上级领导”威逼他承认“萧红就是胡风分子”这一荒谬绝顶的染指时，一向胆小、谨慎行事的端木蕻良却反其道而行之，凸显出前所未有的凛然正气，大声回斥道：“鞭尸是封建帝王的作法！我自己，无论是坐牢、枪毙，由你处置，但我决不许污蔑萧红！”尔后，端木蕻良又一改往日唯唯诺诺的软弱窝囊样，昂首挺胸，扬长而去。

1978年，于接受外国学者访谈时，当提及萧红病逝的细节时，突然间，他无法控制地嚎啕大哭，一边哭，一边还责备自己由于没有能够制止住庸医施行的错误喉头手术，导致了萧红的过早离开人世，并为此深感“罪过”……

依笔者之见，还应肯定的一点是：

尽管端木蕻良追求革命而又不尽彻底，才华毕露而又离群索居，勤奋创作硕果累累而又懒散对待人生，渴望爱情而又疏于承担家庭责任和义务，从而为同时期东北作家难以包容，但他年纪轻轻显露出的非一般人具有的洞察事物及驾驭复杂场景浩长小说的非凡能力、艺术技巧、文字水平，是吸引萧红最终与之结合的原因所在。

从巴金先生的为人为文说起

众所周知，胡风、丁玲是共和国成立后最早的两大文人“反党集团”冤案盟主，他们所遭受的莫须有罪名，乃至被流放，被关进监狱，被“全党共诛之，全国共讨之”，时间之长，影响之深，范围之广，伤痛之剧烈，非一般文人所能承受。而且他们最终的平反甄别，又屡屡遭到非难和阻力。作为后人，又怎么能够为着自己亲人的所谓利益和“清白”，凭着一鳞半爪的传闻，或空穴来风，不经任何考证核实，随随便便的著书立说，误导读者，歪曲历史真相呢！

行笔至此，令笔者不禁想起了两位前辈作家在丁玲遭受人格上政治上的侮辱时挺身而出为之辩护的事。——在此，与曹革成先生等共勉。

第一位，是我们万众敬仰、爱戴，迄今仍活于世的百岁老前辈巴金先生。

1976 年 10 月，“四人帮”被粉碎，坊间流传着许许多多有关“四人帮”的“旧闻”新故。其中之一，流传比较广的，是说姚文元是姚蓬子和丁玲的私生子。其时，丁玲正被发配在山西省长治市老顶山嶂头村“劳改”，头上依然顶着“丁、陈”反党集团盟主的弥天大帽，因而，有些“传闻”，在某些制造者的眼里也许是“顺理成章”的事儿。但是，当这一莫须有的“传闻”传到巴金先生耳中的时候，巴金先生却坐立不安了。为此，同样没有被平反、已是 72 岁高龄的巴金先生以超乎寻常的速度站了出来说了真话——距“四人帮”被粉碎尚不足一个月，1976 年 11 月 4 日，巴金先生在给黄源先生的信上写道：

……我问过韩侍桁，他当时同他们很熟，知道详情，说姚文元的确是蓬子夫人生的。就在出生那几天，蓬子夫人到处找蓬子，找到韩的家里。这里有人把鲁迅赠蓬子诗中的“灵童”也当作姚文元，当然不对。

第二位，是鲁迅的忠实学生萧军先生。

自1955年开始，丁玲就长期处于逆境，十年浩劫中，“四人帮”一伙又抓住鲁迅先生1934年11月12日给刚到上海的萧军信上的一段话大做文章，把丁玲诬为叛徒。其时，萧军读了深感气愤。1979年6月，萧军在自己的问题尚未得到解决，只不过可以发表文章的时候，就站了出来为丁玲辩护。萧军以当事人的身份，为鲁迅信上的这段话做了一个长长的注释，指明了本意。萧军写道：

> 关于丁玲，鲁迅先生只说丁玲还活着，政府在养她，并没有片言只语责于她的不死，或责成她定去坐牢。因为鲁迅先生明白这是国民党的一种更阴险的手法。因为国民党当时杀了丁玲或送进监牢，这会造成全国以至世界人民普遍的舆论责难，甚至引起不利于他们的后果，因此才采取这种不杀、不关、不放的险恶的所谓“棉中裹铁”的卑鄙办法，以期引起人民对丁玲的疑心，对国民党的宽宏大量寄以幻想！但有些头脑糊涂的人，或别有用心的人竟说政府在养她这句话，是鲁迅先生对丁玲的一种责备，这纯属是一种无知或恶意的诬枉之辞。
>
> （见《我心中的鲁迅》第222页）

其实，据笔者所知，早在作此注释之前半年多，即1978年11月12日，萧军在为鲁迅给她的这封信所作的“附记”中，就一针见血地这样告诫人们道：

> ……
>
> 第三，为了研究“四人帮”要达到他们篡党夺权、反人民的卑鄙目的和罪行，他们连鲁迅全要“利用”、全要侮辱。
>
> 第四，可耻的“四人帮”竟敢利用鲁迅为招牌来诬陷、打击……某些真正崇敬鲁迅的人，忠诚遵循、体现鲁迅道路和精神的人，其用心又“何其毒也”！
>
> ……

（本文刊于2005年6月1日《中华读书报》，有删节。）

从沈醉"良心发现"不杀鲁迅说起

在《鲁迅与我七十年》一书首节《记忆中的父亲》中，周海婴先生有一段十分精彩同时也是发自他内心肺腑感受的描写。在该书第4—6页(文汇出版社2006年7月重版第4—5页原封不动地予以保留)，海婴先生以他十分虔敬的"我尊敬他"的口吻，告诉了我们这么一段"史实"：

> 这里要插一段国民党曾要暗杀父亲的史实。那是一九九二年，我从全国人大调整到全国政协，作为"特邀代表"编入第四十四组。组里有几位熟人和知名人士。但在小组会议室靠窗边处，坐着一位我不熟悉的老者。他沉默寡言，神情严肃，不与他人插话谈笑，但是每个讨论题目，均按主旨简短发言。当我得知他便是国民党军统著名的暗杀高手沈醉，不禁多看了几眼。散会后，他对每个人均礼节性地致意。真所谓人不可貌相，这位当年地位显赫的可怖人物，长相却并不横眉獐目，更不是解放前我所见过的国民党小特务那种模样。如今我们党和人民对他宽恕了，容纳了，他被入选政协委员，大家同席而坐，不再怒目以对。因此，在小组会的休息时间里，相互走访寒暄，我也跟着去沈醉住处访问。他那时正举步不便，因几年前在北戴河伤了腿，断了骨。当他面对我时，只见他瞳孔收缩一下，似乎情绪颇为起伏，但当时并未交谈什么。过了几天，我又在餐厅遇见他，他约我得空谈一下。

我应邀去他房间，他显得很激动，向我吐露一个"从没透露的秘密"。他说，在一九三几年，他接到上级命令，让他组成一个监视小组打算暗杀我父亲。结果在对面楼里着人监视了多日，他也去过几回，只见到我父亲经常在桌上写字，你还很小，在房间里玩耍，看不到有什么特别的举动。由于父亲的声望，才没有下手，撤退了。他说，否则我会对不住你，将铸成不可挽回的悲剧。他本可以不讲，把这段历史深埋在脑子里，跟随自己在世上一起消失。而他却坦率地告诉了我，为此，我尊敬他。

对于这个"从没透露的秘密"，其实，沈醉早在他二三十年前炮制的那些破绽百出、不惜诬陷、诽谤他人来抬高自己的"回忆录"中有所披露！

"史实"，果真是这样吗？

在《新文学史科》1978 年第一期亦即创刊号第 147—157 页，刊登了一篇题为《鲁迅为什么不去日本疗养》的史料考证文章。文章的作者，是时任东北师范大学中文系教授的蒋锡金先生。他是左翼作家、三十年代著名诗人，也是我国最早一代鲁迅研究专家。

附带在这里说明一下，蒋锡金先生写于"1978. 4. 12 北京"的这篇以史料见长的考证文章，其主要证词，来自 37 年前日据时代他同周海婴生身母亲许广平先生在孤岛上海的一次谈话，以及《鲁迅书信集》。其谈话内容及提供的佐证，对于我们如何辨别沈醉向周海婴透露的这个"从没透露的秘密"，有着至关重要的关系。

此外，同样重要的一点是，杀不杀鲁迅，并不由是时任军统上海特区组长的沈醉可以决定的。真正决定鲁迅生死命运的，是蒋介石。

蒋锡金先生在文章伊始写道：

> 辛亥革命以前，鲁迅曾四往日本。
>
> 到了他的晚年，虽曾有过去日本转地疗养之念，念兴于 1936 年的 7、8 月间，许多朋友也都劝他前往，但他终于未去。两三个月以后，他便逝世了。
>
> 1941 年冬，我曾与许广平同志谈到过鲁迅的病，谈到过医生须藤五百三，谈到怎么未去日本。许先生叹息着说："他其实是去不了的。"我问为什么。许先生说："他想去日本，又不想去日本；又想去德国，以

了早年的夙愿,但最后还是不去。并非由于经济的原因,而是别的原因。”

许先生沉痛地给我讲了那个原因。

接下来,许广平向蒋锡金先生讲述了鲁迅于 1927 年 12 月被聘为国民政府教育部首批“特约编辑”的事,首批为五人,他们是吴稚晖、李石曾、马夷初、江绍原和周豫才(鲁迅),月薪为三百元大洋。可是到了 1931 年的 12 月,鲁迅却被解聘了。也就是说,自 1932 年 1 月起,鲁迅不再是国民政府行政院长蒋介石兼任部长的教育部的特约编辑了。问题的实质,则在于鲁迅不同蒋介石的国民政府一条心。蒋锡金先生对鲁迅所收到的特约编辑的“补助费”作了这样的说明(笔者认为这也是他与蒋氏政权不合心而遭解聘的原因之一):

> 反动政府所支付的这笔“补助费”共历四年零一个月,共计有一万四千七百元,数目不小。但鲁迅用它来购买了大量的研究马克思主义的书籍和画册等。1930 年的一年,达到买书的最高峰,平均每月购书的费用有 200.38 元之多;此外,并且还不断地资助了革命互济会和左联等的经费。

接下去,蒋锡金先生向我们说明了一个由许广平先生亲口告诉他的史实(这也为我们辨别特务头子沈醉向周海婴告知的“从没透露的秘密”之真伪,提供了一手的强有力的证据),蒋锡金先生写道:

> 这件事情的始末情况已经清楚了,底下,我们就可以讲到所说的原因了。
>
> 1930 年 12 月,蒋梦麟辞去了教育部长之职,到北大当校长,国民党反动政府于 12 月 4 日改任高鲁为教育部长;高不到任;于是,6 日起,就由蒋介石亲自以行政院长兼任了教育部长;15 日,又任命李书华作为他的政务次长。蒋介石的当教育部长,一直到 1931 年的 6 月 18 日,几达 7 个月之久;接着就由李书华继任教育部长,到 1932 年的 1 月 8 日为止。就在这蒋介石自任教育部长的期间,许先生说,有人去向蒋贼献媚告密,说:现在部里的特约编辑周豫才,就是周树人,也就是鲁迅,

也就是最激烈地反对你的中国自由运动大同盟和中国左翼作家联盟的发起人和这两个团体的头子,也就是浙江国民党省党部呈请中央通缉,并已通缉在案的这个人。他的意思,原来是提请蒋介石注意此事并加以处理,借此邀功。可是,蒋介石极其奸猾,他听了,反而说:"这事很好。你知道教育部中,还有与他交好的老同事、老朋友没有?应该派这样的人,去找他,告诉他,我知道了这事,很高兴。我素来很敬仰他,还想和他会会面。只要他愿意去日本住一些时候,不但可以解除通缉令,职位也当然保留;而且如果有别的想法,也可以办到。"许先生说,后来教育部来了人,说了这事,鲁迅拒绝了;然而,还拖了几个月,想争取;到年底,就把这个特约编辑的职位裁撤了。她说:"以后,时常有谣言说这说那。这就是周先生(她常这样称呼鲁迅)后来怎么也决意不去日本的原因。"

请读者们注意了,从上述许广平先生告诉蒋锡金的话中,我们可以清晰地解读出,也就是说,老奸巨猾的蒋介石从一开始就压根没有要杀害鲁迅的企图。至于说到他的对鲁迅"素来很敬仰他"的表白,其实,说穿了,是一种实出无奈的内心表白。但他无奈之中又不甘心:"还想和他会会面"。而"会面"要达到的目的又是什么呢?那是一种很阴险毒辣的目的:如果一旦鲁迅跑到南京去和蒋介石"会面",或者蒋介石屈驾躬身莅临上海与鲁迅"会面",无论是哪一种会面方式,都只会对蒋介石有利,都会让鲁迅失去在千百万人民大众心目中应有的战士形象,成为蒋氏政权豢养的一条鹰犬。但话又得说回来。深知鲁迅脾性的蒋介石,自然也不会指望有什么鲁迅与他之间"会会面"的奇迹发生。于是,接下去,便有了蒋介石委派"与他交好的老同事、老朋友"去找鲁迅作说客,让鲁迅"去日本住一些时候",让自己落个耳根清净,免遭鲁迅不时痛骂的心头之烦。而鲁迅真要听从他的安排"去日本住一些时候"的话,则又可以达到蒋介石的另一个更大也更为用心险恶的目的:鲁迅与日本人勾结在了一起,成了卖国贼。鲁迅遭解聘之时,"九·一八"事变已经爆发数月,日寇全面侵占了我东三省,并且不断大规模陈兵向我华北进军。蒋介石此计可谓妙矣!然而,战士毕竟是战士,真正的战士既不会在屠刀面前下跪,苟且偷生,也不会在甜言蜜语加金钱赐舍面前给弄个晕头转向。鲁迅一听来人的"好意劝说",便一眼洞穿了蒋介石的险恶用心,当即予以了断然拒绝。其结果,自然被解聘了。

然而,蒋介石并没有死心,在此(1931 年 12 月)之后的四五年间,蒋介石一刻也没有停止他的这个罪恶计划的实施,直到 1936 年 10 月 19 日鲁迅逝世为止。

有关蒋介石委派"与他交好的老同事、老朋友",传达蒋介石本人的"素来很敬仰"的表白,以及游说鲁迅"去日本住一些时候"的事情,不仅有当事人之一的许广平本人的亲述,而且,还有与鲁迅交往比较密切的日本朋友增田涉、鲁迅胞弟周建人等人的文章、回忆可作旁证。

称鲁迅为恩师并与鲁迅过从甚密的日本朋友增田涉先生,在他 1947 年所写的《鲁迅印象记》(1970 年修订重刊,由北京师范大学中文系现代文学组重译)中这样写道:

> 那是我在他家出入的时候(案:即 1931 年),政府方面想要利用他罢,那时他因为政府的逮捕令而隐居着,当时的行政院长暗地派人向他联络,说行政院长希望跟他会面。但是他拒绝了。以一个民间的文人,而且正是在被下令逮捕的身份,竟然拒绝行政院长的会面要求(行政院长,倘在日本,正相当于总理大臣,要是跟行政院长联络合作,那么,他身边的束缚就会马上消失了吧),使人想到他那不屈服于权力的强悍,总之,我感到他为人的伟大。

按:增田涉先生文中提及的 1931 年"国民政府"的行政院长,正是蒋介石本人。毋庸置疑,在这里,增田涉先生文中所写的,与许广平向蒋锡金先生亲口讲述的,是同一桩事情。

同样,类似的记述,也见于鲁迅胞弟周建人撰写的《回忆鲁迅在上海的几件事》一文:

> 首先国民党的浙江省党部发起,呈请国民党南京政府通缉"堕落文人鲁迅",其理由是他组织了"中国自由运动大同盟"。什么"罪名"什么"理由",其真正原因在于鲁迅在文化战线上进行的反围剿斗争,他写的文章,他编的进步刊物击中了反动派的要害。有人就来劝说鲁迅发表声明,退出该组织。可是,鲁迅却坚定地说:"我用硬功对付,决不声

明……"。鲁迅对"通缉"漠然置之,越是在这革命的紧要关头,最危险的时候,他越是与革命群众一道顽强地战斗。(《中国建设》,1973年第5期)

对于所谓的军统上海特务机构欲杀害鲁迅一事,不仅蒋介石从来没有下达过什么指令,而且连鲁迅本人也从来没有相信过。这可以从1936年鲁迅回答共产党特使胡愈之关于去苏联养病的提议中得到答案。

还是在这之前,考虑到鲁迅每况愈下的身体状况,1935年11月庆祝十月革命节时,苏联驻上海总领事曾代表苏联政府邀请鲁迅去苏联南方旅游胜地克里米亚疗养,但被鲁迅婉言谢绝了。之后不久,受我党和苏联方面的双重委托,胡愈之于1936年初的农历正月间,专程自香港赶来上海,在北西川路一家饭店约见鲁迅,又一次劝说鲁迅赴苏联养病,并提出由他负责送到香港,继而由香港地下党派专人自海路护送出境,直至莫斯科。但胡愈之的这一次提议,再次为鲁迅所婉拒。鲁迅对胡愈之说道:

很感谢苏联朋友的好意,但是我不去。苏联朋友关心我无非为了我需要养病;另外国民党想搞我,处境有危险,病也不那么危险,我在上海住惯了,离开有困难。另外我在这儿,还要斗争,还有任务,去苏联就完不成我的任务。敌人是搞不掉我的。这场斗争看来我胜利了,他们失败了。他们对我没有别的办法,只有把我抓去杀掉,但我看还不会,因为我老了,杀掉了,对我没什么损失,他们却损失不少,要负很大责任。敌人一天不杀我,我可以拿笔杆子一天。我不怕敌人,敌人怕我。我离开上海去莫斯科,只会使敌人高兴。请转告苏联朋友,谢谢他们的好意,我还是不去。*

前文,笔者提及,不对鲁迅加害但对游说鲁迅放弃斗争没有死心的蒋介石,在1931年后的四五年间,仍然一刻也没有停止派人游说鲁迅"去日本住一些时候"的计划。

据确凿史料标明,蒋介石派的这个人,是他当年任黄埔军校校长时的三期学生,而且早年在北京大学求学时还曾得到任课老师鲁迅的资助。他叫

---

* 胡愈之:《谈有关鲁迅的一些事情》,1972年12月25日在鲁迅博物馆座谈会上的发言,载《鲁迅研究资料》第一辑。

李秉中，与鲁迅关系较为密切，鲁迅对他的态度也甚为友好、器重，并始终视他为弟子。在早期的通信中，鲁迅对李秉中使用的语言也甚为亲切近人。原因之一，是他曾参加过讨伐武装叛乱的广东军阀陈炯明的东江战役。原因之二，在参加完讨陈战争后，他又赴莫斯科中山大学深造。原因之三，在后来赴日本学陆军的那几年中，他与鲁迅一直保持着较为密切的联系，还时不时地寄一些生活用品包括海婴出生后用的衣服用品等给鲁迅许广平。难能可贵的是，在日本求学的后期，他不仅愤于日本军国主义政权对华的侵略，而且还时时心系鲁迅安危。

1931 年 1 月 17 日，白色恐怖又一次笼罩沪上，这一天，柔石等“左联”五烈士及其他进步青年数十人遭反动军警逮捕。3 天后，也就是 1 月 20 日鲁迅被迫离家避难于“花园庄”。时上海谣言四起并迅速传遍各地，有说鲁迅也被捕的，有说被捕后已受到刑讯折磨的，等等。一时间，许许多多关注鲁迅的亲戚朋友、进步人士、学生等，纷纷去信向其胞弟周建人探问讯息。其时，远在日本留学深造的李秉中闻讯后，异常焦急地写了一封信去打听有关鲁迅生死的消息。于是，鲁迅先是于 2 月 4 日“下午寄李秉中信”报知平安。16 日的“午后得李秉中信”两天后，即 2 月 18 日又有鲁迅“寄李秉中信”。(鲁迅 1931 年 2 月 18 日日记记载)。在这里，我们不妨先读一下 1931 年 2 月 4 日鲁迅为解除李秉中忧虑的复信。“感怆交并”的鲁迅这样写道：

> 顷见致舍弟书，借知沪上之谣，已达日本。致牢殷念，便欲首途，感怆交并，非言可喻！
>
> 我自旅沪以来，谨慎备至，几于谢绝人世，结舌无言。然以昔曾弄笔，志在革新。故根源未竭，仍为左翼作家联盟之一员。而上海文坛小丑，遂欲乘机陷之以自快慰。造作蜚语，力施中伤，由来久矣。哀其无聊，付之一笑。上月中旬，此间捕青年数十人，其中之一，是我学生(或云有一人自言姓鲁)。飞短流长之徒，因盛传我已被捕。通讯社员发电全国，小报记者盛造谰言，或载我之罪状，或叙我之住址，意在讽喻当局，加以搜捕。其实我之伏处牖下，一无所图，彼辈亦非不知。而沪上人心，往往幸灾乐祸。冀人之危，以为谈助。……老母饮泣，挚友惊心。十日以来，几于日以发缄更正为事，亦可悲矣。今幸无事，可释远

念。……生丁今世，正不知来日如何耳。东望扶桑，感怆交集。

从鲁迅此信中，我们可以看出，对老师当年资助始终铭记在心的李秉中，听到国内传出的谣言后十分着急，对老师的安危担忧之心跃然可见，从而萌生了启程回国进行营救之心。鲁迅见信后，被学生的这一腔拳拳之心所感动，便去信更正及抚慰。孰料，李秉中接信后，一方面将抄件寄天津《大公报》发表（刊 1931 年 2 月 23 日该报文学副刊 163 期），以释所有关心、爱护鲁迅的天下人之疑。另一方面则于收信当日又修书一封，劝说鲁迅赴日本避难（因鲁迅 2 月 4 日信中有"东望扶桑"一词，系李秉中误会之意）。于是，鲁迅于 18 日再度复信李秉中。鲁迅在信中写道：

生丁此时此地，真如处荆棘中，国人竟有贩人命以自肥者，尤可愤叹。时亦有意，去此危邦，而眷念旧乡，仍不能绝裾径去；野人怀土，小草恋山，亦可哀也。日本为旧游之地，水木明瑟，诚足怡心，然知之已稔，遂不甚向往。去年欲赴德国，亦仅藏于心。今则金价大增，且将三倍，我又有眷属在沪，并一婴儿，相依为命，离则两伤，故且深自韬晦，冀延余年。倘举朝文武，仍不相容，会当相偕以泛海，或相率而授命耳！

鲁迅此信的意思十分明白，第一，不愿离开危难中的祖国，对祖国满怀"眷念"的深情；第二，对这日本太熟悉了，虽好也不想去；第三，想去德国，现在也去不成了，"仅藏于心"；第四，如果压迫紧了，不容于此，只好与妻儿一同流亡海外了。

继前一年"九·一八"东北事变，1932 年"一·二八"淞沪战争爆发，国难深重，尚有一腔爱国赤诚之心的李秉中遂中断了在日本的学业，于这一年的六月间回到了中国。由于他是黄埔三期毕业生，很快就被安排到南京国民党中央军校政训处任高级别的教官。

在南京中央军校，李秉中有机会接触到一些大人物，他也多多少少知道了校长蒋介石的那个未遂心愿，更知道蒋介石不会加害于鲁迅，同时，他又为鲁迅每况愈下的健康状况日日担忧。思忖之下，他为实现校长的未遂心愿，便自告奋勇担当起为鲁迅解除通缉令的这一"重任"来。1936 年 7 月 13 日，李秉中在南京向重病中的鲁迅发出了他的似乎胸有成竹的

"劝导"信。

李秉中的原信如下：

鲁迅吾师函丈：

前呈一缄，谅陈道席。

比来清恙如何？日夕为念。迩天气较凉，想当佳也。

禀者：关于吾师之自由一事，中[李自称]惟之数年矣！惟恐或有玷吾师尊严之清操，是以不敢妄启齿。近惟吾师齿德日增，衰病荐至，太师母远在北平，互惟思慕，长此形同禁锢，自多不便。若吾师同意，解除通缉，一切手续，中当任之，绝不致有损吾师毫末之尊严。成效如何，虽未敢预必，想不致无结果，不识师意若何？伏乞训示。东行已有期否？

吾师病中，本不敢屡渎；窃望师母代作复示，曷胜伫盼，专此！

敬祝

痊福

师母大人，海婴弟无恙。

学生　李秉中　七月十三日

李秉中此信现存北京鲁迅博物馆。据蒋锡金先生称，原信"本无标点"，是他"代加上"，共三页，是用"国民政府军事委员会用笺"写的（笔者已向鲁迅博物馆研究人员处得到了证实）。据蒋锡金先生分析道：

虽然信封上的邮戳已看不清年份，但信中的内容是可以分析判断的：（一）鲁迅此时正在重病中，也正处在已有"东行"之意的时候（须藤医生建议转地疗养），鲁迅的病已相当严重，以至李也知道他的自己困难写信答复，所以要求许先生代为表态；（二）反动派这时极想鲁迅在这时离开上海，这对他们有利；（三）反动派的要挟手段，现在唯有那份"通缉令"，他们象最初在1931年便用过这办法一样，还想以此为诱饵，李秉中上承着意旨（从他的用笺也可以看得出来），对此是觉得有把握的；（四）李秉中还想从生活方面和母子之情来打动之；（五）李的"未敢预必"一语，留了讨价还价的余地；（六）"惟之数年"（思考了好几年）一语，说明此信作于"通缉令"发布和执行之后已好几年；（七）在这封信以前，李就已经受命来过一信，鲁迅并未答复他，所以他现在要求"师母代作答复"，他好交差。

蒋锡金先生为此还做了大量而又细致的调查考证工作，蒋锡金先生写道：

为了把问题弄得更清楚些，我曾去信询问过俞芳同志，向她了解李秉中的生前情况，并请她估计一下此信的时间。她来信说，她只是间接听到李的亲戚谈到过一些，自己并不清楚，提不出更多的材料来。但她在信上说：

接到你的信后，我去问许钦文同志。他说，这事是有的。因为鲁迅先生曾和他谈起过。年份他也记不清了。(1978 年 4 月 5 日来信)

许钦文同志对这件事确乎是知道的。虽然，他在鲁迅逝世后所写的《同鲁迅先生最后的晤谈》(刊《逸经》第 18 期)中避免了谈到此事，但在 1977 年 6 月 12 日晚，他在答复访问者问的时候，却这样说了：

1930 年以后，李秉中在南京做教官。李写信给鲁迅说：如鲁迅同意的话，他可以通过朋友，要求南京政府撤消通缉令。但鲁迅回信说，不必了。因为这样做，肯定是有交换条件的。(1977 年 7 月 24 日经本人审定稿)

由于时候隔得久了，叙述难免有些含糊，但这具体的经过，我们仍然是从《鲁迅日记》中把它的脉络找清楚的。

查 1936 年的鲁迅日记，我们可以看到，1932 年 6 月，李秉中到了南京以后，就长久没有给鲁迅来过信。可是，到了 1936 年的 5 月，却又来信了：

三十一日午后得李秉中信。

这是第一封信。鲁迅未复。一个多月以后，到了 7 月初：

五日(上午)得李秉中信。

这是第二封信。此信仍未复。于是在 11 天后，又来了第三封信：

十六日(上午)得李秉中信，即由广平复。

这就是上面引录的这封 7 月 13 日写的信了。我们知道，6 月是鲁迅病重，"艰于起坐，……一时颇虞奄忽"的时候。在收到这第三封信时，鲁迅的病情虽渐有好转，但体温在隔夜还热到 38.5 度。反动派的逼迫真紧啊！

但，尽管鲁迅“得李秉中信，即由广平复”，拒绝了李秉中秉承校长蒋介石的旨意，但俩人之间仍有来往，鲁迅也没有因此轻待李秉中，李秉中也时刻惦念着鲁迅的病躯。查鲁迅日记，在鲁迅逝世前一个月，九月九日鲁迅记有“午李秉中来”；九月二十七日“晨李秉中来并赠广平布衫一件”。

鲁迅逝世次日，即1936年10月20日，李秉中自南京唁函致许广平并奉丧仪20元大洋，李秉中唁函如下：

广平师母：

今日阅报，惊悉先生逝世，虽是在办公室中，不禁伏案恸哭……回思前日在沪先生云：“病中亦不能停笔休养，因停笔不但医药遂停，即饭亦不得吃也。”痛哉此言，秉中返京二十余日来，晨夕耳中皆如闻先生此言，……谨奉赙金20元，略表敬意，秉中知先生许我也。伏维宝重！海婴弟无恙！

学生　李秉中

由此可见，直到鲁迅告别人世，蒋介石仍然没有下达过什么杀害鲁迅的指令，他唯一要实现的计划，就是不断派人劝说鲁迅去日本。那么，周海婴援引沈醉所说的“他接到上级命令，让他组成一个监视小组打算暗杀我父亲”的计划又从何而来。谁都知道，没有蒋介石的命令，是不会有人敢去杀害鲁迅的。

值得一提的是，即使在鲁迅逝世十年后，蒋介石仍然将其“敬仰”鲁迅的说法给演绎到了极致。那是在抗战胜利不久，周作人作为附逆汉奸被逮捕入狱后，北平、上海、南京、重庆等地的不少媒体刊登了有关鲁迅原配夫人朱安在北平艰难度日拟变卖房产和鲁迅藏书的消息。此时，正在紧锣密鼓还都南京的蒋介石知道后，于1946年1月24日，农历丙戌年新年前夕，委派其亲信、时任国民党中央党部秘书长的郑彦芬，专程赴北平给朱安女士送去了10万元法币。之后，即通过媒体进行了渲染。蒋介石的这个行动虽然具有极大的虚伪性和欺骗性，但也同样有力地表明了他从来没有萌生过欲置鲁迅于死地的打算。

（本文刊于2009年第8期《作品与争鸣》，有删节。）

冯雪峰是这样逃脱国民党囚牢的

2003年5月21日《文汇报·笔会》编者按：

今年6月2日，是我国杰出的文艺理论家冯雪峰诞生100周年，同时又是他成功逃离上饶集中营安抵周恩来身边60周年的纪念日子。

有关营救冯雪峰的史实，究竟是怎么一回事？本文作者经过深入考证，弄清了一些真实情况。

1941年1月下旬，背信弃义破坏民族抗日团结统一战线的国民党蒋介石反动派悍然发动“皖南事变”，并旋即在国统区广建法西斯集中营，大肆围剿、迫害、杀戮共产党人和左翼爱国志士。

1941年2月26日，隐居在家乡浙江省义乌县南乡神头村家中，用原名冯福春撰写红军长征小说《卢代之死》的冯雪峰，被寻踪长途奔袭而来的国民党便衣宪兵拘捕。

在冯雪峰尚未解至上饶集中营时，地下党已经为他找到了相关的“保护伞”……

时隔半年后，1941年8月12日，在延安，与舒群、罗烽白朗夫妇、艾青韦荌夫妇，以及夫人王德芬等一起在毛泽东窑洞作客的萧军，向毛泽东报告了冯雪峰被捕的消息，并焦急地对毛泽东说道：“主席，请营救冯雪峰！”

毛泽东听后，当即站了起来，向坐在他身旁一同倾听作家意见的中组部部长陈云、中宣部代部长凯丰问道：“有人营救过没有?”

回答:不知道。

毛泽东立马指示陈云:“赶快了解一下情况,如还没有营救,一定要尽快营救冯雪峰!”

毛泽东招待作家们一顿“丰盛”的午餐,有:蒸腊肉、辣椒炒肉丝、炒鸡蛋等,还有从前方带回来的难得一见的咸鱼(延安不产鱼)……

刚吃完饭,凯丰就把拟好的给南方局的营救电报交毛泽东审阅。毛泽东阅后,又递给在场的七位客人一一传阅。电报内容是让南方局尽一切努力设法营救冯雪峰出狱。陈云阅后也表示赞同,并当即交付电台拍发。

重庆,曾家岩50号“八办”,周恩来副主席接毛泽东延安来电后,与董必武商议营救方案,决定:由董必武委托同为国民参政会参政员的胡秋原先生出面营救。

时任国防最高委员会秘书和《中央日报》副总主笔的胡秋原欣然允诺,很快向管辖上饶集中营的国民党第三战区司令长官顾祝同拍发了提请释放文友冯雪峰的电报。

由于关押在上饶集中营内的冯雪峰用的是原名冯福春,胡秋原的营救失败了。

1942年11月,由同庚老友郭静唐和时任三战区司令长官国际问题顾问的宦乡联名具保,重病中的冯雪峰于福建建阳获保外就医,得以逃离魔窟。于浙闽交界处的偏僻山村静养半年后,病况略有好转的冯雪峰在友人陪伴下,自浙江丽水搭乘货车,历时五天五夜抵达桂林。稍作休整后,于1943年6月初安抵重庆。

冯雪峰来到曾家岩50号,周恩来副主席忘情地张大手臂一把拥住了他,凸显出血浓于水的老一代共产党人特有的情感,以及共同历经两万五千里长征的战友之情。周副主席还与夫人邓颖超一起设宴款待,庆贺他的新生和回到党的怀抱。

颇有意思的是,当冯雪峰在重庆频频亮相之时,在福建,气急败坏的集中营头子肖芬手执一年前宦乡亲笔签署的“三月后病愈不回，惟保人是问”的保结，找到宦乡说：“冯福春就是共党要人冯雪峰，现在重庆。”宦乡不甘示弱地回敬道：“我不知道他就是冯雪峰，你们自己到重庆去要人就是了！”

关于重病中的冯雪峰逃出上饶集中营一事，整整六十年来，在所有的文本中，包括党史文本，一直认为是毛泽东主动过问、营救而致。冯雪峰之子冯夏熊在其《冯雪峰——一位坚韧不拔的作家》一文中这样写道：

> 1942年毛泽东同志在欢迎一批新到延安的作家时，主动问到冯雪峰的情况，当他得知冯雪峰被囚于上饶集中营时，立即和陈云同志商量决定，一定要想办法将冯雪峰营救出来。他们当时就把这个决定电告在重庆的周恩来同志和董必武同志。

著名学者包子衍先生在其《雪峰年谱》一书中也这样写道：

> (1942年)1月，毛泽东、陈云等党中央领导人在延安得知雪峰被囚于上饶集中营的消息后，立即电告在重庆的周恩来、董必武，请他们进行营救。

曾同冯雪峰一起被囚禁在上饶集中营、同是被郭静唐营救出狱的进步刊物《浙江妇女》主编林秋若在其《不屈的无产阶级文化战士——记冯雪峰同志在上饶集中营》一文中写道：

> 1943年，雪峰同志到了重庆……董必武同志告诉雪峰，当时党中央曾经指示胡秋原设法营救雪峰同志，是董老通过关系让胡秋原打电报去保过他。

上述三位作者对同一问题的阐述都有一些误处，可能并非第一手资料获证的缘故，因此不得实证实传。

笔者手头有一份当事人写的史料，此份名叫《延安文艺座谈会的前奏》的见证纪实文章写于1986年初，并于“1987年2月13日定稿”，作者系当时在毛泽东处谈话、作客的七人之一的韦荌先生。据作者在发表此文时所作的附注中说明：1986年5月1日，我最后一次看望萧军，给他读此文底稿时，他提出应该用这个题目（即《延安文艺座谈会的前奏》）较适合。韦荌先生还在同一附注中着重作了如下说明：**“我写完此稿，经过萧军、罗烽、舒群、**

白朗四位作家看过。”也就是说，韦荌先生此文是经过另外 4 位当事人核准的，完全经得起历史的检验。

韦荌先生 16 年前“定稿”的此文有关营救冯雪峰这一提议的描写原文是：

> 最后，有位作家提出关于冯雪峰在皖南事变中被捕的事，并提出如何营救的问题，毛泽东同志听着立刻站了起来，转身问陈云和凯丰：
>
> “有人营救过他没有？”
>
> 回答是还不知道……

请读者注意了：首先是“有位作家提出关于冯雪峰在皖南事变中被捕的事，并提出如何营救的问题”，尔后才是“毛泽东同志听着立刻站了起来，转身问陈云和凯丰……”这一当事人的描述，也就直接否定了冯雪峰之子冯夏熊关于毛泽东“主动问到冯雪峰的情况”这一说法。其次，冯夏熊和包子衍两位传记作者认定“毛泽东和陈云同志商量……电告在重庆的周恩来和董必武同志”的时间为 1942 年或 1942 年 1 月，显然与当时事实出入较大。据韦荌在 1986 年撰写此文及当年向萧军、舒群、罗烽、白朗四位作家核实原稿时，所标明毛泽东指示陈云、凯丰两同志打电报给南方局的周恩来和董必武的具体时间，应是在 1941 年 8 月 12 日中午前后，因为正是这一天毛泽东邀请萧军王德芬夫妇，罗烽白朗夫妇，艾青韦荌夫妇，以及舒群等七名客人前往作客、叙谈的日子，有关这一点，有毛泽东 1941 年 8 月 12 日致萧军的信为证。

毛泽东此信原文如下：

> 萧军同志：
>
> 昨晚未晤罗舒二同志，此刻不知他们二位及兄都有暇否？又艾青同志有暇否？又各位女同志有暇否？如有的话，敬请于早饭后惠临一叙。我们谈通一些问题，是很好的，很必要的。
>
> 此致
>
> 敬礼！
>
> 毛泽东
>
> 八月十二日

另据韦荌反复回忆证实，在延安四年，她仅此一次去毛泽东家作客，因而，她所记录的在毛泽东家作客的谈话内容也仅限于这一日。故而，冯夏熊、包子衍两位传记作者所记录的 1942 年及 1942 年 1 月毛泽东指示营救及拍电报给南方局或曰重庆八路军办事处的周恩来、董必武的时间根本不能成立——没有任何确切的证据，他们所提供的时间要比当事人经历的时间晚五个月。第三，林秋若先生在《不屈的无产阶级文化战士——记冯雪峰在上饶集中营》一文中所云"董必武同志告诉冯雪峰，当时党中央曾经指示胡秋原设法营救雪峰同志"的说法更是不能成立。不错，胡秋原先生早年曾加入过共青团，但后来因逃避白色恐怖追捕频频转学乃至远赴日本，二十世纪三十年代因主张抗日参加过倒蒋的福建事变，但在历史上，他从来没有加入过中国共产党，在冯雪峰被关押在上饶集中营时期的 1941 年—1942 年，胡秋原是国民党喉舌《中央日报》的副主笔，"党中央"又怎么可能"指示胡秋原设法营救冯雪峰"呢？倒是后一句"董老通过关系让胡秋原打电报去保过他"的说法是可以成立的。

此外，冯夏熊先生在其文中所云"1942 年毛泽东同志在欢迎一批新到延安的作家"的说法，也不甚确切。确凿的史实是：舒群及萧军王德芬夫妇于 1940 年 6 月 14 日抵达延安；艾青、罗烽（偕画家张仃等人）于 1941 年 3 月 8 日抵延安。与丈夫罗烽同时蜚声文坛的著名女作家白朗，还有艾青第二任妻子韦荌，与同样怀有身孕的某领导人夫人吴博，周公馆工作人员徐明，以及一批皖南事变幸存的烈士家属后代（包括 12 岁的少年李鹏等人）于 1941 年 1 月底抵达延安。

因此完全可以断定，毛泽东不曾也从来没有"主动"过问并营救冯雪峰一事，若不是 1941 年 8 月 12 日 5 位著名作家（艾青、萧军、舒群、罗烽、白朗）和两位夫人（韦荌、王德芬。舒群夫人陈凡因在"鲁艺"学习，不及通知）应邀到毛泽东处作客并叙谈的话，毋庸置疑，有关营救冯雪峰的事还将拖延上一段时期，而且动作也不会那么迅速。再说，冯雪峰获"保外就医"得以逃出囚笼是在 1942 年的 11 月间，也就是说，是在毛泽东指示陈云、凯丰致电南方局周恩来、董必武过去了整整 15 个月之后。

"主席，请营救冯雪峰！"

韦荌先生在《延安文艺座谈会的前奏曲》一文中，于提及"营救冯雪峰"

这一细节时，使用了“有位作家”的说法，那么，最早向毛泽东提出关于冯雪峰在皖南事变中被捕的事，以及提出如何营救等问题的“有位作家”到底是谁？换言之，是五人中的哪一位？

为了核证其人其事，笔者于2002年2月28日—3月15日，五次致电居住在北京南沙沟寓所的韦荌先生，并于2002年5月应邀出席延安文艺学会、延安精神研究会等单位在人民大会堂联合召开的纪念毛泽东《在延安文艺座谈会上的讲话》发表60周年座谈会期间，两次与韦荌先生作了进一步的叙谈与核证。现年80高龄的韦荌先生在笔者的提示下，反复回忆，反复核对，最后确证：这个“有位作家”就是后来在延安文艺座谈会上第一个发言并且宣称要做“世界第一，中国第一”的大作家萧军。在这里，萧军显然是做了一件当时在延安堪称“第一”的好事、善事！韦荌先生告诉笔者：“我完全可以肯定，不是舒群、罗烽、白朗三位作家提出的！而且他们同冯雪峰没有任何联系。”“那么，是不是艾青提出来的呢？”笔者问道。“同样可以肯定不是艾青提出的，”韦荌先生断然否定道，“如果艾青事先知道冯雪峰被捕的消息，作为妻子的我不可能事先一点口风都没有！”韦荌先生进一步佐证道，“萧军当时在延安编《文艺月报》，活动频繁，联系人广，消息比其他人灵。”

就毛泽东当日谈话时是否“主动”问及冯雪峰这一话题，笔者于2002年12月30日再次电询韦荌先生。电话那头，韦荌先生听后没有丝毫的迟疑，即为作者释了疑。韦荌先生非常肯定地回答道：“没有！在我的记忆里，毛泽东根本没有问起有关冯雪峰的情况。因为毛泽东这次找五位作家谈话的中心话题，是解决他们的思想问题及对刊登在《解放日报》上周扬写的《文学与生活漫谈》一文的意见。”

有关1941年8月12日5位作家同毛泽东对话的主要话题，笔者认为，韦荌先生的上述阐述，同萧军生前的多次谈话和所撰写的有关文章是完全吻合的。在这里，值得书上一笔的是，直到几十年后临终，萧军没有向任何人说过他曾向毛泽东提出过营救冯雪峰的话题。

韦荌先生还告诉笔者：在延安四年，她仅此一次去毛泽东家作客，因而，她所记叙的在毛泽东家作客的谈话内容也仅限于这一日。而且，那天江青没有参与谈话，吃饭时也没有出现在餐桌上。萧军夫人王德芬因怀抱的婴儿啼哭，挪到了毛泽东孩子们住的窑洞里，也没有参与谈话。

据韦荌先生向笔者描述，在5位作家无拘无束地你一言我一语的向毛泽东倾诉对周扬所写的《文学与生活漫谈》一文的意见时，毛泽东一直在耐心地听着，有时还记上一笔，间或同作家们说上一两句幽默的话，听到好奇处，还“哈哈”地笑上一阵子。最后，就在谈话快要结束时，萧军出乎大家意料地向毛泽东讲述了冯雪峰于皖南事变后被捕的消息，并以十分恳切而又焦虑的口吻对毛泽东说道：“主席，请营救冯雪峰！”毛泽东一听，当即站了起来，向坐在他身旁一同倾听作家意见的中共中央组织部部长陈云和中央宣传部代部长凯丰问道：

“有人营救过没有？”

回答说是不知道。

接着，萧军又滔滔不绝地讲开了他所了解的冯雪峰在国统区的一些情况，以及对“左联”作出的巨大贡献。萧军还着重向大家讲述了冯雪峰在上海与鲁迅并肩战斗的大量业绩等。毛泽东听后更加予以重视，他立马指示陈云：**“赶快了解一下情况，如还没有营救，一定要尽快营救冯雪峰！”**

令毛泽东深感意外的是，有人在他面前如此滔滔不绝地替冯雪峰评功摆好，如此强烈地向他提出展开营救冯雪峰的要求，这在延安似乎还是第一次。回想1937年周扬他们到延安，说尽了冯雪峰的不是，毛泽东当时虽然不动声色，但在内心里埋下了厌恶的种子。一个人的坏话虽然不足取，但是说的人多了，而且说的又是同一个人的坏话，说的又是关乎他所谓“严重背离党的组织原则，不找党员找党外人士”这一涉及大是大非的原则立场问题的敏感话题，毛泽东岂能无动于衷？加之1937年7月冯雪峰在南京同被他派去的博古们发生了激烈的争执，争执的唯一内容又是他毛泽东当时正竭力主张的与蒋介石搞联合的“统一战线”。更使他大为恼火的是，这个在他眼中视为“法宝”的统一战线竟被冯雪峰愤怒斥之为“投降路线”，不仅如此，冯雪峰虽然向潘汉年告长假回乡写关于红军长征题材的长篇小说，但又在未经党中央批准的前提下私自跑回义乌乡下……这一切的一切，令毛泽东为之深恶痛绝。现在，在时光流逝了四年后，面对萧军慷慨激昂的一番仗义执言和营救冯雪峰的要求，面对艾青、舒群、罗烽、白朗四位著名作家的强劲附和，震撼之余的毛泽东当即予以了高度重视，并将之付诸实施。

时隔60年，对当时毛泽东作营救冯雪峰指示时的神态，韦荌先生依然记忆犹新。她动情地告诉笔者道:“冯雪峰参加过长征,是个老同志,而毛泽东是那么的关怀被捕的同志。”

在这次会面谈话中,除韦荽先生提及的萧军向毛泽东提出立即营救冯雪峰的动议外,在此,笔者向读者和同行们提供当事人萧军极有价值的一段话。萧军说:毛泽东当时也肯定了冯雪峰的一些功绩。

1979年8月17日下午,于哈尔滨文昌街省图书馆三楼会议室,黑龙江省文联、作协为刚复出(尚不及正式公开平反)的萧军重返阔别31载的哈尔滨举行的座谈会上(笔者有幸叨陪末座,并也向萧军提了问题),当有人请萧军谈谈当年延安文艺界对丁玲、冯雪峰的批判时,萧军着重指出:“冯雪峰当时并不在延安,他被国民党关押在上饶集中营里。冯雪峰在三十年代领导左翼文联的功劳不可抹杀,冯雪峰和鲁迅之间有着特殊的关系。这些,还是在毛主席家作客时,毛主席亲自同我谈起的。”

请读者和同行注意了,萧军在这里强调的“冯雪峰当时并不在延安,他被国民党关押在上饶集中营里”的说法,显然指的是1941年8月12日毛泽东邀请他们前去作客、谈话的那一时间段。至于有人向萧军发问有关延安文艺界对丁玲、冯雪峰的批判这一话题,查看我当时的会议记录,对丁玲,萧军的回答显得十分干脆:“关于对丁玲的批判,我不知道。”萧军在这里说的是实话,他确实不知道。丁玲因其所写的《“三八节”有感》一文,在1941年4月初由毛泽东主持的中央高干学习会上,引发了包括贺龙在内的七人对其的批评。时文艺界与会的仅周扬和丁玲二人,周扬没有发言。但毛泽东在最后的总结发言中保护了丁玲。毛泽东指出:“《“三八节”有感》虽然有批评,但还有建议。丁玲同王实味也不同,丁玲是同志,王实味是托派。”由于是中央高干会上发生的事,连党员都不是的萧军自然不可能知道了。记录表明:在有人提及冯雪峰时,萧军却没有作任何正面或实质性的回答,只是在强调“毛主席亲自同我谈起的”之后,复又补充了一句:“至于谁批谁,我一向是不太注意的。”据考证:在萧军于延安的五年间,即自1940年6月14日抵达延安起,至1945年11月中旬随周扬、沙可夫的“鲁艺文艺大队”离开延安止,延安文艺界确实没有对冯雪峰作过任何片言只字的“批判”!所谓“延安文艺界对冯雪峰的批判”,笔者以为,确切一点地说,是在毛泽东同他们七人的谈话过去五年后(其时,萧军正在张家口待命赴东北),何其芳在《解放日报》上撰长文，猛烈抨击“画室”（冯雪峰）一年多前在重庆讨论延安文艺座谈会精神时，对延安倡导的文艺作品政治第一、文艺第二的评判标准所持的不同意见。何其芳所撰长文的题目是《关于现实主义》，刊 1946 年 6 月 10 日、11 日延安《解放日报》。

应当指出的是，在当年的延安，除了对冠之以“托派”嫌疑的王实味这个特殊案例外，毛泽东不曾也没有组织过对任何一个文艺界人士的批判，即使高长虹如此大胆妄为地上书党中央要求跟斯大林辩论和拒绝参加延安文艺座谈会及整风，即使萧军在延安文艺座谈会上发表与毛泽东相反的言论，毛泽东也不急不恼或进行当场申斥，何况是远隔千山万水在国统区受苦受难的冯雪峰了。应当说，这是一个不争的史实。

谈话结束后，毛泽东招待作家们一顿“丰盛”的午餐。据韦荌回忆，有蒸腊肉、辣椒炒肉丝、鸡蛋等，还有从前方带回来的难得一见的咸鱼（延安不产鱼）。刚吃完饭，凯丰就把拟好的给南方局的营救电报送交毛泽东审阅。毛泽东看后，又递给在场的 7 位客人一一传阅。韦荌先生说，电报内容是让南方局尽一切努力设法营救冯雪峰出狱。陈云同志看后也表示赞同，并当即交付电台拍发。

萧军究竟在延安于何人处获得冯雪峰被捕的确切消息，由于时空跨越了整整一个甲子，当事人纷纷谢世，现在是很难搞清楚了。为此，笔者想到了与萧军、萧红同为鲁迅晚年最为器重的黄源先生。97 岁高龄的黄源先生逝世前一直在杭州浙江医院三病区休养，而且，早在三十年代，他与冯雪峰有过交往，又同为浙江老乡。2002 年 4 月 14 日下午 4 时许，笔者向黄源先生作了电话咨询（1998 年 7 月，笔者曾赴杭州浙江医院拜访过黄源先生，并就二萧研究中的若干问题进行了请教，黄源先生十分热情地给予了诠释），但黄源先生否定了他是冯雪峰被捕消息的来源。

请读者们注意了：冯雪峰在家乡浙江义乌县南乡神坛村家中遭国民党宪兵拘捕一事，发生在 1941 年的 2 月 26 日，也就是国民党蒋介石背信弃义发动“皖南事变”后的次月，至同年 8 月 12 日萧军向毛泽东当面提出营救，时间过去了整整半年。萧军的消息当来源于延安，而且极为确切地获悉冯雪峰已经被关押在江西上饶集中营。此时此刻，在延安知道冯雪峰被捕的人肯定不在少数。而在这之前，我地下党不会不向党中央报告冯雪峰被捕的消息，因之，毛泽东也不会不知道他被捕一事，因为冯雪峰毕竟不是一个普通的文人，普通的作家。他是一位二十年代入党的老党员，参加过二万五千里长征的红军，三十年代“左联”的创始人和首任主要负责人，鲁迅先生的亲密战友，党中央同鲁迅之间的主要联系人，捕前还担任过极为重要的中共上海办事处副主任。那么，延安为什么不及时指示展开营救工作，而非得在党外作家萧军提出后才启动营救实施计划？此外，在整个营救工作中，胡秋原的作用究竟有多大，又是谁对营救冯雪峰出囚笼起到了根本的作用，冯雪峰又是怎样拖着奄奄一息的病体逃离上饶集中营的？对此，笔者依据手头所掌握的有关材料，作一综述，和传记同行、党史研究者们共同探讨这一突发历史事件的来龙去脉。

延安为什么没有及时展开营救冯雪峰的行动呢？

如果东南局已经将冯雪峰遭逮捕的消息发往了延安，至毛泽东会见五位作家两位夫人时止，冯雪峰被捕已整整半年，而毛泽东又为什么连一点儿信息也没有得到呢？这，究竟搁浅在哪一个部门哪一个环节了呢？现在，由于年代过久，也许成了永久的谜了。在冯雪峰以告病为由回到家乡后，中共浙江省委一直密切地关注着他的一举一动。因为在冯雪峰于 1938 年初刚回到家乡时发生的一件事情，中共浙江省委“很快知道了”。冯雪峰“写于 1967 年 5 月 15 日，并于 1968 年 7 月 25 日再作补充”的《我在上饶集中营》一文(刊 2002 年 2 期《新文学史料》)中这样写道：

> 1938 年初我回家乡不久的时候，当时的国民党浙江省主席黄绍竑到义乌去，说是要罗致一些人帮助政府从事抗日工作。当时金华专员赵龙文和义乌县长吴山民，听说我回到了家乡，就派人来要我到县城里去一趟，说是黄绍竑有事要请教。我考虑之后，认为既已知道我回了家，在当时那种情况下不去反而不好。去了以后，在县里黄绍竑同我谈过十多分钟话，除了向我“请教抗日大计”之类的客套话外，是希望我去负担一个准备成立的什么“政治工作队”之类的工作。我当即拒绝了，说我马上要到汉口去……
>
> 我被黄绍竑找去谈过一次话这件事，当时我们党的浙江省委很快就知道的。不久之后我遇见在金华工作的邵荃麟，我也对他说了此事，

他说他已经知道了。

由此可见，既然连这件并不张扬的“谈话”之事，“我们党的浙江省委很快知道的”，那么，国民党宪兵兴师动众，十万火急地从金华赶往义乌县神坛村抓人，地下党更是要“很快知道”了。

事情的原委就在于冯雪峰没有顾全大局，从当初处于斗争第一线的上海跑回到了家乡“养病”！

冯雪峰所犯这个自由主义错误是相当严重的。严格一点地说，在毛泽东眼中看来，似是有脱党的嫌疑。

有关这个问题，周扬曾有一个很好的说明。1980 年左右，在同中宣部干部荣天玙等人的谈话中，周扬说，1937 年在上海潘汉年和他谈话后，他就与艾思奇、何干之等人一道到了延安。当时在延安，中组部负责人是李富春，后来是陈云。周扬想，李富春、陈云都在上海工作过，对上海左翼文艺运动的状况是了解一些的，他内心有委屈，自然就盼着李富春、陈云他们找他谈话。不料，没隔多久，却传出了这么一个消息：说中央通知雪峰回延安汇报工作，而冯雪峰却因为和博古、潘汉年闹矛盾，不听中央指示，拂袖而去回了浙江老家。延安对这事说得很严重的，认为是开小差。周扬进而说明道：也许是发生了这件事，延安再也没有人给他谈上海文艺界的事了。周扬还说，在延安，他接触毛泽东的机会很多，毛泽东也从来没有和他说起过上海的事，而且很快就分配他到边区教育厅去做厅长了。而在这之前，包括在同徐懋庸等人的谈话中，毛泽东对周扬他们在上海的一些做法——两个口号的论争也好，对鲁迅的态度也好，是持批评态度的。而到了 1937 年年底，由于冯雪峰脱离斗争第一线“拂袖而去”了浙江老家，事情也就走向了反面，毛泽东对前一两年发生在上海文艺界的功过是非的评判标准也随之来了个急转弯。

对此，当时和冯雪峰有上下级关系的胡愈之，于二十世纪八十年代在其《我所知道的冯雪峰》一文中回忆道：

这时，潘汉年是上海办事处主任，冯雪峰是副主任，我们彼此联系较多，有关党的事情我都找雪峰。但是，1937 年“七七”事变前后，有较长一段时间我没有见到雪峰。有一天晚上，雪峰突然到我家来了，我高兴地问他：好久不见了，你到哪里去了？

他气色很不好，赌气似的说：我到南京去了，现在不去了。他们要投降，我不投降。我再也不干了，我要回家乡去。

原来他是随中央代表团（雪峰不是代表）到南京同国民党谈判第二次国共合作问题，与博古吵翻了，气得跑回来的。那时为联蒋抗日，共产党做了很大的让步，如取消苏维埃政权，改编红军等等，这对于雪峰这个农民的儿子来说，是很不容易接受的。

第二天找到潘汉年，问究竟怎么回事。潘说："雪峰这样子不对，谈判还未成功，怎么就说是投降呢？这是中央的事情，他是共产党员，怎能自己说跑就跑掉？组织纪律呢？他说再也不干了，他不干什么？不干共产党吗?!"

但是雪峰脾气倔强，自己认为对的事就要做到底。他真的跑回义乌老家"隐居"去了。回家后，他深居简出，埋头读书，整理资料，准备写一部反映二万五千里长征的小说，书名就叫《卢代之死》，可惜书没写完，就发生了皖南事变，在又一次白色恐怖大搜捕中，雪峰被抓进了上饶集中营……

冯雪峰是1937年12月向潘汉年告长假后返回家乡浙江义乌去写书的，其间，脱离中共组织关系长达两年之久。也就是说，他当初向潘汉年请长假并没有得到批准或认可，直到1939年下半年才由当时的中共中央东南局给恢复了组织关系。不仅如此，由于周扬抵达延安后与毛泽东关系的日益接近和迅速崛起，对于1936年4月冯雪峰到上海后奉组织之命先找鲁迅和救国会领袖不找他们，以及推动鲁迅、胡风同他们之间的两个口号之争，他们不会不在毛泽东面前发泄对冯雪峰的不满，加深毛泽东对冯的恶感。

对于冯雪峰擅自离开中共代表团回到家乡隐居写小说的做法，不仅毛泽东无法理解，予以冷漠处置，而且其他中共领导人也有同感。据黄源先生生前撰文指出，1938年底，黄源途经时处抗敌后方的国民党浙江省政府所在地金华，在金华街上遇见了冯雪峰。冯得知黄源自汉口来，提及参加汉口文艺座谈会的情况，黄源说在会上见到了王明、博古和周恩来等中共领导人。冯雪峰急切地问道："他们对你讲起什么吧？"此时此刻，就冯雪峰而言，他很想知道中共上层对他的态度。黄源回答说："我没有同他们交谈。"不日，黄源被推举担任国统区文化新闻代表团团长，率团访问设在皖南的新四军军部。之后，他应项英之邀留在了新四军主持文化宣传工作。在新四军工作后，黄源不无忧虑地同李一氓同志讲：冯雪峰在义乌，他这样有名的人在国民党地区是不安全的，是否由东南局通知浙江省委文委（负责人是邵荃麟）把他调到这里来。事情反映到项英那里，项英当即同意了黄源的意见，并立即打电报给邵荃麟他们，要冯雪峰到皖南新四军去。面对组织的关怀，冯雪峰又一次我行我素，拒绝去皖南。但其后不久，中共东南局恢复了他的组织关系。

有关冯雪峰为什么不去新四军，难道他不知道身处国统区的危险吗？对此，2003年1月2日才去世的黄源先生，在1985年5月写的《我的良师益友——雪峰同志》一文中道出了原委。那是在上海刚解放时，身为华东军政委员会文化部副部长和上海军管会文艺处副处长的黄源首先探望了冯雪峰。

黄源问：当初你为什么不到新四军来？

冯雪峰笑答：我在中央苏区早就认识了项英同志。

至此，黄源的理解是："我理会了，不再谈下去了。我是经过皖南事变，听过刘少奇同志关于皖南事变的报告，学习过党中央关于项（英）、袁（国平）的决定，才真正认识项英同志的。"

这就是当初冯雪峰不去新四军的真正原因。冯雪峰是在1937年12月20日从上海回到家乡浙江义乌的。早在1938年，也就是黄源、李一氓等人向项英提出要冯雪峰去新四军的建议前，党中央就要求冯雪峰去新四军工作。据吴奚如在《我所认识的胡风》一文中回忆道："当在武汉的负责党中央长江局工作的周恩来同志得知冯雪峰回义乌后，立即去电，要雪峰前往新四军工作。"这也就是1938年底冯雪峰在金华遇见黄源时急切询问周恩来"他们对你讲起什么吧？"的缘由。而冯雪峰在次年1月写给滞留在孤岛的楼适夷的信中也印证了吴奚如的上述说法。冯雪峰在信中写道："……弟离群归乡，已及一载，惟做些农民工作，然病体总不如意，亦莫可奈何，近着手写《红进记》（暂如此叫它，非定名也）已成五万字。全书有五十万字，但恰巧此时陕北又有来信催行，弟以此作意义大，欲完稿后再行，已去函续假，所以在五个月之内仍不离开此地也。”

关于中共东南局恢复冯雪峰的组织关系，则是在1939年的冬天。

原东南文委书记邵荃麟同志的女儿小琴在其《辛勤奋斗的一生——追念我的父亲邵荃麟》一文(刊《新文学史料》1983年第2期)中写道：

> 1939年冬冯雪峰同志从浙江义乌老家来到金华，与我父亲谈了整整一夜。原来冯雪峰同志是因为对白区工作的方针路线与博古同志发生严重分歧，一气之下回老家写作的。他详细谈了事情的过程。第二天我父亲就离开金华，向东南局作了汇报。经东南局研究，同意恢复冯雪峰同志的组织关系。也就在这一次，东南局成立东南文委，并派我父亲担任了东南文委书记，雪峰同志……任委员。

冯雪峰在“文革”初期写的自传中这样描述了他的党籍恢复的经过：

> 党给我恢复组织关系是在1939年下半年，经过邵荃麟的关系，由华东局(应为东南局，下同)组织部给我恢复的。
>
> 1938年下半年我到丽水去时，在丽水汽车站碰见了葛琴，她告诉了我她在金华；于是我从丽水回来后就到金华去找葛琴，从此同邵荃麟有了联系。邵荃麟当时在金华负责文化方面的领导工作，我大概个把月去金华一次同他联系；但这不是组织关系上的联系。党给我正式恢复组织关系是在1939年下半年邵荃麟到新四军去的时候，华东局组织部决定的。
>
> 我恢复组织关系后，是参加华东文委成员之一。这华东文委即在金华，邵荃麟是书记，成员中有王闻识、陈虞荪；隔个把月我到金华去开一次会，看文件；我除参加会和写点文章外，没有负责具体工作。

在当时的延安，并非所有的人都能够接近毛泽东畅所欲言的，即使能够接近毛泽东也需要一定的时间来谈清所要谈的问题的来龙去脉，一般人不具备这个条件。其次，要谈这个问题，谈者必须了解冯雪峰，敬重冯雪峰，同时确切地知道事情的真相。萧军怀有一腔侠义心肠，人所皆知，而且自当年到达鲁迅身边后，他的交友准则，就是以鲁迅的好恶为基准划线。他崇敬鲁迅，自然也十分崇敬鲁迅生前看重的那些人。鲁迅把瞿秋白和冯雪峰并列为自己的两个挚友。在鲁迅家和冯雪峰一起进餐，听冯雪峰讲参加二万五千里长征的故事，这在萧军的心目中，冯雪峰实实在在是一个了不起的英雄。试想文人中有几个是跟随红军走完二万五千里长征的，也许在当时的萧军看来，独此一个！因而，他格外的崇敬冯雪峰。现在，当他听到冯雪峰被国民党宪兵抓走的消息，萧军心中说有多着急就有多着急。他不能不向毛泽东反映，不能不提出营救冯雪峰，而且一旦提出，就要马上展开营救，在他看来，全延安只有毛泽东才能够办成这件事！当然，在听取萧军的要求与讲述后，毛泽东也非常快速地指示各有关方面将营救冯雪峰的计划付诸实施。

在重庆的周恩来接到发自延安的电报后，深感震惊。但真正展开营救需要一定的时间，需要制定一套周密的计划，需要弄清楚事情的真相及细节。比如说，国民党宪兵以何种名目逮捕冯雪峰，冯雪峰的真实身份暴露不暴露，冯雪峰在上饶集中营内表现如何，等等。而首先要做的一条，就是要确定一个可靠的同国民党上层人物能说得上话的关系。董必武同志不仅是重庆八路军办事处的负责人，而且他还是国民参政会的参政员，自武汉时候起，他一直在同国民政府打交道，当年萧军因当众谩骂国民政府主席汪精卫遭国民党特务绑架，就是由董必武同志直接找到正在武汉行辕的蒋介石解决问题的。但是，萧军毕竟是党外人士，左翼抗日作家，而且 1938 年的蒋介石和国民党还披着一张“坚决抗日”的外皮。而此时的冯雪峰就不同了，冯雪峰是共产党的一个参加二万五千里长征的要人，当年共产党特科的成员，中共江苏省委和上海办事处的负责人之一，连鲁迅先生逝世的丧仪他尚且只能躲在幕后，现在更谈不上进行公开营救了。而且，更为重要的一点是，1941 年的蒋介石已经不同于 1938 年的蒋介石，他发动皖南事变的目的就是要消灭共产党和共产党领导的八路军、新四军，显然此路不通。因之，当周恩来找董必武协商营救措施时，董必武脑海中浮现出了一个人影，一个主张坚决抗日白皮红心的国民党上层人物，他的名字叫胡秋原。胡秋原与董必武同为湖北老乡。早年在武汉时，胡秋原在董必武的指导下主编《武汉评论》。

提起胡秋原，无论是在国民党还是共产党的眼里，还是在二十世纪中国政坛的右派左派的心目中，都是一个带有不可捉摸的传奇性色彩的人物。

1910年生于湖北黄陂的胡秋原，原名胡曾佑，笔名未明、石明、冰禅，15岁那年考入国立武昌大学习理工，后因加入共青团，主编《武汉评论》、《中学生》杂志等遭白色恐怖追捕，于1928年来到上海入复旦大学改学文学，并于1929年公费派往日本早稻田大学学政治经济学。1931年日本发动“九·一八”事变占领东三省后，他迅即放弃官费留学生学业，毅然回到上海以文学作刀枪力主抗日，并任上海大学教授、翻译；同年底主编《文化评论》，在创刊号上发表题为《阿狗文艺论》的文章，自称自由人，提出“文学艺术至死又是自由的、民主的”的主张。不久又发表《勿侵略文艺》、《钱杏邨理论之清算与民族文学艺术之批评》的文章，引起了鲁迅、瞿秋白、冯雪峰等左翼作家对他的批判，并展开论战，胡秋原也就成为当时文坛上赫赫有名的“文学自由人”。1933年，针对独夫民贼蒋介石媚日剿共散布的“攘外必先安内”的卖国投降理论，胡秋原在同年6月出版的《现代》杂志第3卷第2期上发表《“中日亲善”颂》一文，大义凛然痛斥蒋氏谬论，一时为舆论称快，为国民党蒋介石所切齿围剿。1934年，为响应中国共产党提出的联合抗日主张，陈铭枢、蒋光鼐、李济深、蔡廷锴等国民党爱国将领在福州发动兵变，成立抗日反蒋的中华共和国人民革命政府，年仅24岁的胡秋原闻讯后迅速赶往，并被任命为文化委员。福建事变失败后，他流亡到南洋、印度、埃及、英国、苏联、美国等国。直至1937年抗战全面爆发后回国投身抗战，离奇般地被任命为国防最高委员会秘书、《中央日报》副总主笔，以及《东南日报》和《香港时报》总主笔，并任暨南大学、复旦大学教授，创办《祖国》、《民主》、《政治文化》及《评论》等刊物，宣传全民族抗战。1945年当选为国民党中央候补委员，1948年当选为首届立法委员，直至1988年被一心想搞“台独”的李登辉开除国民党党籍。1950年胡秋原去台湾后仍任国民党立法委员、中央研究院研究员、大学教授，独立主办《中华杂志》。胡秋原一生著作等身，达100余种3 000余万字，是二十世纪中国著名的学者、教授、政论家。胡秋原一生都在为促进中华民族统一、力御外侮奔走四方。1977年台湾文艺界开展关于乡土文学的大论战，胡秋原连续发表了《谈人性与乡土之类》、《谈民族主义与殖民经济》一系列论文，支持了台湾乡土文学，批判对“乡土派”的攻击。中共发表叶剑英提出的“九条”后，胡秋原就在台湾给予了积极响应。在国民党立法院举行的会议上，在他主办的《中华杂志》上，对应中共提出的

“三通”，提出了著名的“通思想、通观念”的立论。1988年4月，为进一步推动祖国两岸的和平统一，胡秋原在台湾发起成立了“中国统一联盟”，并被推举为名誉主席。自此，他一直站在反分裂、反“台独”的第一线。五个月后，1988年9月12日，胡秋原无视当局的“三不”政策，以祖国统一为己任，偕夫人、长女一起，绕道美国回到阔别40年的故乡，成为海峡两岸隔绝40年后首个来祖国大陆访问的台湾上层人士，首位国民党立法委员，从而被誉为“两岸破冰第一人”。在北京，胡秋原与老朋友、中共领导人邓颖超、李先念等亲切会面，共商国是，在大陆访问了36天，行程逾万。还是在首都机场时，胡秋原就向前来欢迎的老朋友和记者们强调：“爱国就不能不赞成统一，如不赞成统一，你就不够资格谈爱国和过问国是。任何中国人都应该赞成统一。”9月15日在与邓颖超会面时，胡秋原再次强调说：“最重要的是中国非团结、统一不可，事不宜迟。”胡秋原的大陆之行及关于两岸统一的主张，惹恼了一心要搞“台独”的李登辉。还是在胡秋原祖国大陆观光访问过程中，1988年9月21日，李登辉主持国民党中常会，开除了胡秋原长达半个世纪的国民党党籍。对此，10月18日，在途经香港时，胡秋原坦然面对记者说：“我是公开去大陆的，我也是很光明地回去，我的话也是公开的，我没有得到共产党什么好处，我不过就是讲了国共要谈判，两岸要统一，现在我更加强了这个信念。……最重要的是，我是一个中国人，只要中国人不开除我，我做中国人到底了。我相信没有人会再开除我的国籍，我还要尽中国人的力量。”

在返抵台湾桃园机场时，面对前来欢迎的数百位各界人士，胡秋原发表即席演说，再次强调：“统一是全体中国人的责任，是为中华民族的共同将来而筹谋。台湾一旦脱离大陆，无论有多少成功，在国际强权环伺下，都没有安全可言，前途都是黯淡的。因此，未来只有朝统一发展。”他还诙谐地表示，他将亲自将国民党党证送去中央党部。

以后，胡秋原再次来到大陆访问，还斥巨资赞助家乡的教育事业。

胡秋原是一位传奇性的多色彩的人物，但他首先是一位坚定不移有着高昂民族气节的爱国者，而且早年也曾经“左”过，不止一次同蒋介石的独裁政策与反共路线抗衡过。所以，当周恩来接到延安电报与董必武一起讨论营救冯雪峰的计划时，董必武理所当然地想到了同在国民参政会任参政员的胡秋原，加上胡秋原担任着《中央日报》的要职，认识的人又多。

据了解，胡秋原确确实实接受了这个来自共产党方面的委托，给上饶集中营所在的国民党第三战区司令长官顾祝同拍发了电报。但就在营救冯雪峰的整个过程中，胡秋原的这个"招呼"仅仅是起到了一个先导作用，或者说是打了一个基础。因为国民党宪兵抓捕的那个人已经化名，他们的最大怀疑是这个名叫冯福春的人有赤色嫌疑。要是知道这个名叫冯福春的人就是鼎鼎大名的曾任中共白区文化战线负责人、"左联"发起者与组织者，后来跟随毛泽东一起走完二万五千里长征又被派往上海的中共中央特派员的冯雪峰，恐怕他的命运要由蒋介石来直接定夺了，而且凶多吉少。

有关胡秋原当年接受董必武委托，以冯雪峰"文友"名义致电顾祝同提请释放一事，笔者有幸抢在死神面前，从当事人胡秋原本人处得到了证实。2004 年初，笔者随同中国作家协会代表团访问台湾期间，于 2 月 13 日晚专程赶赴台北新店市中央新村胡宅拜访了这位年已 94 岁高龄的老人。谈话间，笔者重点提及了此事。在得到确切无疑的证实后，一旁的胡夫人敬幼如还向我们讲述了另外一件鲜为人知的事情：那是 1935 年的冬天，胡秋原在莫斯科协助中共驻共产国际代表团主编《救国时报》和《全民月刊》，一位中年华人妇女携一女孩来到了他们的住所。来的这位华人妇女，正是数月前惨遭蒋介石下令杀害的中共要员瞿秋白的遗孀杨之华。她是前来报告瞿秋白死讯并为胡秋原三年前给予的相助道谢的。原来，早在 1932 年冬，胡秋原协助王礼锡主持神州国光社时——那时，胡秋原与冯雪峰、瞿秋白、周扬等"左联"头面人物的文艺论辩刚结束不久，一天深夜，前不久还是"论敌"之一的冯雪峰，匆匆来到胡秋原的住地向他求助。冯雪峰告诉胡秋原说，"左联"的一个朋友病了，必须马上迁居他处。但当他们找到合适的居住处后，房东却坚持要有可靠的人作担保方可租予他们。其实，当时胡秋原一听心中便明白了：冯雪峰所说的这个"病了"的"左联"朋友，一定是一个为当局记录通缉在案的重要人物，否则，冯雪峰也不会在深更半夜找上门来求他这个有保护色的"自由人"相助了。于是，古道热肠的胡秋原不记前嫌，一口应允了下来，只是他从不知道这位"病了"的朋友是谁。如今听杨之华这么一说，胡秋原方才恍然大悟：原来，他当初为之担保的正是瞿秋白一家啊！

在这里，有必要将冯雪峰被捕及最终逃出囚笼的情形作一交代。

冯雪峰是在国民党蒋介石发动皖南事变的反共逆流中于1941年2月26日在浙江义乌县神坛村的家中被捕的。皖南事变后，国民党反动派在尚未被日寇占领的东南数省地区大肆搜捕共产党员、突围的新四军战士和坚决抗日的爱国进步人士。事情的起因是与冯雪峰邻村赤岸镇一位名叫朱侃的小青年给他写信而致。当时，这位青年在信中提及“国际新闻社金华分社”被查封的事。这封信被国民党驻金华的宪兵连在邮局检查时检查到了。由于信中内容重要，如获至宝的国民党宪兵当即把在金华报馆工作的朱侃抓了去，接着，又按图索骥，身着便衣的国民党宪兵火速赶往义乌县神坛村逮捕了冯雪峰。所幸的是朱侃与冯雪峰并不很熟悉，只不过是到冯雪峰家中借过几次书，也不知道他是共产党员，只知道冯“很有学问”。而且，冯雪峰回到家乡后一直用的是原来的名字冯福春，朱侃在信上的称呼也是冯福春。此外，也是极为重要的一点是，由于长期从事地下工作的缘故，冯雪峰始终保持着高度的警惕性。皖南事变发生后，考虑到可能会发生的情况，冯雪峰早已转移了一些有“赤化”影响的书刊，当时，冯雪峰也已经作了转移到文化人集中的桂林去的打算。因而，当三个身着便衣的国民党宪兵直扑神坛村冯宅搜查时，什么证据也没有拿到。于是，他们就把冯雪峰押往了金华宪兵连驻地，一关就是三四天，其间只审问了一次。审讯中，冯雪峰既不承认自己是共产党员，也否认与新四军有任何联系。当问及同“国际新闻社金华分社”的关系时，冯雪峰回答说从来没有听说过，同时强调说：“我是上海商务印书馆的编辑，是研究历史的，因日本人占领了上海回到家乡养病的。”他还要求：“你们不应当无故抓人，我要求立刻放我出去！”

见没有能够从这里打开缺口，狡猾的敌人立即改变了审讯策略，以退为进，抛出了一个极易使真正的共产党员中圈套的阴谋：“那好，你说你不是共产党员，那就在报上登一个启事，申明你同共产党和新四军没有关系，就能够证明你真的同共产党和新四军没有关系了，我们就放你走。”而冯雪峰则来了个针锋相对，一口回绝：“我本来就同共产党、新四军没有关系，登这样一个启事干什么？岂不可笑！”

审讯再也无法继续下去了，但敌人的怀疑并没有因此消失，相反，他们从冯雪峰的从容回答中断定他是一个不易感化又有城府至少同共产党有联系的人，于是，在金华关了四天后，宪兵们又马不停蹄地将冯雪峰解往了设在江西上饶的宪兵第四团。在宪兵四团，他又接受了一次敌人的审问。审问的核心是问他什么时候到新四军的，冯雪峰再次作了否认。这次审问特务们得出的最后结论是：你是共产党；即使你不是共产党，也是共产党那边的人！当天，冯雪峰就给投入了国民党军统特务专门囚禁政治犯的茅家岭禁闭所。在茅家岭禁闭所关了一个月后，冯雪峰染上了极易致命的回归热病。为了怕他死掉，特务们又命人把陷于奄奄一息的冯雪峰用担架抬到了距茅家岭不远处的周田村——上饶集中营总部所在地的特训班。

在特训班里，冯雪峰遇到了故友、最终导致他逃脱囚牢的营救者郭静唐。与冯雪峰同庚出生于浙江余姚的郭静唐，是冯雪峰 1922 年在杭州浙江第一师范读书时的同班同学，冯雪峰在上海时也曾与他多次会面，并帮助他向鲁迅要《鲁迅自选集》给他出版。捕前，郭静唐是国民党浙江省参政员，同皖南事变丝毫不搭界。被捕的真实原因是他在家乡余姚，因长期旗帜鲜明地力主抗日及组织以共产党员为骨干力量和领导核心的地方抗日武装队伍，并同当地的土豪劣绅及时任第 10 集团军副总司令的国民党军阀俞济时频频发生冲突，由于他平时比较左倾，而被诬告为同新四军有联系，于 1940 年 8 月 16 日遭逮捕。但也正因为如此，在出集中营并营救冯雪峰逃脱囚笼安抵重庆不久后，郭静唐毅然投身于心仪已久的新四军。郭静唐曾于 1920 年、1924 年先后加入社会主义青年团和共产主义青年团，1924 年国共两党合作时奉命加入国民党。1925 年，他在国民党上海市党部做秘密工作时，曾由杨贤江等人介绍他加入中国共产党。但那时党组织认为他仅用国民党的身份做工作要有利的多，只是在必要时让他列席党团会议。至 1937 年他回余姚工作后又两次要求入党。第一次，时值全国政治逆流高涨，宁属特委书记已答允了他的入党要求，并约定在 8 月 16 日下午 4 时由中心县委两位负责同志同他正式谈话，但就在这天下午 1 时他被捕了。

在长达 1 年 9 个月的集中营囚牢生活中，冯雪峰之所以没有暴露其真实身份，其原因除了他被捕时使用的“冯福春”原名外，一个极其重要的原因是在他还未被解至集中营时，地下党已经为他找到了“保护伞”。这个“保护伞”的擎伞人，就是皖南事变前两年就被国民党特务抓捕的上海各界人民赴新四军慰问团团长吴大琨和早冯雪峰 3 个月入狱的郭静唐。诚如吴大琨后来撰文道：“郭静唐同志被囚在上饶集中营期间，对革命斗争所做的第一点贡献，就是他同在上饶集中营外面的上饶地区的中共地下党员取得了联系，沟通了'集中营'内外的革命关系，使'集中营'的同志在斗争中能够不断取得外界在精神上和物质上的帮助。"又说："郭静唐同志被囚在'集中营'期间最大的贡献，是和我一起把冯雪峰同志掩护下来……"

原来，在保护冯雪峰不受暴露的后面，还有一个鲜为人知的故事情节哩！

吴大琨曾同一个名叫王寿山的职业特务同囚于茅家岭黑狱的"优待室"里。王寿山系黄埔四期学生，他是由于触犯特务纪律而被囚的。吴大琨在得知他是一个老资格的特务后，深感今后有利用的价值，在闲谈中把自己和上海地方协会会长、地方势力头子杜月笙等人的关系向王寿山吹嘘了一番。时间一长，王寿山也就笃信吴大琨与共产党毫无关系。王寿山被重新启用后，担任了"特别训练班"的大队长。把吴大琨看作"自己人"的王寿山，让吴大琨担任了他辖下的第一分队长，帮他管理一个班的囚犯"学员"。不几天，王寿山又找到吴大琨，要他帮忙物色一位能协助处理大队事务的司书。吴大琨当即把同样有着国民党要人作后台的郭静唐推荐给了王寿山。从此，郭静唐每天去大队部"上班"，有什么重要公文、信息，郭、吴两人都能在第一时间内获悉。与此同时，通过"特训班"所在地附近小镇上一对"金华难民"夫妇新开设的面条馆，郭、吴两人又和有地下党员蛰伏的前线日报社取得了联系。1941 年 3 月初的一天，郭静唐从外面归来，悄悄同吴大琨说道："告诉你一个重要消息，冯雪峰被捕了，而且明天就同浙江民族日报社社长的王闻识（地下党员，在郭静唐为其营救成功前夕惨死在集中营内）一起押到集中营内。"

对冯雪峰，吴大琨虽未谋面过，但其名字是早就知道的。早年间，吴大琨在上海各界救国会工作，救国会积极投身抗日的活动就是由陕北派来的中共中央特派员冯雪峰领导的。现在一听冯雪峰被捕而且马上要押来集中营的消息，怎么不叫吴大琨着急呢？稍顷，郭静唐又告诉他："好在敌人现在还不知道冯雪峰的底细，他现在用的是原来的名字冯福春，敌人是把他当作共产党嫌疑犯给抓进来的。"说到这里，郭静唐传达了地下党的意见："外边的意思要我们把冯雪峰掩护下来，并加以照顾。"

从郭静唐告诉吴大琨"冯雪峰被捕了，而且明天就同王闻识一起押到集中营内”的重要信息，到“外边的意思要我们把冯雪峰掩护下来，并加以照顾”的指示，这事发生在1941年的3月份，距冯雪峰被国民党宪兵从义乌神坛村家中抓捕，不过十天左右的时间。联想到三年前冯雪峰频频收到周恩来等领导人发自武汉要他去皖南新四军的指示，由此可见我东南地下党活动频繁活跃，情报工作周密细致。笔者认为，自冯雪峰等人被捕之日起，我地下党就密切注视着他们去向。同时，也印证了笔者前文论述的有关冯雪峰被押解到上饶集中营五个月后萧军在延安向毛泽东提出营救冯雪峰的动议所产生的一个重大疑问——而在这之前，我地下党不会不向党中央报告冯雪峰被捕的消息，因之，延安和毛泽东也不会不知道他被捕一事，……那么，延安为什么不及时指示展开营救工作，而非得在好管闲事仗义执言的党外作家萧军提出后才启动营救实施计划？

这是一个谜，一个延续了六十余年难以破解的谜。现在，随着几乎所有当事人的纷纷谢世，将成为历史上一个永久的谜案。

两人经商议决定，利用特务大队长王寿山这层关系，由吴大琨先去同王寿山疏通，力争把冯雪峰和王闻识一起分配到吴大琨任“分队长”的班里，以便给予有效的掩护和照顾。上饶集中营有1 000余名被俘的新四军官兵，不乏有认识冯雪峰的，如若冯雪峰被分在别的分队里，就有可能产生不必要的麻烦。

第二天，就在冯雪峰和王闻识被押解来的下午，吴大琨找到王寿山说：“今天来的两个犯人，其中那个姓冯的，郭静唐说是他的同学，可将郭静唐叫来问问情况，以便管教。”当王寿山问及郭静唐时，郭回答说：“冯福春是我私塾时的同学，是个典型的书呆子，不通人情世故，不知为什么他竟也成了共产党的嫌疑分子。”岂料，草包特务大队长王寿山竟不屑一顾地说道：“咳，这有什么稀奇的？你不是也成了共产党的嫌疑犯，吴大琨不是也被怀疑是共产党了吗？”此时，吴大琨乘机要求道：“既然冯福春是郭静唐的同学，王闻识又是和冯福春一起送来的，彼此之间了解，干脆编在我们班好了，也便于管理。”

见吴大琨愿意管他们，王寿山也就乐得自己省心，于是，十分痛快地将冯、王两人给编在了吴大琨任“分队长”的班里。当晚，吴大琨和郭静唐就向冯雪峰汇报了他们所掌握的集中营里各个方面的情况。

战士毕竟是战士，仿如调换了一个新的战斗岗位，冯雪峰很快担负起了领导集中营内斗争的重任。在集中营里，冯雪峰不但同被俘新四军中的党组织取得了联系，而且还成功地领导党员和全体被俘新四军战士抵制了敌人炮制的集体自首阴谋，并帮助多名战友逃脱囚笼。这其中有著名书画家、中国版画新徽派主要创始人、诗人赖少其同志。几十年后，赖少其在其《悼念冯雪峰》一文中回忆道："1941 年 11 月，我在集中营被敌人抓了起来，宪兵把我押解到茅家岭监狱站铁笼，雪峰同志为了帮助我和邵宇同志越狱，不仅为我们准备了路费，还为我们准备了越狱之后要找的'关系'。他亲自给我写介绍信。我记得：他给我的介绍信是写在两条像筷子那样小的纸条上，一条写收信人的姓名和内容，一条写他自己的名字，我把这两条小纸条分别缝在衣服的夹缝里。越狱以后，我们就是按照雪峰同志所介绍的关系到达上海，在上海找到地下党的关系回到解放区的。"

继回归热后，在集中营里冯雪峰又患上了严重的肋骨结核，整日淌脓水，而且得不到有效治疗，直到逃离上饶集中营后抵达重庆才痊愈。

冯雪峰在集中营里艰难地生存着，为了信仰，为了气节，他一边与敌人周旋，一边帮助战友越狱。而且在外边，他的战友们也时时刻刻挂念着他的安危。在延安，萧军等人向毛泽东提出了迅速营救的要求；在大后方桂林开展文化工作的邵荃麟将冯雪峰自 1938 年至 1940 年之间所写的论文及 1937 年 10 月鲁迅逝世周年所作的关于鲁迅的一个研究稿和一篇短记编成《鲁迅论及其他》，收入"充实丛书"，由桂林充实社出版；而在沦陷区的孤岛上海，楼适夷在听到雪峰已经遇难的传闻时，禁不住热泪盈眶，作《怀雪峰》以纪念，发表于 1941 年 11 月出版的《奔流新集》上……

在被关押一年后，集中营的特务主任肖芬找冯雪峰谈话，他一开口便问道："胡秋原，你认识吗？"冯答：认识。于是，肖芬就得意洋洋地说开了："你还说你不是共产党，胡秋原就是有名的共产党！"冯雪峰据理辩解道："胡秋原是国民党；以前是陈铭枢派，现在不知道他是哪一派。"见这个问题没有得到满意的回答，肖芬眼珠子一转，抛出了一个令冯雪峰意想不到的问题："你还有一个名字叫冯雪峰吗？""是的，"冯雪峰虽然吃了一惊，但是丝毫也不迟疑地给予了回答："我在胡秋原编的杂志上写过文章，就用的这个名字。"而实际上，冯雪峰并没有在胡秋原编的杂志上写过什么文章，恰恰相反，他还同鲁迅一道，同胡秋原展开过激烈的论战。好在这个特务头子并不清楚过去上海文艺界的情况，对于冯雪峰以往的真实历史，同样一点也不曾知道，否则的话，集中营早就向戴笠和蒋介石请功了。不过，在肖芬的问话中，冯雪峰断定是重庆有人要胡秋原打电报来保释。冯雪峰于 1942 年 11 月逃离集中营后于次年 6 月抵达重庆，重庆八办负责人董必武亲口告诉他：正是他要胡秋原打电报设法保冯出去的。但无论是周恩来、董必武也好，还是受委托的胡秋原也好，谁也没有想到冯雪峰自抓捕之日起一直用的是原名冯福春的名字。冯雪峰也许是虚惊一场，因为在以后的讯问或谈话中，肖芬再也没有提起冯福春就是冯雪峰的问题了。但此后不久，冯雪峰的肋骨结核由于得不到及时而又有效的治疗，病情越来越加剧，虽然免除了他的苦工，但仍要每天参加跑步。而每跑步一次，他都会体力不支疼痛难忍而摔倒在地下，不得已，他住进了集中营的医务所，直到 1942 年 11 月间被保外就医为止。

1942 年 5 月间，日军占领金华、衢州，进而逼近上饶，6 月上旬攻占上饶。顿时，国民党第三战区长官司令部作鸟兽散，集中营也开始向福建建阳转移，至 6 月 17 日迁移结束，其间，以被俘新四军为主体的茅家岭禁闭所和第六中队相继举行暴动成功。也就在同一时间内，一直给冯雪峰照顾的好友郭静唐获保释放。郭静唐的获释，是其同国民党高级将领汤恩伯有亲戚关系的夫人求汤恩伯打电报给顾祝同保出来的。这是臭名昭著的国民党军统上饶集中营建立以来第一个获得释放的人。郭静唐被保释后，并没有立刻回到浙江或去桂林、重庆，而是与前来迎接他的夫人及 10 岁的女儿一起挤在同行的难民中间，一直跟随着迁移中的集中营队伍从江西铅山到福建崇安直到建阳。还是在即将进入福建境内的铅山之南的石塘镇附近，身穿一件夏布大褂的郭静唐专门停留在迁移队伍经过的路旁，对队伍中的冯雪峰说了一句令冯雪峰终生感怀的话："你放心好了，不把你弄出去，我决不离开福建！"

尤其令人感动的是，郭静唐被捕时，他的儿子还不到 10 岁。就在他出狱并全力以赴营救冯雪峰时，他的儿子病情加剧，待到他与冯雪峰一起安然赶回设在庆元县的浙江儿童保育院时，天天盼其回去见面的儿子已经死去十多天了。

同郭静唐一同出保冯雪峰的人名字叫宦乡，营救冯雪峰时宦乡是国民党三战区《前线日报》的主编，同时还是第三战区司令长官顾祝同的国际问题顾问。在这之前，郭静唐也不认识宦乡，而是经过一个既同他是朋友又是宦乡知交的人相识的。当集中营还在上饶的时候，郭静唐曾经几次请宦乡出面保冯雪峰出去治病，宦乡也确实给集中营主任张超打过电话，但事情没能办成。郭静唐从集中营出来后，一直跟到福建建阳，再次极力提请宦乡出面保冯雪峰出去治病，宦乡当即表示愿意，还说他完全可以承担责任。集中营在福建建阳 30 多里外的徐市安营扎寨后，集中营主任终于批准了郭静唐和宦乡两人的具保。事先，宦乡给张超写了信，又由郭静唐拿出与宦乡两人署名的“保结”，上写：“三月后病愈不回，惟保人是问”字样。1942 年 11 月底的一天傍晚，郭静唐手持张超手书的放人路条，找到了“代教务主任”的唐教官，那几天，凑巧特务教官肖芬不在，不然的话，凶多吉少。就这样，在一个落日向黑暗进落的时分，连出集中营的手续也没有办理，冯雪峰被保外就医了。次日一早，在郭静唐的陪伴下，冯雪峰拖着极其羸弱的身体离开徐市去建阳，三十多里的路程，一走就是大半天，直到下午才到达建阳。在建阳《前线日报》社的宦乡家中疗养了两个星期，宦乡一家对其十分热情，还在饮食上给予他精心调养。两个星期后，冯雪峰身体转好，又在郭静唐的陪伴下，踏上了赴浙江义乌老家的路程，每天仍是只走三四十里地。由于日寇的大举进犯，此时的家乡义乌已经陷落敌手，局面混乱，道路阻塞，妻子及一双儿女音讯全无（直到次年初，才由友人将其妻儿接至偏僻山区的云和——秋石注），无奈又从义乌接壤处返回了丽水。稍事休养后，在郭静唐的提议和陪伴下，冯雪峰来到距福建接壤处仅十公里的浙江庆元县。海宇（戚铮音）先生后来回忆道：

> 1942 年 12 月下旬的一个下午，我的同乡、老熟人郭静唐同志从“上饶集中营”脱险出来，径直到浙江庆元下济村——我当时工作的浙江第二儿童保育院临时避难处来找我，与他同来的有一位身穿青灰色哔叽长衫，脸容消瘦，好像大病初愈的中年人。我为静唐的脱险分外高兴，庆幸他终于恢复了自由。但看到他的同伴那样衰弱的身体和极度憔悴的神情，不由使我有说不出的难受。静唐向我介绍“这是老冯”之

后，忙着扶他在椅子上坐下，回过头来关照我"让老冯好好休息一下，详细情况晚上再同你谈"。我就忙着去安排他们的住处和准备饭食了。

到了夜深人静之后，静唐才来告诉我：老冯就是冯雪峰同志，国民党反动派想把他拖死在"上饶集中营"里，而他顽强地与敌人作斗争，与自己的疾病作斗争，终于活着出来。实际上他在集中营里起着党的领导的作用，他是一位值得我们尊敬的老同志。静唐要求我尽最大努力帮助他隐蔽在偏僻的山区里，先把他的身体养好，以后再作打算。并嘱咐我要严守秘密，切不可泄露给任何一个人……

冯雪峰在浙闽交界处的偏僻山区养病，一住就是半年。1943年4月29日清晨，在海宇先生的陪同下，冯雪峰自浙江丽水登上一辆满载货物的大卡车西行，绕道福建经江西、湖南至广西，行程2 000余公里，车行五昼夜，于5月初抵达各路文人云集的桂林，在桂林稍事休整后，于同年6月初抵达战时陪都重庆，并恢复了在上海时使用的名字冯雪峰。其时，皖南事变风波已经过去了两年多，国共之间的关系趋于平缓，经请示重庆"八办"负责人董必武，并由董必武征得周恩来副主席同意，既是为了养病，又是为了便于工作，冯雪峰先是住在第三种人韩侍桁的家中，后又住进了姚蓬子开办的作家书屋。

据冯雪峰后来同人回忆说，当他抵达重庆，步入曾家岩50号出现在敬爱的周副主席面前的时候，以致周恩来忘情地张大手臂紧紧地拥住了他。随后，周副主席又和邓颖超一起招待他吃了一顿饭，以示庆贺他的新生。

据说，提及六年前他同博古发生争论后一怒之下回家乡的事，周副主席严肃地对他说：你同博古的争论，坚持的观点是正确的，但因此闹意气，回到老家义乌去写小说，是不应该的，并谆谆告诫他道：在复杂的斗争中，要讲究方法，要提高斗争艺术。

有意思的是，当冯雪峰在国民党的战时中心重庆频频亮相的时候，集中营的特务头子肖芬拿着当初宦乡与郭静唐两人具保的那张"三月后病愈不回，惟保人是问"的保结，找到宦乡说："冯福春就是冯雪峰，现在重庆。"宦乡听后立即把他顶了回去："我不知道就是冯雪峰。你们自己到重庆去要人就是了！"好在宦乡是三战区司令长官顾祝同的国际问题顾问，肖芬之流也拿他没办法。何况委员长就在重庆，委员长不下令捉拿冯雪峰，别人自然不好说什么。

尽管真正起作用并最终营救冯雪峰出集中营的是两位非党进步人士宦乡和郭静唐（新中国成立后，宦乡出任我驻英国首任临时代办，还先后任过外交部副部长、中国社会科学院副院长及外交学会负责人等职。郭静唐与冯雪峰1943年5月分手后于次年投奔了浙东新四军，并在新四军北撤至山东后加入了中国共产党。1949年5月，郭静唐随我人民解放军自山东南下浙江，任杭州市军管会工业部副部长。浙江省人民政府成立后任浙江省人民政府委员、省财经委员会委员兼工矿厅副厅长，杭州市工商局局长等职，在接收官僚资本企业、平抑物价打击投机倒把、建设国有工业、恢复和发展国民经济等方面作出了重要贡献。1952年7月30日因积劳成疾，患肝癌在上海去世，年仅49岁），但当年在延安，毕竟是萧军率先向毛泽东提出营救冯雪峰，毛泽东确也当场指示陈云、凯丰打电报给南方局，周恩来、董必武经商议后，委托胡秋原向顾祝同拍发了保释的电报。

这是一个历史，一个真实的历史。

（本文刊于2003年5月21日《文汇报》，2003年第9期《新华文摘》转载，发表时有删节。）

关于萧军与萧红的真实史料

——驳台湾《中央日报》所刊《萧红和她的四个男人》

公元1994年1月10日及11日，台湾《中央日报》连续两天于《长河》第17版上发表了署名李家撰写的万余言的《萧红和她的四个男人》的“纪实”。统览这篇长文，失实、杜撰、臆造过多，且用词极为不当，对萧军等人极尽丑化、攻击。

为正视听，为全面维护首举抗战文艺大旗的鲁迅先生，为维护世界上最早以撰写反法西斯战争题材的长篇小说《八月的乡村》而蜚声海内外，被鲁迅先生赞誉为“自1917年的新文学运动以来中国最优秀作家”的萧军先生，为维护同样最早撰写反法西斯入侵小说《生死场》，虽已逝世半个世纪，然迄今仍在世界上享有盛誉的中国二十世纪的杰出才女、“三十年代著名左翼女作家”萧红，我作为曾与萧军生前有过长达九年忘年交友谊，并与其夫人王德芬及女儿萧耘多次长谈，且与现仍健在的三十年代见证人未艾先生（方靖远，现居辽宁省本溪市）、梁山丁先生（现居辽宁省沈阳市）、关沫南先生及陈隄先生（现居黑龙江省哈尔滨市）等前辈交往、叙谈过的后辈，不得不站出来，与从无和萧军先生等谋面过的李家先生，并与不辨香臭转载此诬文的北京《作家文摘》报和福建《港台信息报》质疑并辩诬，还其历史本来面目。

近年来，文史研究领域中出现了一股股浊流：炒古人、炒名人、炒死人；歪曲篡改史实；恣意杜撰、制造莫须有隐史、艳史，以达其所谓“轰动效应”，凡此种种，连鲁迅研究也不能幸免。窃以为，史学研究，尤其是对已故名人的研究，更应当是严谨的，一丝不苟的。作家也好，报刊编辑也好，除应具有良好的敬业精神及职业道德外，还须具有较为广泛的专业及史学知识。毋庸置疑，文史研究更应当有一个实事求是的严肃态度。

关于“逝世半世纪从国外回中国”

李家先生于文章伊始就这样写道：

> “萧红下葬了半个世纪，她的文名也随同埋没了……而今在萧红盖棺半世纪后，却从西方吹来一阵萧红之风……”。

这，纯粹是李家先生彻头彻尾的杜撰！

事实是：萧红研究在国内一直不曾间断过。

近半个世纪以来，内地及香港等地曾一度掀起萧红研究热。40 年代中后叶，亦即 1946—1947 年间，萧军自延安抵达黑龙江，在齐齐哈尔和哈尔滨，在就任东北大学鲁迅艺术文学院院长后的佳木斯，由他所作的上百场报告中，几乎场场都涉及到萧红。后来，他主政鲁迅文化出版社和《文化报》，多次出版和发表了萧红的著作：他与萧红的通信；鲁迅先生致两萧的信及注释；怀念萧红的文章；以及由许多著名左翼作家撰写的有关萧红的研究文章、悼文等。其中，1948 年 4 月，在他一手安排下，鲁迅文化出版社再版了萧红的成名作《生死场》。《文化报》也从同一年的 4 月 20 日第 30 期起开始连续登载萧军写的《鲁迅先生书信注释》，计 53 封。

1949 年以后，国内有关萧红的研究也一直没有中断，萧红的著作一再出版，即使是在“反右”斗争后的 1959 年，在纸张紧张、经费拮据的情况下，国内最大的文学出版社——人民文学出版社组织人力出版了包括《生死场》与《呼兰河传》在内的《萧红选集》。

1978 年 9 月 14 日，萧军尚未得到平反，只不过是可以发表文章的时候，人民文学出版社就派专人来到萧军当时暂居的京郊东坝河村农舍，洽谈发表萧军与萧红的往来书信，计发 20 封，发表于该社出版的《新文学史料》上。之后，1981 年，为纪念鲁迅诞辰 100 周年、萧红诞辰 70 周年，萧红故土的黑龙江人民出版社先后出版了由萧军亲自编辑、注释的《萧红书简辑存注释录》、《鲁迅给萧军萧红信简注释录》两书。就在这前两年的1979年10月1日，为纪念萧军复出和重返哈尔滨讲学，黑龙江省文学艺术研究所按1933年原版式重排出版了曾导致两萧遭日伪通缉被迫南下流亡的短篇小说合集《跋涉》。出版者在《〈跋涉〉复制本说明》中这样写道：

> 《跋涉》是萧军（三郎）和萧红（悄吟）的第一部短篇小说集。1933年10月，由作者自费在哈尔滨五画印刷社印刷1 000部。书刚进入书店发售，即遭到伪满洲国和日本特务当局查封并焚毁。为了给中国现代文学研究者提供这一资料，现据萧军同志藏本复制。
>
> 《跋涉》原书为32开本，毛边。这次复制，排印时除采用简体字外，正文均按照原书版式重排，不作任何更改。封面、扉页、出版预告目录页（包括萧军手书题记）均照原书影印。共印5 000部。

如上述可见，既非李家所云“在萧红盖棺半世纪后，却从西方吹来一阵萧红之风……”也断非是葛浩文先生“把萧红从废墟中拉回市场……”

此外，笔者愿向李家等人提供一段葛浩文先生自己写的文字。萧军逝世后的第八天，亦即1988年6月30日，葛浩文先生在他的美国旧金山寓所里写了一篇悼念文章，题目是《信徒不必当和尚》。在这篇文章中，他多次表达了对老作家的敬仰。

葛浩文这样写道：

> 这就是我所认识的萧军。他有他的立场和他的看法……但他并不怕别人有不同的立场或与他不合的看法。只要大家都本着实事求是的态度来交换意见，什么事都可以慢慢谈，慢慢接近。……很多问题最终都会弄个水落石出的。（这里指的是葛浩文先生由于仅依据不完全史料进行“间接研究”存在着的某些片面性。1980年8月13日，就其《萧红评传》一书在北京北纬饭店，萧军与葛浩文先生首次会面、晤谈，时萧军女儿萧耘在座——秋石注。）
>
> 如今，萧军走了，留下了几十本作品。认识他的人，一定有更多的收获。我的收获是：我以为中国像他那样的人总不是太多，而是太少了。
>
> （见《萧军纪念集》第445页，辽宁春风文艺出版社1990年出版）

关于"一场没有结果的师生恋"

李家这样写道：

萧红"及至18岁就读哈尔滨第一女中时，与李姓青年谱了一曲师生之恋……索性随李君私奔北平……两年的恩爱，萧红怀了'老师'的孩子……殊不知使君已有妇……二十一年(1932年)夏天，'九·一八'事变以后，两人决裂分手，萧红离开了她的第一个男人，挺着肚子回到哈尔滨。"

史实及当时见证人方未艾等证实：

1. 众所周知，"九·一八"事变系1931年，而断非1932年；"哈尔滨第一女中"应为"哈尔滨东省特别区区立第一女子中学校"；所谓"师生之恋"并无其事，师生同居更属子虚乌有；"未婚夫"姓汪，是哈尔滨一家大地主兼富商之子，系游手好闲之辈。

2. 萧红由萧军送往哈尔滨市立第一医院妇产科生下一女，时间系1932年9月，因此，萧红是在1932年初的冬春之交时回到哈尔滨的，而萧军及挚友方靖远搭救她出苦海是在该年8月6日哈尔滨松花江决堤，洪水围困萧红被扣押的东兴顺旅馆之时。

3. 张迺莹(萧红)时年20岁，逃婚在北平，后来，未婚夫汪姓青年找到了她，答应供她上学，她信以为真，随他从北平来到了哈尔滨，住在道外东兴顺旅馆半年多，怀了孕，被未婚夫遗弃了，欠下了600多元食宿费。而断非她一个人"挺着肚子回到哈尔滨"！

关于"强吻定情跟了萧军，为幸福割舍亲生骨肉"

李家写道：

回到哈尔滨的萧红，已无颜见家中父老。她流落在一间旅邸，因付不出房钱，不得已写信给"国际报协"求助，报协主编裴馨园为她解决了欠租，又将她接回自家安顿，并鼓励她写作。正当此时，本名刘均的萧军亦从沈阳逃抵哈尔滨，适巧也在"国际报协"写稿，两萧因而相识。当时在“报协”出入的不只萧军一人，追求萧红的也不仅萧军一个，但因为萧红初恋的伤口未愈，故当萧军公然问她“到底爱谁?”时，萧红除了泫然涕泣，不知何以应对。萧军见状当众上前强吻了萧红，从此一吻定情……

上述是李家彻头彻尾的捏造。

1. 遍查哈市近、现代史料，从无“国际报协”，应为《国际协报》，系民办，萧军为之撰文时，该报尚未被日本人收买。

2. 裴馨园非该报“主编”，而是该报副刊“国际公园”的主编，笔名“老斐”，身材瘦小，脸色苍白，戴眼镜，江浙口音，是个对青年人很热情而又谦逊的人。

3. 裴馨园根本不曾“为她解决了欠租”，连救她出苦海的萧军、方靖远也不曾为之解决一文“欠租”。在当时，600 元是一个天文数字。

4. 萧军本名非“刘均”，而叫刘蔚天，生下时学名为刘鸿霖，别名田军、三郎等，见经中共中央组织部、宣传部批复，由中共北京市委于 1980 年 4 月 21 日下达的《关于萧军同志问题的复查结论》。

5. 断非李家所书的：在萧红向“国际报协”求助，正当此时本名刘均的萧军亦从沈阳逃抵哈尔滨……两萧因此相识……

史实是：

1931 年“九・一八”事变以后，是年冬，萧军由沈阳去吉林省舒兰县，想和在那里的东北陆军第 61 团 2 营营长马玉刚、营副方靖远一起，秘密将这一营人组成抗日义勇军，由于汉奸出卖告败。叛军将他、马玉刚、方靖远武装押解出境。到达哈尔滨后，他和方靖远参加了冯占海领导的抗日部队，担任联络和宣传工作。次年 2 月 5 日，日军占领哈尔滨，冯部撤退，萧、方留哈尔滨参加地下反日活动。4 月，萧军给《国际协报》寄去一篇稿子，同时给编辑部写了一信，说明自己的困境，希望能借点稿费维持生活。后来，这篇名叫《飘落的樱花》的稿子登出来了，还有 5 元钱，并约萧军去报社见见面。约请人便是主持《国际协报》副刊“国际公园”的主编裴馨园，笔名“老斐”。老斐和几个朋友合资在道里五道街开了一个“明月小饭馆”(又名“一角钱小饭馆”)，就请萧军和方靖远搬到小饭馆食宿。老斐十分赏识萧军的才华，请萧军帮他编“儿童特刊”，并担任该报的专访记者。到了5月，方靖远去《商报》编副刊“原野”，笔名方曦，并搬入报社居住；萧军则搬到老斐家居住，从此正式从事文学生涯，笔名即用三郎。

6.“强吻定情”一说纯属子虚乌有。

史实是：

是年6月，老斐收到女读者张迺莹的求救信，说她被软禁在道外东兴顺旅馆里，欠了几百元的债还不了，老板想把她卖到“圈楼”妓院去，希望报社主持主义，救她脱险。老斐曾将此信给萧军看过。

一天下午，老斐又接到张迺莹电话，说她在旅馆里很寂寞，想借几本文学书籍看看，因为她是失去自由的人，无法出门，希望能把书送到东兴顺旅馆来。老斐接电话时，萧军正在侧，于时，他就请萧军走一趟。受委托，萧军带着几本书和一封介绍信来到东兴顺旅馆，在旅馆二楼一间原是储藏室的阴暗、潮湿、发了霉的小屋子里见到了张迺莹。而张迺莹从老斐写的介绍信中知道了眼前的送书人就是《国际协报》副刊上正在连载的小说《孤雏》(此文后收入到日后导致他们流亡青岛、上海的小说信《跋涉》中)的作者三郎，心中非常激动。因为萧军正是她希望见到的人。于是，张迺莹就像见到了多日不见面又能给她解脱、帮助的老朋友一样，向萧军倾吐了自己的身世和困境。

但萧军是个穷作家，没有任何积蓄，当然难以给予资助，一时间也没有办法将她解救出去。然而，当他从桌上摊放着的一张纸片上看到迺莹写的《去年今日》等两首诗，以及她书写的魏碑郑文公体几个大字后，发现站在自己面前的这个弱女子竟是一个与众不同的才女！他觉得她有着一颗美丽、晶莹、闪亮的灵魂，便立刻对她产生了强烈的同情心和怜爱心，他决心不惜一切牺牲和代价将她拯救出去。临别时，他把自己身上仅有的5角钱留给了她，并给她留下了自己的地址，尔后步行而归。

那时萧军独身一人寄居在老斐家中，斐妻黄淑英如对待亲兄弟一样款待他，相互之间处得很融洽。萧军想救出迺莹，除了接来同居结为夫妻外没有别的办法。因为她一无去处二无职业又怀了孕，不能独立生活。但是第一步必须先为她筹钱还债赎出来才行，可600元不是个小数……正当为难之时，偏巧8月6日因连日大雨江堤失修，松花江决了堤。大水淹了“道外”

一带，水位逐渐上升，快到迺莹住的旅馆的二层楼了，旅馆的人都逃命去了，只留下了一个看门的老茶房。老板叫他看住迺莹别让她跑了，等着老板带妓院的人来领她。

和萧军一同常来看望的方靖远也非常惦着迺莹，划着小船来看她，才知道只剩下老茶房和迺莹两个人了。方问她："三郎来过吗？""没有"。"奇怪，怎么到现在还没有来呢？"方又向老茶房说："你为什么还不走？等着淹死吗？"老茶房说："老板让我看着她，怕她逃跑了，呆会他们就来领她。""你快逃命去吧！楼房让水一泡就会倒塌。她也是个可怜的人，你放了她吧！"老茶房同意了。方又对迺莹说："你跟我走吧！"

"好！"迺莹高兴地回屋去收拾东西，但又迟疑起来，想起7月12日和三郎誓订终身的事。最后她对方靖远说："你走吧！我等三郎来接我。"老方看她很坚决，只好说："好吧！我马上就去找三郎。"划着小船走了，半道遇到了正要去接迺莹的萧军。

"你怎么才来？"

"老斐病了，叫我替他发稿，刚弄完，迺莹呢？"

"我去接她，她不肯跟我走，非要等着你，你快点去吧！"

老茶房走了以后，迺莹等萧军不来就自己搭上路过的运柴船，按照萧军留下的地址来到老斐家。当萧军接她扑空赶回时她已先到了，老斐一家将她安排在客厅里，一直到她临产由萧军送往医院为止。

可见：(1) 认识萧红的仅萧军、方靖远、裴馨园夫妇四人(据证实，认识萧红并且也给予过萧红帮助的，还有日后引导她和萧军逃离荆天棘地伪满洲国的中共地下党员舒群等人——秋石2008年11月22日注)，而且早在逃离虎口之前萧红已与萧军"誓定终身"，又何来"追求"者"不仅萧军一个"？(2) 她连与萧军有着长达7年挚情的方靖远去救她都不愿意跟着一起走又何来"到底爱谁"？又何来当众"强吻定情"的情节？这不是凭空捏造蓄意中伤又作何解释？

关于为什么当时许多人知道张迺莹而又不去追求她，萧军女儿萧耘曾问及当年在青岛迎接两萧南下避难的舒群等人，回答是十分明确的：一是谁也没有600元钱可救张迺莹出困境，即使救出来也难以养活一个孕妇。二是谁都清楚，一个腆着大肚子且是怀着别人孩子的孕妇是一个什么样的形象。也只有萧军这样侠义心肠的热血青年才会将同情心化作爱心，从而导致令他人“不可思议”的事情产生。

7. 李家一文云：“……同年冬天，萧红产下了一名女婴，两天后，萧红不告而别（医院），遗弃了这个她与李姓青年的孩子。”

铁一般的事实是：

萧军在送她住进市立第一医院妇产科生下一女，因无钱偿还住院费、医药费、伙食费等，自己的生活又没有着落，在中秋节过后出院的时候，只好将婴儿留给了医院转送他人。

出院后，老斐派家人送给他们5元钱，叫他们另找住处。次日两人只好去欧罗巴旅馆开始了同居生活。因为发大水每天2元的昂贵房租无法维系，萧军不得不各处奔走去教武术、当家庭教师教小孩……后来，在商市街25号中东铁路局姓王的财务处长家里找到了当家庭教师的固定工作，教其8岁儿子王余馨国文和武术，每月给20元学费。萧军看到王家院中有两小间西屋空着，经与房主协商，房主以“不交学费”为苛刻条件让萧军“白住房子”。其时已是天寒地冻的哈尔滨十月了。他们夫妻从欧罗巴旅馆搬过来，总算有了自己的“家”，生活才得以安定下来。因为王处长是个有身分地位的人，大门口有门卫，宪兵警察和侦探特务都不来打扰，他们在这里居住倒也安全。

如上述，可见根本不存在李家文中所说的老斐“又将她接回自家安顿”的事情。

为了庆祝萧军和逎莹的结合，方靖远在他编辑的《商报》副刊《原野》上出了一期特刊，刊登了萧红的《春曲》和萧军的《寄病中悄悄》。时方靖远笔名方曦，萧军为三郎，逎莹为悄吟。

《春曲》甚短，悄吟欣喜地写道：

——这边树叶绿了，那边清溪唱着，
——姑娘啊，春天到了。

《寄病中悄悄》系萧军致正在产褥中的逎莹，其感情之真挚、笃厚，处处可见。此诗共三首：

一

浪儿无国亦无家，只是江头暂寄槎；

结得鸳鸯眠更好，何关梦里路天涯？

二

浪抛红豆结相思，结得相思恨已迟；

一样秋花经苦雨，朝来犹傍并头枝。

三

凉月西风漠漠天，寸心如雾复如烟！

夜阑露点栏杆湿，一是双双悄倚肩。

上述，就是两萧真诚结合的真实经过！

关于两萧离哈南下及其他

1. 李家在此文中写道："隔年，两萧受张梅林之邀，离开哈尔滨……越过长城，取道平津而抵青岛……"

这段为文坛和原北满地下抗日武装广为熟知的历史，竟被李家恣意捏造到了令人无法相信和震惊的地步。

在这里，首先，必须予以说明的一点是：李家文中提及的张梅林，是两萧在抵达青岛后才认识的左翼朋友，而不是在早期的哈尔滨。可见这位李家先生将历史恣意杜撰到了何种荒诞的地步?!

史实是：

萧军因为经常在报刊上发表文章成了知名作家，除了方靖远、北杨、黄吟秋、候小古等，又结识了很多反满抗日的朋友(其中不少人是中共党员)，他们是：金剑啸(巴来)、傅洛虹(罗烽)、刘莉(白朗)、李存哲(黑人、舒群)、张少岩(金人)、杨莹叔(杨朔)、梁山丁(邓立)、唐达秋(林珏)、张文蔚、刘昨非、冯咏秋、鲁少曾、白涛、王关石、关大为、温佩筠、张洁莲、黄之明(黄田)、袁时洁等人。他们团结一致开展抗日活动，活动地点是"牵牛房"。牵牛房是冯咏秋和黄之明的家，因在门前种了很多牵牛花缠满房子而著名(有关牵牛房，在北满和哈尔滨地下党反满抗日的斗争史上有着显赫的地位——秋石注)。

1933年春，萧军开始了《八月的乡村》的创作。7月，萧军1931年在沈阳认识的陈华从长春到哈尔滨来，约请萧军为他主编的长春《大同报》将创办的另一副刊组稿。悄吟给起了一个刊名《夜哨》，于8月6日创刊，每周一次。在原来每日出刊的《大同报》副刊《大同俱乐部》上也常刊登三郎、悄吟的作品。后来，由于《夜哨》刊登了一篇揭露日军暴行的文章被勒令停刊，陈华也被迫离职了，并写信通知萧军作好准备：日本特务、宪兵可能去搜查（据查当年《大同报》，此说与历史真实情况存在着较大的差距——秋石2008年11月22日注）。

萧军和悄吟在朋友们你5元我10元的资助下（最后不足的30元是由黑人代付的），将两人的作品各选了几篇，在《五日画报》印刷社社长王岐山的帮助下秘密印刷，于10月3日（中秋节前一日）出版了第一本散文小说集《跋涉》。出版后在同发隆商场代售，不久即因其鲜明的反满抗日立场遭日伪统治者查禁了，仅印1 000册的《跋涉》被没收销毁了大部分。

上述史实确凿地表明，断非李家恣意杜撰的什么“得闲看《跋涉》的人少”及“名利两头空”！

尔后，两萧与地下党负责人金剑啸（两萧南下不久后其即被日寇杀害）一起刻蜡版、画插图，抄写党刊——反满抗日的油印小报《东北民众报》，其所用钢板、铁笔、蜡纸就藏在商市街25号萧家柴堆中。他们随时有被捕杀的危险。此时，负责中共地下军委工作的北杨决定去磐石游击队，萧军因悄吟体弱多病无法同行。地下党其他同志也一再劝说两萧离开哈尔滨。以伪满警察身份作掩护的牵牛房主人、老朋友黄之明一边催促，一边主动从自己每月工资中抽出一部分存起来供两萧未来南下之行路费。

有关上述，民航总局离休干部袁时洁（黄田前妻）在其1989年2月23日所作《悼念萧军》一文中这样写道：

> “我和萧军的认识是在30年代初。那时候我们在共产党的领导下，在哈尔滨‘牵牛房’共同作抗日救亡工作……我永远不会忘记，您——我敬爱的萧军同志——您在日寇侵略的年代，在敌人的枪口和刺刀时刻对准您的时候，您却挺起胸膛，勇敢战斗，经得起风吹雨打，忍着饥寒，孜孜不倦地写《八月的乡村》。
>
> “当时日寇已将您的名字写上了黑名单，到处搜捕您，您仍然不肯离哈，坚持战斗。我和黄田是‘牵牛房’的主人，当我准备好路费，流着

泪劝说您去青岛找友人舒群，您硬是不怕被捕，直到写出《八月的乡村》初稿后，才离哈去青岛。”（两萧走后，袁、黄逃亡天津）

可见，两萧之所以南下青岛，其原因有二，一是日寇的捕杀，二是中共地下党的决定。

两萧结合以及萧红在香港弥留时刻的最好最忠实的见证人、一年前刚刚去世的中国作协北京分会副主席骆宾基先生，在萧军逝世后所写的《点点滴滴记忆犹新》一文中这样写道：

“我和萧军先生相识于52年前，因为都是‘九·一八’事变之后，穿着哥萨克绣着衣边的时兴衬衫从哈尔滨逃亡到上海……

“……另外一位关键人物，同样是中国共产党员，这就是现在仍健在的著名老作家舒群（秋石注：现已去世）私人筹集的资金（据说是从他母亲手里讨出的留作‘寿器’的私蓄）。而且，萧军与萧红在该书一出版就遭敌伪查禁，不得不躲避敌伪爪牙的跟踪和搜寻，最后能够在穷困中出走青岛，也同样是由舒群在与中共地下组织有关的《青岛晨报》为萧军谋获了一个有薪金可拿的文艺副刊编辑的原故。如果没有这样一个可以维持两萧夫妇最低温饱的简朴生活，为他们提供一个安定舒心的文学创作环境，那么未来轰动中国文坛的两部著名作品的原稿，在当年就出现于上海鲁迅先生的案头上，也是很难想象的。

“除了以上两位关键人物（秋石注：指金剑啸与舒群）之外，还有为两萧提供发表创作园地的《国际协报》文艺编辑白朗（即刘莉，于1934年初主持该报《文艺》周刊），她的丈夫罗烽同样是中国共产党人。因而可以说，萧军就是在中国发生‘九·一八’事变之后开始从事文艺创作的；就是在中国共产党人的周围，受着左翼普罗文学的影响与左翼文化运动的哺育，逐步成长壮大起来的。”

1934年初，中共地下党员舒群到达青岛后，频频来信催促两萧尽快离哈南下。

金剑啸与萧军约定于5、6月间动身去上海，后因金的妻及两个年幼的女儿无处安置，只好放弃此行，但他不久即遭日寇杀害。他给萧军开了几个上海友人的地址。6月10日，萧军和悄吟由商市街搬到了“天马广告社”，

11 日萧军化名刘毓竹在朋友们的掩护下与萧红秘密离开了哈尔滨，12 日到达大连。为了等船在友人王福临家住了两夜。14 日改乘日本轮船“大连丸”号三等舱去青岛。在船上他们受到了日本海上特务侦缉队的严密盘问和搜查，机智的萧军沉着冷静地闯过了这一关：他把藏在茶叶桶里的抗日小说《八月的乡村》原稿，私下大胆地转移到身穿皮大衣的口袋里，竟然侥幸地躲过了敌人的眼睛。6 月 15 日（端午节前一天）上午，当他们看到青岛海岸时，激动得几乎心都要蹦出来了……

到达青岛后，他们受到老友舒群的迎接和款待，先在舒群岳父家暂住，后来和舒群夫妇一同搬至观象一路一号一所石砌的二层小楼上定居下来。

有关两萧自大连抵达青岛之事，1936 年 4 月 16 日，鲁迅先生在反击化名狄克的张春桥（即 1976 年 10 月 6 日北京一举粉碎的江青反革命集团之二号头目）对《八月的乡村》攻击时所作《三月的租界》一文中，一开首就这样写道：

“今年一月，田军发表了一篇小品，题目是《大连丸上》，记着一年多以前，他们夫妇俩怎样幸而走出了对于他们是荆天棘地的大连——

“第二天当我们第一眼看到青岛青春的山角时，我们的心才又从冻结里蠕活过来：

“‘啊！祖国！’”

“我们梦一般这样叫了！”

时至今日，如果李家先生不曾和萧军先生谋过面，也不曾看过（或故意视而不见）有关三十年代的一些史料，那么，鲁迅先生的这篇檄文，而且在 1976 年金秋十月十亿中国人民狂欢之日重新刊于大陆《人民日报》及各报头版加编者按的这篇著名文章（当时香港各大报也转载了），总应该是读到的吧！李家先生如此恣意杜撰又作何解释?!

其二，凡稍有点地理常识的人，包括中学生都知道，从东北经山海关去青岛，无论是陆路还是海路，是根本不用取道“北平”的！李家的常识概念何以如此之浅薄？

2. 李家写道：“……在维持不下的情况下，萧军写信向上海的鲁迅联系，随即南下，与鲁迅同住上海北四川路底大陆新村，由于萧军与鲁迅系旧识……”

在这里，李家更是在作彻头彻尾的杜撰！

史实是：因对上海情况不了解，萧军想先去上海探探路。到青岛一月后，他由舒群陪同去了一趟上海。萧军去拜访了金剑啸介绍的几个朋友，但他们都不能帮助他安排工作，旅费也快花光了，两人只好又回到青岛。经舒群介绍，萧军担任了中共地下外围组织《晨报》的副刊主编……是年 9 月 9 日，悄吟完成了她的中篇小说《生死场》。此时，萧军的《八月的乡村》还没有脱稿。他们不知道这两部作品所选题材和表现的主题与当前革命文学运动的主流是否合拍，很想写信问一问在上海领导革命文学运动的鲁迅先生。

萧军的朋友孙乐文是《晨报》和青岛荒岛书店的负责人，中共地下党员，他曾在上海内山书店见过鲁迅。为此，他鼓励萧军给鲁迅写封信试试。至于不知道鲁迅家的地址，可以写到内山书店转交，并建议可以用荒岛书店做通讯处。即使发生什么问题，他可以推说是顾客未经同意随便写的，不要用自己的真实姓名，可以另起个名以防万一。为了和鲁迅通信，他才特意起了一个新名字，就是后来一直沿用的"萧军"。萧是因为他非常喜欢京剧《打渔杀家》里的老英雄萧恩，另外，他是辽宁人，古时辽代都姓萧；军是因为他原来当过兵。

萧军于 10 月初给鲁迅写去了第一封信请求指导，并问先生愿不愿意看一看悄吟写的小说。信发出后，究竟鲁迅能不能收到，即使收到了会不会回信，是没有把握的。可他们万万没有想到鲁迅接信后于当晚便写了回信，并答应看稿及规定了通信办法。

鲁迅的复信是寄到荒岛书店由孙乐文转交的，当萧军这么快就接到复信时，他和悄吟、孙乐文三个人同享了难以克制的激动和快乐，他们读了一遍又一遍……

为了让鲁迅具体地认识他和萧红，他们将春天离开哈尔滨之前照的一张合影，连同悄吟小说复写稿及一本《跋涉》，按鲁迅信嘱挂号寄往了上海。然而，刚寄出不久，孙乐文就匆匆跑来通知他们：青岛、济南中共地下组织受到毁灭性的破坏，许多同志包括舒群夫妇都被捕了，《晨报》也可能停刊，他叫萧军夫妇做好撤离准备。10 月 22 日，萧军完成了《八月的乡村》。几天后的一个夜晚，孙乐文约萧军于海上栈桥亭子的一处阴影里告知他尽快撤离，并给萧军40元钱作赴上海路费。11月1日萧军夫妇乘一艘日本轮船四等舱离开青岛。行前，萧军致鲁迅快信一封告知即赴上海。11月2日他们抵达上海。到上海后，萧军他们先住法租界拉都路北端一亭子间；1935年初住拉都路南段福显坊22号楼上；同年3月底迁拉都路中段351号三楼；5月6日因故搬往新租界萨普赛路190号二楼；1936年初搬到距大陆新村9号鲁迅家近处的北四川路永乐里；同年夏萧红赴日本养病后萧军复去青岛。之后——1936年10月中旬，萧军自北方回沪住法租界霞飞坊……就是萧红东渡日本求学养病之后于1937年自日本回到上海，与萧军两人一起住在吕班路256弄一处由白俄经营的家庭公寓里。

在此需要说明的是：

(1) 在两萧抵达上海后的第28天，即1934年11月30日，他们才第一次见到鲁迅。因此，根本不存在李家断言的所谓“旧识”一说，这可以从鲁迅给萧军的第1、2、3、4封信中看出。

(2) 两萧从无住过大陆新村，直到抵沪次年才迁至鲁迅先生住处近段的北四川路永乐里。

3. “……未久便怀上了萧军的孩子，不幸数月后流产。”

萧军先生在与他人谈话，以及有关历史资料表明：萧红系鲁迅逝世后的1937年1月13日回到上海，约于1937年底(武汉)或1938年初(临汾)怀上萧军的孩子的。不知李家先生此说出自何处？难道“孩子”也可凭空捏造？

关于“《生死场》得名收利却亮起婚姻的红灯”

李家写道：

> 原来，与萧红一块儿出版的还有萧军的《八月的乡村》。两书读下来，《八月的乡村》相形失色了……

显然，李家又在这里恣意杜撰了。

史实是：

1. 萧红的《生死场》与萧军的《八月的乡村》同为“奴隶丛书”之一。“奴隶丛书"共"非法"印过3本，第一本是在1938年因贫病而亡的共产党员、青年作家叶紫写的短篇小说集《丰收》；第二本是萧军的《八月的乡村》；第三本是萧红的《生死场》，它们全由鲁迅先生作了序言。

2.《八月的乡村》获得了巨大的成功，其意义及影响远远超出了《生死场》。《八月的乡村》出版不久，1937年—1938年就在苏联译成俄文出版，且一版再版，乃至成为苏联卫国战争期间成千上万名红军战士的战地读本——因为它是世界上最早一部描写由共产党领导的反法西斯战争题材的作品，而且是武装抗击法西斯。以后又先后译成英、法、日、德、印度等文本，广为出版（注：是著名美国作家埃德加·斯诺在与鲁迅会面后，率先将《八月的乡村》译成英文向全世界广为介绍）。在国内，曾先后数十次印刷发行。抗战期间，不仅为中国共产党领导的八路军、新四军广为传阅，而且也为国民党抗日部队将士倍加青睐。

对于《八月的乡村》，鲁迅先生给予了很高的评价。鲁迅先生在为《八月的乡村》所作的序言中这样写道："不知是人民进步了，还是时代太近，还未湮没的缘故，我却见过几种说述关于东三省被占的事情的小说。这《八月的乡村》即是很好的一部……然而严肃、紧张，作者的心血和失去的天空，土地，受难的人民，以至失去的茂草，高粱，蝈蝈，蚊子，搅成一团，鲜红的在读者眼前展开，显示着中国的一份和全部、现在和未来，死路与活路。凡有人心的读者，是看得完的，而且有所得的。"

在这里需要着重说明的一点，就是李家一文卷首倍加推崇的葛浩文先生，也同样给予了实事求是的符合时代潮流的评价。还是在《信徒不必当和尚》的悼文中，葛浩文先生这样写道：

> 《八月的乡村》出版后，和其他东北早期的作品一样，将东北人的困境深印在每一个同胞的脑海里。小说的第二个目的——激荡人心，或者说是时代的呐喊——吸引了当时大多数读者的注意。"九·一八"事变时，在《忆白杨》的传统下化为一声怒吼，东北也成为爱国情绪和爱国行动汇集的焦点。从文艺的观点来看，《八月的乡村》是有些毛病的，但它还应算是20世纪中国很重要的文学作品。

李家还极不负责且别有用心地诬指"萧红已不知是他第几个女人"，以及“萧军的父亲，叔叔都是……打家劫舍的胡子”等等。为此，笔者不得不在这里进行辩诬：

1. 在萧红之前，萧军是有一个“女人”——那是他的结发妻子，是与他一起被驻扎在吉林省舒兰的叛军“驱逐”至哈尔滨的。1932 年 2 月 5 日日军占领哈尔滨后，萧军与方靖远一起参加了地下抗日活动。由于政治环境的恶劣，萧军把妻子打发回故乡去了，随后给她写了一封信，告诉她此后他不知道要到何处去，也不知何年何月才能回家，生死难卜，请她不必再等他了，可以另行改嫁免误青春，从此两人断绝了夫妻关系。

2. 萧军祖父刘荣为佃农及弹棉花工人，父亲刘清廉为木工，经营过小木工场及小商铺，破产后沦为玻璃工。“九·一八”事变后，父亲和二叔刘清源(即在这之前当过“胡子”的那位)、三叔刘清山一起参加了抗日义勇军，活动于家乡辽宁义县一带。

有关萧红去日本系“婚姻红灯”一说是断断不能成立的。对此，黄源先生及夫人、萧红弟弟张秀珂都曾证实过。事实是：由于两萧体质和健康状况的悬殊，而且，正是在黄源的提议下，萧红决定去日本疗养，因为其弟张秀珂和黄源妻子许粤华正在日本上学，有亲属和朋友可以照顾她。

1936 年 7 月 15 日，鲁迅偕许广平在寓所内为萧红饯行，二萧同往；16 日黄源为萧红饯行，萧军同赴，宴后三人同在万氏照相馆合影留念(此照现存北京鲁迅博物馆和上海鲁迅纪念馆)。

自 7 月 18 日起，萧红于日本经常给在青岛、上海的萧军来信(至 1937 年 1 月 4 日，在这短短的 168 天内，萧红寄给萧军的信就达 35 封之多，平均不足 5 天一封信)，双方在通信中传递了思念关切之情(见萧军著《萧红书简辑存注释录》，1981 年 1 月哈尔滨出版——秋石注)。

萧红的病情是十分严重的，这可以从萧红到东京后，以及自东京回国后的 1937 年 4 月下旬至 5 月下旬在北平寻踪时给萧军的信上可以看出。例如，1936 年 8 月 22 日她自东京发出的第 6 封信中这样写道：“近几天整天发烧，也怕是肺病的样子，……烧得骨节都酸了！”又如 1936 年 12 月 31 日信中她这样写道：“你亦人也，吾亦人也，你则健康，我则多病，常兴健牛与病驴之感，故每暗中惭愧。”就在他俩分手前，对于自己的病，萧红已经是绝望了，她这样对萧军说道：“三郎，我知道我的生命不会太久了……”

有关两萧分手的真正原因及具体时间

1937年12月10日萧军遭国民党特务绑架，后在武汉八路军办事处负责人董必武营救下获释。随之，应李公朴邀请于1938年2月6日抵山西临汾“民族革命大学”任“文艺指导”。不日，因临汾受日军进逼威胁，同时发现“民大”校长阎锡山抗日不积极，与共产党闹摩擦，于是，萧军即决心去山西五台前线参加抗日斗争。但萧红不同意他去当游击队员，认为万一牺牲了太可惜，不及当作家对国家对民族贡献大。然而，在这国家和民族生死存亡的危急关头，萧军已经无法安心在大后方当一名作家了，他学过军事，当过士兵和军官，他要到前线去面对面地打击侵略者，虽死也甘心。为此，在临汾分手前夜，面对萧红的一再挽留和哭泣，他说道：“人总是一样的，生命的价值也是一样的，战场上死的人不一定全是愚蠢的……为了争取解放共同奴隶的命运，谁是应该等待着发展他们的‘天才’，谁要该去死呢？”

萧红听了当即激烈地予以反驳：“你简直忘了‘各尽所能’这宝贵语言，也忘了自己的岗位，简直是胡来！”

“我什么也没忘记，我们还是各自走自己要走的路吧，万一我死不了——我想我是不会死的——我们再见，那时候，你如果没有别人，我也没有别人，如果双方也还是乐意在一起就在一起生活下去，不然就永远地分开……”

“好的。”萧红说道。

上述，见萧军著《从临汾到延安》一书，1939年3月23日完稿于成都。原书名为《侧面》。

是年2月27日萧军从临汾去乡宁，奔吉县；萧红则随丁玲去西安。3月21日萧军抵达延安，受到了毛泽东的主动接见及宴请。后在丁玲、聂绀弩盛邀下同意去西安参加“西北战地服务团”工作。4月初抵西安遇萧红，萧红则率先提出：“三郎，我们永远分手吧！”“好！”萧军当即表示同意。关于萧红已有爱人，萧军早有所闻，只是没有想到来得这么“快”。此时的萧红已经怀了萧军的骨肉，为此萧军建议待生了孩子再离，孩子也可以归他抚养。但此时的萧红决心已定，既要“永远”离他而去也不愿把孩子给萧军。至此，萧军被迫离开西安奔赴他处，参加抗日救亡的文艺工作。

有关萧红临终前一天，挣扎着在纸上写下的“我将于蓝天碧水永处，留得那半部‘红楼’给别人写了……不甘！不甘！”的遗言，乃是指她生前立下的一大誓愿，即她将与萧军、丁玲一起，将中国工农红军万里长征的伟大史诗写成一部长篇巨著的计划……

1940 年，胡风先生自桂林去香港，即去探望已患病的萧红，萧红见了欣喜异常地对胡风说：“我们一起来办一个大杂志吧！把我们的老朋友都找来写稿子，把萧军也找来，如果萧军知道我病着，我去信要他来，只要他能来，他一定会来看我、帮助我的！”

后经骆宾基告诉萧军，萧红在香港病重自知无法苟延时曾经这样企盼地说道：“……如果三郎在重庆，我给他拍电报，他还会像当年在哈尔滨那样来救我吧？”

由此可见，萧红在心底里一直是对萧军怀有深深感情的，弥留之际更是日夜思念。

关于其他

我与端木蕻良先生素无往来，无法评判他与萧红之间的恩怨是非，但从李家文中称端木先生为“无名小子”来看，是极不严肃的，更是对老作家人格的不尊重。

骆宾基并非“萧红的第四个男人”，谁也不会去爱一个生命已入绝境的女子的，无论这个女子有多么美丽。作为萧军好友的骆宾基，完全是出于侠义心肠去照料萧红的，更不是李家恣意捏造的那样：骆宾基“觊觎她身后的版税”。尤其使人无法容忍的是，正是这个李家，竟然把为全中国人民所唾弃的“文革”中江青一伙强加于骆宾基头上的莫须有罪名及其“历史”，重又搬弄出来，可见这位李家做人的良知早已泯灭了个一干二净。

关于萧军对萧红的态度

关于两萧分手的真正原因，萧军早在 1939 年 7 月 7 日作于成都并在成都出版的《从临汾到延安》一书中作过详述，想必萧红是见过此书的，因为其时萧红正居住在重庆北碚写《呼兰河传》。

但是在公众场合，萧军一直是缄口默语。他不止一次对人（包括笔者）说：我不欺负死人，不搞死无对证。如1979年8月17日下午，蒙冤31载后首次返回黑龙江的萧军，在哈尔滨百余文艺界知名人士座谈会上（时笔者作为文学爱好者有幸旁听）回答有关他与萧红的关系时说："这是个人问题——纯属内政！"只有一次，那是在十多年前，全国政协六届一次会议期间，他与同房间的作家管桦（现任中国作协北京分会主席）谈及萧红时，说了如下一段非常得体的话："没别的原因，就是性格不合，她性格温柔安静，需要一个写作环境，一个舒适的小家庭。我性格粗鲁，决心走向抗日战场。战乱中，在一个小火车站（此处指临汾，但并非"最后"——秋石注）见了最后一面，便分手了。"

萧军这个人，凡是与之交往过的人都知道，是一个非常豁达大度的人，既不记前隙，又不因为别人损他骂他而耿耿于怀，尤其是敢于面对事实。他不止一次向人们推荐聂绀弩先生1946年1月20日作于重庆对他也同样有所"不利"的散文《在西安》（见聂绀弩著散文集《沉吟》第89—96页），在这篇以展示人物心理状态细腻见长的散文中，作为两萧"长兄"的聂绀弩，是极不满意萧红轻率做出的最终与萧军离别的决定以及另择的。正如他在文尾一针见血指出的那样：

> "那大鹏金翅鸟，被她的自我牺牲精神所累，从天空一个斤斗，栽到'奴隶的死所'上了！"

敬告李家先生

撰文著书，最重要的一条是尊重事实，而决非恣意杜撰臆造，鲁迅先生是这样倡导的，胡适先生也是这样身体力行去实践的。

无论是从事文学研究，还是撰写纪实文章，必须拥有大量的历史资料，应当具有广泛的哲学、历史、地理、人文诸方面的知识，而不是凭空想象，更不能捕风捉影。作为一名作者乃至作家，你可以通过资料去为一个人画像，但你决不可以蓄意造谣、中伤任何一个人，包括你的对立面，这是每一个人做人的良心，一个文人最起码的行为准则。

文史研究不能炒、死人不能炒、古人不能炒、名人不能炒，如果胡炒烂炒的目的是为了提高作者本人知名度的话，那么其后果决不会是“流芳百世”，至少他将被越来越多的世人所唾弃。

严格一点讲，世界上并没有死无对证的事情，因为还有后人，还有知情者。对于违反伦理道德和历史真实的事情，沉默是不会长久的，水落石出、真相大白是必然的结局。

（本文刊于1994年9月24日《文艺报》，发表时有删节）

《作家文摘》报道：

《文艺报》刊登署名文章
对《萧红的风霜爱情路》一文提出质疑

本报讯　9月24日，《文艺报》在“理论与争鸣”专栏发表贺金祥（秋石）《关于萧军与萧红的一些史实》一文，对今年3月11日本报摘登福建《港台信息报》李家撰写的《萧红的风霜爱情路》提出五点质疑：

其一，关于“一场没有结果的师生恋”，并无其事。且“‘未婚夫’非姓李而姓汪，是哈尔滨一家大地主兼富商之子。”其二，关于“萧军强吻定情”纯系子虚乌有。其三，关于两萧离哈南下并非“受张梅林之邀……”而是迫于当时情势，在中共地下党同志的劝说及已先期到达青岛的舒群的催促下才离哈赴青岛。其四，关于萧红去日本系“婚姻红灯”一说是不能成立的。“事实是：由于两萧体质和健康情况的悬殊，萧红决定去日本疗养。”其五，有关两萧分手的真正原因是由于抗日战争爆发，萧军“决心去山西五台参加抗日斗争，但萧红不同意他去当游击队员”，双方遂于 1938 年 2 月 27 日在临汾分手。

据作者称，他是以“曾与萧军先生有过长达 9 年忘年交友情，并与其夫人王德芬多次叙谈，且与现仍健在的 30 年代见证人方未艾（方靖远）、梁山丁、陈隄、关沫南等前辈交往、叙谈的后辈”身份，“站出来澄清一些事实”的。

载《作家文摘》1994 年 10 月 21 日第 95 期第 1 版

《作家文摘》之检讨

【编者按】本报第 63 期摘登福建《港台信息报》李家所写《萧红的风霜爱情路》一文之后，先后收到了老作家端木蕻良和萧军之女萧耘的来信。二位对李文的不实之处表示了极大的不满，并向本报编辑部提出了严肃的批评。

由于我们编选不慎、把关不严，致使萧军、端木蕻良等前辈作家的声誉受到了损害。这是本报编辑工作中的一个严重失误。在此，我们诚恳接受端木蕻良先生和萧耘同志的批评，并向他们二位及广大读者深致歉意。我们决心记取这一深刻教训，加强学习，改进编辑作风，以免此类失误再度发生，努力把《作家文摘》办好。

……

载《作家文摘》1994 年 11 月 4 日第 97 期

文学不是荒谬

——评《人鸟低飞》兼致王小妮女士

摆在我们面前的这部洋洋洒洒写了二十五万字似是传记的作品，据作者在其"后记"中称："我要写的，是一部小说。"

"小说"的题目颇令人伤感，叫做《人鸟低飞——萧红流离的一生》(长春出版社)。书中的主人公萧红，曾被鲁迅和茅盾誉为"当今中国最有前途的女作家"，也是一位在我国文学史上有着显著地位的女作家，尽管她只活了31岁。披露女作家的隐私包括那些根本不存在的隐私，描写一个名女人的风花雪月，颇合当前的"潮流"，自然也很迎合某些格调低下的出版社炒作的口味。

在《人鸟低飞》一书中，先后出现的几十个人，而且基本上都是文坛名人，全用了真名实姓包括家喻户晓的作家笔名，然又标明是"小说"，这不能不让人感到诧异：有这样写小说的吗？

女诗人改行写起了小说，这，本无可厚非，而且也是在情理之中。但是，她是根据什么来写这部小说的呢？在这里，不妨请读者们读一读由她亲笔写就然而却是自相矛盾破绽百出的"后记"中的一些话——：

> 1994年9月9号的晚上，我接到《作家》主编宗仁发从长春打来的电话，他说要编一套"中国女作家传记丛

书”(正式出版时易名为“女才子丛书”——秋石注)。问我能不能写一本?

我说,要是写萧红,我就写。

他说行,就萧红了!

……

我想也没想就答应了。

我是诗人,是面对自我的那种诗人。转过身去,写一部传记作品,去看别人,没想过;

我对萧红认识不多。只是在上大学的时候,看过《生死场》,后来翻过《呼兰河传》……,其他的,都不清楚;

……

欧文·斯通写《渴望生活》,对凡高生活过的地方,逐城、逐地进行了考查和专访,那样写萧红,很多因素都不允许。

我面对的这些,全是难度。

左一个“没想过”,右一个“都不清楚”,外加一个“不允许”和“全是难度”,可作者却“想也没想”就写出了长达二十五万字的“小说”,而且是真姓实名纪实型的,这不能不让人震惊之余又生出许多疑问来。

这样的创作,请问作者,你还要不要尊重历史,尊重事物的本来面目,尊重已故著名作家的人格和名誉权。

作者既没有和萧红在同一个时代里生活,又不曾和书中涉及最多的另一著名现代革命作家萧军,以及两萧三十年代的众多朋友谋过面,那么,她创作这部“小说”的依据是什么呢?对此,作者说得很白,其依据就是“出版社用快件帮我寄了两本评传,一些散的文摘复印件,还有萧红的几本作品”。由此可见,作者正是“依据”(或者说穿了,是剽窃!是抄袭!)他人的创作成果,无论是正确的还是谬误的,抑或失之偏颇的,一概为我所用,或断章取义上颠下倒,或张冠李戴移花接木,最终,加上自己五花八门的联想,便写出了这么一部洋洋大观的传记式“小说”。

难道,这也叫创作?

行文至此,笔者不禁想起了有一个名叫李家的台湾人,此公曾在1994

年1月10日和11日的《中央日报》上发表了一篇长达13 000余字的“纪实”。同《人鸟低飞》一样，也有一个很带劲然却更为露骨的题目，叫做《萧红和她的四个男人》。综观全文，作者不惜恣意捏造、炮制了大量隐私一类的东西，虚虚实实，真真假假，极尽贬低鲁迅，贬低萧红，随心所欲地谩骂萧军、端木蕻良、骆宾基，进而把中国现代文学队伍抹得污秽而漆黑不堪。而在内地，某些报纸刊物在一味追求所谓“市场效应”的口号下，则不分青红皂白地予以转摘、扩散，造成了极为恶劣的影响，因而引起了当事人和其亲属以及一大批正直作家的愤怒。最终，经过长达半年多明辨是非的论战，以转摘此文的北京《作家文摘》报刊登自我批评和当事人的抗议而告终。现在，当我们见到这部名叫《人鸟低飞》的“小说”时，却不由得再次感到震惊和义愤：“小说”与李家之奇文有着许多的惊人之处！

其一，根据萧军先生生前与笔者的多次交谈，以及萧红1928年哈尔滨时期的好友高原先生前不久在南京虎踞路寓所当面回答笔者的提问时证实：萧红早年压根不曾“主动”委身于已有妻室的北平李姓青年。而在《人鸟低飞》的第二章中，作者竟然捕风捉影地捏造出了如下场景：因抗婚逃离呼兰家乡的萧红，跑到哈尔滨李先生就读的大学，主动约他出来，并且主动对他说道：“找一家旅馆，开一间房。”于是乎，在作者的笔下，萧红就是这样不顾廉耻地极轻率地向一个男人献出了她的少女之初夜。

次日早晨，听到走廊里有人摇铜铃的响声，以及“太太、老爷，要不要列巴、牛奶”的喊问声，作者仍然无中生有地这样为萧红画了像：

“要的！”早晨的嗓音很嘹亮，她像女主人一样回答了摇铃人。

也就是在这段文字的前后，作者浓墨饱蘸地向读者们展示了一连串“床上”以及萧红下床“慌慌张张”穿衣服的镜头……

不仅如此，为刻意渲染两性间的初期共同生活，作者还来了一个移花接木，把萧红在其散文集《商市街》中有关她和萧军建立新生活的情节，也一一“移栽”到了这里。

当“创造”到萧红流落在冰天雪地的哈尔滨街头的情节时，在作者毫不加掩饰的笔锋下，萧红被刻画成了一个淫荡不堪的妇人。在这一情节里，作者又恣意杜撰了一个根本不存在的场景：这就是被萧红百般抗婚过的汪家大少爷与她的苟合。

“小说”用极为低级庸俗和富有挑逗性的语言，不厌其烦而又津津乐道地描绘道：

> 随着门的关闭，她一下被紧紧地按在门上！
>
> “你是我的媳妇儿！”这句话，滚烫地贴着她的脸，流落街头的人，被另一个人热烈地拥着。一切并不是想象的那样不好。
>
> 紧接着的紧迫她喜欢，心跳的紊乱她喜欢，天和地的翻腾她喜欢……

对于上述描写，如果作者声明不是凭空捏造的话，那么，我们只能这样认为，萧红与汪家大少爷之间发生的这些场景，恰值作者也在侧，否则，作者又怎么能写出如此“逼真”的场景呢?！问题的实质是，作者在描写这些场景时，完完全全用了真名实姓的人！

其二，台湾的那个李家，在其《萧红和她的四个人男人》一文中，不止一次地对伟大鲁迅，以及他的几位学生百般轻侮亵渎；而《人鸟低飞》也一再无视铁的事实，不断运用自己的想象来恣意编造情节，造成读者对鲁迅本不该产生的误解。

如在描写1934年秋两萧自青岛逃亡到上海的这一情节时，作者不惜用大段大段的文字描述道：“寄出去的给鲁迅的信，是他们唯一的希望”，“可是，一直没一封信回来”，日复一日，望眼欲穿，接着是俩人不断的误会，拌嘴、赌气，气得萧红直哭，气得萧军要烧文稿、要从戎，“漫漫无边的大上海，他们怎么举目也无亲，而鲁迅，也不过是书上的两个汉字……”。

铁一般的史实是，自1934年10月9日鲁迅首次“即复”当时正在青岛的萧军探路信起，至1936年2月23日止，鲁迅先生给两萧（主要是萧军）的信达53封之多。从这些信中可以看出，鲁迅先生不但教他们如何习文，也教他们如何做人。在所有与鲁迅先生交往的人中，两萧受鲁迅关怀、扶持最多。而且，须强调的一点是，在这53封信中，几近一半是收信后“即复”的。

两萧于1934年11月2日自青岛逃抵上海，于当日即迫不及待致信鲁迅先生报告抵达消息，并要求迅速安排会面。据萧军先生后来回忆道，当时他最大的愿望是想见一见这位“伟大的人物”，只要能够见上一面，即使今后再也见不着了，他和萧红也就满足了。但是他并不知道当时的上海滩的政治环境和鲁迅所处地位的险恶，更没有想到鲁迅日后会对他和萧红如此无微不至的关怀和扶持，并对他的一生产生直到临终也无法忘怀的巨大影响。

次日，即 1934 年 11 月 3 日，鲁迅在暂时无法作出会面安排的情况下，仍然一如既往地“得萧军信，即复”。因此，断无存在作者在《人鸟低飞》一书中用大段大段文字翻来覆去描述的有关两萧抵达上海后焦虑万分一等再等鲁迅复信的事。

无论是在鲁迅回复两萧的 53 封信中，还是直至逝世同两萧长达两年之久的交往中，鲁迅先生对这两位来自东北沦陷地的热血文学青年倾注了无穷无尽的爱与情，诸如首次会面便慷慨解囊给两萧救急包括“从衣袍里摸出一大把角子”供两萧回租住地坐电车用；请吃饭并介绍叶紫、聂绀弩、胡风等异常可靠的人做两萧的朋友和向导；乃至当萧红和叶紫因嘴馋合谋致信“老头子”要他请客时，鲁迅都毫不迟疑地应允了下来，而且不同意“悄吟太太”关于“吃差一点”的小馆之类的建议，强调“因为要请，就要吃得好，否则，不如不请……”；四处举荐包括向日本、苏联、美国等介绍他们的作品；多次与许广平携海婴前往两萧租住地探望并请吃饭；公布自己的住址邀两萧前往作客；在接纳他们为“家庭成员”后，鲁迅又诙谐地借海婴之口说“你们俩他是欢迎的，他喜欢客人，也喜欢留吃饭。有空随便来玩”。1935 年 11 月 16 日，两萧致信鲁迅倾诉了内心的孤寂和彷徨，说有一种“没有了家”的感觉——“虽然身在上海，却常常要想起东北自己的故乡来，因为快要过古历年了”，信中还提及并憎恨“宣统”在满洲当皇帝的事……鲁迅接信后即于当夜回复，给予了抚慰(第 50 信)：“十六日信当天收到，真快，没有了家，暂且漂流一下罢，将来不要忘记。二十四年前(指 1911 辛亥革命没有把满清皇朝彻底推翻)，太大度了，受了所谓‘文明’这两个字的骗……”。继而，又于 1936 年 1 月 14 日在替曹聚仁先生转信而发给两萧的第 51 封信中，为了化解两萧因故乡沦落而带来的孤寂感，鲁迅提前向他们发出了邀请：“我们想在旧历年内，邀些人吃一回饭。一俟计画布置妥帖，当通知也。”5 天后，亦即 1936 年 1 月 19 日晚，适逢“《海燕》第一期出版，即日售尽二千部”，鲁迅借座小花园梁园豫菜馆举办了一桌甚为丰盛精美的年夜饭，“共十一人”……从鲁迅日记中可以看出得来，自向两萧公布住址之后，在鲁迅家就餐最多的乃是其胞弟周建人一家及萧军萧红夫妇俩。

而且，在这里，需要格外强调的一点是，在作者凭空捏造两萧焦急等待的这"一直没一封信回来"的"十来天"中，经笔者从鲁迅书信、日记及萧军遗著中反复查实，鲁迅先生共致两萧信达5封之多(不包括11月27日邀两萧会面的信)！就在这5封信中，鲁迅不厌其烦地一一回答了这两个"长不大"的东北文学青年提出的问题。如11月3日的复信中，鲁迅给了他们一颗定心丸："来信当天收到，先前的信，书本，稿子，也都收到的"。关于两萧要求"见面的事"，鲁迅作了"可以从缓"的答复。3天后"即复"的信上，除声明他不曾"生了脑膜炎"外，再次予以定心丸："如你们在上海日子多，我想我们是有看见的机会的。"11月12日信中，鲁迅竟然与他们平等地开起了玩笑，并详细地回答了他们提出的九个问题。由于生病，鲁迅仅仅延搁4天便对两萧13日的信就作了答复，并且允诺解囊以解两萧困顿之急。在此信中，鲁迅先生还不厌其烦地回答了萧红提出的早年他在北京时喜欢不喜欢"大蝎虎"的问题。在11月20日的信中，鲁迅一开始就十分明确地告诉他们"在月底谈一谈"的打算。由于萧军在去信中告诉鲁迅他用在哈尔滨学得的"几句半吊子俄语"，与在霞飞路上游荡的一些白俄交谈的事。对此，鲁迅十万火急地向他们发出了警告："现在我要赶紧通知你的，是霞飞路的那些俄国男女，几乎全是白俄，你万不可以跟他们说俄国话，否则怕他们会疑心你是留学生，招出麻烦来。他们之中，以告密为生的人们很不少。"

至于在11月27日约请他们会面的信中，鲁迅对两位来自东北沦陷地热血青年的关照可真谓细致又缜密了："那书店(指内山书店——秋石注)，坐第一路电车可到，就是坐到终点(靶子场)下车，往回走，三四十步就到了"。

有关鲁迅为什么不在两萧一抵达上海即行安排会面的缘由，据萧军生前多次与笔者交谈时指出：一、是当时鲁迅正处于国民党反动当局的明令通缉之中，过着非常隐蔽蛰居的生活；二、有病也是事实；更为重要的一点是，鲁迅要对两两位东北青年考察一下，亦即究竟是革命的还是怀着别的原因来投奔的。为此，鲁迅专门委托人对两萧作了一些必要的调查，这个受委托人便是胡风先生。胡风先生在其八十年代初写的自传里这样回忆道：

一九三五年初(按：胡风先生记忆有误，应为一九三四年底)，认识了萧军与萧红。

鲁迅告诉我，有一个东北青年叫刘军，从敌人压迫下逃到了青岛，又从青岛漂流到了上海，寄信和小说稿给他。要求介绍发表。并问我有没有办法多了解些他的具体情况。

不久，鲁迅请了一次饭，介绍他们和几个可信任的人见面认识，使他们生活里有朋友。记得有聂绀弩和叶紫。通知我的信因为转信处M（即胡风夫人梅志——秋石注）家里没在约期送来，所以我和M没有赴约。过后，鲁迅把他们的信址告诉了我，要我直接去认识他们。

其三，无独有偶的是，在李家的《萧红和她的四个男人》以及《人鸟低飞》一书中，都提及了有关萧军"崇尚胡子"的心态。李家写道："萧军的父亲、叔叔都是……打家劫舍的胡子，故而……"；而《人鸟低飞》的作者则"借"萧红的口这样说道："在他辽西的家乡，对打家劫舍的'胡子'是崇尚的，现在又有了日本子，有了反抗的对象，他心里'胡子'在向他鸣枪放炮了。"

上述描述，分明是一种不分青红皂白的捏造！

事实是，"九一八"事变爆发后，先后当过木工、玻璃工的萧军父亲刘清廉、二叔刘清源（即曾当过反抗地主老财的'胡子'）和三叔刘清山一起参加了抗日义勇军。活动于家乡辽宁义县一带；至于说"日本子"成了萧军的反抗对象，难道不应该吗？民族危亡关头，在中国共产党的领导下，团结一切可以团结的力量，包括曾在第二次国内战争期间"围剿"过红军的国民党对日主战派军队和爱国将领，采用各种不同的形式包括开展武装斗争反抗日寇的入侵，又怎么能将此与'胡子'的打家劫舍混为一谈呢？何况早在救萧红出水深火热之前，萧军就曾经在吉林的舒兰县拉东北军队伍图谋武装抗日，失败后又积极参加爱国将领冯占海的部队抗击日寇对哈尔滨的入侵；在救萧红出来后，萧军，包括萧红在内，不也是参加了我北满地区地下党组织的地下反满抗日活动吗？作者怎么能用这种笔调污蔑萧军武装抗日的一腔救国热忱呢，这不能不说是一种歪曲，一种在大是大非原则问题和民族气节上的模糊或曰背叛！

《人鸟低飞》的作者还无中生有地"借"（实质上是捏造）萧红的口"痛诉道："我不是旧式的小媳妇，任由丈夫去赶考，去云游，去求官问道。……"

上述这些话是彻头彻尾的捏造，不仅萧红没有说过这一类的话，而且实际上也从来没有发生过这一类事！萧红是在快要临产并且将要沦落为青楼妓女向四处发出求救的危急当口，在所有知悉内情的人中，正是素昧平生同样身无分文的萧军率先伸出救援之手；之后，又在迫不得已的情况下才与本名张迺莹的萧红结为夫妻，从而不仅拯救萧红免遭蹂躏，而且也为日后的中国文坛闪现的一颗耀眼夺目的新星留下了不朽的佳话；最终，又是萧军以其宽厚火热的胸膛和双肩带着萧红逃离日本侵略者的魔爪，逃离"荆天棘地的伪满洲国"……

除了萧军救萧红出苦海这个根本前提，我认为，我们还应当尊重以下事实：正是萧军给了萧红以做人的尊严，生存下去的勇气，开创新生活的希望。而且，萧军身体力行，冒严寒、忍饥饿，外出四处打工授课，养活了产后在家待业的萧红；

正是萧军最早看出了萧红潜在的才华（这也是他与萧红结合的前提），并不断给萧红鼓励和几近手把手的扶持，才得以使萧红的初作——短篇小说《王阿嫂的死》发表在《国际协报》上，从而使萧红迈入了文坛的门槛……

正是萧军率先提议，并且亲自执笔写信给鲁迅先生取得联系；继之还是萧军将萧红的成名作《生死场》呈到了鲁迅先生的案头上，使萧红得以与萧军并驾齐驱蜚声国内外文坛。在这部后来被鲁迅赞誉为"力透纸背"的作品中，其中一些至关重要震撼人心、充溢着强烈反满抗日情调的灵与肉、血与火搏击的活生生场面，是在萧军壮烈激昂的提示下润色完成的。

那么，《人鸟低飞》一书的作者这种翻来覆去借助萧红之口对萧军的百般侮辱、痛贬，其意又何为呢？我想，读者们是不难得出分析的。

谈及"赴考"、"云游"、"求官问道"等，这，无疑又是对具有非凡民族气节的一代作家萧军的最大诬蔑！

是的，萧红，"不是旧式的小媳妇"，那么，萧军又是一个怎样的人呢？

在这里，不妨请读者们读一读"经中共中央组织部、宣传部 1980 年 2 月 20 日批复同意"的《关于萧军同志问题的复查结论》。《结论》明确肯定"**萧军同志于'九·一八'事变后开始文学创作。在我党影响下，曾参加北满抗日活动，并以自己的文学创作宣传抗日救亡，反对国民党反动派的卖国政策和独裁统治。他为了追求进步和光明，两次去延安。萧军同志拥护中国共**

产党，拥护社会主义，是一位有民族气节的革命作家，为人民做过不少有益的工作。”

作为一个东北人，一个于八十年代在东北名牌大学中文系毕业后成长起来的东北籍作家，不会不知道萧军的文学代表作及其创作经历，不会不知道十一届三中全会以后中央和整个文坛，以及东三省人民对这位“有民族气节的革命作家”的充分肯定和爱戴吧！更何况，自 1979 年至 1984 年，萧军年年都应邀赴东三省参加各类纪念、讲学活动。这其中，最为著名的是 1981 年在哈尔滨召开的有数十位中外著名作家、学者参加的纪念萧红七十周年诞辰大会，以及 1984 年夏秋间，由黑龙江大学中文系、吉林大学中文系和辽宁大学中文系分别举行的庆祝萧军从事文学创作五十周年的纪念活动，对于上述，时正就读于吉林某大学中文系《人鸟低飞》的作者，恐怕不会一无所知吧？否则，她算不上一个合格的东北籍作家！

至于说到“赴考”、“云游”和“求官问道”等，笔者不得不在此为之辩诬，以还其历史本来面目和萧军的真实人格。

萧军要赴考的是“民族解放大学”，而云游的最终目的是要“求得一个没有人剥削人的世界”，有关这些，萧军在临终前已经讲得十分清楚。

萧军从来不想也不愿意当官。

1942 年 4 月 4 日下午，在延安萧军应毛泽东之约请前往谈话，这次谈话，可谓推心置腹无所不谈。这其中，有一段非常有趣的插曲。谈话间，毛泽东向萧军提议道：

“萧军同志，你改改行好吗？”

“改什么行？”萧军不解地问道。

毛泽东的解释却一点也不含糊：

“入党，当官！”

“哦，不行，不行！”萧军听后顿时慌了神，他连连摆手拒绝，并贵有自知之明而又异常诚恳地辩解道：

“斯大林说过，‘共产党员是用特殊材料制成的’，入党，我不是那材料，当官，我不是那坯子，我这个人自由主义、个人英雄主义太重，就象一头野马，受不了缰绳的约束，到时候连我自己也管不住自己，我还是在党外跑跑吧！谢谢你这么看得起我！”

这之后，萧军有过一段“当官”的经历，但最终还是被他自己辞去了。

1946年8月7日，《东北日报》刊登了一则中共东北局决定：由鲁迅学生、《八月的乡村》作者、东北人民熟知的作家萧军出任东北大学鲁迅艺术学院院长一职。同年11月，萧军抵达佳木斯正式就任东北大学鲁迅艺术学院院长。

然而，萧军是一个闲不住、又不愿做官的人，面对上级配备的“超标准”住房，以及专设的厨师、保姆等，餐餐四菜一汤、随行有马车和佩枪警卫员的“官”生活，他极度的不适应。以至于就职仅四个月，他便向东北局提出了辞呈。

萧军以后还有两次“当官”的经历，一次是拿今天的话来说，叫做个人承包、自负盈亏的鲁迅文化出版社社长兼《文化报》主编，但仅仅过了一年，由于讲真话和其他原因，这由他个人承包的官也被免去了，乃至后来当了长达三十年的“三反分子”。另一次则是在他获得新生以后的余生中，官衔是并不务实的中国作协顾问和北京市作协副主席。

……

类似上述纯系作者凭空杜撰的情节和描写，在《人鸟低飞》一书中比比皆是。

作者在其“后记”中为自己的这种恣意杜撰、凭空捏造情节的行为作了如下的辩解：

在大的事件上，我依据史料。其余的，我要创造细节、画面和动作……

统览《人鸟低飞》，何止仅限于细节、画面和动作的“创造”？内中，不乏一些大是大非的原则问题。

在这部长达二十五万字的“小说”中，除五分之四是抄袭他人的成果，五分之一则是作者的“想象”和“创造”，那么，这样以描写真人真事的作品何以能冠之以“小说”呢？

不，显然不能！

这，不能不说是一部有害的小说！

不仅仅是因为它利用了历史上所存在过的包括现在仍健在的几十位真名实姓的人（其中大部分是公众名人）来捏造历史，而且它还开创了一个将原本应为纪实的作品妄加杜撰成所谓“小说”的有害先例。毋庸置疑，它同样有害于广大读者，有害于我们这个社会。难怪不少有识之士这样评判道：时下的某些纪实文学就是扯谎文学！不管它用何种形式加以伪装和标榜。

近些年来，文坛上怪事怪现象层出不穷，先是有人跳将出来为汉奸文学的鼻祖周作人进行“平反”，说他“身在曹营心在汉”云云……，紧接着，境内外又有人相互配合，掀起了一股否定中国革命文学之父鲁迅的逆流，说什么“国民党通缉归通缉，为什么不杀鲁迅，是因为二者之间早有默契”……还有人载文发表“最新研究成果”，诬指鲁迅朋友内山完造先生、须藤医生等人是日本特高课的暗探，言外之意，鲁迅也就成了领取敌特机关津贴的“走狗”了。

这是近些年文史界发生的一些怪异现象。在当今武侠小说每况愈下和性文学广失读者的情况下，各种门类的“纪实”却一度“吃香”了起来，与此同时，糟粕、腐恶也就繁衍了起来。这部全采用真名实姓并被冠之以“小说”、且妄加恣意杜撰的《人鸟低飞》的书便是其中的“佼佼者”。

在作者的眼中看来，一旦被冠之以小说，便可以堂而皇之地逃避法律和道义的干预了。殊不知，你既动用了人家的真名实姓，那就得为人家的人格和名誉权负责，否则，这诬陷、诽谤之罪是断断逃脱不了的，出版社及其策划者也同样脱却不了干系。

文学是人学，文学的要旨是真，即使是一部虚构的作品，也要贴近生活贴近真实，成为团结人民、教育人民、打击敌人，鞭笞黑暗与腐败，鼓舞人民奋发向上的有力武器。早在半个多世纪前的那个举世闻名的延安文艺座谈会上，毛泽东同志就高瞻远瞩地为我们指明了文学创作的方向：为什么人的问题，是一个根本的问题，原则的问题。毛泽东同志的这个教导，至今仍然是我们坚持文艺创作的正确方向。

诚然，作为文学作品来讲，它可以是虚构的，但是虚构决非虚伪和炒作，它同样需要认真和一丝不苟。

在这方面，鲁迅先生永远是我们楷模。

萧军在其生前不止一次地同包括笔者在内的许多人谈起过一件为他终生难忘的事儿：当年他在撰写《八月的乡村》时，当写到孙家兄弟离家投奔抗日义勇军时，居然兴致勃勃地把“狗的心理”也作了一番描绘。鲁迅先生在审阅时作了这样的“眉批”：“狗的心理您怎么会知道?”接着，鲁迅又在

1935年4月15日致萧军的第25信中再次强调道:"《八月》上我主张删去的,是说明而非描写的地方,作者的说明,以少为是,尤其是狗的心理之类。您怎么知道呢。"后来,萧军收到鲁迅批改过的小说稿时,羞愧之余,将这段文字腰斩。这也为他日后的文学创作朝着更加符合真实的生活的方向发展奠定了坚实的基础。晚年萧军,每每提及这段插曲,心中便盛满了对恩师鲁迅的"高山仰止"之情。

《人鸟低飞》的作者如此这般"创造细节、画面和动作",包括其极力鼓吹的"悲剧,才是顶峰"的宿命论,看来,九泉之下的两萧是难以瞑目了。

为了说明"创作"这部"小说"的重要,作者在其"后记"中还竟然武断地下了这样的结论:

> 真正的作家,是稀有的。在本世纪,萧红算一个。

好一个"算一个"!

本世纪我国的新文学史真是如此之人丁稀少吗?

非也!

别且不论,仅以鲁迅在世时的三十年代初中叶为例,围绕在鲁迅先生身边的就有一大群革命左翼作家,其中有著名的共产党员作家瞿秋白和冯雪峰,前者英勇就义于国民党蒋介石的屠刀下,后者则跟随中央红军徒步走完了二万五千里长征;还有后来因需要而改行的中共特科负责人潘汉年等人。

1936年5月,鲁迅在同斯诺先生晤谈时,由鲁迅先生亲自列举的中国当时的优秀作家就达57人之多,这其中有巴金、萧乾、冰心等大师,至今仍健在,又怎么能说"稀少"呢?!

凡是稍稍读过《人鸟低飞》的人,都可以得出如下的结论:这是一部内容和思想格调极为低劣与逻辑混乱的伪小说!诚如伟大鲁迅当年在为世界上最早一部反法西斯战争题材的小说《八月的乡村》所作的序言中深刻指出的那样;

"一方面是庄严的工作,另一方面却是荒淫和无耻!"

(本文刊于1998年第4期《文艺理论与批评》杂志。)

《晚年沙汀》告诉了我们些什么？

2006年第2期《新文学史料》刊登了张大明先生撰写的《晚年沙汀》一文。这篇以张大明先生本人日记的形式，记录了20多年前他被委派担任中国社科院文学所所长沙汀先生助手期间所发生的一些人和事，以及沙汀与他谈话中涉及的人和事。

先说明一点，本文不是对《晚年沙汀》一文发表的什么读后感或评论，而是对该文涉及到的有明显错讹的人和事进行必要的质疑和辩诬。

一

在标注"1982年8月31日　星期二"的日记中，张大明先生这样记述道：

> 沙老告诉我：萧军太粗暴。萧红之离开萧军，主要是因为萧军粗暴。这之前，萧军就乱搞了。他跟黄源的日本老婆雨田好。雨田以后，……。

在这里，笔者首先要对张大明先生指出的一点是，且先不论萧军与所谓的"日本"籍女人雨田之间有否你们所认定的某种关系，但如此信口狂点三位鲁迅忠诚学生的名字，以及在鲁迅治丧和出版《鲁迅先生纪念集》的过程中做出了重要贡献、还先后受到鲁迅、巴金两位大家良好评价的左翼女性，将他们牵入到一桩似有非有的"绯闻"中去，是否妥当？沙汀先生与张大明先生之间的谈话，完全是属于私人性质的，是以个人好恶为前提的，而且此话以张大明先生自己的日记形式出现。若你执意要公布的话，在公布前是否应当核实一下：历史上到底有没有发生过这档事？这其中有没有违背法律的问题：即有否涉及到他人隐私及对他人构成侵害？你手中拥有一手证据吗？除在充分尊重他人隐私及名誉权的同时，还需要不需要尊重历史尊重事实？所谓"黄源的日本老婆雨田"一说，就是彻头彻尾的信口杜撰。请问张大明先生：什么时候什么场合什么条件下，雨田成了日本人了？张大明先生在文学所工作，有着远比许多人得天独厚的良好条件。应当说，雨田这个名字，对于从事中国现代文学研究特别是鲁迅研究的学者，以及从上一世纪三十年代沪上文坛走过来的人来说，并不是一个陌生的名字。不错，当时的雨田（后来系因战乱及讹传黄源先生在皖南事变中牺牲，雨田在无望中随了黎烈文先生——秋石注）确确实实是黄源先生的夫人，但决不是你们所界定的所谓"日本老婆"！

对于雨田，鲁迅先生生前不止一次提及过，称颂同为翻译家的雨田甘为夫君黄源"作嫁衣裳"的贤妻之举——为代鲁迅主编《译文》杂志的黄源先生夜以继日誊抄稿件，鲁迅还称赞说："雨田的字比你（河清）的要好！"

查鲁迅日记：1935 年 7 月 11 日，1936 年 3 月 22 日，4 月 7 日和 24 日，9 月 2 日，共计五次提及"雨田"。雨田在日本留学期间，多次为鲁迅买书寄书。

在此，且先不论均出生于杭州湾畔海盐县的雨田和黄源，1929 年夏在上海江湾同安里的结合是建立在青梅竹马基础上的，而且 1981 年版的《鲁迅全集》第 15 卷第 404 页《人物注释》这样标注道：

> 许粤华　笔名雨田，《日记》又作河清（黄源字号——秋石注）夫人。一九一二年生，浙江海盐人，翻译家。许天虹之妹。一九三五年夏去日本留学，一年后归国。

在同一卷稍前一些的第 397 页，又对雨田胞兄作了这样的注释：

> 许天虹（1907—1958）浙江海盐人。许粤华之兄。一九二八至一九二九年间在上海劳动大学编辑馆任助理员，后从事翻译工作。曾将自

己的创作和译作寄鲁迅发表。

至此，雨田是日本人还是中国人，一目了然了。那么，张大明先生缘何非要将雨田纳入到“日本国”去呢？如果沙汀先生是随口说说而已的话，那么当你张大明先生记下这一笔，乃至时隔24年后予以公开发表时，是否可以利用你们文学所得天独厚的条件，稍稍花点工夫查阅一下相关资料，特别是《鲁迅全集》，自然，这种错讹也就不复存在了。

所谓萧军“他跟黄源的日本老婆雨田好”，究竟是怎么一回事？包括萧军，包括萧红生前，在谈及后来二萧婚变的原因时，多数谈的是两人性格和身体上的巨大反差。而且，谁也没有明确指出当年在二萧之间究竟发生了一些什么事。因而，张大明先生将沙汀先生的信口之说，以日记形式搬至权威杂志上公布于众，是一种随意性很大且极不理智不负责任的行为，也是对曾经在鲁迅麾下战斗过的三位忠诚学生和一位杰出左翼女性的不尊重不礼貌。

据笔者反复考证后了解到，在当年的上海文人圈子中，沙汀先生似是从来没有和萧军、萧红以及雨田接触过。若说与黄源先生有什么接触的话，恐怕，至多也只是《文学》编辑与作者的关系。即使此话真地从沙汀先生口中说出，也仅仅是“听说”而已，没有什么“证据”可言，更不存在沙汀先生“亲见”或听当事人亲口向其讲述的空间。这种随意涉及他人隐私侵害他人的话，将其记入自己的日记，甚至在时隔近四分之一个世纪后心血来潮予以公开发表，就显得不那么严肃不那么端正了。恕笔者不客气地评说上一句：连雨田是中国籍还是日本籍都搞不清，那么，所谓萧军“他跟黄源的日本老婆好”之类的说法，又该作何种解释呢？

而且，我们看到，就在同一篇文章中，乃至在同一天记述的日记中，对于一些人和事，张大明先生依据与自己关系远近亲疏的程度，还是“内外有别”的。请看同一则日记的记述：

××是个混蛋。他乘人之危，献小殷勤，逼萧红。萧红跟他后，又折磨她。抗战时，在重庆，靳以告诉我：萧红写《回忆鲁迅先生》，××在旁边冷笑。他在鲁迅逝世后，写的纪念文章也很混蛋，说他曾经给鲁迅写信，后署“红茛女史”。

读了这段描述，只要稍稍懂得那段历史的人都知道，张大明先生笔下的这个××是谁。可张大明先生在引述时却把他的真实姓名连同用了一生的笔名全都给隐去了，也许是为了保护这个属于“友”的范畴的人吧！而令人难以置信的是张大明先生落笔之处，对萧军、萧红、黄源、雨田却执行的是另一种做法，亦即我们常说的双重标准，且直指似有似无的所谓他人隐私，这么做，行吗？如果你们是愤怒于萧军对萧红“粗暴”的回报，也无须把这件源于“听说”的事扯上一番。这么做，更显得对一生为人善良、正直、正统的黄源先生，以及后来在台湾黎烈文病重病危之际，面对蒋介石当局送达的“困难慰问金”，显现出凛然正气的“黎太太”许粤华（见巴金著《随想录·探索集》第 174 页之《怀念烈文》，作家出版社 2005 年 10 月版），未免也过于残酷无情了吧！

还有，对××先生从人到文章的连续两个“混蛋”的诲骂，你张大明先生这等“如实”地将其发表出来，岂不是大大有损于你所崇敬的沙汀先生的形象，大大有损于你文中自始至终为之评功摆好的“国防文学”派们的形象？

二

也还是在这“1982 年 8 月 31 日　星期二”的同一天纪实日记中，作者更是来了个黑白混淆，在有悖于事实的他人终身大事和美满婚姻上瞎说一气。

作者这样向我们转述了沙汀先生充满宿怨的“原话”：

> 萧军在上海看都不看我，到成都就来找我。他在兰州搞了一个女人，要我找住处。……

关于“萧军在上海看都不看我”一说，笔者认为，沙汀先生可能有所不知，这，并非萧军看不起他，或者说萧军是一个实用主义者，也并非“不看我”一个人，而是鲁迅先生出于爱护萧军的本意。是鲁迅先生不同意萧军加入“左联”，及同“元帅”周扬方面的人过多的接触。史实是，大约是在 1935 年的 8 月末 9 月初，随着鲁迅先生亲自为之撰序的中国大地上首部抗日武装小说《八月的乡村》问鼎海上文坛而走红，萧军的名字引起了周扬们的注意。不久，受人之托的徐懋庸便找到萧军，力邀他加入“左联”。时萧军碍于情面不便直说,便通过胡风向鲁迅征求意见。为此,在 1935 年 9 月 11 日的去信中,胡风专门向鲁迅先生提及了此事。次日,甫一接信的鲁迅先生,即急急复信胡风,开门见山地表明了自己的鲜明立场。鲁迅一针见血地写道:

十一日信收到。三郎的事情,我几乎可以无须思索,说出我的意见来,是:现在不必进去。最初的事,说起话来长了,不论它;就是近几年,我觉得还是在外围的人们里,出几个新作家,有一些新鲜的成绩,一到里面去,便酱在无聊的纠纷中,无声无息。……

鲁迅还预见性地写道:

我这意见,从元帅看来(鲁迅这里指的是周扬——秋石注),一定是罪状(但他和我的感情一定仍旧是很好的),但我确信我是对的。*

关于鲁迅的这封复信,自上一世纪八十年代至今,屡屡被人们反复引述,作为中国社会科学院文学所从事现代文学研究的张大明先生,想必也是看过或听别人引用过的吧!

此外,应当指出并应迅速纠正的一个问题是,张大明先生在这一节的记述中,关于沙汀先生所云"他(萧军)在兰州搞了一个女人"的充满不屑一顾的调侃、鄙夷的说法。

说萧军"在兰州搞了一个女人",此话差矣,而且与事实大相径庭!作为熟知那一段历史并与当事人作过多次交谈印证的知情人,笔者在这里可以相当负责地说上一句:萧军在兰州没有搞过任何一个女人!萧军在兰州的唯一"女人",是他明媒正娶的夫人,这个"女人"与他结婚时,是一个年仅 19 岁的情窦初开的少女,而且是始一从终,直至五十年后亲手为夫君送行。她的名字叫王德芬。2000 年去世前,是原北京市劳动局技工学校的离休教师。

有关这一点,中共元老,曾任八路军兰州办事处的两位负责人谢觉哉、伍修权生前都一清二楚(1988 年 1 月萧军病危入海军总医院抢救时,伍修权同志还多次写信给海军负责同志,要他们组织医务骨干尽力抢救——秋

* 引自《鲁迅全集》1981 年版第 13 卷第 211 页。

石注），著名作曲家塞克、著名舞台灯光师朱星南（这两人后来在延安与萧军重逢），以及后来成为名震中外的西部歌王王洛宾，在他们各自的回忆怀念文章中，都对此作过颇有说服力的描述：当年在兰州，萧军与在上海时见过一面的、师从国画大师颜文樑先生的原苏州美专学生、19 岁的王德芬，经过月余的热恋苦恋喜结良缘。并于 1938 年 6 月 2 日的兰州《民国日报》上刊出了以王父名义撰写的萧、王“订婚启事”，全文如下：

> 王蓬秋启事：小女德芬于本年 5 月 30 日已与萧军君订婚，因国难时期一切从简，祁诸亲友见谅是幸。

订婚的消息一经传出，朋友们纷纷缠着萧军要喝喜酒以示庆贺。由于“订婚启事”已言明“因国难时期一切从简”，故而仅在民众通讯社请了一桌客。出席这次婚宴的有：民众通讯社社长、中共地下党员丛德滋与夫人王竹青，该社外勤记者于千；作为女方家属代表的王德芬大姐王德谦；萧军好友，与萧军一起从西安来到兰州的塞克和朱星南等人。王洛宾、罗珊夫妇因正随西北抗战剧团在外地巡回演出，不及出席。

“订婚启事”在《民国日报》上连续刊登了三天，由于萧军与鲁迅之间的关系，以及成名作《八月的乡村》所产生的影响，他的婚事在兰州也颇有影响。

另据萧军夫人王德芬 1997 年 10 月重返 60 年前求学过的金陵、姑苏故地时，不止一次与我谈及，当年，新婚的她随夫君萧军自兰州去成都，还特意带上了刊有他们“订婚启事”的兰州《民国日报》呢！因而沙汀先生有调侃歪曲嫌疑的“他在兰州搞了一个女人”的错误说法，根本不能成立。实际上，是萧军明媒正娶的妻子王德芬！王德芬随萧军时是初婚，并且，难能可贵的是她毕其一生跟随萧军历尽千磨万劫，包括被打入另册的三十年非人生涯。1988 年 6 月 6 日，萧军与王德芬在北京海军总医院 14 病区 3086 号病房里度过了他们的金婚纪念日，16 天后，他即告别了人世。

三

在“1983 年 1 月 11 日　星期二”的日记中，张大明先生写道：

> ……

> 秋九的儿子来了，到医院去看望周扬，讲起他的父母，二人抱头痛哭。秋九本人被革命杀害。……
>
> ……
>
> 按：1932年11月5日出版的左联机关刊物《文学月报》第4号，发表了署名芸生的诗《汉奸的供状》，对正在辩论中的“自由人”和“第三种人”进行辱骂和恐吓。鲁迅在下一期（第5、6号合刊）发表通讯《辱骂和恐吓决不是战斗》，对这种做法进行批评。这芸生究竟是谁，学术界历来有不同的看法，周扬等人认定是秋九。

在这里，作者张大明先生在交付刊物发表时，仍不愿意作一点起码的小小的核对工作。文中点及的秋九，非姓秋，应为邱九如。且邱九如本人也并非“被革命杀害”，而是为革命英勇捐躯。从其洋洋大观的整篇《晚年沙汀》（在这期《史料》上占据了23页约3万字的篇幅）看，对于上一世纪三十年代上海文坛发生的人和事，张大明先生是明显倾向于周扬、沙汀们的观点的。那么，他似是应当有所了解周扬苏灵扬夫妇对邱九如的评价的。如周扬夫人苏灵扬在其亲撰的《一个非“左联”盟员的回忆》文章中，相当明确地指出：《汉奸的供状》一诗的作者芸生就是邱九如。接下去，她还交代了芸生的结局，说邱九如后来到了苏区，为革命英勇牺牲了。这，跟张大明先生的记述，是完全相反的。不知张大明先生杜撰的“秋九本人被革命杀害”的说法，来自何处？你连他的真实姓氏都搞错了，其他还妄言些什么呢?!

不仅如此，张大明先生还在自己为之特设的“按”中所作的关于“这芸生究竟是谁，学术界历来有不同的看法，周扬等认定是秋九”的表述，同样断非事实。在这个问题上，学术界早就没有什么争议了。张大明先生提到了鲁迅为批评芸生所犯严重错误而写下的《辱骂和恐吓决不是战斗》一文，那你又为什么不看一看附在鲁迅这篇文章后的相关注释呢？可见你在阅读或引用鲁迅著作的某一篇章时，也仅仅是蜻蜓点水囫囵吞枣而已！

1981年版《鲁迅全集》第4卷第453页文尾的注释，明明白白地写道：

> 芸生原名邱九如，浙江宁波人。他的诗《汉奸的供状》，载《文学月报》第一卷第四期（一九三二年十一月），意在讽刺“自由人”的胡秋原的反动言论，但是其中有鲁迅在本文中所指出的严重缺点和错误。

请读者们注意了,张大明的记述作于“1983 年 1 月 11 日　星期二”,可早在此两年前出版的 1981 年版《鲁迅全集》,就已经作出了明确的不容置疑的注释。而同样在这以前,周扬夫人苏灵扬也作出了相同的解释,那又怎么会有张大明先生所坚持的“这芸生究竟是谁,学术界历来有不同的看法”的这个立论呢?而且,笔者还要强调指出的是,于 2005 年 11 月 30 日发行的新版《鲁迅全集》,仍维持了 1981 年版《鲁迅全集》中的这一相关注释!

四

张大明先生的《晚年沙汀》一文,披露了大量的人和事,颇多说三道四,有的乃至不顾事实地乱批评一气,且批评对象多为德高望重的大师级人物。如“他说冯雪峰左”,更甚之的是,无视当年由周恩来、董必武亲自作出的安排这一铁的史实,染指冯雪峰“他 1944 年为什么住在作家书屋?曾家岩 50 号,就见不到他。”等等(见其“1982 年 8 月 6 日　星期五”记述),如说“巴金的(作品)没有地方色彩”(见其“1982 年 4 月 6 日　星期二”记述),如借用他人的口说“现在的农村青年也不大喜欢赵(树理)的小说”,又如说孙犁的作品“人物立不起来。……他的作品有多少人物记得?”(见其“1981 年 5 月 6 日　星期三”记述)等。而对于“国防文学”派的人和事,则大段大段地为之评功摆好,歌功颂德之致,连周扬解放后一再说的“主要是我们对鲁迅不够尊重”的忏悔,也都给抹了个一干二净。这么做,又意欲何为呢?莫非还要重燃两个“口号”之争的烈火不成?

为了使“国防文学”口号披上自以为是的终身制外衣,世世代代永放光彩,《晚年沙汀》一文竟然极其荒唐地把“国防文学”口号视作中国共产党和毛泽东行动永远的指导方针了:“说国防文学右。卞之琳告诉我,他在陈赓部队,就开拥蒋大会。西安事变不杀蒋,怎么解释?毛主席到重庆谈判,怎么解释?国防文学就是要团结人嘛!现在提振兴中华,给蒋经国写信,又怎么解释?不就是国防吗?难道这也右?”

更令人难以置信的是,作者在转述沙汀的话时,干脆闭塞双眼,无视史实,乃至假借胡耀邦同志的口,对鲁迅作品的广泛传播及其所产生的深远影响恣意进行贬斥:“还是创造社、太阳社的书籍、刊物鼓舞人。不能小看《太阳月刊》,社会效果好。胡耀邦讲话,说我们这些人是读蒋光慈的作品才革命的。廖井丹告诉我,左联成立前,青年不读鲁迅的书,只读蒋光慈的。鲁迅是在成为左联盟主后,才读他的书。”(上述,均见诸于“1982 年 8 月 13 日星期五”记述)。

读了张大明先生上述日记的记述,特别是日记中关于所谓的“胡耀邦讲话”,张大明先生似乎把不足一年前的 1981 年 9 月 25 日,新当选的中共中央总书记胡耀邦同志,以及中共中央政治局委员、鲁迅诞生一百周年纪念委员会主任委员邓颖超同志,在首都各界人民隆重纪念鲁迅诞生一百周年大会上所作报告和讲话的核心内容忘了一干二净。

请听听胡耀邦同志发自内心肺腑的最强音吧!

就在这次纪念鲁迅诞生一百周年纪念大会上,胡耀邦同志强调指出:

> ……鲁迅终生孜孜不倦,勤奋的程度是惊人的。他对青年苦口忠告,要不断地努力,切勿幻想以一年半载,几篇文字和几本期刊,便立了空前绝后的大勋业。从“五四”运动算起到鲁迅逝世,不过十八年,他在这段不长的时间里,在极其艰难的条件下,为人民创作了四百万字,翻译了三百万字高水平的作品。这些著作至今几乎全部仍然保持着巨大的吸引力、启发力和长远流传的价值。

读了胡耀邦同志对鲁迅教诲、鲁迅作品的中肯评价,对比一下作者的上述记述,我们不难看出,在作者(记述者)的眼中,似乎只有沙汀一个人的话才是真理,才是评判一切言行及是非标准的指南了。

对于上述以及文中其他的一些有悖于事实涉及他人隐私或斥骂他人“放屁”一类的严重错讹及不理智且显得低级庸俗的恣意狂评,本人限于自己研究课题的主攻方向,不在此作过多的质疑及辩诬。

五

应当看到,我们现在已经步入了一个充满理性和法制的社会,说话,行事,撰文,人人都应当纳入到法制的轨道上来。即什么话可以说,什么话不可以说;什么事可以放心大胆去做,什么事要三思而后行;什么样的文章写出来可以公开发表，而不致于对社会对他人构成危害——这里还有一个去粗存精，去伪存真的问题——什么样的文章不可以写不可以公开发表。一句话，我们所做的一切，都要有利于一个平等、博爱、和谐的社会的建立和完善。

诚然，你也有权利，也可以不顾社会影响不惜侵犯他人隐私，可以把当年沙汀先生向你谈及的一切，迎合当下社会的一些所谓“时尚”，抛将出去以吸引人们的眼球。那么，你必须预见到由此产生的严重后果，你必须有足够的心理准备承担你必须要承担的法律责任，由此付出你本不该付出的代价。

同时，你还应当切记一条，那就是，作为晚辈，作为前辈的一名助手，千万千万别把上一代人的宗派情绪和恩恩怨怨带入新世纪，带给无辜的读者。

再有一个问题，一个至关重要的问题，笔者不得不说，张大明先生，你的《晚年沙汀》一文披露的人和事，已经过去了七十多年，你的日记记述也已过去了二十多年，你公布这些东西有法律依据吗？换言之，你得到过沙汀先生生前给你未来公开发表的授权了吗？

没有，一切都没有！

相反，沙汀先生生前向你当面最明确不过地表明了不予公开发表的态度和立场。

在你自己亲笔记述的“1982 年 5 月 11 日　星期二”的日记之末尾，你这样告诉我们：

沙老要我对以上谈话不要往外讲。说：“我这人心直口快，因为你帮我做事，我什么都对你讲。你帮我做事，我过意不去。我也为你做点什么。”

可见，沙汀先生对自己“心直口快”披露的一些人和事，其真实可信程度，连他自己也没有多少把握。而且，他完全清楚，这些话一旦传出去，公布于世，个中的利害关系非同小可。张大明先生，当你在准备将这些没有经过任何核实存在着明显错讹又直指他人隐私的人和事的日记，交付杂志发表时，却独独忘记了沙汀先生对你的郑重嘱告，这是为什么？

如何对待历史上曾经发生过的一些人和事，特别是对待那些为革命为文学事业作出过贡献的老作家，我们应当采取一种什么样的态度呢？

第一，充分肯定他们的大节，肯定他们的民族气节和对革命文学事业的建树，肯定他们对人民对社会进步所作出的贡献。

第二,善意地对待他们历史上曾经有过的缺失和错误,尊重他们个人的隐私和权益。这是因为,谁都会有犯错误的时候,只要不是站在人民的对立面,只要不是讳疾忌医,谁也会随时改正错误。如你的这篇存在多处严重错讹又侵害了他人名誉权的《晚年沙汀》一文,就是一个最典型的例子。

第三,千万不要猎奇,千万不要在“听说”和传闻上架构所谓的“事实”与“新闻”,特别是那些年代已久根本无法查证或属空穴来风又涉及他人隐私的“传闻”,而是致力于为人类的进步、和谐社会的建立与完善添砖加瓦,奉献上自己一份微薄的辛劳和汗水。

请听一听你我大家都熟悉的王蒙先生所说的一段肺腑之言,他的这段肺腑之言,想必对你发表《晚年沙汀》一文所产生的不良影响,无疑是一个最好的反思,自然也会大有裨益的。据 2006 年 6 月 6 日《解放日报》报道:5 月 29 日,在出席香港作家协会为他主办的文学讲座上,针对《王蒙自传》第一部《半生多事》的正式面世。王蒙说:“三十年前有人希望我写自传,当年我说那是七十岁后的事。今年,我已七十二岁,所以《自传》出来了。”他说,“《自传》以全面的角度、真实的经历,反映自己的心路历程,而非一味诉苦。我想要的是全面、自省、过硬的真实。另外,对一些比较麻烦、不太好讲的事情我都不回避,不过我尽量不伤害别人。有些事情就是点到为止,有些名字我都用字母代替,比如 W、V、L,这些都是真有其人的。也许若干年后出修订版的时候,可以把字母换成人名。以前我写很多有争议的人,比如胡乔木、周扬,只要用比较理性而善意的态度来写,都是可以把握的。”

2006 年 6 月 5 日—9 日

(本文刊于 2006 年第 3 期《新文学史料》第 3 期,发表时有删节。)

延安文艺座谈会第一个发言的是萧军

——与刘白羽前辈商榷

《新文学史料》2004年第4期头条刊登刘白羽《哭山兄》一文,内中有关"延安文艺座谈会召开了,毛泽东发表引言后,第一个站起来发言的是欧阳山"的说法,与史实有相当大的出入。史实是:毛泽东作完引言后,第一个站起来发言的是萧军,而决非是欧阳山。这是有多位出席延安文艺座谈会的当事人现场记录和回忆为证的,还有萧军先生生前同笔者的讲述。

回忆比较详细,且有许多忏悔之意的是原中共中央政治局委员胡乔木同志。延安文艺座谈会召开的时候,胡乔木同志正担任着毛泽东的秘书。1991年10月25日、1992年1月4日,胡乔木同志在同龚育之、郑惠、石仲泉等同志的谈话中,比较详细地讲述了座谈会举行首日的一些情况。胡乔木这样回忆道:

> 毛主席跟作家的来往比较早,如跟萧军早就有来往。1941年8月给萧军写过信,是派我送去的。这封信已收《毛泽东书信选集》中。毛主席当时比较赏识萧军。后来萧军的观点与党的观点有距离。文艺座谈会召开时,萧军第一个讲话,意思是作家要有"自由",作家是"独立"的,鲁迅在广州就不受哪一个党哪一个组织的指挥。对

这样的意见，我忍不住了，起来反驳他，说文艺界需要有组织，鲁迅当年没受到组织的领导是不足，不是他的光荣。归根到底，是党要不要领导文艺，能不能领导文艺的问题。萧军就坐在我旁边，争论很激烈。他发言内容很多，引起我反驳的，就是这个问题。对于我的发言，毛主席非常高兴，开完会，让我到他那里吃饭，说是祝贺开展了斗争。

胡乔木还记忆犹新地回忆道，文艺座谈会结束后，"当时，主要是围绕两个人，头一个是萧军，然后是丁玲，还有一些人多少牵进去了。斗得相当厉害。""对萧军，搞到不让他吃公粮。萧军这个人很倔强，他就住到延安东边的一个孤孤单单的房子里，自己搞生产。干了一段时间。后来彭真同志找他谈话（秋石注：另据萧军本人讲述，在其和夫人愤然下乡自己搞生产不足三个月，受毛泽东委托，胡乔木和时任延安县委书记的王丕年去他们所住的石窑探望，并动员萧军一家回城），表示过去两方面都有错误。

以后萧军回到文协。……对萧军问题的那种作法是不对的，……"（见胡乔木：《胡乔木回忆毛泽东》第54—55页）另据笔者所知，中共十一届三中全会以后，在中央和北京市委为萧军正式平反后，胡乔木同志还就当年在延安包括自己在内的一干人对萧军的一些过火做法，向萧军道了歉。萧军逝世后，1988年7月8日，胡乔木同志与当时中共中央书记处芮杏文、阎明复两位书记一起，前往八宝山革命公墓礼堂为萧军送行。这是笔者在萧军遗体告别仪式上亲眼见到的。

胡乔木回忆如此，延安后期的红小鬼、几十年间遍访延安文艺座谈会出席者的艾克恩同志在其《延安的锣鼓》（刊1992年5月2日《解放军报》）一文中作了这样的描述：

> 由谁先发言呢？丁玲说萧军是学炮兵的，"你先打头炮吧！"萧军没有谦让，滔滔不绝地讲了一通《对于当前文艺诸问题的我见》。接着又有几位同志谈了各自对当前文艺的看法。

就在艾克恩同志发表《延安的锣鼓》一文的前一年冬天，1991年11月，专事研究延安文艺史的学者高杰先生从西北来到北京，先后拜访了草明、欧阳山、严文井、蔡若虹、艾青、欧阳山尊等延安文艺座谈会亲历者在内的60余位老一代文艺工作者（文中，高杰特别强调："有二十三位是当年文艺座谈会的参加者和他们的亲属"——秋石注)。根据访谈录音,高杰先生整理撰写了长篇纪实《流动的火焰》一文(刊1997年5期《传记文学》,其浓缩片断则以《延安文艺座谈会片断》为题,刊于同年5月23日的《人民日报》上)。文中,涉及毛泽东作完引言后,谁第一个发言的话题,高杰先生作了必要的铺垫和比较详尽的描写:

> 其实,萧军在召开座谈会前考虑到自己秉性耿直,谈锋甚露,为避免在会上因意见不同,再次发生同志之间的争执,打算到三边体验生活,等开完会再回来。是毛泽东几次写信将他挽留住的。因此,他第一个发言时,就直言不讳,将心里想说的话,全都抖了出来。据何其芳的手稿和张仃的回忆说:萧军曾讲道,红莲、白藕、绿叶是一家;儒家、道家、释家是一家;党内人士、非党人士、进步人士是一家;政治、军事、文艺也是一家。虽说是一家,但它们的辈分是平等的,谁也不能领导谁。我们革命,就要像鲁迅先生一样,将旧世界砸得粉碎,绝不写歌功颂德的文章。像今天这样的会,我就可以写出十万字来。我非常欣赏罗曼·罗兰的新英雄主义。我要做中国第一作家,也要做世界第一作家。
>
> 毛泽东一边听,一边迅速地记,有时点头,有时淡淡一笑。其他人有表示赞同者(如罗烽——秋石注),也有表示反对者(如胡乔木——秋石注)。

有关高杰先生文中引述的"何其芳的手稿",据曾见过该手稿的何其芳学生和研究者,都曾向笔者作过类似的描述,而且强调:是何其芳的现场记录文本。

上述几位同志的描写,同萧军本人发表于1987年5月11日(逝世前一年)《人民日报》上的《难忘的延安岁月》一文中的描写,是基本一致的。萧军这样回忆道:

> 1942年5月2日在中央大礼堂正式开会,由凯丰主持。毛主席致开幕词后,要我第一个发言。丁玲也说:"萧军,你是学炮兵的,你第一个开炮吧!"我就第一个发言了。我讲的题目是《对当前文艺诸问题的我见》。

需要说明的是，萧军发表上述文字时，当年延安文艺座谈会的参加者半数以上还健在，包括那些对萧军有不同看法乃至隔阂很深的人，没有哪一位对其文中“第一个发言”之说表示异议。萧文发表17年来，也不见有哪位延安文艺人或研究工作者撰文提出新的见解，或对萧军之说进行否定。

1984年6月4日，距今整二十年前，在京城后海鸦儿胡同那座破旧简陋的寓所里，萧军本人也曾向我证实：当年延安文艺座谈会召开时，继毛泽东作完引言后他第一个发言的事。有关这个话题，系谈及他当时年轻气盛的性格而起。

关于欧阳山的发言，可以完全肯定地说：他不是第一个，但也不会是第二个或者第三个发言人的。这是因为，在萧军的这个气壮如牛的发言后，有萧军东北老友、共产党员罗烽等人的附和，更有坐在萧军身边毛泽东秘书胡乔木的起来“斗争”。同时，也可以肯定的是，刘白羽同志文中所言欧阳山的发言“有些文学教程气味”的说法。对于这一点，在经过大量调查考证及比对何其芳同志的手稿之后，高杰先生在其《流动的火焰》一文中作了如下的描述：

> 著名作家欧阳山发言说，写什么，怎么写，首先要明确文学艺术究竟是一种什么现象。接着，他从各种理论书中阐述的文学艺术的定义出发，谈了现实主义、阶级性、形象性、典型性等问题。开始人们静静地听着，讲了一个多小时后，有一位冒失的人耐不住了，就高声喊道：“主席，我们这里不是开训练班！”会后，还有背地里说：“他大概是怕我们中央的同志不了解文学概论，来上课的。”

对于高杰先生的这段描述，胡乔木同志在其回忆录260页中也予以了证实。胡乔木这样写道：“一位作家从‘什么是文学艺术’的定义出发，讲了一个多小时文学基本知识，引起大家不满。”

读了刘白羽同志的《哭山兄》一文，笔者在此还要直率而又恳切地指正一点：有关文中所云的“有人自称为鲁迅替身，却恨共产党员人”这一说法，既不妥，也不该，更不符合史实。刘白羽同志在文中显然指的是萧军。据笔者从十余位延安文艺前辈的回忆中了解，在当时的延安，只有萧军一人以鲁迅学生自居。事实上，在进入延安的所有文人中，也只有萧军一人称得上是鲁迅的学生。但应当指出的是，刘白羽同志持有的这种提法，是过去“左”的年月中强加在萧军头上的不实之词，因而，谓之不妥、不该、不符史实。

萧军狂妄，有时甚至目空一切，例如他在延安文艺座谈会召开首日所作的发言，让人听了很不舒服，这都是事实。但纵观萧军的一生，他从来都对共产党人、对中国共产党倡导的事业报以一腔热忱，并付诸以实践。诚如“经中共中央组织部、宣传部1980年2月20日批复同意”，中共北京市委组织部、宣传部于1980年4月21日下达的《关于萧军同志问题的复查结论》中指出：

> 萧军同志早年投身于民族解放运动，并以自己的文学创作宣传抗日救亡，反对国民党反动派的卖国政策和独裁统治。他为了追求进步和光明，两次去延安。萧军同志拥护中国共产党、拥护社会主义，是一位有民族气节的革命作家，为人民做过不少有益的工作。

针对历史上强加在萧军头上的种种不实之词，《结论》郑重宣布：

> 1948年东北局《关于萧军问题的决定》，认为萧军“诽谤人民政治，诬蔑土地改革，反对人民解放战争，挑拨中苏友谊”，这种结论缺乏事实根据，应予改正。1958年2月《文艺报》“再批判”的《编者按语》中，说萧军在延安与某些人“勾结在一起，从事反党活动”，这种提法，与当时的实际情况不符。文化大革命中将萧军同志作为“老牌反党分子”关押、批斗是错误的，应该平反。1967年阶级异己分子姚文元在《评反革命分子周扬》的黑文中，定萧军是“反党分子”，这种诬陷不实之词应予推倒。其后，某些出版物中沿用萧军是“反党分子”的错误提法，不足为据，现应为他恢复名誉，……

行文至此要说明的是，既为纠正刘白羽同志文中与史实不相符合的说法和提法，我更不禁要为其一生高昂的民族气节和敢于讲真话的直率性格高呼一声：壮哉，萧军！壮哉，鲁迅先生的忠实弟子！

写到这里，笔者忽然记起了两年多前刘白羽先生为纪念延安文艺座谈会召开60周年亲笔（或口授秘书）写下的两篇文章，很能说明一些问题。

第一篇的题目是《毛主席为何要召开延安文艺座谈会》，发表在2002年

5月号(第3期)的《世纪》杂志上(中央文史研究馆、上海市文史研究馆主办)。刘白羽先生在此文中写道:

> 延安文艺座谈会召开时,会场设在杨家岭中央办公厅的大会场里。场内人头济济,座无虚席,中央对这次会议非常重视。会前,陈云专门把丁玲和我找到中央组织部去,他是组织部长,要我们站稳立场。会议开始前,毛主席坐在正面桌后木椅上,我和丁玲坐在靠毛主席座位较远的墙角边。
>
> 记得会场上第一个发言的就是萧军。他发言的大意就是作家是独立的,作家是自由的,说鲁迅在广州就不受哪一个党、哪一个组织指挥。他的意思很明白,就是作家不需要党的领导。全是胡言乱语。
>
> 萧军的话音未落,我听到对面靠墙角处有人大声说:
>
> "我要发言"!
>
> 我一看站起来的是胡乔木。胡乔木发言很尖锐,对萧军进行激烈地批评,可谓淋漓尽致。具体怎么讲我记不清了,但可见《胡乔木回忆毛泽东》中曾写道:"对于我的发言,毛主席非常高兴,开完会,让我到他那里吃饭,说是祝贺开展了斗争。"
>
> 会议宣布开始,没有人抢着发言。丁玲要萧军发言,说:"萧军,你发言吧,你是学炮兵的,你开炮吧!"毛主席在会前不会不知道情况,萧军说他一枝笔要管两个党。
>
> 会开了两次,大家发言踊跃,十分热烈。但是奇谈怪论不少,有用文学教程来规划党的政策的,……

第二篇文章,名叫《延安文艺座谈会的前前后后》,发表在正是由刘白羽先生任第一主编的2002年第5期《人民文学》杂志上(中国作家协会主办)。其内容与《世纪》上的那篇文章大同小异,不再抄录。

此外,还有一个更具亲和力的例证,这就是在您的上述两篇文章发表之前半年,前辈您在电话中回答我的一个提问时所作的说明。我的问题同样是有关萧军的,在这个问题上,您的回答也没有错。而且,对于那个问题,萧军也确实有言过其实的成份,或曰夸张也可。但由此带出的一个问题,也正解决了您在《哭山兄》一文中涉及的问题。2001年11月1日16时05分至

16 时 18 分——这是我当时的笔录。记得当时我报上姓名时，您的秘书还误以为是《求是》杂志来的电话呢！您在电话中声音很是宏亮、清晰，在回答完我所要搞清楚的一个问题后，您告诉我：关于延安文艺座谈会召开首日的情况“胡乔木回忆录写到了。”您还告诉我：“胡乔木确实做了他（萧军）不少工作，找他（萧军）谈了很多话，没有什么用。”

综上所述，您的大部分行文，您在电话中所说，都明白无误地告诉了我们：延安文艺座谈会召开首日继毛泽东同志作完引言后，在丁玲的力促下，萧军第一个发了言，或者说第一个开了炮。由于萧军这个发言，这个开炮，确实过分而显狂妄，也多多少少有悖于毛泽东同志召开延安文艺座谈会的本意和主题，同时也背离了一年前萧军本人向毛泽东同志建议制定党的文艺政策的初衷。但他第一个发言却是铁打的事实，是根本不容置疑的，而非您在两年后于《新文学史料》上《哭山兄》一文中的杜撰。这是一。第二，在 2002 年您所发表的两文中，对欧阳山先生在 5 月 16 日举行的第二次会议上所发的言提出的批评是恰如其分的，也是异常一针见血中肯的。欧阳山先生 5 月 16 日的发言，持续了整整一个来小时，从而遭到与会者的一片嘘声，正如你所述的，是“奇谈怪论”！而断非两年后您在《哭山兄》一文中仅仅是“有些文学教程气味”的轻描淡写。

前辈刘白羽先生，您在 2002 年 5 月发表的两文，2001 年 11 月 1 日同我在电话中所说的，恕我直言：与 2004 年第 4 期《新文学史料》的《哭山兄》一文相比，出入如此之大，很难令人相信。

最后，我要说的是，同时也希望能与前辈您讨教的是，延安整风，继之是肃反扩大化，康生大搞什么人人自危的抢救运动，使得那么多一心投奔革命投奔共产党的知识分子受到了极大的伤害，刑讯逼供，自杀也并非个别，有的人还因此一辈子背负莫须有冤屈造成的恶名，直到 1979 年中共十一届三中全会召开之后才得以纠正。当时，若非毛泽东同志对萧军这位鲁迅学生格外厚爱与网开一面，给予特别的关注，依萧军之暴烈脾性，还不早早被康生一伙当作另一个“明火执仗”的王实味给“收拾”了？请问前辈刘白羽先生，您在《哭山兄》一文中用春秋笔法描述延安文艺座谈会及延安情况，“一如既往”地给萧军冠上“自称为鲁迅替身，却恨共产党人”的大帽，不是“左”的延续又是什么？

此外，前辈您行文中的最后一个值得指出与商榷的问题，同时也是出入很大的一个问题。在《人民文学》上的那篇文章中，您这样写道：

实际上，在此之前，（这里指的是在延安文艺座谈会召开之前——秋石注）文艺界的思想斗争就已见端倪，尽管有的作家以"革命者"自居，但正如毛泽东同志所说，从亭子间来到解放区并不等于与解放区人民结合。在一次纪念鲁迅的大型集会上，就有人口出狂言，竟然说"我的一支笔指挥两个党"！当时就引起了激烈批评。到1942年左右，这种思潮如雨雾般弥漫开来，在大砭沟口有一个告示牌，叫"轻骑队"，上面贴满了各种各样奇谈怪论的小字报，另外，一个更大的阵地就是《解放日报》文艺副刊，发表了一些诽谤共产党，诽谤解放区的言论。

而刊登于《世纪》的文章中，在谈及丁玲鼓动萧军作第一个发言"你开炮吧！"之后，你着重指出："毛主席在会前不会不知道情况，萧军说他一支笔要管两个党。"

有关萧军说他"一支笔要管两个党"的话，您引述的并没有水分，是事实，不少听到他说过这句话的人都有回忆指证。我在2002年5月于京城与多位延安文艺人的访谈中，他们也印证了这件事。不过，这些人众口一词提供萧军讲此话的时间，决不是前辈您所说的文艺座谈会召开之前，而是在文艺座谈会召开五个月后，以延安文艺界人士为主体的各界人士纪念鲁迅逝世六周年的会上。之所以惹发萧军大为光火说出如此上不着天下不着地的狂妄之语，乃系他为王实味所遭受的不公正待遇仗义执言，尔后遭到一些人的围堵批判"扣屎盆子"而致。而且，萧军还不知天高地厚地跑到毛泽东那儿为王实味说情。在这件事上，在整个延安，萧军可以说得上是一个顶天立地的硬汉子。既然萧军这话并不是在延安文艺座谈会之前所说，因而您所作延安文艺座谈会召开首日——1942年5月2日毛泽东主席"在会前不会不知道情况，萧军说他一支笔要管两个党"的描述，则属于虚构了。

正是在鲁迅逝世六周年纪念会上萧军说了上述狂妄话语后，引发的"民愤"更大了。——于是，便出现了五十年后胡乔木同志在其回忆录中所描绘的"对萧军，搞到不让他吃公粮。萧军这个人很倔强，他就住到延安东边一个孤孤单单的房子里，自己搞生产。……”的那个奇特而又尴尬的境地。

至于前辈您在文章中所断定的“另外，一个更大的阵地就是《解放日报》文艺副刊，发表了一些诽谤共产党，诽谤解放区的言论”，事实究竟如何，丁玲、黎辛，还有当初与周扬同一时代投身于革命，中共十一届三中全会后第一个被平反的“右派”，晚年挺身而出，致力于为王实味平反的延安老战士温济泽同志等，均有专文论及，孰对孰错，相信读者们读后一定会得出一个公正的结论来。

（本文刊于 2005 年 2 月 4 日《文汇读书周报》，有删节。）

萧军与王实味事件

56年前发生在红都延安的王实味事件，究竟是怎么一回事？现在，随着岁月的流逝，历史已经作出了实事求是的回答。

萧军与王实味素昧平生，直到后来在未经毛泽东同意的情况下王实味被错误处决，萧军也从未与王实味说过一句话，自然也不存在"同党"或"托派嫌疑"的问题。然而，由于萧军生性耿直，对一些不良现象易激动而仗义执言，尤其是对批判王实味的过程中出现的缺乏民主和实事求是的过火行为一再表明自己的鲜明立场，因而受到株连，招致了一系列的麻烦和痛苦。最终，仍是伟人加友人的毛泽东替他解了围。

历史上，萧军先后两次抵达延安。第二次赴延安是在1940年6月，时萧军在成都、重庆等地积极宣传抗日救国，因其鲜明的抗日立场和不断撰文对国民党的假抗日真反共行径进行抨击，被国民党特务写进了黑名单。经中共四川省委负责人罗世文及时通报，在重庆八路军办事处负责人林伯渠、董必武和邓颖超等人的安排下，与妻王德芬携周岁女儿及好友舒群一起乔装打扮后，于6月14日经西安抵达延安。

一年后，由于看不惯某些人身上存在着的宗派主义、行帮作风，萧军同一些人之间产生了隔阂。彷徨苦闷之余，他再度产生了欲去抗日第一线"同日寇面对面干"的念头。为此，他数次向毛泽东请求，经毛泽东再三抚慰和挽留，萧军"安心立命"了下来。诚如毛泽东在1941年8月2日给他的信中所说:“延安有无数的坏现象,你对我说的,都值得注意,都应改正,但我劝你同时注意自己方面的某些毛病,不要绝对的看问题,要有耐心,要注意调理人我关系,要故意的强制的省察自己的弱点,方有出路,方能‘安心立命’。否则天天不安心,痛苦甚大。”

受毛泽东委托,萧军开始搜集、整理文艺界各方面的意见和情况,并频繁地同毛泽东书信往来和恳谈。在延安文艺座谈会召开前后的近十个月中,毛泽东先后给萧军书信达十封,恳谈七八次,体现了领袖同作家之间的亲密友谊。1942 年 5 月 2 日下午,延安文艺座谈会在杨家岭中共中央办公厅礼堂隆重开幕,毛泽东作了极富时代意义即后来被称之为《引言》的讲话。当大会转入讨论后,毛泽东即请萧军第一个发言。萧军发言的题目是《对当前文艺诸问题之我见》。据公木、雪苇、何其芳、张仃等人后来回忆,以及王德芬整理的有关材料表明,萧军的这个发言直言不讳。针对某些人鼓吹的空洞无物教条式的理论,萧军嘲讽地给予了所谓“三风”、“六风”、“九风”的抨击,他还这样气冲斗牛地讲道:红莲、白藕、绿叶是一家;儒家、道家、释家是一家;党内人士、非党人士、进步人士是一家;政治、军事、文艺也是一家。虽说是一家,但他们的辈分是平等的,谁也不能领导谁。我们革命,就要像鲁迅先生一样,将旧世界砸得粉碎,绝不写歌功颂德的文章。像今天这样的会,我就可以写出十万字来,我非常欣赏罗曼·罗兰的新英雄主义。我不仅要做中国第一作家,而且,还要做世界第一作家。

延安文艺座谈会结束后,萧军再度致函毛泽东要一张去三边考察、体验生活的旅行通行证。对此,毛泽东复信道:

萧军同志:

来信已悉,王旅长现去鄜县,俟他回来,即与他谈。

此复

敬礼

毛泽东

五月二十五日

然而,萧军想去三边旅行的这个愿望未能实现,因为此时发生了王实味事件。

是年五六月间，中央研究院的研究员、中共党员王实味，因发表了几篇暴露延安阴暗面的文章，如《野百合花》、《政治家、艺术家》等，被国民党反动派利用做了反对共产党和陕甘宁边区政府的宣传材料，从而，把自己推向了延安"绝大多数"的对立面，受到了持久的大规模的批判。

王实味的问题发生后，李又然跑来找萧军，恳请萧军去向毛泽东反映情况，希望能给王实味解一下围。萧军后来回忆道，自己当时不知轻重，自持同毛泽东交往较多，便挺身而出了。毛泽东对他的态度一如既往地热情、友好，但是斩钉截铁的拒绝了萧军的说情。毛泽东对他说：这事你不要管，王实味的问题复杂。他不是一般的思想意识的错误，他有问题。自此之后，萧军虽然听从了毛泽东的话，不再过问王实味的问题，但是消息很快传开了，引起了一些人特别是本来就对萧军存在不良看法的人的不满。

六月初，萧军随"文抗"的同志们参加了一次由中央研究院召开的批判王实味的大会。当时，会场秩序比较混乱，每当王实味说句什么，便会立刻招来一片怒吼和痛斥声。坐在会场后边的萧军由于听不清前面的人们说些什么，于是站起来，大声喊道："喂……让他说嘛，为什么不让他说话！"这样一来，会场上人们的目光全部集中到了萧军的身上，而萧军对此却是一脸的不在乎。

散会以后，在归来的路上，萧军针对会场上出现的混乱现象，憋不住又说了几句不满的话，认为这种批判缺乏实事求是的说理态度，还以东北人特有的表达方式说了诸如"往脑袋上扣屎盆子"之类的粗话。他的这些话，被走在一旁的一位女同志听到后，当即向"文抗"党组织作了汇报，而"文抗"党组织也迅速将此事通报了中央研究院。于是乎，形势一下变得严峻了起来。没过几天，中央研究院派出 4 名代表来到"文抗"住地，向萧军提出抗议，并要他承认错误，赔礼道歉等等。这一下：萧军来了火，大声斥问来人道："你们有话到中央说去，有状到中央告去！是我让王实味到延安来的吗？是我吸收他入党的吗？是我用小米养活他的吗？是我让他反党的吗？……"

中央研究院的 4 名同志离去后，越想越不对劲的萧军，为正视听，当即伏案疾书，写就了一份有关王实味批判大会的书面材料，说明了事实真相，并且表明了自己的意见，上呈党中央和毛泽东参阅。后来，他将这份材料取名为《备忘录》，在"文抗"整风小组会上宣读了一遍。之后，在 10 月 18 日下午延安各界举行的有 2 000 人参加的“鲁迅逝世六周年纪念大会”上，他出人意料地又将《备忘录》宣读了一遍。

这样一来，就像炸了锅似的，会场上展开了激烈的论战。其中，情绪最为激昂的要数党员作家丁玲、周扬、柯仲平、李伯钊以及党外作家陈学昭、艾青等人，而萧军却是孤身一人。论战从晚上 8 点到次日凌晨 2 点，整个会场鸦雀无声，无一人退场。大会主席吴玉章老人见双方僵持不下，便站起来说：“萧军同志是我们共产党的好朋友，我们一定有什么不对头的地方，使得萧军发这么大的火！大家应当以团结为重，我们有什么不对的地方应当检讨检讨！”

听了吴玉章老人这一番公道话，萧军心头的火气顿时消了不少。他当即也深明大义地作出了反应：“吴老的话还使我心平气和，这样吧，我先检讨检讨，百分之九十九都我的错，行不行，那百分之一呢，你们想一想是不是都对呢？”

“这百分之一很重要！我们一点也没错，百分之百全是你的错，共产党的朋友遍天下，你这个朋友等于‘九牛一毛’，有没有都没关系！”丁玲不顾吴玉章老人团结为重的调解，竟然这样斩钉截铁地表了态。

萧军一听，刚刚压下去的火又一下窜了上来。他愤懑地说道：“百分之九十九我都揽过来了，这百分之一的错你都不承认，既然如此，你尽管朋友遍天下，我这‘一毛’也别附在你这‘牛’身上，从今以后咱们就拉、蛋、倒！”他用手势狠狠地挥顿了三下，拂袖而去，与会者也尽皆不欢而散。

有人曾经撰文说、丁玲之所以使劲地同萧军对垒，是因为她在王实味问题上有牵连欲急于摆脱而致。其实，事情并不完全如此。其一，丁玲从来没有鼓动过王实味写什么“反党”的文章，王实味也从来没有就他写的几篇暴露文章事先征询过她的意见。其二，丁玲曾经写过一篇题为《“三八节”有感》的文章发表在《解放日报》文艺副刊上。而偶合的一点是，在其后不久的 3 月 13 日、3 月 26 日第 102 期和第 106 期文艺副刊中，刊登了王实味写的《野百合花》……后来；这两篇文章都被国民党反动派利用来攻击延安。时隔四十年，丁玲在复出后所写的《延安文艺座谈会的前前后后》一文中坦率承认：“现在重读它，也还是认为有错误的。”

1942 年 4 月初，在中央召集的高干会上（文艺界仅周扬和丁玲两人出席),丁玲受到了包括贺龙同志在内的一些人的批评。对此,毛泽东加以了区别。就在这次高干会结束时毛泽东作总结指出:《三八节有感》虽然有批评,但还有建议。丁玲同王实味不同,丁玲是同志,王实味是托派。

在一个月后召开的文艺座谈会开幕式上,丁玲在发言中仍然坚持了自己的观点和立场。她强调指出:“文艺到底应该以歌颂为主呢,还是以暴露为主呢?……我想:对于光明的进步的,当然应该给以热情的讴歌,但对黑暗的阻碍进步的现象,我们决不能放下武器,袖手旁观,应该无情地暴露它。”

在这之后学习在毛泽东《讲话》的过程中,丁玲还先后写了《文艺立场问题我见》和《文艺界对王实味应有的态度及反省》两篇体会文章,分别刊载于《谷雨》、《解放日报》上。内中的一些观点,依然多多少少地坚持了文艺批评这个武器。

因此,在半年后的大会上对萧军的批驳,并不能说明丁玲的强硬态度是因为同王实味“有牵连”而致,何况同萧军对垒的一共有 7 人,包括萧军在武汉、临汾时的好友艾青等。

1942 年秋延安整风在已经全面展开的情况下,萧军为王实味说话,便在无形中被扣上了“同情托派分子王实味”的罪名。随着整风运动的逐步深入,特别是反革命两面派康生搞什么“抢救”运动,使得许多同志蒙冤受屈,萧军自然是首当其冲了。一时间,揭发检举萧军的书信材料接踵而至,甚至极为可笑的把他这个已经离开东北十年,因抗日反日屡屡受到日本侵略者和国民党特务迫害而四处逃亡的鲁迅学生,当成了所谓“东北红旗党”潜入延安的“大特务”。不久,康生一伙又指令社会调查部将萧军列入了“清查”名单,并安排专人跟踪调查。

1943 年 3 月,文抗撤销后,一部分作家下乡去了,一部分则被分配到其他单位参加整风运动,独独萧军无处可去,仍住在原处,他同毛泽东之间也中断了来往。不久,“文抗”旧址改为中共中央组织部招待所,招待所所负责人把萧军看成是审干对象,对他一家极不客气,还时不时地予以刁难。一日三餐,都要他们步行下山到平房食堂。此时萧军妻子王德芬临产在即,每天三下三上十分吃力。为了妻子的身体和胎儿的安全,萧军去找招待所负责人,问可不可以由他将妻子的饭菜带上山去,这位负责人毫不通人性地给予了拒绝。萧军火爆地据理力争，言来语往，这位负责人竟下了逐客令。萧军决不受任何屈辱，便作出了自食其力下乡种地的决定。第二天，1943 年 12 月 4 日，他带着肚子高隆的妻子和两岁半的儿子离开招待所，来到了陕甘宁边区政府。适巧林伯渠主席外出开会不在，边区政府民政厅厅长刘景范问清原因后，便劝萧军别下乡，有事慢慢商量再说。可萧军决心已定，很快就到了延安县川口区第六乡的念庄，几天后又搬到刘庄，借住在老乡原作存粮的一孔石窑内。

就在这时，路过念庄时结识的一位名叫贺忠俭的老乡向他伸出了友谊之手，他从最初的交往中认准了萧军是好人而不是什么大特务，要和萧军结拜兄弟，两人还约好来年一开春就一同开荒种地。在得知萧军全家被停止供给后，贺忠俭拍着胸脯说道："有我们吃的，就有你们吃的"！他把放羊挣得的小米，一分为二。正是在他的帮助下，萧军一家才没有挨饿。后来，萧军凭着自己的意志和毅力，到山下小河沟担水，到一二十里外的荒山上砍柴。时间一长，老乡们 也就把他当作自己人了。

1944 年 1 月 3 日，王德芬生下了第二个女儿。乡下没有医院和助产士，萧军就自己动手接生。为纪念这次下乡务农，他为女儿取名"萧耘"。女儿出生后，妻子一时行动不便，他除去日常的砍柴担水杂务外，还承担了换洗尿布的事。春节前夕，老乡们从他的言谈举止中得出了不是特务的结论，尔后又从村干部那里打听到他原来是写过好多书从大上海来的作家，于是纷纷请他写春联，坐席喝酒，还送来了大量年货。

就在这其乐融融的陕北乡下冬天将要过去时，1944 年 3 月 3 日，萧军住的石窑里来了两位不速之客：延安县委书记王丕年陪同毛泽东的秘书胡乔木来看望他们了。

胡乔木委婉而又关切地说道："我是路过这里，顺便来看看你们，日子过得怎么样啊？"王丕年接着说："老萧哇，这里的卫生条件太差，村里连个医生也没有，万一孩子生病，也买不到药，我看你还是回城里去吧！"

两人的来意十分明显——是受了毛泽东的委托，动员萧军回延安去。这是因为刘庄是一个极为偏僻的小山村，没有王丕年领路，胡乔木是找不到萧军的。如今胡乔木说："顺便"来看看，虽然没有明说系毛泽东委派——也许是怕长了萧军的傲气，但却带来了毛泽东的关怀和友谊。萧军回答说：

"谢谢二位啦,让我好好考虑考虑再回答你们。"

两位客人离去后,妻子王德芬对萧军说,共产党的领导人这样关心你,没有把你当外人,你也应当多为他们着想。他们天天辛辛苦苦地为全国的老百姓和抗日事业操心,你也应该心平气和地对待下面个别人的官僚主义……毛主席和你交情这么深,他听说你下乡种地,一定很记挂你,所以派胡乔木同志和王丕年同志来动员你回去。再则,让国民党反动派知道了,又要造谣了,会对边区整个共产党产生不好的政治影响……

经过考虑,萧军作出了回延安的决定。延安县委书记王丕年派来两头毛驴,将萧军一家送到文艺界人士集中的延安中央党校三部。临别,热情的刘庄老乡将他们送出庄外很远,萧军和贺忠俭更是挥泪告别。

从 1942 年 6 月因王实味批判大会引发的一系列矛盾和波折,最终在毛泽东的再一次亲切关怀下,得到了化解。萧军则心情舒畅地投入到了新的一轮火热生活中去……

附注与更正:

此文原刊于 1998 年 4 月 1 日《解放日报·朝花》。发表后,即有多位前辈及知情人向我指出,文中涉及 1942 年 10 月 18 日延安各界"鲁迅逝世六周年大会"上萧军独自一人与其他七位作家论战至次日凌晨二时的说法与史实严重不符:一是会议自午后至黄昏止,根本不及深夜;二是吴玉章老人不在会上,更谈不上是什么大会主席了,大会执行主席是丁玲(80 年代初萧军在新疆师大座谈时也谈及那次大会执行主席是丁玲),二是与其论战者主要是大会执行主席丁玲(因萧军"破坏"大会日程而致)等一二人,刘白羽在台下只是提了一个动议,而柯仲平则是帮萧军说话的,散会时胡乔木指责柯仲平"你的话有点右!"三是对话"论战"的内容也颇有出入。为此,笔者曾在 2000—2001 年间多次拜访当年的与会亲历者陈明先生及×××先生等人,还电话采访了刘白羽同志等人,他们都证实,原来有关此事的描述出入很大,应予更正。另据了解,当时受命布置此次纪念大会会场及绘制主席台上方鲁迅画像的延安"文抗"俱乐部主任张仃先生,也在 2002 年向有关人员澄清了自上个世纪八十年代中叶流传至今的有关此事的不实描述。

值得指出的是,笔者在同所有历史现场见证人的印证中,没有一个人否定萧军为王实味遭遇仗义执言的这一基本事实。

附件一：必须澄清的史实

2000年3月30日，距文艺报为我《萧红与萧军》新著召开研讨会才两天，在木樨地22号楼，延安文艺老战士、丁玲战友陈明先生，同我作了一次比较深刻的谈话，谈话是在他的寓所进行的。他说，你的书我看了，你能数年如一日地为长期受冤屈的老作家仗义执言并留传，这一点值得赞赏，也应当发扬光大。接着他谈到：也许你是受传主本人留存史料及口述的影响，有一个问题必须向你指出，并希望你能在进一步调查考证后予以纠正。陈明先生说的是1942年10月18日在延安中央党校大礼堂举行的延安各界纪念鲁迅逝世六周年大会上发生的事。为此，他提到了1987年第4期《新文学史料》刊登的王德芬撰写的《萧军在延安》一文(后收入陕西人民教育出版社1992年8月出版的《延安作家》一书)，对该文中涉及的部分情况，特别是关于"从晚上八点到深夜两点约六个小时还没有收场"的萧军"舌战群儒"这一情节，以一个目击者的身份提出了强烈的质疑。事后经了解，早在此前来十年，也就是王德芬的《萧军在延安》一文刊出不久，《新文学史料》还刊登了陈明先生对此不同的表述文章，除"舌战群儒"这一情节外，还对萧军在大会上宣布的"我一支笔要管两个党"的强硬论调提出了质疑。

在陈明先生向我指出时，我已经多处引用了王德芬先生有关这一问题的相同表述，这其中包括1996年第5期天津《艺术家》杂志和1997年5月22日上海《文汇报》刊发的《毛泽东与萧军》的长篇纪实等。与此同时，在已经交付作家出版社发排的46万字评传作品《两个倔强的灵魂》一书中，亦有类似的相关表述。

陈明先生向我指出后，我首先翻阅了刊登在1987年第4期《新文学史料》上由王德芬先生撰写的《萧军在延安》一文，有关这一事况，王德芬是这样写的：

> 萧军想去旅行的愿望始终未能实现，开始是因参加了文艺座谈会，后来是因为发生了"王实味事件"。
>
> 五六月间，李维汉校长，范文澜副校长领导的中央马列学院(后改

为中央研究院)的研究员中共党员王实味受到了批判,因为他发表了几篇暴露黑暗的文章:《野百合花》、《政治家、艺术家》、《文艺的民族形式短论》等,产生了极坏的影响,被国民党反动派利用做了反对共产党和陕甘宁边区政府的宣传材料。

六月初萧军随"文抗"的同志们去参加中央研究院召开的一次批判王实味大会,对会场上的混乱现象不以为然,在归家的路上说了几句不满的话,被走在一旁的一位女同志听到了,向"文抗"党组织汇报了。过了几天,中央研究院派了四名代表来找萧军,向他提出了抗议,要他承认错误,赔礼道歉,被萧军拒绝了。为此萧军写了一份书面材料上呈中共中央毛主席,说明了事实经过,并提出了自己的意见,他把这份书面材料取名为《备忘录》,在"文抗"一次整风小组会上宣读了,又在十月十九日下午近两千多人参加的"鲁迅逝世六周年纪念大会"上宣读了一遍,为此,当场和五名党内作家丁玲、周扬、柯仲平、李伯钊、刘白羽,还有两位党外作家陈学昭、艾青,在讲台上展开了激烈的辩论,从晚上八点到深夜两点约六个小时还没有收场,会场上鸦雀无声,无一人退席,都要看个究竟,萧军在讲台上"舌战群儒",越辩越激烈,当时吴玉章同志作为大会主席正在讲台上,他看双方僵持不下就站起来说:"萧军同志是我们共产党的好朋友,我们一定有什么方式方法不对头的地方,使得萧军同志发这么大火!大家应当以团结为重,我们有什么不对的地方应当检讨检讨!"

萧军听了吴老的话,气消了不少,他说:"吴老的话还使我心平气和,这样吧,我先检讨检讨,百分之九十九都是我错,行不行?那百分之一呢,你们想一想是不是都对呢?"

"这百分之一很重要!我们一点也没错,百分之百全是你的错,共产党的朋友遍天下,你这个朋友等于'九牛一毛',有没有都没有关系!"丁玲不顾吴老的调解和开导,斩钉截铁地竟这样表了态。萧军说:"百分之九十九我都揽过来了,这百分之一的错你都不承认,既然如此,你尽管朋友遍天下,我这'一毛'也别附在你这'牛'身上,从今以后咱们就拉、蛋、倒!"萧军用手势重重地顿了三下,怒冲冲拂袖而去,大会不欢而散。从此,萧军虽然和王实味素不相识,更无来往,就因为对批判会说了几句不满的话，就被扣上了“同情王实味”的罪名，和某些同志之间产生了隔阂。

接着，我又查阅了由新疆师范大学中文系根据1984年9月26日上午萧军在新疆师范大学座谈会上的谈话录音整理而成的《萧军谈“左联”》的小册子（内部文本，主要整理人为新疆师范大学中文系副主任黄川，2001年冬，在上海复旦大学第九宿舍贾植芳先生寓所，笔者与他初次相识）。在谈及当年延安这一幕时，萧军这样讲述道：

> 丁玲是批判过我，而且当过两次批判我的大会的主席，第一次当主席是在延安，第二次当主席是在东北。* 第一次在延安为什么呢？是为了王实味的问题挑起来的，1942年，在纪念鲁迅先生逝世六周年的

* 注：有关萧军此处所言“丁玲……当过两次批判我的大会的主席”的说法，笔者深感有必要向读者们作一个说明。“第一次当主席是在延安”，笔者认为萧军此说不符合当时实际。所谓“第一次”，其主题应为“延安各界举行纪念鲁迅逝世六周年大会”，这，有次日延安《解放日报》所刊消息为证。因而，也不是什么专题批判谁的“大会”。之所以会议开始不久就出现了前所未有的激烈争辩，皆由萧军一人引起——突然宣读他的因为替王实味鸣不平产生不快的《备忘录》导致，以及他的“一支笔要管两个党”的不当言辞，大大激怒了不少在场者。但也压根不是什么“批判”，而是对萧军“破坏”大会章程及内容等的质疑、批评。而且，自会议一开始，到萧军突然改变会议进程和主题，乃至引发激烈争论，都没有一个“官方人士”参与其中。而且，“纪念鲁迅逝世六周年大会”的执行主席并非丁玲一人。至于论及六年后的“第二次”，则是一个“巧合”，地点是1948年冬的哈尔滨，由中共东北局下令召开，东北局宣传部文委、东北文协奉命实施。此时的丁玲，作为以蔡畅同志为团长的中国解放区妇女代表团成员，于前往匈牙利布达佩斯出席世界民主妇联第二次代表大会途经哈尔滨，适逢东北局在全东北范围内公开批判萧军的“反苏反共反人民”及“停止对萧军文学活动的物质方面的帮助”。此次大会设两名主席，一位是萧军三十年代初期在哈尔滨从事革命文艺生涯时的老友、1942年协助毛泽东起草延安文艺座谈会出席者名单、时任东北局宣传部文委副秘书长的老共产党员舒群。批判大会上，“碍于情面”的舒群没有发言——这也是洞若观火的有关方面为什么会临时抓差，让并非东北文协成员的丁玲担任另一位大会主席的缘由所在。颇有意思的是，哈尔滨的此次批判大会，萧军是“缺席受审”。据萧军1984年9月26日于新疆师大座谈会上回忆说，是丁玲善意地找到他说：“今天批判你，你就不要去了，大伙批评你就批评你得了。”因而，萧军也就懒得去会场了。在这里，需要强调的一点是，批判大会结束后，萧军并没有因此失去包括创作、导演戏剧等在内的自由。不日，根据东北局宣传部的相关安排，萧军选择辽宁抚顺煤矿作为自己深入体验生活的基地。在那里，萧军辅导抚顺矿务局京剧团排练了几年前他在延安创作的京剧剧本《武王伐纣》，共演出36天44场，上座率创抚顺市新高。此期间，作为正式代表，萧军前往沈阳出席了第一届东北文学艺术工作者代表大会。

纪念大会上。因为那时候王实味被算为“托派”，今天看来他究竟算不算“托派”呢？我还是个疑问，可是当时有人说他是“托派”。为了这个问题，我曾经问过一位所谓高级的负责人，我说：“你说说，王实味究竟是托派？还是托派思想？”他说：“托派思想就是托派。”我又说：“这可是你说的啊！而我的理解不是这样子，我认为托派有一定的组织，有一定的活动。在延安，请你把他的材料举出来我们大伙儿看一看。”他当然没有材料可举了，受托派思想的影响，或者过“左”一些，这也可能，但是这也不能算作是托派啊！这是我的看法。为此，“延安马列学院”开会的时候曾“斗争”过我，“斗争”并不是什么难为情的事，参加革命谁还不挨斗争呢！这话说起来就长了，我也不想详细说了。所以，我一直背着一个同情托派王实味的包袱在背上，直到“文化大革命”也如此。今天，王实味已经死了，又听说他不是托派了……不是托派了，也没见到过正式文件。

我和王实味原来并不认识，因为一个朋友（李又然，诗人），他到我这里来唠叨说：“王实味是个好同志哎……”（萧军模仿着朋友的南方腔调说）那个时候，我和毛主席比较的算常常接近，不能说是来往吧。过了延河，我就可以到他那里去串门儿，赶上他开会，我挟着棍子就走（我那时习惯，走山路带棍子），他不开会呢，我就上他的窑洞里聊一聊，不像后来那么森严（众笑）。李又然要我到毛主席那里去讲一讲，“听说王实味要脱党，这样影响不好哎……”他说。我也不是个党员，也不了解这个情况，就说：“王实味要脱党就叫他脱呗！”他说：“这样子不好呀，影响不好哎……”他要我一定去和毛主席讲讲这件事，我说：“好吧”。

记得那天吃过晚饭，李又然送我到延河边，我脱了鞋子，趟过水，过了河，去杨家岭毛主席住的地方。我问毛主席的传达：“主席开会没？”他说：“没有”。我说：“请你传达一下，说我来了。”于是传达告诉我：“主席请你上来坐。”见到主席，我就提出来：“听说王实味要退党这个影响是不是不好？”毛主席说：“这件事你别管——”我说：“我并不想管哪，因为有个朋友叫我来管管，我就来问一问呗。”主席又说：“王实味有托派嫌疑，他并没有参加托派呀，有托派的问题在里头，你别管——”于是，我们就谈些别的事了。

过了大约三五天吧，我住的“文抗”隔壁就是马列学院，院长是罗迈（李维汉），副院长范文澜，他们那一天斗争王实味，我本来就不想去，后来一位朋友来（于黑丁，当时是文抗秘书长）说：“你去听一听嘛。”我想，听一听就听一听吧，反正很近，一进大礼堂，看见王实味坐在一张躺椅上，病病歪歪苍白细瘦的样子，三角脸，他刚一说话，大家伙就截住他的话，一说话，就又拦住他。我就说：“这样子也太不合乎道理了，他说的什么话也听不清楚，究竟他的观点是什么样子，我们静下来听一听好不好？你叫他把话说完了，再批评也不晚哪，你有理论还怕他，让他讲完话么！”后来在场的人们也同意了我的提议，叫王实味讲，于是他就讲他不是托派等等事情。会开完了，我就犯了点“自由主义”说：“这他妈的开的什么会，简直是狗打架，倒尿盆！”（众笑）这话，就叫一个和我们同行的女同志给我汇报了！（众大笑）临来新疆前在北京我还见到这位女同志了呢，彼此也没什么，彼此握握手。（众笑）这一汇报吗，他们就研究喽，说“萧军反对斗争托派王实味”的这个帽子从此就给我卡上了！在那个革命圣地延安，你同情托派王实味还得了吗?!

这一天，有人告诉我：“要斗争你啦！”我说“好吧，来吧！”（众笑）那么，就来了四位同志，第一位是金灿然（已死），第二位是王天锋（马列学院的），第三位是郭静（女，马列学院的，解放后是纺织部副部长？陈震球的妻子），第四位是郭小川（诗人，已死），他是我们老乡。（众笑）他们拿了一份材料，他们叫作“意见书”，我说这是“警告书”，大约延安的八大团体和108个个人的签名，据说原来是300多人签名，因为弄丢了一页名单，只剩108人。在这“警告书”里，他们反对我，说我是共产党的朋友，为什么同情托派……等等。我一看，这问题没完哪，于是我说：“你们请吧，今天恕不招待。”他们说“我们来串串门儿还不可以吗?”我说“你们今天是当‘特使’来的，我恕不招待！这个问题咱们提到中央去解决好了。”他们说“那咱们走吧。”我说“你们走吧，这个问题咱们完不了，你们想完我还不想完呢！”所以，我后来就写了一份“备忘录”。我那时多么狂妄嘛（众笑），国与国之间才写“备忘录”呢。有朋友问我：“你为什么叫‘备忘录’?”我说：“我怕你忘了，所以叫‘备忘录’！”我越想越憋气，觉得怪冤枉的，于是在晚上的跳舞会上，我就通知他们：“明天，我来回答你们的问题!”

第二天上午,在“作家俱乐部”,他们都来了,约百十来位吧,我就把我的“备忘录”一掏,从头到尾的念了一通!谈到我,谈到王实味,我说我并不认识王实味……。谈完以后,我就走了。陈学昭说:“他把我们骂完了,就走了,不能叫他走!”可是谁也没敢来拉住我,我也不管他们,走了!(众笑)可是我还是气不过,这时正赶上鲁迅先生六周年逝世纪念会,因为我是鲁研会理事。在会上反正要发言的,于是我谁都没告诉,连我老婆都没告诉,就把这“备忘录”揣在兜里了,该我讲话了,我又拿出来从头到尾念了一通!(据当年在场的画家张仃回忆说:“那天萧军站在讲台上从兜里一掏出那么长的‘备忘录’,我的脑袋嗡地一下子就大啦!真不知他要捅出什么漏子来!至今记忆犹新……”),当然我要为自己的观点、立场来辩解了。那天的大会主席是谁呢?是吴玉章——吴老。丁玲好象是执行主席,记不清了。我这一念,把“马蜂窝”给捅下来了!整个九员大将,也许是七员大将和我一个人论战起来,全场大约一千五、六百群众观战!

这几员大将,今天我也可以提一提,反正都是“光荣”的嘛。(众笑)第一有丁玲,还有刘白羽、周扬、柯仲平、陈学昭、李伯钊,还有诗人艾青,这些都是知名人士。(众笑)革命队伍里就是这么复杂呀。他们批评我一通,我接着就反批评一通。我记得当时我曾写过一篇文章,其中提到:“不要用同志们的血来洗自己的手!……”艾青说:“我只看见过水洗手——,没见过血洗手——。”李伯钊当时也讲:“共产党没有对不起萧军的地方……”等等。丁玲和刘白羽也讲了一些,具体什么内容我也记不得了,记得丁玲当时说:“我们共产党的朋友很多,萧军这个朋友,是九牛之一毛!”厉害不厉害?!(众笑)最后,吴老讲了几句话,他说:“我们一定有好些个方式方法不对头,才使得我们的朋友萧军同志冒这么大火,我们自己应该检讨检讨……”这话我听着还心平气和嘛。(众大笑)我说:“吴老的讲话,我还心平气和。这样吧,我也检讨检讨,百分之九十九都是我错,行不行?那么那百分之一点你们想一想,是不是都对头呢?”这时,丁玲就起来讲了:“那一点很重要,他百分之九十九都……”我说:“我百分之九十九都承认了,你们一点都不承认?!我这根牛毛啊，也别长在你九牛身上，你尽管有朋友，朋友满天下，我到延安来没有带别的，就是一颗脑袋，一角五分钱就解决了(指买一颗枪籽儿就可以完结生命)，怎么都行！咱们从此就拉——蛋——倒”！(众笑)我把袖子一甩，就走出了会场。本来，这场争论已经接近于解决了，因为丁玲这么一句话，就没能解决。是不是因为她当大会主席我们才有矛盾？那倒不是，当主席是她的工作职责，私人关系是私人关系，是无所谓的。陈学昭讲：“我比萧军大几岁，我是他的大姐姐！”她说她是我的大姐姐(众笑)，“萧军说他是鲁迅的学生，究竟鲁迅承不承认他是自己的学生，我也不知道！”这句话给我的印象很深，所以我至今记得。陈学昭也是一位女作家。刘白羽说：“咱们今天谁都不要走！”我说：“咱们谁走谁孱头！”(众笑)论争从下午八点钟一直到午夜两点钟，整整六个多小时！

在一一比对陈明先生、萧军本人、萧军夫人王德芬等人对这一事件的各自表述后，我首先想到的是找其他在场目击者进行查证，共四人，其中三位是延安文艺座谈会出席者和 1949 年 9 月首届中国人民政治协商会议的代表(由于没有交付本人进行审核，姑且隐去姓名)。

第一位，是当时任延安“文抗”支部书记的刘白羽。

方式：电话访谈。

时间：2001 年 11 月 11 日 16 时 05 分—16 时 18 分。

电话连线：昆山—北京。

刘白羽回答：

那天大会主席是丁玲。

吴玉章肯定不在会上。

所谓“舌战群儒”，肯定没有到深夜或凌晨。

当时萧军表情不好，发言也不好，口气很冲。所以好多人都批评他，但绝对没有挑灯论战至凌晨，即决没有如王德芬说的：“从晚上八点到深夜两点约六个小时还没有收场。”

那天我没有发言(只提醒大会一个动作：即不到散会，谁也不准退席。因为萧军经常一个人说完就拔腿就走)，所以也没有王德芬文中说的萧军

“和五位党员作家……×××……在讲台上展开了激烈的辩论”这一说，但周扬、柯仲平说了。

关于延安文艺座谈会开幕当天的发言中，萧军“不但要做中国第一，而且也要做世界第一作家”的提法，刘白羽说：胡乔木回忆录都写了，胡乔木确实做了他（萧军）不少工作，找他谈了不少话 ……后来，毛主席找我（刘白羽）去他那儿谈话，然后回“文抗”传达毛主席的谈话精神，重点是解决萧军“一支笔管两个党”的说法，因此在“文抗”的作家中引发了不少的议论……。

第二位，是1942年10月19日大会的见证者，于其京城寓所。

方式：面对面，一问一答。

时间：2002年5月19日10时20分—11时15分。

在××证实陈明的说法比较符合1942年10月19日下午延安各界纪念鲁迅逝世六周年大会的史实后，笔者问道：有一种说法，说是延安文艺座谈会结束后，整风开始，由于萧军生性……无处可去，独自一人留在“文抗”……

××回答：

座谈会之后，所有的人都分配了。我记得，中组部是一个人一个人谈的，谈完后一个人一个人安排的，因此，也不可能“无处可去”……更不存在不分配，只留下萧军一个人。据我所知，萧军认为自己不是党员，去中央党校三部（知识分子和文艺界人士）不合适，又是整风时期，他要独立自由，不受人管束，所以不想去……事实就是这样，萧军是一个狂放的人……

第三位，来延安之前就是一位成果显著的女作家，出席了延安文艺座谈会和1949年第一届中国人民政治协商会议，还作为随军记者跟随刘邓大军进军大西南。

方式：电话访谈（我和她还于前一日在人民大会堂新疆厅由延安文艺学会、延安精神研究会召开的纪念毛主席延安文艺座谈会召开60周年的大型座谈会上合影）。

时间：2002年5月21日8时20分—8时35分。

地点：北京。

××除证实陈明所说的1942年10月19日中央党校大礼堂纪念鲁迅逝世六周年大会上的实况外，还针对萧军在19天前延安文艺座谈会开幕式上的发言谈了自己的看法。与×××不同的是，她肯定了萧军是鲁迅的学生及《八月的乡村》对左翼文学的积极意义，但也对萧军的一些言行提出了批评。

第四位，著名画家，时为“文抗”俱乐部主任，延安文艺座谈会出席者。

方式：由陈明先生经××转达。

时间：2002年5月22日、2003年2月21日、2005年3月3日，于京城三次谈话涉及。

画家××证实：

那天布置会场主席台上的鲁迅像（画在布上）是我画的。我当时坐在主席台的侧角。可以肯定的是，决没有萧军和王德芬所说的：一人与七人挑灯论战至后半夜两点……应当是下午到傍晚……

为使广大读者全面地完整地了解1942年10月19日下午在延安中央党校大礼堂发生的全过程，笔者特将陈明先生1994年4月28日撰写的《一点实情》一文（收入《我说丁玲》一书，陈明著，湖南文艺出版社2004年8月出版》附后。

我奉行的学术研究原则是：偏信则暗，兼听则明，尊重历史的事实与魂魄。

另一原则是：为尊者讳，不为尊者讳。

为尊者讳是，决不在研究对象的任何隐私上下功夫，即使是在历史上真实存在过的，亦当避则避，实在无法回避而又需要作说明的，则尽量采用研究对象本人的留存文字来说话。

不为尊者讳是：坚持实事求是，既要肯定研究对象的长处特别是民族气节，也要指出研究对象身上存在的弱点和问题。有一分材料说一分话，没有材料不说话。以往学术研究中由于这样或那样的局限产生的偏差或问题，一经有人指出或发现，经新一轮调查考证后予以迅速纠正，决不自我姑息。也舍得下脸面向不慎伤害的另一方赔礼道歉。

在我这么多年的文学创作生涯和学术研究中，我十分感谢陈明先生20年如一日对我无微不至的关爱、帮助、批评。尤其是当1994年1月台湾《中央日报》刊载两个版的篇幅文章对鲁迅对鲁迅学生萧红萧军对左翼作家端木蕻良骆宾基等人进行攻讦时，在我撰文反击四处碰壁之际，正是陈明先生伸出提携之手，将我为萧军萧红等人辩诬的反击文章亲自推荐给《文艺报》。从中也可以看出陈明先生对萧军等人的一腔真情所在。

附件二：一个现场亲历者的辨正《一点实情》·陈明

在艾克恩同志编纂、一九八七年一月出版的《延安文艺运动纪盛》第400页上，刊载了一九四二年延安各界纪念鲁迅逝世六周年大会的概况：

> 十月十八日，“……中央大礼堂外面贴着鲁迅遗言：“我解剖自己并不比解剖别人留情面。”“由于事实的教训，明白了唯有新兴的无产阶级，才有将来。”会议主席团为丁玲、周扬、萧三、塞克等组成。丁玲讲完开会意义后，吴玉章以思想革命家、社会革命家、文学革命家、文字革命家四点作为正确估价鲁迅先生的言辞。他说：‘鲁迅先生是中国文化界的旗帜，我们要完成鲁迅先生的一切事业。’”

一九八七年五一节，王德芬同志发表《萧军在延安》的长文（陕西人民教育出版社一九九二年八月出版的“五·二三丛书”《延安作家》第399至404页），文中也提到鲁迅逝世六周年纪念大会，她写道：

> 十月十八日下午，在近两千人参加的鲁迅逝世六周年纪念大会……坐在台上的五名党内作家丁玲、周扬、柯仲平、李伯钊，刘白羽，还有两位党外作家陈学昭和艾青……萧军在台上“舌战群儒”……从晚上八点直到深夜两点约六个小时还没收场……

以上两段文字，都记叙一九四二年延安举行的鲁迅逝世六周年的纪念会，会议的日期都是十月十八日，但是会议的主要内容不尽相同。艾文记载着吴老为纪念鲁迅所作的报告和徐老（特立）、萧三有关的发言。而且两次会议主席台上的人员不一样，会议进行的时间，长短也不一样。是不是他们说的是两次不同的会，而把日期弄错了？

现在我把亲自经历的一九四二年鲁迅逝世六周年纪念会的有关情况写出来，供史学研究者参考，同时也就正于艾克恩、王德芬两同志。

我参加的一九四二年纪念鲁迅逝世六周年的大会是在中央党校大礼堂举行的。日期是不是十月十八日，我记不准，有特考证。

这个会没有发文字通知，也没有发入场券。那是一天的午后，大约两点钟光景，吃过午饭，便有很多人从蓝家坪文抗、中央研究院向中央党校礼堂奔去。因为在那段日子里，中央研究院刚开过批判王实味的会，萧军同志对这次会有不同的看法，曾向党中央提交过一份“备忘录”。现在开会纪念鲁迅先生的忌辰，估计萧军会在会上发言。他将说些什么呢？很多人想听个究竟，所以赴会的人很多，真是济济一堂。党校礼堂的坐凳全是长木板钉起来固定在地上，面向舞台，分左、中、右三部分，我当时在后面当中，和几个人一起，站在木板上。

吴玉章同志没有在场，大会是丁玲主持的。主席台上有李伯钊、柯仲平，还有几个别的什么人；刘白羽同志参加了这次大会，但没有上主席台。

会议开始不久，萧军发言，是不是念了他的“备忘录”，我记不清了，但在发言中他说了一句令人惊愕的话，他说：“我这一支笔要管两个党！”这话我至今难忘。这话当场引起激烈的争论。他发言后，刘白羽站在台下左侧通道，面向主席台，举着右臂喊道：“主席，我有临时动议：今天的会，如果主席没有宣布散会，不准有人退席！”会场上发出一片掌声，同意这个动议。在掌声中，我注意到怀抱孩子坐在右侧第一排木板上的王德芬同志，她的座位离礼堂右侧的出口门很近。

这时，会场上有很多人向主席台递条子，要求发言。

丁玲批评了萧军的发言，她说了这样的话：共产党是千军万马，背后还有全国的老百姓，你萧军只是孤家寡人！鲁迅先生对共产党怎么样？他说过，那切切实实，脚踏实地，为中国人民的生存而流血的战斗者，我得引为同志，是自以为光荣的。鲁迅是俯首甘为孺子牛，你作为鲁迅的弟子，你一支笔要管两个党？

在主席台上的柯仲平、李伯钊同志等先后即席发言。他们的发言，谈王实味问题的不多，更多的也是对“一支笔要管两个党”的言论的批评。

在会议的整个进程中，吴玉章同志始终都不在场。他没有听到萧军的发言，也不可能有王德芬文章中引用吴老的那一段话：“萧军同志是我们共产党的好朋友，我们一定有什么方式、方法不对头的地方，才使得萧军同志发这么大火，大家应当以团结为重，我们有什么不对的地方，应当检讨检讨。”没有吴老的这段话，便不会引起萧军的自我检讨，什么“我先检讨检讨，百分之九十九都是我的错，那百分之一呢？你们想一想是不是都对呢？”我想，在这个会场上，萧军如果真有这样的检讨，或者是百分之一的检讨，就绝不至于在会场上引起激烈的争辩。在延安时期，萧军是不是在别的会议上，别的场合，说过类似检讨的话，或写过这样的文章，我不知道，也没有听说过。

这次会从下午开到傍晚，并不像王德芬的文中所说，“从晚上八点直到深夜两点约六个小时还没收场”。因为那时党校礼堂没有电灯。如果“挑灯夜战”，需要借汽灯，点汽灯，没有事先的准备是办不到的。

散会后，还有一段小插曲：

胡乔木同志参加了这次会，但他没有发言，也没有上主席台。散会时，他和柯仲平、丁玲和我四个人走在最后。柯仲平说了一句：“我觉得今天丁玲的发言是不是有点‘左’……”他的话没有说完，乔木就打断了他，说：“丁玲的话一点也不‘左’，倒是你的话有点右。”事隔五十多年，这话还留在耳边，当年同志之间，这样爽快，明朗，有话说在当面的作风，加深了同志之间的了解，增进了同志之间的团结，实在难能可贵。

在党的十一届三中全以后，我们党纠正了“左”的路线的错误，恢复实事求是的科学作风，萧军同志一生的为人道德文章，都得到党和人民的肯定和赞誉，不论识与不识萧军同志的朋友和读者都为此感到高兴和欣慰，我无意在这篇短文中再去评说个人在历史上的是非功过，我只是对读者，对历史提供一点实情，欢迎指正。

一九九四年四月二十八日

雪压青松忆沫南

“他去了，这样匆促地去了，令人无限悲痛。”这是1988年“鲁门小弟子”、著名老作家萧军逝世时，在东北作家群中有“满族之鹰”誉称，自少年时期就投身反满抗日活动的沦陷区左翼作家关沫南所作悼文的开首语。如今，关沫南离开我们三年了，于是，也套此话，藉以表达我对关沫南先生的深切悼念。

我同关沫南相识、相交，有24个年头的历史。同我心中的恩师萧军一样，关沫南也是我的慈父、良师、益友。而且，颇具意义的是，同认识萧军一模一样，认识关沫南是在同一天同一时间同一座城市同一个地点举行的同一个座谈会上。

距今27年前的哈尔滨特有的一个凉爽夏日，在哈尔滨文昌街省图书馆三楼小会议室，黑龙江省暨哈尔滨市文艺界精英聚集一堂，为离别哈尔滨三十一载的萧军的重返举行了一次别开生面的座谈会。出席这次座谈会的多为劫后余生的前辈作家，而主持这次座谈会的正是时任省文联、省作协负责人、一生有着传奇经历的老革命、老作家关沫南。他与萧军是三四十年代的哈尔滨老友。其时的关沫南平反复出回到哈尔滨还不到一年。本来，这次座谈会与我无缘，得益于一位知青女作家的帮助，时在佳木斯一家企业供职的我，方能入会聆听并与之平等对话。也正是由于这次别开生面的座谈会，和我不知天高地厚的突兀发问，以及在其后多年中萧军、关沫南对我的精心指点、扶持，令我步入了众说纷纭神奇莫测的左翼文学研究领域。

座谈会开始不久，见萧军言谈举止格外平易近人，一点儿也没有我头脑中想象的那种大作家、名作家的威威武武模样。于是，当进入提问后，我这个文学青年便迫不及待地递上了一张三寸小纸条，其内容是极富挑战味的，大意是：刚才你萧军口口声声地谈论当年鲁迅怎样关怀、扶持你们，可惜，现时的文艺界情况与之相差甚远，不知你萧军怎样看待这个问题？

条子递上时，萧军刚刚解答完第二个问题，但见会议主持人关沫南脸上漾着微笑，默不出声地将我写的那张三寸小条轻轻地交到了萧军的手掌心里。萧军呢，倒也不含糊，两眼迅速浏览了一遍，毫不迟疑地给当场念开了。念毕，萧军双目炯炯，环顾全场，手中纸条猛地往起一扬，朗声说道："请递这张条子的同志站起来同我见个面！"

我一听，猛地怔住了！我哪有这个思想准备呀，当时的我光思忖着他怎么回答我这个问题了。面对全场省、市文艺界的精英，面对几近一半劫后余生白发苍苍的前辈作家们，我怯了场，刚才还在发出阵阵欢声笑语的小会议室陷入了一片沉寂……

见没有人应声接话，萧军不急，也不恼，微微一笑说："如果那位同志不肯站起来，我也只好如此这般站着等他了！"这时，放眼全场，仍然是鸦雀无声一片，没有一个人表示异议或者说些什么。而且，我还惊讶地发现，有不少人正饶有兴趣地在静静地等候着哩！少顷，主持会议的关沫南也慢声细气地说开了："依我看，还是请递条子的那位同志站起来吧！不然的话，萧军会一直站到底的。"

为了不致影响大家，为了不让萧军"站到底"，我涨红着脸站了起来，承认自己就是"写条的那位"，请先生原谅我的冒昧……岂知，萧军听后，顿时和颜悦色的呵呵笑了起来。继而，他又说道："提得好，提得好，我萧军就是喜欢你这样的性格，不过，……"他略略俯下身子，同我说道："我得同你商量一下，今天这个会，是我离别哈尔滨三十一载后同老朋友们的第一次会面，要回答你这个问题并不困难，但是需要时间。你看，这样好不好，明天我请你参加另一个会，或者另约一个时间，怎么样？"

自那时起，我与萧军从相识到相交，最终成了忘年交，直至九年后我在八宝山为其送行。而与关沫南之间真正意义上的相交，则是在这次座谈会五年后，牵线人仍然是萧军。诚如关老 1989 年 4 月 6 日在写给著名新四军女作家茹志鹃的信上所云："金祥同志（笔者原名）是萧军同志生前介绍给我的……"

1984 年 9 月，中共黑龙江省委、黑龙江省人民政府召开全省文艺工作座谈会。会上，讨论制定了一系列繁荣社会主义文艺创作的可行性措施，即著名的"文艺十四条"。"文艺十四条"刚一公布，我当即毛遂自荐，向当时的省委常委、省委宣传部长张向凌同志写了信，请求给予我这个基层业余作者以必要的支持。与此同时，我也给在北京的萧军写信谈了此事。延安老战士张向凌同志于接信次日即派秘书将信连同他的批示送往了省文联。可以这么说，我是"文艺十四条"颁发后在黑龙江第一个得到重视与帮助的业余作者。不过，话又得说回来，那时的风气也比较正，官场官气少，政令畅通，上通下达比较及时，上下关系也比较融洽。翌日，受省文联主席鲁琪同志的委托，省文联副主席兼省作协副主席刘亚舟同志（长篇小说《男婚女嫁》的作者）就约见了我。亚舟同志告诉了我一个意想不到的好消息：萧军也写来了推荐信，在关沫南主席处，你也可以找他细细聊一下。说到这儿，亚舟同志以一种钦敬的口吻告诉我：关沫南主席不但是一位著名作家，而且还是一位受人尊敬的革命前辈。

就在这一天的晚上，我来到了省文联大院后面车库楼上的关沫南家中。一见面，年逾花甲的关沫南异常亲切地执着我的手说："我们认识。五年前，你向老炮兵萧军开炮时的情形，至今历历在目。但我又很奇怪，这些年你怎么不来找我们，其实，在那次座谈会第二天召开的萧军同哈市青年作者的见面会上，我们还找过你呢！这次见到萧军的来信，才知道你们之间一直有着联系。不然的话，我们还以为你回南方去了呢！"接着，关沫南向我转述了萧军来信的主要内容。萧军来信的大致意思是：我萧军年事已高，别无所求，只为贺金祥同志一事，求助于黑龙江的老朋友们……我对这个年轻人有过一段时间的接触，了解了一些他的为人，也曾看过他的稿。但是我现在老了，力不从心了，因此请求你们在可能的范围内，给予这个年轻人以文学上的指导和帮助……传达完萧军来信的梗概后，关沫南不无感触地说道：前一二年，萧军就宣布封笔了，他现在写这封信来，也是对我们黑龙江工作的一种促进，一种培养文学后人的殷切期望。关沫南还说，萧军的来信现在不在我这儿，大家在传阅中。你放心，没有萧军的来信和嘱托，我们同样有责任有义务给予你帮助……今后有什么困难，你可以写信到省作协来，也可以直接同我说。

不日，经过论证和研究，省作协给我开具了为期半年的创作假，用以修改我的两部当代题材的作品。

记得是在 1987 年 11 月 28 日的夜晚，踩着满地的冰雪，我又一次推开了关沫南家的门。一见是我，关沫南顿时欣喜异常地拥住了我，亲切地问长问短。我呢，如同一个在海外闯荡了多年历尽人间艰辛的游子回到了久违的父母怀抱，心中暖融融的。这一天晚上，就在他那间狭长略显清冷的书房兼卧室的房间内，我们之间进行了长达三个小时之久的谈话。他问我去看过萧军没有，我说，刚从北京来，两次去后海那座危楼探望过萧军和他的老夫人王德芬了。说话间，我不无忧虑地告诉他：萧军患了病，是很重的病，恐怕是治不好的癌症，这是老夫人王德芬悄悄同我说的。可是萧军却很不以为然，他既不承认自己得的是癌症，也不愿意动手术。关沫南听后点点头说道，萧军得病的事情，我也知道一些，大家都在为他担忧，可是他的脾气又是这样的倔，谁也没法说服他，我们也是如此。说到这儿，关沫南跌入了以往岁月的回忆中："三十年代，萧军、萧红、舒群、罗烽、白朗、金人他们一个个地离开了哈尔滨，我当时只觉得他们是不愿意做囚在笼中的鸟。为了祖国和自由，他们像跨越长空和大地的鹰，向远方飞走了。在颠簸流离之中，在连绵不断侵略者掀起的战火中，他们怀着忆念黑土地的浓烈乡愁，而萧红最终就是死在乡愁中的。国破家亡，谁人不愁？而当时我是走不了的……"从谈话中我得知，早在十三四岁的少年时代，关沫南就参加了地下的"哈尔滨马克思主义文艺学习小组"的活动。小组内的个别成员还同萧军一起在松花江畔的公园里练过拳术呢！比关沫南年龄稍大一些的同学唐景阳（作家达秋，又名林珏）经常和萧军、萧红、金剑啸、罗烽、白朗他们一起，在黄田、袁时洁他们居住的"牵牛房"共商反满抗日大计。因之，少年关沫南把他们看成是自己学习的榜样。萧军萧红的小说散文合集《跋涉》，以及二萧后来在鲁迅扶持下出版的《八月的乡村》、《生死场》等，则是他们学习的范文。在以后的多次叙谈中，关沫南怀着喜悦兴奋的心情，不止一次向我谈及 1981 年哈尔滨举行萧红诞辰 70 周年纪念大会时，他奉省委之命前往北京请示中央给萧红以何种估价与称号。当中央书记处研究后批复给萧红以“三十年代著名左翼女作家”的称号时，他当即向居住在北京的曾与萧红并肩战斗过的萧军、舒群等人作了传达。关沫南激动地说，这同样适用于老一辈的东北作家群，是全体东北作家的光荣与骄傲。

关沫南告诉我，当时他也曾想过来个远走高飞去打日本鬼子，去关内投奔光明，去革命圣地延安……可最终，他还是留在了白山黑水之间，以笔作武器，坚持危险性更大的地下反满抗日活动。由于家境极度贫寒，父亲有病又担负着第三国际的情报传递工作，年仅 18 岁的关沫南于 1937 年被迫高中辍学，并于同年冬考入哈尔滨邮政局做了月收入不足 20 元的雇员，担负起了父母弟妹全家六口的养家糊口。同时，极为重要的是，他为父亲做着掩护及传递情报的工作。令他欣慰的是，正是在这一年，他在哈尔滨精益印书局出版了短篇小说集《磋砣》。《磋砣》的出版，给因萧军、萧红、舒群、罗烽、白朗、金人等一批前期左翼作家离去后一度沉寂的北满文坛带来了生气。可以这么认为，《磋砣》的问世，是继五年前萧军、萧红出版小说散文合集《跋涉》之后，又一部反封建反压迫体现“下等人”生活严谨的现实主义作品。这本集子，除去一篇散文《看云》和战友历戎的两个短篇小说外，共收有他创作的《古董》、《偏方》、《老六的烦闷》、《父子》、《妻》、《在夜店中》和《醉妇》等 7 个短篇小说。其题材取自两类，一类是揭露和抨击封建余孽的复古逆流，另一类则是反映下层人民主要是贫苦知识分子的不幸遭遇。《磋砣》一出版，当时的报纸就给予了关注。郑平（即艾循，关沫南“左翼文学小组”战友）在《对〈磋砣集〉出版的一点感想》一文中指出：《磋砣》作者“的勇气，以及不屑于一般空喊的人们队里的苦干精神，确是很可佩服的。”虽然“不见得立刻就能使北满文坛复活起来，但我相信它至少对北满文坛有些补益的。”同时“这是很给北满添色的”，“也使我们庆幸，庆幸北满居然能有了和南满文艺相媲美的东西。”当年在哈尔滨求学的著名作家刘宾雁后来这样回忆评价道：“关沫南同志比我大不了几岁，当时已出版了一本短篇小说集《磋砣》，笔锋苍劲，很像鲁迅，我们都很钦佩。”（刘宾雁：《从童年说开去》，刊《新苑》杂志 1980 年第 1 期）

说起“左翼文学小组”（亦称“读书会”与“哈尔滨马克思主义文艺学习小组”，但同几年前的那个同名小组又大大进了一步），成立于日寇在华发动全面战争的癫狂时期。这个“读书会”足以同当年萧红、萧军们入伙的“牵牛房”相媲美。“读书会”设在当时的哈尔滨南岗洁净街56号，是一座灰白色的俄式小洋房建筑物，系一位在中东铁路局任俄文翻译的马姓中国人建造。在这座建筑物靠近院落的一个套间里，租住着一个名叫王光逖（金明，又名司马桑敦，“九·一八”事变时，年仅14岁的他即参加抗日义勇军武装抗击日寇。他是世界上首位为张学良将军撰写传记的作家，曾任华文报纸美国《加州日报》的总编辑，1981年7月13日客逝于美国洛杉矶）的一家人。王光逖当时的公开职业是哈尔滨《大北新报》的记者，同时还担任着国通社的日文翻译。“读书会”由三位共产党员发起和负责，一位是女性，是潜伏在哈尔滨市交通会社从事地下工作的陈紫（又名关毓华，笔名晨予，是参加过大革命的中共早期党员），一位叫佟世铎（佟醒愚，笔名高山，三十年代上海“社联”成员），另一位是秦占亚（笔名小辛，由北平党组织秘密派遣来哈）。“读书会”成员除房主王光逖外，有关沫南、陈隄、艾循、沙郁、丁宁等为数不少的一批左翼文学积极分子。“读书会”的主要读本有《社会发展史》、《马克思读本》、艾思奇的《大众哲学》等政治哲学类读物，中外著名作家高尔基、鲁迅、小林多喜二的代表作，在鲁迅扶持下出版的萧军的《八月的乡村》、萧红的《生死场》等有着鲜明抗日色彩的作品。在此期间，他们还组建过一个名叫“新星”的话剧团，几个人合力赶写以南宋抗金名将岳飞欲收复半壁沦陷河山为中心内容的《满江红》剧本，以示他们抗击日寇侵略收复东北失地的坚强决心。不过，到了后来，由于这个有着明显政治目的的演出计划被日伪暗探侦破，就被扼杀了。“读书会”成员们公开发表作品的园地之一，就是王光逖任职的《大北新报》副刊。在其创刊号上，就有关沫南撰写的文章。他在《我们需要什么样的文学》一文中明确提出：“反对感谢情调的颂扬文学”（即汉奸文学），反对才子佳人吟风弄月而无价值的文学，反对“保守国粹”，要作家们旗帜鲜明地反映现实斗争生活的文学。接着，在《给作家一二语》一文中他写道：“大众向文学要求饥饿的同情，文学将脱去光彩缭乱的伶人之眼，而着朴质简素的斗士布衣了”，再次明确主张文学的战斗性。正是由于其鲜明的政治属性和对汉奸奴才文学不加掩饰的猛烈抨击，引起了日伪当局对他的注意，也使得他和同一时期战友们的作品，在我国沦陷区的文学史上有着其应有的声誉和地位。

"读书会"有时也在关沫南的家中举行，但关沫南父亲，以及他父亲的上级领导、一个曾经参加过苏维埃十月革命的老布尔什维克及担负着同第三国际之间情报工作的老战士，并没有和"读书会"发生任何关联。到了1940年，关沫南受命在道外一个日伪势力相对薄弱的职业学校发展了"读书会"的第一个分支机构，扩大了反满抗日的队伍。

在"读书会"活动期间，也是关沫南的创作鼎盛时期。文艺思想的变化凸显在他的整个创作活动中。就在这段时期，他相继发表了二三十个短篇，三部中篇和两部长篇。长篇小说《沙地之秋》和《落雾时节》，几乎同时在《大北新报》和《滨江日报》上连载。关沫南这个时期的小说创作完全摆脱了早期创作中摹仿鲁迅的痕迹。其题材则选取日伪统治下的现实生活，揭示沦陷区人民在民族和阶级的双重剥削压迫下的悲惨生活和反抗斗争。如果说三年前出版的《磋砣》，揭露抨击的是"剥脱了世纪精神的人"，那么，这个时期他底小说矛头所向，就是直接指向日伪统治当局。长篇小说《沙地之秋》，反映了沦陷区的青年不甘沉沦，积极从事反日文化活动，及至最终投向革命。《沙地之秋》准确地折射出了关沫南和"读书会"的伙伴们的真实生活，而且写得真切动人。而《落雾时节》则是以关沫南的满族亲友的生活为基本素材，描写一个满族封建大家庭在日寇侵入后走向没落、分化的故事。而家族中的一部分进步青年，则通过思考，认清了现实，踏上民族解放的斗争之路。可惜的是，这两部长篇小说还没有写完，关沫南就被日伪当局抓捕了去。

"读书会"成员中有一些人后来奔赴关内冀鲁边区，参加了共产党、八路军直接领导的抗击日寇的第一线斗争，这其中包括陈紫、秦占亚、佟世铎三位共产党员在内。

关沫南他们的活动引起了日伪统治当局的密切注意，由于他们还没有明显的"越轨"行为，因而，占领当局也就没有马上采取行动。但是一个相应的甚为险恶的阴谋出笼了。1940年11月，日伪当局专门调来几位所谓"本土作家"，指名道姓要与关沫南、王光逖、陈隄三人举行所谓的"日满作家座谈会"。其真实目的，并非泛泛的"座谈交流"，而是针对他们这些有着明显左翼倾向，且心怀不满欲推翻侵略者正在施行的"大东亚共荣圈"的中国左翼文人的引蛇出洞策略。

一年后，1941年12月8日，以轰炸珍珠港美军基地开始的太平洋战争爆发。次日，当记者消息灵通的王光逖分头找到了关沫南和陈隄，对他们说："看来很有可能被捕。我们要逃，怕是逃不了的，特务可能早盯上我们了。"

果然，不出王光逖所料，就在1941年12月的中下旬里，日伪当局在东北全境一连搞了两次大逮捕，尤以哈尔滨声势更大，凡是被他们视为"不稳定分子"的文人，全在网中。这就是沦陷区历史上著名的"哈尔滨左翼文学事件"。由于在敌伪档案中有"关雁事件"的称谓，故实际上关沫南是他们要抓的头号左翼文人。关雁，是关沫南在哈尔滨邮局任雇员用的化名。王光逖、关沫南、陈隄三人遭逮捕，先后不过24小时。以后，受到株连的还有艾循、沙郁、丁宁等十多位"读书会"的成员，其中二人惨死在狱中。后来，因上了日本本部的"危险分子"名单，十个月后，关沫南和王光逖又被解往了伪满新京(长春)"首都警察厅"关押。

关于这次事件，可以参见森村诚一先生的作品《一位斯文的抗日战士》。

在中国拥有成千上万读者的日本当代作家森村诚一先生，为撰写当年日军推行灭绝人性的细菌战的"七三一部队"一书，于上一世纪八十年代初来到中国哈尔滨。在其随后撰写的《一位斯文的抗日战士》一文中，他这样评价关沫南：

> 关沫南先生个子不高，一眼就可以看出是位体弱多病的人。他谈吐文静，气度斯文。然而，从在车里的谈话中我才知道此人在战争期间的经历，他曾以共产党领导下的人员的身份参加抗日运动，并且在送往七三一部队之前偶得幸免。
>
> 我怎么也没有料到，在他那稳重的风度和单薄的身躯里，竟也潜刻着一段惊人的抗日经历。
>
> ……

森村诚一先生深有感触地这样写道：

> 刚一踏上哈尔滨，便会见到一位声望卓著的证人，于是，我们对七三一现场的考察，就从这位抗日作家栩栩如生的叙述中开始拉开了帷幕。

下面，森村诚一先生亲笔记录了关沫南对他的讲述：

“我是在1941年12月31日的深夜，被几个日本宪兵逮捕的。他们把我的脑袋用灯火管制时挂的窗帘蒙紧；——这种窗帘用黑布作面，红布作里，然后一边一个人架起两只胳膊就拉出房外，推上汽车，不停地跑了三十多分钟。因为当时住在哈尔滨的左翼作家都是在这天夜里被捕的，所以曾把这次事件称作‘12·31事件’，别名也叫哈尔滨左翼文学事件。

“被捕后，我被监禁在靠近松花江边的一个秘密监狱里。这个监狱是在现今哈尔滨中央大街和友谊路的拐角处，当时是挂着一块‘松花塾’的牌子，从外表上看，这地方只不过是一栋老百姓的普通平房，所以在市民里任谁都不知道它竟是一座监狱。

“整个禁闭室里，只有一个安有铁条的小窗户，它开在墙的高处，任凭跷脚或蹦高都看不到外面的情景。这一带有一座白俄的教堂，还有一个有轨电车的终点站，根据传来的钟声，电车进站和倒车时搬道岔的声音，我们揣度出这间监狱的位置。

“在我们搞地下活动的期间，有三个特务混进了我们的组织，对我们进行了三年多的侦查，完全掌握了内部情况。当我们被捕受审时，日本方面早已在事前搞完了调查，对我们的活动情况了解得十分详细。

“这三个特务当中，一个是外县的共产党员，被捕后叛变，出卖了党的组织，另一个人，他的妻子还是共青团员，最后一个是伪装分子，一直靠近我们，三年来我们也始终把他当成了同志。这期间，我们一举一动，他们都向上司作了汇报。

“我们被捕的另一个理由是，日本人把我们在东北各报刊发表的文学作品翻译了过去，并当成了证据。

“我从十六七岁开始搞创作，21岁被捕，到这时已经写出四十多个短篇和两个长篇。其中有的在被捕时还正由报纸连载。（指《沙地之秋》和《落雾时节》。）

“被捕的人全是左翼作家和游击队队员。其中也有满铁的左翼杂志《满洲评论》的编辑和建国大学的教授。被投入‘松花塾’监狱的人，他们的下场并不是完全一样的。从写在‘松花塾’墙壁的血书上可以使人想象得到，他们中大部分人是在搞绝食斗争中饿死了，当然也有被惨杀的，还有包括我在内的一些人，因为被转押到长春，算是死里逃生的。我想有些人是被送到七三一部队去了，这些人里根本没有一个是活着出来的。

“我所以能活下来，是由于当时日军对所谓共产主义作家的这种人感到很稀奇，因此要进行观察的缘故。

“被捕后对我施加的暴行是，曾经用竹剑劈头盖脸的打过，再就是拳打脚踢。不过对‘12·31’事件之前被捕的人，曾经往嘴里灌水，往身上过电的办法进行过拷问，结果有两个人招了供，我们这些人在他们出具证言的半年以后便也被捕了。

“我也被拷问过，但我说：我是一个左翼作家，是遵照共产主义的精神写作的，也就利用所谓文学手段去宣传共产主义，但是我同共产党并没有任何关系的。我就这样坚持着，始终没有改口。

“关押被捕者的地方是各种各样的。除了这个‘松花塾’，还有关在日本领事馆的，也有关在宪兵队的本部的，这类的监狱，在市内多得很。它们同哈尔滨宪兵队、哈尔滨市警察局特高课和特务机关都有紧密的联系。

“我被转移到长春以后，同在监狱里认识的一个妇女结了婚。我的一些家属，也曾经被说成是跟我一起搞抗日活动被抓了起来，遭到同样的刑讯，后来查明同我没有联系才把他们释放了。

“无论抓和放人，都是把人用灯火管制使的窗布蒙上眼睛，用汽车拉着在市内来回转几圈，以免暴露关押的地方。

“向日本当局出卖我的是叛变的左翼作家大内隆雄和藤田菱花。这两个人翻译了我的作品，并把作品当做了我的罪状。据我了解，藤田是个特务，早在满洲还当过土匪，同事们都不知道他是个日本人。他的中国话说得十分流畅，毛笔字写得也很好。此外，他懂中国的古诗，特别是唐诗，也还吸鸦片，因而没有一个人会想到他能是个日本人。日军刚一侵占东北，藤田马上就在长春以作家的身份露面了。”

记录至此，森村诚一先生的笔调变得格外沉重起来。他写道：

关沫南先生用一种抑制的语气，淡淡地谈了以上的话。

从他那稳重的风度上，根本看不出他曾经是在残酷镇压的风暴中拼搏过来的人。但是他那瘦弱的身躯，寡言少动的作风，又使人感到他确是一个在长期的抗日运动中经受过千锤百炼的人。

关沫南在敌人的监狱里度过了三年的铁窗生活，在敌人面前，他充分展现了作为一个中华民族优秀儿女的崇高气节。由于敌人始终查找不到他和共产党有什么组织联系，日伪当局遂于1944年10月判决他五年监外执行而假释。出狱后他曾试图逃往关内去延安，但终因日伪当局监视过于严密而被迫放弃。1945年8月15日，日本天皇宣布无条件投降，而就在同一时刻苏联红军以摧枯拉朽之势一举击垮了号称百万之众的日军精锐部队关东军，进而，解放了长春和沈阳等地。此时，流落隐居在吉林伊通县东尖山屯的关沫南闻讯后，竟然一口气步行走了140多里地赶到长春寻找党。当时，长春虽说由苏军临时管理，而国民党妄图抢夺胜利果实，共产党仍然处于地下状态。然而幸运的是，苏军当局不仅知道关沫南的一些情况，而且还因其父亲同第三国际的关系厚待了他。据他本人向我讲述，当时的苏联驻军司令华西列夫斯基将军(后晋升为元帅)还亲切地接见了他。于是，年仅26岁的关沫南利用苏军打开的日军仓库里的白报纸，创办了《新群》杂志并担任总编辑。他在《新群》杂志上撰文介绍中国共产党和革命文学。与此同时，为引起地下党的注意，关沫南还特地用大号字体刊出自己早在被捕前就有了一定影响的笔名关沫南，在《新群》杂志上连载长篇自传体报告文学《我与文学与牢狱》，用这种独特的方式向地下党汇报自己在入狱前后的经历。果然，《新群》创刊号出刊不多久，当时尚处于地下状态的中共长春地区工委即派人与他联系上了。1946年12月，鉴于他在敌人面前的出色表现，关沫南光荣地加入了心仪已久的中国共产党，并担任了东北作家联盟的驻会执委。关沫南先生在一次谈话中告诉我，解放战争全面开始后，组织上欲派他随同林罗大军入关，进而进入国统区做上层国民党东北人士的工作。后来，由于南京、上海等地的报纸上相继出现了介绍他的情况的文章，这个计划被撤销了。

就在1941年12月31日关沫南被捕后不久的次年，他那任第三国际情报员的父亲被日本特高课的宪兵抓捕。父亲被抓捕时一脸从容，后被严刑折磨而死在狱中。同他一样，父亲什么也没有透露。父亲牺牲五个小时后，才被砸去两脚上的沉重铁镣草草埋葬。

在上一世纪三四十年代，在内无粮草基地、外无援军的特殊环境中，由中国共产党领导的东北抗日民主联军，在冰天雪地和丛山密林中进行了长达14年之久的艰苦卓绝的斗争，从而为中国人民的抗日战争史，以及世界反法西斯战争史，写下了光辉的一页。在这场惊天地、泣鬼神气壮山河的斗争中，数以十万计的共产党人和各界爱国志士前仆后继，直至流尽最后一滴血。他们的不朽业绩，高昂的民族气节，视死如归的大无畏精神，是一大笔丰厚的中华民族世代相承的宝贵财富。因而，用文学的形式将其形象地记录下来，是任何一位有良知的作家特别是东北作家责无旁贷的义务，也是东北文学史上不可缺少的篇章。而关沫南最早意识到了这一点。他产生“抗联小说”的创作动机，最早在敌人的监狱里就萌生。在狱中三年，他得以和那些东北抗联战士生活在一起。抗联战士在敌人面前坚贞不屈、视死如归的英雄形象，以及终日听他们讲述在白山黑水之间痛打日寇的战斗故事，艰苦卓绝的生活环境，革命必胜的乐观主义精神，给了他终生难忘的记忆和教育。诚如他在1946年所写的《关于东北新文艺运动》一文中指出的那样，我们的文学不反映抗联这样的斗争，将是“一个大的缺陷”。之后，他有意识地搜集这方面的素材。建国前夕，他被一度调去任松江省政府秘书，有幸在著名的东北抗联将领李兆麟、冯仲云身边工作，尔后，又担任了《东北日报》、《松江日报》的编委，并参与对松江省文联、省委宣传部的文化负责工作。在李、冯身边工作，使他进一步熟悉和大大丰富了抗战时期我东北地下党和抗日民主联军的斗争史料。建国初期，他又有幸参加了东北烈士纪念馆的筹建领导工作，广为收集、整理东北地下党及其抗联的珍贵资料。上述这所有一切，都为他后来潜心创作抗联小说奠定了坚实的基础，最终为东北文学史、中国现代文学史、抗日战争史、世界反法西斯战争史，留下了独特而又可贵的篇章。

关沫南的抗联小说，不仅具有保存那一特定时期英雄业绩的史料价值，而且也为革命历史题材的创作提供了宝贵的经验。更重要的是，笔者在此要强调说明的，迄今为止，在中国文坛上，还没有一个人，像关沫南那样拥有如此之多的切身体会，又如此贴近真实反映我中国共产党领导下的东北抗联战士斗争、生活的作品。

关沫南抗联小说的艺术价值也是无与伦比的，具有极大的震撼力。

例如，关沫南在其短篇小说《赤脚的人》中，为我们塑造了一个因在战争中负伤而掉了队的抗联战士形象。

关沫南笔下的何友才，是一位普通的抗联战士。在一次同日寇的血战中，他身负重伤掉了队。为了暂时的隐蔽，伤刚好，他就在当地群众的掩护下，赤着双脚给一家地主当长工。他虽然寄人篱下，远离组织和同志，但在内心里却一刻“也不能离开党离开革命队伍”，总想着“回到自由和战斗的生活里去。”在《赤脚的人》中，有这么一个情节：何友才光着一双脚在大雪天里为地主干活，地主陈恒仁的小老婆想勾引他，可何友才就是埋头干活不去搭理她。这样一来，女人就用话来撩拨他：

> “你这人真不是凡人，就一点也不动心?”
>
> “我是赤脚罗汉，不是凡人!”何友才也俏皮地回答她。
>
> “噢，你是说你光着脚?”
>
> “光着脚冻脚就够呛了，再冻(动)心就得挺尸了!”
>
> 这个女人就为他买来一双新靰鞡。在一个大清早，何友才穿起这双新靰鞡离开了土财主家，找部队去了。土财主的小老婆对何友才的举动想不透，心里叨念：
>
> “这人真怪，这有吃有住，又有女人赶着跟他，可是他在这么大雪天里倒跑了!”

关沫南笔下的语言是多么的自然、风趣而又传神!

又如，小说《在镜泊湖边》中，关沫南又为我们奉上了一个栩栩如生视死如归的抗日英雄形象。这回，他描写的是时为抗联第一路军第二师师长的满族爱国抗日将领陈翰章。当写到这支部队遭到日寇围剿，于弹尽粮绝、战士战死、自己身负重伤奄奄一息时，关沫南是这样来形容这最后的壮烈一幕的：

> 虽然他的身子已经不能动了，但他还有一口气，他破口大骂，骂那

些汉奸走狗，骂那些侵略者强盗。一个日寇指挥官，从腰里拔出来一柄尖刀，上来剜他的两眼。他脑袋晃着，越发骂得厉害。最后他的脸和眼皮被割得刀痕零乱，两眼被剜出去了。他的血也流干了。在他咽下最后一口气以前，他用了全身的力量喊：

“中国共产党万岁！”

“抗日战争胜利万岁！”

读着这用血和泪凝成的悲壮一幕，怎能不让读者感叹我抗日英雄高昂民族气节，怎能不平添对日本侵略者的刻骨仇恨呢！

就在1987年11月28日夜间这场为时三个小时的谈话结束前，关沫南分外关切的询问了我的创作和相关情况。我告诉他我现正寓居在南方，最终将调回南方工作。他点点头说，叶落归根，还是回南方去吧！为此，他当即执笔给在苏州的中国作家协会副主席陆文夫写了一封热情洋溢的推荐信，信上说：“请您今后在文学事业和创作上多多帮助和关照他。”12天后，我途经北京，萧军先生在同一封信上写下了以下的话：

文夫同志：

我也求一份“人情”，希望您在可能范围内，给贺金祥同志以大力协助，果所至盼者。

祝

好！

萧军

1987.12.10

次年4月6日，他又一次提笔，给居住在上海新四军出身的著名女作家茹志鹃写了信。后来，我到上海，茹志鹃老师在家中亲切地接待了我。

1989年6月间，正在江南无锡的我突患重病住进了医院。关沫南闻讯后，给我写来了热情洋溢的信。虽然当时他也在病中。读着他来信中语重心长的一些话，我深深地感受到作为一个老共产党人的宽阔胸怀，以及他同我之间那种亦师亦父的特殊感情，这对于我这个早已失却父母又历经生死磨难的人，是多么的难能可贵啊！

1990年，从初春到仲夏、金秋、直到进入寒冬季节，我在哈尔滨太阳岛疗病，从而有更多的机会同这位老革命、文学前辈接触。我几乎每个星期都要渡过松花江去南岗耀景街。每次我去，老俩口就像接待自己的亲生儿子般盛情依旧。因之，我也就更多地了解了他，他过去的一切。他几乎没有同我提及他在十年浩劫中所受到的非人遭遇。由于他被日本人关押了近四年，他被诬指为“叛徒”，由于他同第三国际的那么一点联系和解放东北的苏联红军将帅的友谊，他又被打成了“苏修特务”，以致于“文革”初被逮捕监禁，一次次被折磨，他始终不承认造反派和别有用心的人强加在他身上的那些莫须有的罪名。但对于这一段历史，他很少同人讲述。可以看得出，作为一名老共产党人，他对祖国对人民的一往情深和无限忠诚，从而也深深影响了我。

当1993年的春天到来的时候，江南大地多处城市向我张开了手臂，我终于实现了自己的夙愿，最终以人才引进这个最为公平、公正的方式，回归了离别达四分之一个世纪的江南水乡，我选择了紧邻大上海的新兴开放型城市昆山。当我去向他道别的时候，他紧紧地握着我的手，为我高兴，为我庆贺。我呢，心中自是激动万分。这几年中同他的频繁交往、叙谈，自是获益匪浅，尤其是进一步端正了为人为文的正确方向，大大增强了自己对祖国对人民的忠贞信念。我与他之间，可以这么说，有一种割舍不断的情愫。正是他的人格魅力对我的巨大影响力，使得我在一次又一次的逆境中不致迷失方向。也正是在他的表率作用下，他的两位后任，后来担任《人民文学》杂志主编的程树榛，以及担任省文化厅长和黑龙江日报社社长的贾宏图同志，接力棒似地给予了我富有成效的帮助。至今，我与他们之间保持着极为密切的联系。

1994年1月，台湾国民党喉舌《中央日报》以两个整版的篇幅，刊发了攻讦鲁迅及萧红、萧军、骆宾基、端木蕻良等大陆左翼作家的长文。我见后，当即中断两部长篇小说的修改，遍查史料，在众多文坛前辈的强有力支持下，以自己同萧军长达九年交往的亲历和同关沫南等历史见证人印证的史实，在《文艺报》上发表了题为《关于萧军与萧红的一些史料》的长文，有力地回击了境外敌对势力欲图破坏鲁迅旗帜下左翼文学队伍团结的阴谋。关沫南读后，一再在电话中表示声援。自那时起，我步入了一个崭新的高扬民族魂的学术研究领域，先后四次同歪曲史实、歪曲鲁迅精神的行为作公开的不调和的斗争，发表、出版了200余万字的研究作品。每每回顾已经取得的成就，我的眼前就会闪现出萧军、关沫南两位前辈慈祥而又殷殷期盼的脸庞。

关沫南走了，走得有些匆促，走得有些遗憾。他为我们留下了数百万字的小说、散文、电影剧本等。早年有短篇小说集《磋砣》、《战斗中的友谊》、《在镜泊湖边》，长篇小说《落雾时节》、《沙地之秋》、《险境》、《岸上硝烟》、《雾暗霞明》，电影《冰雪金达莱》等。新时期以来，又有散文集《汤旺河上的早霞》、《流逝的恋情》、《春花秋月集》等先后问世。这其中，尤以反映东北抗联题材的小说和电影，影响广泛而蜚声文坛。而他在日寇占领期间写下的众多具有高昂民族气节的作品，则是一笔丰厚的左翼文学遗产。他的文学创作生涯始终和我们民族的命运息息相关。他是一位著名的左翼作家，值得我们为之书上一笔的革命志士、老共产党人。

作为曾长期受到过他们恩泽、教诲的晚辈作家，我将义无反顾地继续走自己的路，把以鲁迅为代表的左翼文学研究事业进行到底，将昔日东北作家群对祖国、民族、人民的献身精神传承下去。

（本文全文刊于2006年第2期《新文学史料》）

对“国防文学”口号若干问题的再探

距今68年前，即鲁迅逝世的1936年，本来就不太平静的上海文坛爆发了“国防文学”和“民族革命战争的大众文学”两个口号的激烈论争。由于有冯雪峰和鲁迅的积极参与，加之徐懋庸凭着年轻人的直率与贸然写给鲁迅那封多有指责的信，论争的另一方，也就是提出和拥护“国防文学”口号的一方，从此背上了沉重的包袱。这一背，就是几十年，及至到了三十年后那场混淆黑白的“文革”中，江青为达到不可告人的目的，将当年的“左联”成员几乎一网打尽，对包括周扬在内的一大批左翼作家进行了残酷的迫害，并依此泡制出了一条所谓的“三十年代文艺黑线”。

由周扬等人率先提出的“国防文学”口号，究竟是怎样一回事？它真的是王明投降主义路线的产物吗？这是本文要进一步探析的问题。

今年二月，笔者随同中国作家协会代表团访问台湾期间，专程前往台北县新店拜访了年届95岁的胡秋原先生，并从胡秋原先生半个多世纪前的回忆中，了解到了当年《救国时报》的一些情况和著名的《八一宣言》产生的点滴内情。几个月来，结合查阅大量历史资料，笔者重读了鲁迅、冯雪峰、胡风、周扬、徐懋庸等当事人写的一系列文章，参阅了相关那个年头的中共中央文献资料，遂撰写了此文。

关于“国防文学”口号产生的背景

有关“国防文学”的提法，早在1934年和1935年，周扬和周立波等人就相继写了两篇谈“国防文学”的短文，主要介绍苏联有“国防文学”的提法。上世纪八十年代初，周扬在与中宣部有关人员座谈总结三十年代上海左翼文艺运动的经验与得失时，作了这样的诠释：……那时，我们都是受苏联的影响，看苏联的文艺动向，苏联怎样提，我们就跟着做。1935年春，上海地下党组织遭到严重破坏。地下文委阳翰笙、田汉等被捕了，只剩下我和夏衍两个人，不久，夏衍也一度离开上海。有段时期，几乎只剩下我一个人孤军作战，跟中央完全失去了联系，处境要说有多困难就有多困难。苏灵扬（周扬夫人）从一个德国人开的“时代精神”书店里，买到一本共产国际的机关刊物《国际通讯》，我从这本刊物上读到季米特洛夫在共产国际大会上的报告。随后又在这个书店里买到了一份《救国时报》，上面刊有党的《八一宣言》，读到真是兴奋得不得了。知道党在号召建立广大的反法西斯统一战线，觉得上海文艺界也应当开展抗日民族统一战线的工作，于是就正式提出“国防文学”的口号。[①]

周扬还进一步诠释道：在那样的处境下，当然不可能在党内充分酝酿讨论，加上我们当时对鲁迅不够尊重，也没有去向他请教。[②]

笔者认为，周扬以上表述，比较符合当时的情况。相隔四十年后，他屡屡作出的有关“对鲁迅不够尊重”的反思和检讨，正是当年导致鲁迅“不满”的原因所在，最终，爆发了一场旷日持久令亲者痛仇者快给左翼文学队伍团结以重创的激烈论战。而这场论战本来是可以避免的。周扬的责任是重大的，而冯雪峰也负有一定的不可推卸的责任。笔者认为，冯雪峰的这个责任，既是过失性的，同时，也存在着明显的偏见，及有选择的先入为主的主观主义倾向。

“国防文学”口号是王明右倾投降主义路线的产物吗？

1972年，在北京鲁迅博物馆召开的一次座谈会上，冯雪峰作了如下的

表述：③

“周扬是跟王明路线跑的，当时并没有怀疑他来自敌人方面。鲁迅先生在答徐懋庸的那篇文章中说：‘我甚至怀疑过他们是否系敌人所派遣’。意思是说周扬等人当时的行动已到了和敌人派进来破坏的人差不多了。并不是说他们真的是敌人所派遣。但周扬等人当时的言行却在竭力讨好国民党，表示要投降，这也和王明当时对国民党的态度一样的。”

由此及彼，涉及到“国防文学”的口号，叫做“没有阶级立场。”（冯雪峰语）

何谓“没有阶级立场”？照此说法，岂不是1935年12月经张浩传达共产国际七大精神和党的《八一宣言》之后，中共中央、毛泽东在一系列文件、讲话及致蒋介石等人电报中强调成立“国防政府”的主张，不同样是“没有阶级立场”了吗?!

在这里，第一，我们需要搞清楚的是，王明“右倾投降主义路线”产生于何年何月。

众所周知的史实表明，王明自左向右转，其间有一个演变的过程。

冯雪峰表述中的“当时”，无可非议指的是1936年。1936年远在万里之外莫斯科的王明，正担任着中共驻共产国际的代表团团长。1937年11月29日，王明、康生等人，在苏联顾问和先期自苏联归国的中共驻新疆代表陈云的陪同下，乘坐苏联军用飞机抵达延安时，受到了站立在漫天飞舞大雪中的毛泽东、张闻天、张国焘、周恩来等中央领导人和上千名党、政、军、民、学各界人士的热烈欢迎。就在机场举行的欢迎大会上，冒着凛冽刺骨的寒风，毛泽东称王明他们是“昆仑山下来的神仙”，是“马克思给我们送来了天兵天将。”④由此可见，压根没有什么“王明投降主义路线”一说。确切一点地说，后来被毛泽东不止一次斥之为“王明右倾”的具体时间，是在1938年之后，即王明就任武汉中央局书记期间形成的，而其主要的问题，或曰症结所在，也是同他与延安毛泽东分庭抗礼是分不开的。及至发展到最后“一切服从统一战线”，唯蒋介石和“国民政府”是从。

第二，关于《八一宣言》的性质、内容及其他。

笔者在前文已经引述过了：“国防文学”口号的产生，源自于党的《八一宣言》。

《八一宣言》的全称是《中国苏维埃政府、中国共产党中央为抗日救国告全国同胞书》，由于其对外发布的时间为1935年8月1日，故又称《八一宣言》。[5]《八一宣言》由时任中共驻共产国际代表团团长王明亲自酝酿亲笔撰写，复经代表团全体成员持续数日反复讨论通过。纵观全文，经讨论、修改后的《八一宣言》，决非是什么“右”，而是字里行间处处可见旗帜鲜明的“左”，乃至名符其实的极左。此外，更重要也更持原则立场的是，全文自始至终，没有一处不谴责日寇和汉奸卖国贼，没有一处不维护民族利益，没有一处放弃中共的发起参与权和领导权。因而，《宣言》也断非存在其时在莫斯科的王明有什么对国民党“竭力讨好”和“表示要投降”的说法或意思。

请看，《八一宣言》一开首，便沉痛有力地宣告道：

> 国内外工农军政商学各界同胞们！
>
> 日本帝国主义加紧对我进攻，南京卖国政府步步投降，我北方各省又继东北四省之后而实际沦亡了！

请读者们看仔细了：《宣言》一开始便将蒋介石政权呼之为“南京政府步步投降”，你能说这是“右”么？能说王明在此“竭力讨好国民党”和“要投降”吗？

紧随着，在“近年来，我国家、我民族，已处在千钧一发的生死关头。抗日则生，不抗日则死，抗日救国，已成为每个同胞的神圣天职！”（文中着重点为《宣言》原有，下同——秋石注）的救亡呼吁之后，再次强烈谴责了蒋介石政权推行媚日投降政策和出卖主权的种种逆行：

> 然而最痛心的，在我们伟大民族中间，却发现着少数人面兽心的败类！蒋介石、汪精卫、张学良等卖国贼，黄郛、杨永泰、王揖唐、张群等老汉奸，数年以来，以“不抵抗”政策出卖我领土，以“逆来顺受”主张接受日寇一切要求，以“攘外必先安内”武断宣传来进行内战和压迫一切反帝运动，以“十年生聚”、“十年教养”、“准备复仇”等骗人口号来制止人民抗日救国行动，以“等待第二次世界大战来了再说”的狡计来迫使人民坐以待亡。而最近以来，汉奸卖国贼等在“中日亲善”、“中日合作”和“大亚细亚主义”等口号之下，所作的降日卖国之露骨无耻行为，简直是古今中外未有之奇闻！日寇要求撤退于学忠、宋哲元等军队，这些军队便立刻奉令南下西开去进行内战了；日寇要求撤退某些军政长官，某些

军政长官便立刻被撤职了；日寇要求河北省政府迁出天津，省政府便立刻搬到保定了；日寇要求封禁某些报章杂志，那些报章杂志便立刻被封禁了；日寇要求惩办《新生》等杂志主笔和新闻记者，《新生》主笔和许多记者便立刻被逮捕监禁了；日寇要求中国政府实行奴化教育，蒋贼便立刻焚书坑儒了；日寇要求中国聘请日本顾问，蒋贼的军政机关便立刻开门揖盗了；甚至日寇要求解散国民党党部，北方厦门等地国民党党部便立刻奉命解散了；日寇要求解散蓝衣社组织，蓝衣社北方领袖曾扩情、蒋孝先等便闻风潜逃了。

继之，《宣言》又一个大义凛然地庄严宣告：

中国苏维埃政府和共产党人认为日寇和汉奸卖国贼对我国这些行动，是中华民族的无上耻辱！苏维埃政府和共产党郑重宣言：我们不仅对于日寇对我国的领土侵略和内政干涉，表示激烈的反抗；就是对于日寇提出的解散国民党党部和蓝衣社组织底要求，也表示坚决的抗议。在共产党及苏维埃政府看来：一切中国人的事，应由中国人自己解决，无论国民党和蓝衣社卖国殃民的罪恶如何滔天，但其应否存废问题，日寇绝无置喙的余地。

《宣言》在一一列数各地及国民党内爱国将领英勇抗日的事迹后，号召各党各派和全国同胞：

大家起来！冲破日寇蒋贼的万重压迫，勇敢地：

与苏维埃政府和东北各地抗日政府一起组织全中国统一的国防政府；与红军和东北人民革命军及各种反日义勇军一块组织全中国统一的抗日联军。

关于联蒋抗日问题，尽管《八一宣言》对蒋介石多有指责，但还是提出了与之停止内战、联手抗日这一宗旨。《宣言》是这样强调的：

……当今我亡国灭种大祸迫在眉睫之时，共产党和苏维埃政府再一次向全体同胞呼吁：无论各党派间在过去和现在有任何政见和利害的不同，无论各界同胞间有任何意见上或利益上的差异，无论各军队间过去和现在有任何敌对行动，大家都应当有"兄弟阋墙外御其侮"的真诚觉悟，首先大家都应当停止内战，以便集中一切国力（人力、物力、财力、武力等）去为抗日救国的神圣事业而奋斗。苏维埃政府和共产党特再一次郑重宣言：只要国民党军队停止进攻苏区行动，只要任何部队实行对日抗战，不管过去和现在他们与红军之间有任何旧仇宿怨，不管他们与红军之间在对内问题上有任何分歧，红军不仅立刻对之停止敌对行动，而且愿意与之亲密携手共同救国。

第三，《八一宣言》中有关联蒋抗日、成立国防政府和统一的抗日联军的提议，起草者还征询了遭蒋介石通缉流亡在外、时任《救国时报》主笔的无党派人士胡秋原先生的意见。

1935 年 7 月 31 日晚，王明将胡秋原接到自己的寓所。他手持将于次日共产国际第七次代表大会的发言稿，诚恳地对胡秋原说道："这次大会就是要将共产国际反战反法西斯的新政策正式向全世界宣告。明天轮到我发言，我将以告全国民众的宣言方式讲话。此文关系重大，特请你加以斧正。"胡秋原看后表示了赞同。而王明又进一步诚恳地说道："老实说，这里也受了你在《救国时报》上那些文章的影响，而且还借用了你的若干文句。"后来，在王明的一再要求下，胡秋原谈出了自己的看法："这篇宣言虽然是对全国同胞的申诉，毕竟国民党才是主要对象。原则上，对国民党的不抵抗政策，固然应该批评，但是，对于国民党转向抵抗政策，不能不抱着殷切的希望，所以，在提到国民党的地方，行文就以留有余地为宜。"⑥王明听后，欣然接受了胡秋原的这一中肯意见。大会结束后，这份宣言被译成数十种文字，迅速发往了世界各地，在国内风起云涌的抗日战场上产生了甚为深远的影响。

值得指出的是，长期以来，存在着这么一种模糊认识，说《八一宣言》并不为陕北中共中央看好。甚至连最早提出"国防文学"口号的周扬本人也存在着这种模糊认识。1978 年 4 月，他在接受赵浩生访谈时这样指出："国防文学"口号提出，是上海地下党决定的，没有中央的指示。这是根据当时形势的需要和共产国际的文件，以及当时党的《八一宣言》。当然党的《八一宣言》也是在莫斯科搞的，我们的党没有承认这个《八一宣言》。但是总的纲领是毛主席提出的"抗日民族统一战线"。⑦

然而，史实恰恰与之相反：《八一宣言》还是被包括毛泽东在内的我们的党所肯定与广泛运用、宣传。

附带在这里说明一下，在毛泽东和中共中央对内对外发布的各项文件、指示、电报中，对于共产国际和《八一宣言》提出的联蒋抗日这一问题上，并不是一下子就完全理解了的。在张浩传达完共产国际七大和王明所发布的《八一宣言》的精神后，1935 年 12 月瓦窑堡会议虽然作出了建立抗日民族统一战线的新策略的决议，但决议仍然坚持强调："当前主要的敌人：日本帝国主义与卖国贼头子蒋介石。"之后，直到八个月后，亦即《八一宣言》发布整一年后的 1936 年 8 月 15 日，共产国际执委会书记处致电中共中央书记处，指出："把蒋介石和日本侵略者相提并论是不对的。这个观点在政治上是错误的。因为日本帝国主义是中国人民的主要敌人。在现阶段，一切都应服从于对日本帝国主义的斗争。要真正武装抗日，还必须有蒋介石或他的绝大部分军队参加。""中国共产党和红军首长必须正式向国民党和蒋介石提出立即停止内战，开始谈判和签订共同对日作战协定的建议。"

共产国际的上述电文发出十天后，由毛泽东起草的《中国共产党致国民党书》，在强调中国共产党发布并倡导的《八一宣言》原则的同时，正式提出了同国民党联手抗日的主张。共产国际的这个电文，也为和平解决四个月后发生的西安事变起到了极其重要的作用。

1937 年 10 月，面对全国范围内的抗日形势，为统一全党认识，毛泽东亲自起草了《目前抗战形势与党的任务报告提纲》。在这个提纲中，毛泽东将《八一宣言》中的有关各点一一加以细化。毛泽东写道：

> ……
>
> 第三部，如何争取抗战的胜利。
>
> 一、扩大与巩固国共两党合作为基础的抗日民族统一战线。
>
> (一) 首先必须向党外人士说明，统一战线的基本条件是抗日，"抗日高于一切"，民主民生均在其次。
>
> (二) 统一战线的内容是：
>
> 1. 各党派的抗日合作；
>
> 2. 统一的国防政府；
>
> 3. 统一的国防军；

4. 统一的民众团体。

……

（三）统一战线内各党各派合作的目的是："互相帮助，互相发展"……如我们对国民党及国民党各派的态度，是帮助他们的发展、巩固与团结，不是削弱它分化它（对国民党各派如CC、黄埔、复兴社、法西斯问题）。

……在国民政府的基础上建立统一的国防政府。

"在国民政府的基础上建立统一的国防政府"，这一提法，极其生动形象地展示了中共中央和毛泽东为全面、正确贯彻执行共产国际指示和《八一宣言》精神，最终完成从反蒋到拥蒋抗日的痛苦而又必须的转变过程。

鲁迅为何反对"国防文学"口号及后来态度

本来，在这之前，在有关解散"左联"的问题上，由于没有能够很好地尊重鲁迅的意见，且在鲁迅一再退让的情况下，仍不愿意按照鲁迅的最低要求，即发表一个解散宣言，从而引起了鲁迅的极大不满。其次，周扬等人提出"国防文学"口号，一不于事先同鲁迅蹉商，二不在提出的同时向鲁迅作任何解释及出示刊有《八一宣言》的《救国时报》。由于鲁迅"当时处境不自由，不能广泛联系群众"（毛泽东语），他不可能也无法知道中国共产党于1935年8月1日向外发布了联蒋联合全国同胞一致抗日的宣言，因而有误解也是正常的。在鲁迅逝世十六年后，冯雪峰这样写道："不过，据我了解，对于抗日民族统一战线政策，鲁迅先生在当初确实不太明了，并且曾经怀疑过的。由于在当时国民党统治区言论依旧极端不自由，在上海的报纸杂志上自然不容易看得见关于我党政策的正确解释的文章，我党中央的正确意见他又无从知道，所以在最初他无从明了这是怎么一回事。"后来，即使是1936年4月冯雪峰自陕北抵达上海向他解释后，鲁迅仍然是"还有一些怀疑。……但他又几次都好像替他自己解释又好像保留意见似地说：'我不是别的，就只怕共产党又上当。'""很明白，他不以为然的是和国民党合作，主要是他不相信蒋介石会抗日。同时，他对于蒋介石和国民党反动统治的那种深恶痛绝的阶级仇恨，我觉得也是一个重要的原因；这个仇恨对他永远都是深刻而强烈的，到死都丝毫没有改变过的。”⑧

在同一文中，冯雪峰还引用了鲁迅对他说的话：

> “要一下子将压迫忘记得干干净净，是到底做不到的。以为压迫会轻起来，那也是做梦！……”
>
> “我确是不容易改变。就算记住敌人的仇也是一种错误罢，也就只好错误了。……不念旧恶，什么话！”

读着鲁迅上述的话语，对于鲁迅持有的“怀疑”和憎恨，我们也就不难理解他对成立“国防政府”、倡导“国防文学”口号的原则立场了。

在对待“国防文学”口号的态度上，鲁迅持“怀疑”和憎恨的另一个原因，茅盾先生生前有一个很好的说明。他在《“左联”的解散和两个口号的论争》一文（刊 1983 年第 2 期《新文学史料》）中作了这样的描写：

> 谈话也涉及当时已在报刊上讨论了两个多月的“国防文学”口号。我鉴于鲁迅对这个口号持怀疑的态度，所以也一直在观察，没有表态。鲁迅曾对我说：“国防文学”这个口号，我们可以用，敌人也可以用。至于周扬他们的口号内容实质到底是什么，我还要看看他们的口号下卖的是什么货色。后来夏衍的《赛金花》发表了，有人写文章把它树为“国防文学”的标本，鲁迅见了哈哈大笑道，原来他们的“国防文学”是这样的。鲁迅对“国防文学”口号的批评，着眼在它的阶级界线模糊，这是与他坚持“左联”不能解散，无产阶级领导权不能放松的思想一脉相承的。

茅盾先生晚年的这个说法，我们还可以从鲁迅先生逝世前所作的《“这也是生活”……》一文中找到答案。在《“这也是生活”……》（刊 1936 年 9 月 5 日《中流》半月刊 1 卷 1 期）的文章中，针对前些日子被某些人奉为“国防文学”代表作的夏衍所作的《赛金花》剧本，鲁迅先生以其固有的辛辣笔调予以了嘲讽。鲁迅先生写道：“作文已经有了‘最中心之主题’：连义和拳时代和德国统帅瓦德西睡了一些时候的赛金花，也早已封为九天护国娘娘了。”

鲁迅先生在其文中予以讽刺的“作文已经有了‘最中心之主题’”及有关

赛金花的时尚说法，均源自于1936年6月5日出版的《文学界》创刊号。在《文学界》创刊号上，分别登载了周扬为进一步阐述“国防文学”的主张而撰写的《关于国防文学——略评徐行先生的国防文学反对论》，以及由上海剧作者协会主持召开的《赛金花》剧本座谈会发言纪要。周扬的文章主要观点是：“反帝联合战线是现阶段殖民地或半殖民地国家的民族革命的主导策略”；“国防文学”一方面需要继承“五四”文学反帝反封建的革命传统，一方面立脚于民族革命高潮的现实上，把反帝反封建推进到一个新的阶段；“在统一的民族阵线上，我们在中间的或甚至落后的文学者中可以找着不少的同盟者，文学上的各种救亡的力量需要有一个新的配置”；“国防文学运动就是要号召各种阶层，各种派别的作家都站在民族的统一战线上，为制作与民族革命有关的艺术作品而共同努力。国防的主题应当成为汉奸以外的一切作家的作品之最中心的主题”；在“国防文学”创作中，“丝毫不看轻进步的世界观的烛照作用。”而由上海剧协主持的《赛金花》座谈会则认为：《赛金花》是在“国防戏剧”提出后，“第一次收获到一个很成功的作品”，“伟大的剧作”。但座谈会的发言者也指出了剧本存在的问题是：对帝国主义侵略者的残忍和民众的反帝情绪表现不够，“对赛金花则给予过多的同情”。

综上所述，若较真的话，亦即按照周扬提出的“最中心的主题”的说法，同为“国防文学”派主流人物夏衍用所谓“现实主义的方法”创作的《赛金花》，是应当摒除在“国防文学”或“国防戏剧”之外的，因为，这实实在在是汉奸文学或汉奸戏剧的一个命题。

妓女以身许与侵略者，描写妓女与侵略者头目淫乱以达到“救国”目的的戏剧，竟被奉为“国防戏剧”的“伟大的剧作”，这不仅仅是夏衍们的一大错位和逻辑思维的空前混乱，而且，究其本身，也是对“国防文学”宗旨的莫大讽刺和颠覆。因而，对于鲁迅所持的“怀疑”、憎恨，这既在情理之中，而人们也是能够理解的。相信现代人同样无法接受“妓女可以救国”的这种荒谬绝顶的歪论邪调。

在同一文中，茅盾先生还回顾道：

> 我曾听到夏衍讲，“国防文学”的口号是根据当时党驻第三国际的代表王明在《救国时报》上写的一篇文章和第三国际出版的《国际时事

通讯》上的文章而提出的。我问周扬是不是这样，周扬说是的，上海地下党与中央失掉了联系，所以这个口号是根据第三国际一些刊物上提出的口号照搬过来的。我们在政治上要搞抗日统一战线，在文学上也需要有相应的口号来代替从前的口号。他说，现在托派（指徐行）跳出来攻击“国防文学”了，这说明我们的口号是正确的。他问我对“国防文学”口号有什么看法。我说这个口号简单通俗，有其优点，但从已经发表的文章看，观点还很混乱，需要作正确的解释。

茅盾进而说明道：

> 讨论“国防文学”的文章最初见于一九三五年底，到三六年二月梢已经相当热闹了。也就在那时候，徐行抛出第一篇反对“国防文学”的文章《评国防文学》，他把“国防文学”说成是放弃无产阶级利益向资产阶级投降的口号。徐行这种观点当然是错误的，但是，它也从反面暴露了当时众多的“国防文学”论述中普遍忽略的一个问题：没有强调甚至没有谈到无产阶级在“国防文学”中的领导责任。至于这些文章中观点的混乱就更多了，徐懋庸写的一篇短文《中国文艺的前途》就是一例，我曾专门写了三篇短文批驳徐文……

有关徐行评论“国防文学”的文章，最早刊于1936年5月出版的《新东方》1卷3期上，其文章的全称是《我们现在需要什么文学》。在这篇文章中，徐行认为：“国防文学”的“理论家”现在“已经陷在爱国主义的污池里面了”。这也正是引发周扬撰写《关于国防文学——略评徐行先生的国防文学反对论》一文予以反击，并提出“国防的主题应当成为汉奸以外的一切作家的作品之最中心的主题”论点的初衷。

胡秋原先生曾经不止一次同人谈及：在《八一宣言》正式发布四个月后，1935年12月，王明又一次找胡秋原谈话，并向他请教两个迫切需要解决的问题。其中之一是，“抗日统一战线”的主张在海外得到了广泛的同情和理解，但在国内还有很多人不了解，甚至正在与国民党生死搏斗的本党同志还在怀疑《八一宣言》是国民党伪造的。因此，共产国际中国代表团想办一个刊物，从理论上说明抗日统一战线之必要。据此，胡秋原提出了“全民”二字，意思是包括各阶级各阶层联合对外，而不是自相斗争。王明听后，十分赞成。不久后成立的《全民月刊》，由王明指派李昆（吴克坚）为总编辑，胡秋原除供稿外，同时协助李昆修改各方文稿。胡秋原还谈到，距王明这次与他谈话的前几个月，即1935年的夏天，王明派遣胡兰畦携带大批《救国时报》经巴黎回国，至香港、上海，传达共产国际的对华新政策。胡兰畦抵上海之时，适逢《八一宣言》正式发布（正式刊登在《救国时报》上的时间为1935年10月1日——秋石注），虽然受到了许多人的欢迎，但却造成了“左联”的解散与分裂——即周扬的“国防文学”与鲁迅的“民族革命战争的大众文学”两个口号之间的论战。⑨

胡秋原的这个回忆和分析，再现了国内当时的实际情况。笔者以为，不仅仅是鲁迅和胡风，就是刚刚经历了二万五千里长征抵达陕北的红军，一开始，对《八一宣言》也是有抵触情绪的。他们对联合蒋介石这个双手沾满共产党人和红军战士鲜血的头号屠夫一起抗日，有着一千条理由一万条理由行使否决权。但民族利益至上，诚如毛泽东后来同徐懋庸所说：“我们在延安，也争论得很激烈”，但最终“大家认识一致了”。

此外，笔者认为，出现涉及那么多的人，影响如此之大，来自左翼文艺阵营内部两个口号的激烈论战，无疑，也是冯雪峰工作上一个不小的失误。虽然，就他的主观愿望来说，并不希望看到这样的结局。

1936年4月27日，冯雪峰自陕北抵达上海的第三天，即住进鲁迅家的次日，鲁迅、冯雪峰、胡风三人有过一次讨论。冯雪峰后来这样回顾道：

> 我当时在三楼，是鲁迅先生上三楼来对我说：“有张谷非这么一个人，想要见你，你看怎样？”我说：“好，我同他本来熟识。”我即下去引他上三楼谈话。胡风谈了不少当时文艺界情况，谈到周扬等的更多。他当时是同周扬对立得很厉害的。于是谈到“国防文学”口号，胡风说，很多人不赞成，鲁迅也反对。我说，鲁迅反对，我已知道，这个口号没有阶级立场，可以再提一个有明白立场的左翼文学的口号。胡风说，“一·二八”时瞿秋白和你都写过文章，提过民族革命战争文学，可否就提“民族革命战争文学”。我说，无需从“一·二八”时找根据，那时写的文章都有错误。现在应该根据毛主席提出的抗日民族统一战线政策的精神来提。接着，我又说，“民族革命战争”这名词已经有阶级立场，如果再

加"大众文学",则立场就更加鲜明;这可以作为左翼作家的创作口号提出。胡风表示同意,却认为字句太长一点。我和他当即到二楼同鲁迅商量,鲁迅认为新提出一个左翼作家的口号是应该的,并说,"大众"两字很必要,作为口号也不算太长,长一点也没什么。[10]

从上述文字中,我们注意到:诚如当初解散"左联",周扬他们妄自尊大,没能很好尊重鲁迅的意见一样,冯雪峰犯了一个同样的错误:他是在没有同周扬会面及听取周扬有关提出"国防文学"口号的任何说明的情况下,指示胡风提出了与之严重对立的新的"口号"的。不仅如此,而且,他仅仅根据鲁迅、胡风的"强烈反对意见",便匆忙得出了"国防文学"口号"没有阶级立场"和"忠实于王明投降主义路线,抗拒党中央毛主席的正确路线"这一错误的结论。更为严重的是,在与胡风会面之前,冯雪峰已经向鲁迅诠释了中共中央关于建立抗日民族统一战线的主张;与此同时,在明知胡风"他当时是同周扬对立得很厉害的"情况下,冯雪峰依然指示胡风写了《人民大众向文学要求什么?》一文。再有,从陕北出发来沪前,中央要他"先找鲁迅尔后管一管文艺界和上海地下党的工作",但在其后长达20天的时间里,他并没有向心焦如焚急盼与党中央特派员会面的周扬们传递任何一个信息,包括提出"民族革命战争的大众文学"这一新的口号,正是鲁迅的初衷和坚持的。既然可以同昔日不共戴天的头号仇敌蒋介石建立抗日民族统一战线并接受以他为领袖的"国防政府"的领导,那么,又为什么不能同自己人的周扬们合作共事,理解并兼容他们提出的"国防文学"这一并无大错的口号呢?要知道,毕竟在他自陕北动身来沪前,周扬他们所代表的是主管白区文艺战线工作的地下党啊!而对于另一方——周扬们所听到所看到的,恰恰是在这一十分敏感的时期内,胡风写了这么一篇针锋相对火药味浓烈的文章。而且,令冯雪峰始料未及的是,"胡风回去后,文章还没有发表之前,文艺界已经引起关于新口号的纷纷议论。因为胡风回去后,他自己和他周围的人已经把新口号宣传出去了。有的说是陕北来人某某提出了新口号;有的说,胡风提出了新口号是经过陕北来人批准的;也有的说,胡风提出的口号是请示过鲁迅的,不一而足。"[11]所有这一切,能不让周扬他们引起寒心与愤懑吗?于是,周扬们由内心积聚的不满,对党中央特派员的不信任,展开了一场令亲者痛仇者快长达三个月之久的激烈论战。尽管当周扬们反击的火力越来越猛时，冯雪峰让胡风保持了沉默。此时此刻的冯雪峰显然已经意识到了周扬提出"国防文学"口号的依据来自《八一宣言》。同时，冯雪峰"觉得胡风的态度和活动，也很妨碍团结。我要胡风不要再写文章，这一点胡风倒做到了，"[12]随之，冯雪峰做了一些补救工作，"我当时在自己主观认识上，以为在文学主张上贯彻无产阶级立场，也可以从正确解释'国防文学'口号中去同时达到，所以提出了两个口号并用的意见。"[13]然而，上述冯雪峰的举措为时已晚，未能奏效，他已经无法控制这个局面了。毋庸置疑，这也是他肩负陕北党中央重大使命进入上海后最不愿意看到的局面。他的这个不慎之举，进一步加剧了周扬同鲁迅之间的矛盾，同样不利于全民族抗战。事情，还远远不止此，由此酿成的恶果，还导致了二十年后胡风与自己一前一后所遭遇的灭顶之灾。在 1957 年的非常气候中，冯雪峰被打成右派的主要罪状之一，不是"现行"，却是清算其二十年前积存下的那笔"勾结胡风，蒙蔽鲁迅，打击周扬、夏衍，分裂左翼文艺界"的历史旧账。

我们还应当看到，这期间的鲁迅，正遭受着病魔的严重折磨，无疑，这场严重阻碍左翼文艺阵营团结的两个口号之间的激烈论战，也给鲁迅带来了精神上的痛苦。但鲁迅毕竟是鲁迅，鲁迅是高瞻远瞩的，具有力挽狂澜的驾驭能力。他先是在 6 月 10 日《论现在我们的文学运动》[14]口述文章中涵容了"国防文学"的口号。鲁迅强调指出："但民族革命战争的大众文学，正如无产革命文学的口号一样，大概是一个总的口号罢。在总口号之下，再提些随时应变的具体的口号，例如'国防文学''救亡文学''抗日文艺'……等等，我以为是无碍的，不但没有碍，并且是有益的，需要的。"但是，鲁迅的这篇文章并没有明确指明"民族革命战争的大众文学"这一口号的提出，正是出自他的本意，因而，论战并没有停止。后来，关键时刻，也正当两个口号的论战进入到白炽化阶段时，就着徐懋庸不适时宜"打上门"来的那封信的有利契机，鲁迅以其非凡的气概，海纳百川的胸怀，公开表示胡风的文章是他授意写的，并且言明口号的提出，是和几个人……一起商量的。

在这篇由病中的鲁迅口授，冯雪峰笔录，鲁迅加以修改并亲笔写了四页的《答徐懋庸并关于抗日统一战线问题》的重要文章中，鲁迅旗帜鲜明地表明了如下观点：

第一，对于统一战线的态度，鲁迅再次明确表示：“目前的革命的政党向全国人民所提出的抗日统一战线的政策，我是看见的，我是拥护的，我无条件地加入这战线”。

第二，对于文艺界统一战线的态度：“我赞成一切文学家，任何派别的文学家在抗日的口号下统一起来的主张。”“我以为文艺家在抗日问题上的联合是无条件的，只要他不是汉奸，愿意赞成抗日，则不论叫哥哥妹妹，之乎者也，或鸳鸯蝴蝶都无妨。”

第三，关于两个口号的关系：“我以为在抗日战线上是任何抗日力量都应当欢迎的，同时在文学上也应当容许各人提出新的意见来讨论，‘标新立异’也不可怕。”

值得一提的是，鲁迅在这里并没有把两个口号看成是两家。鲁迅指出，“民族革命战争的大众文学”这名词，在本身上“比‘国防文学’这名词，意义更明确，更深刻，更有内容。”这个口号主要是对前进的一向被称左翼的作家们提倡的，也可以对一般或各派作家提倡，因此它和宗派主义或关门主义不相干。“我说‘国防文学’是我们目前文学运动的具体口号之一，为的是‘国防文学’这口号颇通俗，已经好多人听惯，它能扩大我们政治的文学的影响，加之它可以解释为作家在国防旗帜下联合，为广大的爱国主义的文学的缘故”。因此它应当存在。

自鲁迅海纳百川的这封公开信发表后，两个口号的论战一时沉寂了下来，许多人都认为应当顾全大局而休止。周扬们也是如此。相隔四十二年后，周扬在接受赵浩生先生提问时的回答，重现了当年那一幕。周扬说：“……不过我们当时确实不知道这篇文章（指《人民大众向文学要求什么？》）是鲁迅让他写的。胡风原来是‘左联’的一个领导成员，不过他不是共产党员，……所以他的文章一发表，地下党里一些搞文艺工作的同志很不满意。大家觉得我们提出‘国防文学’很受欢迎。因为要救国，所有抗战救国的口号都引起很强烈的欢迎，我说过‘国防文学’不管它有多少缺点，但在当时的气氛下是受欢迎的。你记得吧，那时候有一种‘马占山牌香烟’，[15]在上海风行一时，那时人民的心理就是要打日本。我们觉得我们提出‘国防文学’，他又另外再提出一个口号，就分散了力量，所以就跟胡风展开论战。大家本来对他就有意见，这里面当然也有宗派情绪，……这个争论展开的时候我也在内。错误在我不应该跟他争论。他提出‘大众文学’，即使我们不知道是鲁迅叫他提的，也不应该跟他争论，应该欢迎，对不对？就错在宗派主义，因为是胡风提的，所以就要跟他争论。拿我来说，主要的错误在什么地方呢？一个是在解释‘国防文学’的文章里面确实是有右的东西。因为我那时负责嘛，不管文章是我写的也好别人写的也好，我都有责任。同时呢，这些文章中也有‘左’的东西，‘左’的倾向并没有克服。”[16]

毛泽东在两个口号上的态度

1937年“七·七”全面抗战爆发后，奉陕北党中央之命，周扬与艾思奇、何干之、李初梨、周立波、林基路、李云阳、舒群等一干人去了延安。[17]据周扬本人讲述，在等待分配工作的时间里，包括毛泽东在内，延安没有一个中央领导人同他提及两个口号之争的问题，自然也没有论及他在上海左翼文艺运动中的功过是非及同鲁迅的关系。有关这个问题，曾同周扬本人交谈过的原中宣部干部荣天玙在其《周扬的一个心愿》一文[18]中这样写道：

> 从吴黎平的回忆文章到徐懋庸回忆毛主席和他的谈话，都证明了党中央和毛主席当时对两个口号的争论是有定评的。为什么1937年周扬到延安后，关于他在上海左翼文艺运动中的功过，党却没有给他谈过话，做个结论呢？周扬对这个问题沉思了一会，才说出来：这就是历史吧！1937年，潘汉年和他谈话后，他就和艾思奇、何干之等人一道到了延安。当时中央组织部的负责人是李富春同志，后来是陈云同志，他想，他们二位当时都在上海工作过，上海左翼文艺运动的是是非非也了解一些的，等着他们和他谈话。哪知不久，却传出消息，说中央通知冯雪峰回延安汇报工作，冯却因为和博古、潘汉年闹矛盾，不听中央指示，拂袖而去，回了浙江的家乡。延安对这事说得很严重的，认为是开小差。周扬说，也许是发生了这件事，再也没人给他谈上海文艺界的事情。在延安他接触毛主席的机会很多，毛主席也未曾和他说过上海的事，而且很快就分配他到教育厅去做厅长了。

冯雪峰“和博古、潘汉年闹矛盾”，指的是“七七事变”以后全面抗战爆发，在南京中共办事处发生的。由此可见，在冯雪峰心底深处，他从来没有认同过中共制定的“抗日民族统一战线政策”。而他自己不理解，又怎么能够去引导他人理解和接受呢？因而，他指导胡风另写文章另提口号来与周扬们的“国防文学”口号抗衡，也是在情理之中的，必然的。

据了解，和周扬同时抵达延安的艾思奇，是向毛泽东等中央领导作过详细汇报的。

对两个口号之争的最终分析及其评价，是在1938年的5月23日，毛泽东在接见满腹怨愤要求弄清是非且一吐为快的徐懋庸时表的态。

据徐懋庸生前撰文回忆道：在听完他的较长时间倾吐后，毛泽东“就给我作了如下的指示”：[19]

(1) 两个口号的争论问题，周扬他们来延安以后，我们已基本上有所了解，今天听了你们所谈的，有些情况使我们更清楚一些，具体一些。

(2) 我认为，首先应当肯定，这次争论的性质，是革命阵营内部的争论，不是革命与反革命之间的争论，你们这边不是反革命，鲁迅那边也不是的。

(3) 这个争论，是在路线政策转变关头发生的。从内战到抗日民族统一战线，是一个重大的转变。在这样的转变过程中，由于革命阵营内部理论水平、政策水平的不平衡，认识有分歧，就要发生争论，这是不可避免的。其实，何尝只有你们在争论呢？我们在延安，也争论得很激烈。不过你们是动笔的，一争争到报纸上去，就弄得通国皆知。我们是躲在山沟里面争论，所以外面不知道了。

(4) 这个争论不但是不可避免的，也是有益的。争来争去，真理越争越明。大家认识一致了，事情也就好办了。

(5) 但是你们是有错误的，就是对鲁迅不尊重。鲁迅是中国无产阶级革命文艺运动的旗手，你们应该尊重他。但是你们不尊重他，你的那封信，写得很不好。当然，如你所说，在某些具体问题，鲁迅可能有误会，有些话说得不一定恰当。但是，你今天也说，那是因为他当时处境不自由，不能广泛联系群众的缘故。既然如此，你们为什么不对他谅解呢？

(6)但错了不要紧,只要知道错了,以后努力学习改正,照正确的道路办事,前途是光明的。

就在本文撰写过程中,丁玲战友、延安文艺老战士陈明先生两度在电话中向笔者证实,在1936年11月22日陕北保安举行的中国文艺协会成立大会上(丁玲任首任主任),毛泽东在致词后当众宣布:两个口号都没有错,都是革命的口号,只不过一个有(阶级)立场,一个没有(阶级)立场……

有关历史的真实

一九三五年的世界处于风雨飘摇中。在欧洲,希特勒磨刀霍霍,不断制造事端,其法西斯战争气焰甚嚣尘上,一场大规模的战争已经迫在眉睫。在亚洲,日本军国主义四处出击弱小国家。尤其是在中国,在这一年,整个时局发生了巨大的变化和震荡。日本侵略者大大加快了他们妄图独占中国、不断扩大对中国的侵略战争的步伐,并且将矛头进一步指向华北,中华民族和日本侵略者之间的民族矛盾日益上升。就在这一年,鼓吹"攘外必先安内"的反动卖国投降政策的国民党蒋介石政府,先后同日本占领者签订了丧权辱国的《塘沽协定》及《何梅协定》等,把河北、察哈尔两省的主权拱手让给了敌方。但日本军国主义当局并不就此罢手,相反,更加得寸进尺,策划起所谓的"华北自治运动",妄图将河北、察哈尔、绥远、山东、山西等五省和北平、天津、青岛三个特别市脱离中国政府的管辖,而由其直接控制。日本侵略者的无耻行径和国民党蒋介石的卖国投降路线,进一步激起了全国人民的愤怒,由此而掀起的抗日救亡运动浪潮日趋高涨。

为了推进全国范围的抗日救亡运动,中共中央于1935年11月13日发表了《为日本帝国主义并吞华北及蒋介石出卖华北出卖中国宣言》。12天后,1935年11月25日,毛泽东在同《红色中华报》记者的谈话中,重申"苏维埃中央政府愿意与国内任何武装队伍订立反蒋的作战协定",进行民族革命战争,以求中国领土的解放和完整。

不仅中共中央、中国工农红军和一切不愿做亡国奴的人民,严密关注着中华民族的命运,关注着全国性的抗日救亡运动。在国际上,一切爱好和平、正义、反对日本军国主义侵略和占领中国的党派、组织、政府和人士，也都在密切关注着中国的局势，声援中国人民反对日本侵略的战争。就在这一年的夏天，中国工农红军尚在长征途中，共产国际在莫斯科举行了第七次代表大会。共产国际主席季米特洛夫在向大会所作的政治报告中，强调殖民地应建立反帝的人民统一阵线。在讲到中国日益严重的危亡形势时，季米特洛夫特别指出：中国应当建立广泛的抗日民族统一战线。正是根据季米特洛夫的这一精神，并在连续数日经中共代表团全体成员反复讨论并取得完全一致意见的基础上，[20]中共驻共产国际代表团团长王明，于8月1日举行的共产国际七大全体大会上，以中国苏维埃政府、中国共产党中央的名义发表了《为抗日救国告全体同胞书》(《八一宣言》)，正式提出了组织全中国"统一的国防政府"和"统一的抗日联军"的正确主张。《八一宣言》的根本宗旨，以及成立"国防政府"和"抗日联军"的主张，是解决整个中国抗日民族统一战线的最艰难最复杂的问题的具体方案。当时国内的情况是，持"抗日必败"悲观论调、后来进一步堕落为日寇"儿皇帝"的汪精卫认为：中国存在着不同的政府和军队，这就使中国不可能一致抗日。而一心要消灭共产党及其有生力量的蒋介石，则利用这种状况来实现他的"攘外必先安内"的反革命政策。中国共产党关于建立全中国统一的国防政府及其统一的抗日联军的建议，断然驳斥了汪精卫、蒋介石之流的荒谬论调，从而使全国人民和所有赞成抗日的团体、党派看到了停止内战、一致抗日的光明前景。在文艺界，尤其是在国统区的左翼文艺界，"国防文学"口号的提出正是由此产生，十分自然和顺理成章。

《八一宣言》发布后不久，共产国际在获悉中国共产党领导的中国工农红军经历二万五千里长途跋涉抵达陕北后，采取了一个极为重要的举措。

中共中央文献研究室研究员陈晋在其《文人毛泽东》一书中这样描述道：

> 1935年11月中旬，一个来自莫斯科的人秘密到达陕北瓦窑堡中共中央驻地，他是中共驻共产国际代表团的张浩，本名林育英，红军将领林彪的堂兄。他给钻了一年多山沟，与共产国际失去好长时间联系的毛泽东及其他中共领导人，带来了共产国际第七次代表大会精神和

《八一宣言》。

《八一宣言》是中共驻共产国际代表团根据共产国际第七次大会精神，以中国苏维埃政府和中共中央的名义发布的，内容是结束国共内战，共同抗日，组成联合政府。陕北的中共领导人欣然接受了这个决定。以此为标志，中国共产党的政策开始发生了重大转变。[21]

据了解，张浩此行还带来了同共产国际联络的新的密电码。他传达共产国际七大精神和《八一宣言》的确切时间是在12月中旬，出席者有毛泽东、张闻天、周恩来、王稼祥等在陕北的中共核心人物。

不仅仅是“欣然接受”，张浩传达刚一结束，毛泽东、张闻天、周恩来、王稼祥当即作出决定：马上召开一次政治局扩大会议，专门研究制定抗日民族统一战线的政策和策略。

1935年12月17日，中共中央在瓦窑堡召开了政治局扩大会议，参加会议的有张闻天、毛泽东、周恩来、博古、王稼祥、刘少奇、邓发、凯丰、张浩，以及李维汉、郭洪涛等十余人，张闻天主持会议。张浩再次详细地传达了共产国际七大会议精神和《八一宣言》，[22]受到了与会者的热烈欢迎。从此，《八一宣言》在陕北的山沟沟里，在广大红军指战员中日益深入人心，成为中共制定抗日救国政策的基本纲领。十天后，1935年12月27日，就在这个进一步扩大的瓦窑堡会议上，面对更多的与会者，毛泽东作了《论反对日本帝国主义的策略》的报告。依据共产国际七大指示精神和代表中共中央提出的组织统一的国防政府和抗日联军的《八一宣言》的基本纲领，毛泽东谈到了建立抗日民族统一战线的迫切性和重要性。毋庸置疑，这是毛泽东第一次提及抗日民族统一战线的问题。同样毋庸置疑的是，毛泽东在报告中关于建立抗日民族统一战线的主张，乃是出自于共产国际七大精神和中共驻共产国际代表团团长王明代表中共中央对外发布的《八一宣言》。

与此同时，张浩刚一抵达陕北，即频频致电时在川康地区的另一位中共中央政治局委员，担任红军总政委的张国焘，向他传达共产国际七大精神和党的《八一宣言》。

据张国焘后来回忆：[23]

林育英到达陕北后，立即致电给我，大意是：他和王明等曾参加一九三五年七月间共产国际第七次大会，大会对中国问题的讨论，有抗日民族统一战线新策略的决定。他奉命携带密电码，经蒙古来寻找红军，已于某月某日到达陕北，完成了第一步使命。他拟由陕北继续到川康地区来，与我和其他同志会晤，但因交通阻隔，尚不知能否如愿等语。

我接到这个电报，一时喜出望外。立即回电表示欣慰，并请他暂留陕北，以免途中遭受袭击的危险，彼此可用电讯商谈各项问题。……他回陕北后，为了保密的理由，他用"张浩"的名字出现。

接着，林育英的电报源源而来，主要是告诉我们共产国际改变政策的经过，并提出党内团结的步骤。林育英说到共产国际七次大会政策的改变时，曾指出由于国际形势的变动，主要是希特勒的崛起，共产国际乃改变了它原有的政策。现在全世界号召各国共产党与其他反法西斯蒂的政党和人民，联合组成"反法西斯蒂的统一战线"，又名"人民阵线"，这是要各国共产党与他们本国的反法西斯蒂的资产阶级乃至反法西斯蒂的政府，形成某种形式的合作。即使这种合作极不稳固，也是当前与法西斯蒂斗争中所急需的。

林育英又指出共产国际认为中国正遭受日本的严重侵略，中共应联络全国人民，包括抗日的资产阶级各军队各政党，形成全国的抗日民族统一战线。在这一点上，他阐明了各项细则，也曾将《八一宣言》的要点电告我们。他主要说明抗日民族统一战线否定了原有的苏维埃运动，现在我们主要的口号，已不是"打倒蒋介石"、提倡"苏维埃"和土地革命等，甚至也不是"反蒋抗日"，而是"联蒋抗日"、"抗日联合政府"和"一切为了抗日"。这些就是联合一切抗日力量，反对日本侵略和汉奸的主要内容。

林育英这些电报当时给我们的印象，似乎是一夜之间，整个世界都改变了，共产国际指示中共，要中共来一个一百八十度的大转向。林育英的来电也说到毛泽东等陕北同志都已同意了这个新指示，如果我们也同意，就可据此立即对外展开活动。

我们当时对于这些新消息极为兴奋，一致赞成这个新政策。这在中共的发展上，似乎是"山穷水尽疑无路，柳暗花明又一村"。我们当中有人对"联蒋抗日"这句话感觉惊奇，认为这种可能性很小。……

我当时百感交集,我衷心拥护这个新政策,认为和我一向的想法,在原则上不谋而合。现在苏维埃走到了穷途末路,非有这个改变不可。我也慨叹中共所经过的一切遭遇:最初主张民主主义的联合战线(在这里,张国焘指的是1922年7月在上海举行的中国共产党第二次全国代表大会通过的宣言。宣言指出:"中国共产党为工人和贫农的目前利益计,引导工人们帮助民主主义的革命运动,使工人和贫农与小资产阶级建立民主主义的联合战线……"该宣言全文见上海商务印书馆1951年版、胡华主编的《中国新民主主义革命》参考资料第69页—84页——秋石注),不久就由于国际指示,改采加入国民党的政策。这种不合理的右转政策,使我们碰得头破血流;接着又急剧的向左转,走苏维埃的道路,又碰得头破血流;如今再到了我们的起步点,是历史的讽刺,也是我们的悲哀。

我们经过郑重的研究后,曾复电林育英,表示对新政策一致热烈拥护,当即策划实施,请他转达共产国际。……不过关于联蒋抗日,确是我们的最大疑问。……

上述一系列史实表明,经过张浩回国传达贯彻共产国际七大精神和由中共驻共产国际代表团团长王明起草、并代表中共中央发表的《八一宣言》,在中共和红军中产生了深远的影响。应当说,这是一个不争的事实。因而,处在白色恐怖下的周扬等人据此提出的文艺界救亡的"国防文学"口号,本来就不存在什么"左"或"右"的问题。更何况,作为论战另一方的主帅鲁迅,早在逝世前,就第一个涵容了"国防文学"的这一提法。

然而,中国的事情就是这么复杂,就是要出现反复,或者叫做:树欲静而风不止。

又有谁能预料到:当沉寂的时空越过整整三十个年头后,当年两个口号的激烈之争,重又在其发源地硝烟弥漫,刀光剑影一片,甚至,还被可笑地上升到"王明右倾投降主义路线"和"毛主席无产阶级革命路线"的高度上,被强制性加以认识和"提高",进而划分文艺界的左、中、右,打倒一大批人。

1966年的初始,由前一年岁末姚文元《评新编历史剧〈海瑞罢官〉》一文发表引发的巨大冲击波,整个中国大地已是山雨欲来风满楼,共和国历史上人为制造的一场持续时间最长、规模最大的灾难即将降临。就在这一年的2月2日—20日，为达到其不可告人的目的，与林彪相互勾结、军内虽然没有职务，但是握有操控一切上方宝剑的江青，在上海主持召开了部队文艺工作座谈会。江青在会上作了一个杀气四溢的发言，并据此泡制出了一个全面抹杀“五四”新文化运动以来直至新中国17年文艺成就的《部队文艺工作座谈会纪要》。这个《纪要》，及至后来完全服从于毛泽东出于“防修反修”需要一手发动的文化大革命而发表的一系列文件，颠倒黑白，混淆是非和两类矛盾，荒唐地诬指三十年前周扬等人依据中共中央《八一宣言》提出的“国防文学”口号，是“在王明右倾投降主义路线影响下出现的资产阶级口号”，从而把早在三十年前由鲁迅亲自结束的两个口号之争，以及在延安时期毛泽东已经作出的公允评价，上纲上线为“王明右倾投降主义路线”和“毛主席无产阶级革命文艺路线”之间的一场生死大搏斗。[24]事情还远远不止此，在随后全面铺开的所谓无产阶级文化大革命中，一大批原“左联”成员，包括一直与鲁迅并肩战斗的众多左翼作家，被安上各式各样莫须有的罪名，一一遭受批斗，乃至被长期非法监禁。就连被蒋介石亲自下令杀害达31年之久的中共早期领导人、鲁迅直到逝世都引以为傲的亲密战友、“左联”重要成员的瞿秋白也未能幸免。其在八宝山的坟墓也几近被捣毁。

在这个《部队文艺工作座谈会纪要》下发前夕，林彪又专门写了一封给中央军委的信，强调指出：“这个纪要，经过参加座谈会的同志们反复研究，又经过主席三次亲自审阅修改，是一个很好的文件，用毛泽东思想回答了社会主义时期文化革命的许多重大问题，不仅有极大的现实意义，而且有深远的历史意义。”[25]

林彪的这封推波助澜的信，使得江青更加有恃无恐，将连同延安时期敢讲真话的作家在内的一大批左翼作家，一股脑儿给打成了莫须有的“三十年文艺黑线人物”。

历史的真实岂容篡改。

历史存在的遗留问题亦当妥善解决。

就在这个不得人心的《部队文艺工作座谈会纪要》发出12年后，“四人帮”被粉碎不足两年，1978年9月5日，在中组部工作的沙洪写信给陈云同志，反映一些文艺界老同志当中，由于过去的一些隔阂，对革命文艺运动中的某些历史问题，如两个口号的争论等等，存在着不同的看法和分歧。沙洪还附上了徐懋庸夫人王韦写的一封信，述说徐懋庸在延安时，毛泽东和他的谈话中有涉及对两个口号的争论的评价问题，还说徐懋庸也曾经在延安向陈云谈过这些事情。陈云读完信后，于 9 月 11 日即写信给时任中组部部长的胡耀邦，除了回忆和说明一些当年他知道的情况外，建议中组部、中宣部对上海文艺界三十年代的问题，对创造社，对当时其他革命文艺团体，作出实事求是经得起历史检验的评价。陈云还指出，作上述这些评价时，必须把这些革命文艺团体的是非功过放到当时的历史环境中去考察。陈云在信中还语重心长地叮嘱道：这件工作最好今年就动手做，因为亲身经历和知道当时情况的人，年龄都是七十开外八十来岁的人了，再不动手就迟了。

胡耀邦接信后，很快将陈云同志的来信连同自己的意见转给了中宣部。

其时，周扬仍旧住在万寿路中组部招待所等候分配工作，当他听到陈云同志关注上海文艺界三十年代问题的意见后，兴奋且又激动，深有感触地说，陈云同志的意见很重要，要把这些问题放到当时历史环境中去考察。我们这些人当时主要是对鲁迅的伟大不够认识，对鲁迅不够尊重。……"四人帮"最大的颠倒是非，就是把我们和鲁迅先生在两个口号问题上的争论，这种人民内部的争论，说成是敌我矛盾，说成是阴谋。周扬还提及 1949 年第一次文代会召开的时候，总理要他总结上海三十年代左翼文艺运动经验的事情，异常感慨地说道，总理要我总结三十年代左翼文艺运动的经验，一直是我的一个心愿，现在陈云同志又提出这个问题来了。

"放到当时的历史环境中去考察"，陈云同志对处理历史遗留问题拟定的标准，何等的实事求是！又是何等的中肯与暖人心肠啊！

1981 年 7 月，遵照陈云同志的指示，中宣部在贺敬之同志的主持下，与中组部、中国社会科学院文学所等部门一起，建立了革命文艺运动若干历史问题研究小组，……

后来，发生了 1983 年关于周扬"人道主义"及"异化"论述的一场风波。1984 年，周扬住进了医院，但他再也没能从医院走出来。据当时去探望他的荣天玙说，周扬不止一次强调说，总结上海左翼文艺运动的得失和经验，可是他多年来的一个心愿。[26]

其实，早在陈云同志作出上述批示前，已经有许多老一代的革命家、作家和艺术家，纷纷表达了要求尽快解决包括两个口号之争在内的诸多遗留问题的迫切愿望。因此，我们可以这么认为，陈云同志不单单是读到了沙洪同志转来的要求为徐懋庸分清是非的来信，而是在广泛听取众多老同志的意见、建议的基础上写出这封信的。

此外，我们还可以从传记文学作家叶永烈所著《胡乔木传》一书（中共中央党校出版社 1992 年初版；广西人民出版社 2007 年 2 月修订版）中找到答案。作者于该书第 250 页写道：

> 一九七七年十二月十日，胡乔木（时任中国社会科学院院长——秋石注）与《鲁迅全集》领导小组组长林默涵等谈话时，就《鲁迅全集》注释工作发表了自己的意见。胡乔木指出：
>
> 一、对有关三十年代文艺运动的几个问题：两个口号论争，关于“四条汉子”及创造社、太阳社与鲁迅革命文学的论争，要乘当时有关的人如郭老、茅盾、夏衍、周扬等健在，把有关事实查对清楚，赶快写出一个注释稿来。
>
> ……

令人遗憾的是，陈云同志 1978 年 9 月 11 日的这个语重心长的嘱托，却由于随后接踵而来的一个又一个政治的、人为的因素，给搁浅了下来。不仅陈云同志直到逝世，没有能够见到他企盼的这个“实事求是经得起历史检验的评价”问世，而且时至三十年后的今日，在进入新的世纪之后，在论战双方几乎所有当事者、知情者均已告别人世后，依然没有能够实现。

历史的启示

记得，清晰地记得，还是在 25 年前，就着中断了十四年之久的“哈尔滨之夏音乐会”的欢快乐章，当时还是一名文学青年的我，有幸在松花江畔结识了一位又一位劫后余生的老作家，他们都是从纷纭众说的上一世纪三十年代走过来的左翼作家。时隔数年，在北京，一个炎炎烈夏然而却是凉风习习的午后，一位长期遭受劫难但又宁折不弯的文艺界前辈对我说：你们是幸运的！几十年来，路线，路线，动辄得咎，令多少人为之反目，又令多少人家破人亡……

路线，路线斗争，总是使文艺界首当其冲，深受其害。

摆在我们面前一个掩卷深思的问题：在相当长的一段时期内，我们为什么不能明明白白地、完整地、全面地、准确地诠释历史事件，开展正常而又有效的探索历史遗留问题的学术研究呢？

在上一世纪二十年代以后的历史进程中，似乎只有一条路线是正确的，一切以这条路线为分界线，区分革命与反革命，区分各行各业的左、中、右。及至到了文化大革命，经过“林彪同志委托江青召开的部队文艺工作座谈会”，经过林彪须臾不离口的大树特树，到了登峰造极的地步，也不管这条路线发展到最后，是否偏离了轨迹，例如反右，例如文化大革命，例如给刘少奇安上“永世不得翻身”的“叛徒、内奸、工贼”的弥天大罪，例如批邓、反击右倾翻案风……而且，还始终容不得那些持有不同意见背负冤屈的“反派”人物申辩上几句。

这，不由得使人回想起当年那场有千百万人积极参与的真理标准大讨论。

其实，“凡是”，早已有之。

上一世纪三十年代上海文艺运动的发展轨迹，左翼文艺队伍内部的纷争，尤其是两个口号之间的激烈论战，延安文艺座谈会召开首日会议上围绕暴露和歌颂之间的唇枪舌剑，建国初期全国共讨之的“胡风反革命集团”一案，以及稍后一些推行“引蛇出洞”策略遍及全国每一角落的反右斗争，和重翻延安老账的1958年1月《人民日报》、《文艺报》的“再批判”……充分证明了“凡是”无时无刻不在我们的生活中游荡和影响着。

再举一近例为之说明。

由时任中共中央文献研究室副主任金冲及主编、中央文献出版社1996年出版的《毛泽东传：1893—1949》，这是一本厚达947页的书，可谓权威又权威之作了。然而，该书第375页在阐述张浩回国传达及贯彻共产国际七大精神这一关乎中共命运的重大事件时，却仅用“向中共中央口头传达了共产国际七大关于建立反法西斯统一人民阵线的决议精神（在这次会上，毛泽东、周恩来、张国焘被选为共产国际执行委员会委员）”等寥寥数语一带而过，闭口不谈共产国际主席季米特洛夫关于中国应当建立广泛的抗日民族统一战线的指示，也一字无触及日后为毛泽东和中共中央屡屡认肯王明代表中共中央在共产国际七大上所作的《八一宣言》。

这个回避是耐人寻味的，但它模糊了历史的真实存在：即谁是最早提出中国应当建立抗日民族统一战线的倡导者，以及《八一宣言》存于世的真实性和合法性。

然而，历史的真实是无法回避的。在党的十一届三中全会精神的感召下，我国的党史学界日趋实事求是。2002年由中央党史出版社最新出版的《中国共产党历史》一书，便是最好的说明。该书对共产国际七大的召开及《八一宣言》的形成过程，作了如下表述：

> 1935年七八月间，共产国际第七次代表大会在莫斯科召开。会上，季米特洛夫作了《关于法西斯的进攻以及共产国际在争取工人阶级团结起来反对法西斯的斗争中的任务》的报告。报告提出，在殖民地和半殖民地国家，共产党和工人阶级的首要任务，在于建立广泛的反帝民族统一战线，为驱逐帝国主义和争取国家独立而斗争。会议期间，王明代表中共驻共产国际代表团作了关于建立反帝统一战线问题的发言。这次大会把建立最广泛的世界反法西斯统一战线作为各国共产党的基本策略。鉴于法西斯势力在世界范围内日益猖獗的形势，会议要求纠正自1928年共产国际第六次代表大会以来在国际共产主义运动中盛行的"左"倾关门主义倾向。
>
> 根据华北事变以来的民族危机加深的形势和共产国际七大的精神，1935年8月1日，中共驻共产国际代表团草拟了《中国苏维埃政府、中国共产党中央为抗日救国告全体同胞书》(即《八一宣言》)，10月1日正式以中华苏维埃共和国中央政府和中国共产党中央委员会的名义在法国巴黎出版的《救国时报》上发表。
>
> 8月25日至27日，中共驻共产国际代表团召开会议，讨论在中国建立反帝统一战线问题。王明在会上作了《为争取建立反帝统一战线和中国共产党的当前任务》的报告，指出：在当前中国的具体情况下，革命力量应进行反对日本帝国主义和南京政府的斗争，但中国人民的主要敌人是日本帝国主义；蒋介石只要真正停止反对红军的战争并掉转枪口去反对日本帝国主义，也不排除与之建立统一战线的可

能性。

《八一宣言》和中共驻共产国际代表团的这次会议，突出中日民族矛盾，提出抗日救国的政治主张，初步纠正了“左”倾关门主义，扩大了抗日民族统一战线阵营的范围。

两个口号同宗同祖——都来自于共产国际七大，这就是历史的真实。

毛泽东晚年有一句名言，叫做：历史的经验值得注意。

还有没有新的“凡是”，出没于我们今天的现实生活中呢？！

诚然，新的世纪也许很难再出现或曰产生荒谬绝顶的理论和东西，但对于历史上发生过的一切，如本文重点论及的绵延了近七十个年头反反复复的两个口号之争，我们还是不要忘记的好。

〔**注释**〕

①② 荣天玙：《锦鸡互赠美丽的羽毛》，载《新文学史料》2003 年第 2 期。

③ 冯雪峰：《在鲁迅博物馆的谈话》，《鲁迅回忆录》第 997 页，北京出版社 1995 年。

④ 刘家栋（延安时期的陈云秘书）：《陈云在延安》第 1 页，中央文献出版社 1995 年。

⑤《中共中央文件选集》第 10 册（1935 年）第 518—525 页，中共中央党校出版社 1991 年。

⑥ 张漱菡：《赤心巨笔一书生：胡秋原传》（上册），台湾皇冠出版社 1988 年。

⑦⑮⑯ 赵浩生：《周扬笑谈历史功过》，原载香港《七十年代》月刊 1978 年 9 月号。后收入《名人与冤案——中国文坛档案实录（二）》，群众出版社 1998 年。

⑮中，马占山为“九·一八”事变后东北境内率兵抗击日寇侵略时间最长的一位东北军将领，因而在不愿做亡国奴的人民中享有较高的威望。马占山牌香烟的问世，则被视为沦陷区人民坚持抗日的象征。

⑧ 冯雪峰：《回忆鲁迅》，载《新观察》1952 年半月刊。

⑨ 张漱菡：《赤心巨笔一书生：胡秋原传》（上册），台湾皇冠出版社 1988 年。

又见，《胡秋原学术思想研究》第 317 页，北京·社会科学文献出版社 1996 年。

⑩⑪⑫⑬ 冯雪峰：《有关一九三六年周扬等人的行动以及鲁迅提出“民族革命战争的大众文学”口号的经过》，写于 1966 年 8 月 10 日，收入《名人与冤案（二）》，群众出版社 1998 年。

⑭ 此文由病中的鲁迅口授，冯雪峰笔录并整理，刊《鲁迅全集》6 卷第 590 页。最初发表在 1936 年 7 月出版的《现实文学》第 1 期和《文学界》1 卷 2 号上。

⑰ 这里需要说明的是，周扬一行人抵达西安八路军办事处后，经由党组织安排，周立波

随同刚自延安访问归来的史沫特莱去了前方，并为美国卡尔逊将军担任翻译。舒群也一同去了山西抗日前线，任八路军随军记者，参加并报道过平型关大捷，还任过朱德总司令的秘书。

⑱㉖ 荣天玙：《周扬的一个心愿》，载《新文学史料》1997 年第 4 期。

⑲ 徐懋庸：《我和毛主席的一些接触》，收入《延安作家》第 309—317 页，陕西人民教育出版社 1992 年。

⑳ 在延安一次"抢救失足者"的大会上，针对个别人在会上散布的"《八一宣言》是康生同志亲自起草的"荒谬说法，身为"七大"代表的王明夫人孟庆树当场揭露了以投机著称的反革命两面派康生将自己扮作"抗日民族统一战线新政策的倡导者"的丑恶嘴脸，并对《八一宣言》的形成经过作了如下的说明：

"我认为共产党员是应该知羞耻的。《八一宣言》是王明写的。1935 年 6 月初，即在王明去莫斯科疗养后从基斯洛沃德斯克回来的第一天，他在和来看望他的同志们谈话时就曾说过：'日本加紧了对华北的侵略，形势很紧张。还在基斯洛沃德斯克疗养院里我就想到，必须以中共中央的名义起草并发表一份新的文件，以便进一步贯彻抗日民族统一战线的政策。'第二天他就开始写《为抗日救国告全体同胞书》，即后来叫做《八一宣言》的文件。一连三天，他一直工作到深夜三点，首先完成了草稿。第四天，他又进行修改。第五天就召开中共驻共产国际代表团会议来讨论这个草稿。讨论继续了好几天，会上，王明做了关于起草告同胞书的报告，而后又在讨论结束时发了言。……"

上述，见王明著：《中共 50 年》第 140—141 页，东方出版社 2004 年"现代稀见史料书系"。

㉑ 陈晋：《文人毛泽东》第 125 页，上海人民出版社 1997 年。

㉒ 金冲及主编：《毛泽东传：1893—1949》第 376 页，中央文献出版社 1996 年。

㉓ 张国焘：《我的回忆》(下)第 442 页，东方出版社 2004 年"现代稀见史料书系"。

张国焘文中所述"林育英到达陕北后，立即致电给我"，经查，林育英以"共产国际代表"名义发给张国焘的第一封电报日期为 1936 年 1 月 16 日。

又及：张国焘提及林育英后电中"并提出党内团结的步骤"一说，经查，系 1936 年 1 月 24 日林育英发给张国焘、朱德题为《共产国际完全同意中共中央路线，张国焘处可成立西南局》的电报。电报全文如下：

甲、共产国际完全同意中国共产党中央的政治路线，并认为中国共产党在共产国际队伍中，除联共外是属于第一位。中国革命已成为世界革命的伟大因素，中国红军在世界上有很高的地位，中央红军的万里长征是胜利了。

乙、兄处可即成立西南局，直属代表团，兄等对中央的原则争论，可提及国际解决。

林育英

24 日

㉔㉕ 由江青一手炮制的这个《纪要》，以及指出《纪要》“又经过主席三次亲自审阅修改”的林彪致中央军委信，正式发表于 1967 年第 9 期《红旗》杂志上，及同一时期的《人民日报》、《解放军报》和各省、市党报。

（本文刊于《鲁迅世界》2005 年第 2—3 期）

附：

中国苏维埃政府、中国共产党中央为抗日救国告全体同胞书（八一宣言）

（一九三五年八月一日）

国内外工农军政商学各界男女同胞们！

日本帝国主义加紧对我进攻，南京卖国政府步步投降，我北方各省又继东北四省之后而实际沦亡了！

有数千年文化历史的平津，有无限富源的直、鲁、晋、豫各省，有最重要战略意义的察、绥区域，有全国政治经济命脉的北宁、平汉、津浦、平绥等铁路，现在实际上都完全在日寇军力控制之下。关东贼军司令部正在积极实行成立所谓“蒙古国”和“华北国”的计划。自民国二十年“九一八”事变以来，由东三省而热河，由热河而长城要塞，由长城而“滦东非战区”，由非战区而实际占领河北、察、绥和北方各省，不到四年，差不多半壁山河，已经被日寇占领和侵袭了。田中奏折所预定的完全灭亡我国的毒计，正着着实行；长此下去，眼看长江和珠江流域及其其他各地，均将逐渐被日寇所吞蚀。我五千年古国将完全变成被征服地，四万万同胞将变成亡国奴。

近年来，我国家、我民族，已处在千钧一发的生死关头。抗日则生，不抗日则死，抗日救国，已成为每个同胞的神圣天职！

然而最痛心的，在我们伟大民族中间，却发现着少数人面兽心的败类！蒋介石、汪精卫、张学良等卖国贼，黄郛、杨永泰、王揖唐、张群等老汉奸，数年以来，以"不抵抗"政策出卖我领土，以"逆来顺受"主张接受日寇一切要求，以"攘外必先安内"武断宣传来进行内战和压迫一切反帝运动，以"十年生聚"、"十年教养"、"准备复仇"等骗人口号来制止人民抗日救世主国行动，以"等待世界第二次大战来了再说"的狡计来迫使我国人民坐以待亡。而最近以来，汉奸卖国贼等在"中日亲善"、"中日合作"和"大亚细亚主义"等口号之下，所作的降日卖国之露骨无耻行为，简直是古今中外未有之奇闻！日寇要求撤退于学忠、宋哲元等军队，这些军队便立刻奉令南下西开去进行内战了；日寇要求撤退某些军政长官，某些军政长官便立刻被撤职了；日寇要求河北省政府迁出天津，省政府便立刻搬到保定了；日寇要求封禁某些报章杂志，那些报章杂志便立刻被封禁了；日寇要求惩办《新生》等杂志主笔和新闻记者，《新生》主笔和许多记者便立刻被逮捕监禁了；日寇要求中国政府实行奴化教育，蒋贼便立刻焚书坑儒了；日寇要求中国聘请日本顾问，蒋贼的军政机关便立刻开门揖盗了；甚至日寇要求解散国民党党部，北方厦门等地国民党党部便立刻奉命解散了；日寇要求解散蓝衣社组织，蓝衣社北方领袖曾扩情、蒋孝先便闻风潜逃了。

中国苏维埃政府和共产党认为日寇和汉奸卖国贼对我国这些行动，是中华民族的无上耻辱！苏维埃政府和共产党郑重宣言；我们不仅对于日寇对我国的领土侵略和内政干涉，表示激烈的反抗；就是对于日寇提出解散国民党党部和蓝衣社组织底要求，也表示坚决的抗议。在共产党及苏维埃政府看来：一切中国人的事，应由中国人自己解决，无论国民党和蓝衣社卖国殃民的罪恶如何滔天，但其应否存废问题，日寇绝无置啄的余地。

领土一省又一省地被人侵占，人民千万又千万地被人奴役，城村一处又一处地被人血洗，侨胞一批又一批地被人驱逐，一切内政外交处处被人干涉,这还能算什么国家!?这还能算什么民族!?

同胞们!中国是我们的祖国!中国民族就是我们全体同胞!我们能坐视国亡族灭而不起来救国自救吗?

不能!绝对不能!阿比西尼亚以八百万人民的国家,尚能对意大利帝国主义准备作英勇的武装反抗,以保卫自己的领土和人民;难道我们四万万人民的泱泱大国,就能这样束手待毙吗?苏维埃政府和共产党深切相信:除极少数汉奸卖国贼愿作李完用、郑孝胥、张景惠、溥仪第二去觍颜事仇而外,我绝大多数工农军政商学各界同胞,绝不甘心作日寇的牛马奴隶。苏维埃政府对日宣战,红军再三提议与各军队共同抗日,红军北上抗日先遣队艰苦奋斗,十九路军及民众的淞沪抗日血战,察哈尔、长城及滦东各地军民英勇杀贼,福建人民政府接受红军提议联合抗日,罗登贤、徐名鸿、吉鸿昌、邓铁梅、伯阳、童长荣、潘洪生、史灿堂、瞿秋白、孙永勤、方志敏等民族英雄为救国而捐躯,刘崇武、田汉、杜重远等爱国志士为抗日而入狱,蔡廷楷(锴)、蒋光鼐、翁照垣、陈铭枢、方振武等抗日部队艰苦斗争,宋庆龄、何香凝、李杜、马相伯等数千人发表中华民族对日作战基本纲领,数年来我工农商学界同胞为抗日而进行排货、罢工、罢市、罢课、示威等救国运动,尤其是我东北数十万武装反日战士在杨靖宇、赵尚志、王德恭(泰)、李延禄、周保中、谢文东、吴义成、李华堂等民族英雄领导之下,前仆后继的英勇作战,在在都表现我民族救亡图存的伟大精神,在在都证明我民族抗日救国的必然胜利。到现在:我同胞抗日救国事业之所以还未得到应有胜利的原因,一方面是由于日寇蒋贼的内外夹攻,另方面是由于各种抗日反蒋势力互相之间,存在有各种隔阂和误会,以致未能团结一致。

因此,当今我亡国灭种大祸迫在眉睫之时,共产党和苏维埃政府再一次向全体同胞呼吁:无论各党派间在过去和现在有任何政见和利害的不同,无论各界同胞间有任何意见上或利益上的差异,无论各军队间过去和现在有任何敌对行动,大家都应当有"兄弟阋墙外御其侮"的真诚觉悟,首先大家都应当停止内战,以便集中一切国力(人力、物力、财力、武力等)去为抗日救国的神圣事业而奋斗。苏维埃政府和共产党特再一次郑重宣言:只要国民党军队停止进攻苏区行动,只要任何部队实行对日抗战,不管过去和现在他们与红军之间有任何旧仇宿怨,不管他们与红军之间在对内问题上有任何分歧，红军不仅立刻对之停止敌对行为，而且愿意与之亲密携手共同救国。此外，苏维埃政府和共产党现在更进一步地恳切号召：

一切不愿当亡国奴的同胞们！

一切有爱国天良的军官和士兵兄弟们！

一切愿意参加抗日救国神圣事业的党派和团体的同志们！

国民党和蓝衣社中一切有民族意识的热血青年们！

一切关心祖国的侨胞们！

中国境内一切被压迫民族（蒙、回、韩、藏、苗、瑶、黎、番等）的兄弟们！

大家起来！冲破日寇蒋贼的万重压迫，勇敢地：

与苏维埃政府和东北各地抗日政府一起组织全中国统一的国防政府；与红军和东北人民革命军及各种反日义勇军一块组织全中国统一的抗日联军。

苏维埃政府和共产党愿意作成立这种国防政府的发起人，苏维埃政府和共产党愿意立刻与中国一切愿意参加抗日救国事业的各党派、各团体（工会、农会、学生会、商会、教育会、新闻记者联合会、教职员联合会、同乡会、致公堂、民族武装自卫会、反日会、救国会等等）、各名流学者、政治家、以及一切地方军政机关，进行谈判共同成立国防政府问题；谈判结果所成立的国防政府，应该作为救亡国存的临时领导机关。这种国防政府，应当设法召集真正代表全体同胞（由工农军政商学各界，一切愿意抗日救国的党派和团体、以及国外侨胞和中国境内各民族，在民主条件下选出的代表）的代表机关，以便更具体地讨论关于抗日救国的各种问题。苏维埃政府和共产党绝对尽力赞助这一全民代表机关的召集，并绝对执行这一机关的决议，因为苏维埃政府和共产党是绝对尊重人民公意的政府和政党。

国防政府的主要责任在于抗日救国，其行政方针应包括下列各点：

（一）抗日救国收复失地。

（二）救灾治水安定民生。

（三）没收日帝在华一切财产、充作对日战费。

（四）没收汉奸卖国贼财产、粮食、土地，交给贫苦同胞和抗日战士享用。

（五）废除苛捐杂税、整理财政金融、发展工农商业。

（六）加薪加饷、改良工农军学各界生活。

（七）实行民主自由、释放一切政治犯。

（八）实行免费教育、安置失业青年。

（九）实行中国境内各民族一律平等政策，保护侨胞在国内外生命、财产、居住和营业的自由。

（十）联合一切反对帝国主义的民众（日本国内劳苦民众、高丽、台湾等民族）作友军，联合一切同情中国民族解放运动的民族和国家，对一切对中国民众反日解放战争守善意中立的民族和国家建立友谊关系。

抗日联军应由一切愿意抗日的部队合组而成，在国防政府领导之下，组成统一的抗日联军总司令部。这种总司令部或由各军抗日长官及士兵选出代表组成，或由其他形式组成，也由各方代表及全体人民公意而定。红军绝对首先加入联军尽抗日救世主国天职。

为的使国防政府真能担当起国防重任，为的使抗日联军真能担负起抗日重责，共产党和苏维埃政府号召全体同胞：有钱的出钱，有枪的出枪，有粮的出粮，有力的出力，有专门技能的供献专门技能，以便我全体同胞总动员，并用一切新旧式武器，武装起千百万民众来。共产党和苏维埃政府坚决相信：如果我们四万万同胞有统一的国防政府作领导，有统一的抗日联军作先锋，有千百万武装民众作战备，有无数万东方的和全世界的无产阶级和民众作声援，一定能战胜内受人民反抗和外受列强敌视的日本帝国主义！

同胞们起来：

为祖国生命而战！

为民族生存而战！

为国家独立而战！

为领土完整而战！为人权自由而战！

大中华民族抗日救国大团结万岁！

中国苏维埃政府

中国共产党中央

一九三五年八月一日

根据中央档案馆原铅印件刊印

陈云致胡耀邦信

（一九七八年九月十一日）

耀邦同志：

沙洪同志（时任中组部干部一局局长——秋石注）九月五日给我的信并王韦同志（即徐懋庸夫人——秋石注）信和徐懋庸的一些材料都看了，并认真回忆了一下，答复如下：

（一）徐懋庸确实与我和李富春同志谈过一次话，因为那时见的人很多，谈话的内容实在记不得了。但徐懋庸一九六二年自己的记录，大体可信。因为：

一、我确实记得毛主席讲过"徐懋庸给鲁迅的那封信是错误的，因此鲁迅批评了他，但徐懋庸还可教书"。所以毛主席把徐懋庸安排在抗大当教员，以后徐懋庸就在抗大加入共产党。

二、那时毛主席在延安组织了一种座谈性质的哲学研究会。每星期有一个下午开会，地点就在中央组织部。何思敬是肯定参加了的，我记忆中徐懋庸也参加了。

三、我不止一次地听毛主席说过："鲁迅是中国无产阶级文艺革命的旗手"，"鲁迅是富有革命斗争经验的人，那时（指两个口号的论争）他怕左翼文艺界人在革命转变关头上当"。

四、在延安时我从来没有听毛主席说过三十年代上海文艺界两个口号的论争是革命与反革命的争论。也没有听毛主席说过"国防文学"是反革命的口号。

（二）我建议中央组织部、中央宣传部对上海文艺界三十年代问题，对创造社，对当时其他革命文艺团体，作出实事求是经得起历史检验的评价。作这些评价时，必须把这些革命文艺团体的是非功过放到当时历史环境中考察。这件工作最好今年就动手做，因为亲身经历和知道当时情况的人，年龄都是七十开外八十开外了，再不动手就迟了。

敬礼！

陈云

一九七八年九月十一日

让历史回归真实：还文学自由人本来面目

——对1981年版《鲁迅全集》中的胡秋原相关注释之质疑

据2004年8月4日《中华读书报》援引6月9日《鲁迅全集》修订工作委员会的"宣布"，称：历时三年的《鲁迅全集》修订工作已完成全部分卷审议定稿，新版《鲁迅全集》的内容和格局已基本定稿，预计于2005年与读者见面。

这是一个可喜可贺的消息，也是所有从事鲁迅研究和现代文学研究的人士盼望已久的一件大事。

笔者注意到该文重点提及的一段说明："此次修订中，注释的修订是最主要也最见成效的一个方面。……比如1981年版注释中的很多带有明显时代思潮与意识形态色彩的语言表达与评价判断，这次都被改为客观的历史叙述。"对此，笔者深有同感。与此同时，笔者认为，岂止是"改为客观的历史叙述"，一些存在着明显的"左"的且以人划线、以所谓"路线"加以界定并强加在文艺流派著名人士头上的不实之词，均应予推翻和重新评估，并给以正确的历史定位。

笔者需要说明的是，也就是在6月9日《鲁迅全集》修订工作委员会对外发布该完稿信息的同时，继今年二月笔者在台湾拜访胡秋原先生之后三个多月研究中产生的一些疑问，就《鲁迅全集》中涉及的胡秋原相关条文的注释，先后向人民文学出版社现代文学编辑室负责人、全集修订编辑委员会副主任及成员多人通报了我的最新研究成果，并提出了相应建议。令我欣慰的是，在听取我的通报和建议后，上述人员向我告知：已经作了一些修订。并嘱我将进一步的论证寄予他们，供他们参考修订。

在此，借《中华读书报》所刊《〈鲁迅全集〉最新修订之全面揭密》一文之东风，笔者特撰此文，以对1981年版《鲁迅全集》中有关胡秋原注释条文之释疑。

还需要说明的是，有关本文提及的1981年版《鲁迅全集》中胡秋原注释条文，主要指的是全集第4卷第442页，也就是鲁迅于1932年10月10日回击苏汶(杜衡)所作的《论“第三种人”》一文之尾(1)、(2)两条注释。

之(1)注释为：

>……一九三一年十二月，胡秋原在他所主持的《文化评论》创刊号发表了《阿狗文艺论》一文，他自称“自由人”，一方面批评“民族主义文学”，一方面则对当时“左联”所领导的革命文学运动进行攻击，认为“将艺术堕落到一种政治的留声机，那是艺术的叛徒”。其后，他又连续发表了《勿侵略文艺》、《钱杏邨理论之清算》二文，诽谤当时的革命文学运动，因此受到“左联”的反击。洛扬(冯雪峰)在《文艺新闻》第五十八期(一九三二年六月六日)发表了《致文艺新闻的信》，指出胡秋原的目的“是进攻整个普罗革命文学运动”，揭露了胡秋原在“自由人”假面具掩盖下的反动实质。由此苏汶(即杜衡)就在《现代》第一卷第三期(一九三二年七月)发表了《关于“文新”与胡秋原的文艺论辩》一文，自称“第三种人”，认为当时许多作家(即他所说的“作家之群”)之所以“搁笔”，是因为“左联”批评家的“凶暴”，和“左联”“霸占”了文坛的缘故，并在文中对人民的革命斗争进行歪曲和诽谤。于是“左联”也就继续对胡秋原、苏汶等加以反击和批判。……

之(2)注释为：

>这里所说的论客，指胡秋原和某些托洛茨基派分子。当时胡秋原曾冒充“马克思主义”者，并和托洛茨基派分子相勾结；托洛茨基派同国民党反动派一鼻孔出气，诬蔑中国工农红军为“土匪”。

鲁迅的这篇《论“第三种人”》(刊1932年11月1日出版的《现代》2卷1期),此文为批驳苏汶(杜衡)的《关于“文新”与胡秋原的文艺论辩》(刊1932年7月1日《现代》1卷3期)和《“第三种人”的出路》(刊1932年10月1日《现代》1卷6期)二文所作。有意思的是,苏汶时为《现代》编辑,但《现代》并不因鲁迅此文系反击苏汶而拒登,相反,以最迅快的速度刊登在了《“第三种人”的出路》的下一期上。

本文,仅对上述注释的胡秋原部分进行评析,以期公允,还胡秋原先生以必要的清白。

历史的回顾

在弄清楚上述注释的公允是非之前,极有必要对胡秋原先生此前的历史回顾一下。

胡秋原于1910年出生于湖北黄陂,原名胡曾佑,笔名未明、石明、冰禅。15岁时考入国立武昌大学预科习理工,后加入共青团,主编《武汉评论》,任全国学生总会代理宣传部长及主编《中国学生》杂志。1927年改入武汉大学中文系学习。此期间,胡秋原旗帜鲜明地撰文反对蒋介石发动“四·一二”屠杀共产党人。是年冬,桂系军侵入武汉,大肆捕杀左倾思想的学生,胡秋原被迫于除夕夜逃离武汉。抵达上海后,胡秋原入复旦大学中文系学习,时为普罗文学在上海掀起,胡秋原发表了题为《革命文学问题》的批评稿。著有《日本侵略下之满蒙》一书,为其处女作。1929年,胡秋原任大东书局编辑,并以所获稿费考入日本早稻田大学政治经济学部,不久即获得湖北方面的官费资助。在早稻田大学,胡秋原开始系统地研读《马克思恩格斯全集》及其他西洋历史与哲学名著。1931年胡秋原回国省亲期间,适逢日本发动“九·一八”侵占东三省事变。胡秋原为抗议日本侵华,当即宣布放弃官费学业,留在上海以文学作刀枪力主抗日。此时的胡秋原除参加《读书》杂志编委会,还自办《文化评论》,主张坚决抗日及提倡文艺自由,并任上海大学教授、翻译。在此期间,经过数年钻研和努力,胡秋原完成并出版了长达七十万字的有关“俄国马克思主义之父”(列宁语)普列汉诺夫美学研究的长篇巨著《唯物史观艺术论》。与此同时,在胡秋原亲自翻译的《艺术社会学》为之作的长篇序言中，对唯物史观艺术论有其独到的系统的论述。胡秋原将这些论述运用于文学艺术。胡秋原明确指出：文学艺术是根源于社会生活的，是紧随时代的，也是有阶级性的。胡秋原解释道，他是在熟读了他能找到的中国和日本发行的马克思主义经典著作之后，才产生这样的结论的（胡秋原早在15岁的少年时代就开始通读《马克思全集》，进而钻研普列汉诺夫的著作）。因而，胡秋原有着比其他人独特的论述和观点，这也是他对当时中国现状长期分析、思索的结果。

《阿狗文艺论》是对“左联”领导的革命文学运动的攻击吗？

在讨论胡秋原的《阿狗文艺论》时，我们有必要搞清楚胡秋原撰写此文的动机。

在这场论战过去37年后，1969年1月10日，胡秋原撰写了《关于一九三二年文艺自由论辩》一文。胡秋原写道：

> 由于日本侵略之刺激（指1932年“九·一八”事变——秋石注），我开始研究国际政治。鉴于当时文化界的空气对我有一种左右夹攻之压力，在一九三一年十二月，我以卖文所得稿费之余，约了三个朋友，自己办了一个刊物，名曰《文化评论》。这刊物除了主张抗日之外，提出“自由人”和“自由知识阶级”的理论，认为知识分子不是阶级和政党的工具，而应站在自由独立的立场；认为今后文化运动是要继续“五四”未竟之业；又认为文艺必须自由创作，不能作政治的留声机，若然只能算“阿狗文艺”。

在此之前一年，上海文坛上发生的两件大事不能不说一下。一件是1930年3月“左联”的宣告成立，这是在共产党直接领导下的一个左翼文人组织。另一件事，则是发生在“左联”成立三个月后。1930年6月，由执掌国民党文化宣传大权的张道藩及其上海市党部纠集起一帮子右翼文人，如潘公展、傅彦长、朱应鹏、黄震遐、范争波、王平陵、叶秋原和邵洵美等，发表了所谓《民族主义文艺运动宣言》。《宣言》鼓吹：“文艺的最高意义就是民族主义”；同时，又将其矛头直指“左联”，称“那自命左翼的所谓无产阶级文艺运动又是那样的嚣张……”

《民族主义文艺运动宣言》甫一出笼，即遭到“左联”领军人物鲁迅、瞿秋白和茅盾等人的揭露与批判。鲁迅先生在其《“民族主义文学”的任务和运命》一文中（发表于1931年10月23日出刊的上海《文学导报》9卷6、7两期合刊）将其讥讽为“宠犬派文学”。鲁迅指出：“殖民政策是一定保护，养育流氓的。”“到去年，在文艺界上，竟也出现了‘拜老头’的‘文学家’”。“那些宠犬派文学之中，锣鼓敲得最起劲的，是所谓‘民族主义文学’”。然而，笔者在这里强调指出的是，正是在其后不久被“左联”冯雪峰、瞿秋白、周扬等视作敌人痛加围剿的那个桀骜不驯的胡秋原，首举义旗，在《宣言》粉墨登场当月出版的《读书》杂志的创刊号上发表了《文艺史之方法论》，对“民族主义文学”派们进行了猛烈的抨击。而于1931年12月由其本人主持的《文化评论》创刊号上名为《真理之檄》的发刊词，以及倍遭“左联”批判的《阿狗文艺论》，则进一步对《民族主义文艺运动宣言》进行了系统的批判。

在《真理之檄》一文中，胡秋原写道：

> 以“德谟克拉西”、“赛因斯”为标语的五四运动，虽然在近代文化上记载了光辉的划时代的一页，然而五四运动之使命，反封建文化的使命，并没有完成。而随着中国革命的失败，封建思想之僵尸正在各方面复活，于是中国的思想界，几停滞于中世（纪）时期。因此，今后的文化运动，就是要继续五四之遗业，以新的科学的方法，彻底清算，再批判封建意识形态之残骸与变种。

关于《阿狗文艺论》，胡秋原在撰写之初目的就非常明确，这，就是全面批驳国民党右翼文人鼓噪出笼的《民族主义文艺运动宣言》。此文还配置了一个十分醒目的副标题，叫做：民族文艺理论之谬误。胡秋原旗帜鲜明地展示了自己所持的立场与观点。他以其独特而又惯有的辛辣笔法指出：

> 《文化评论》编者，征文于余，并示《前锋》第一期之民族文艺运动之宣言，嘱为文批评其理论；余阅之不觉失笑。民族理论之不通，曾于《文艺史之方法论》中略述之，此种理论之存在，实中国文艺界之污点，故稍指出其谬误不经之处，他日有暇，当更详论之。

在《阿狗文艺论》第一小节《艺术非至下》的论述中，胡秋原将“民族主义文学”斥之为“新的法西（斯）主义文学，是比所谓颓废派下流万倍的东西”。胡秋原发挥道：“艺术者，是思想感情之形象的表现，而艺术之价值，则视其所含蓄的思想感情之高下而定。所以，伟大的艺术，都具有伟大的情思。而伟大艺术家，常是被压迫者，苦难者的朋友。”胡秋原认为：“艺术虽然不是‘至上’，然而决不是‘至下’的东西。将艺术堕落到一种政治的留声机，那是艺术的叛徒。艺术家虽然不是神圣，然而也决不是叭儿狗。”胡秋原还论述道：“到了去年，随着中国‘内乱’之尖锐，独裁政治之强化，盲动之急进与败北，所谓普罗文学之盛极而衰，在感觉最敏锐的文艺领域中，开始见法西（斯）主义之萌芽。为这萌芽之具体表现者，即所谓‘民族文艺运动’”。

在第二节《中心意识之谬论》中，胡秋原一针见血指出：“民族文艺派之唯一理论经典，即所谓《民族主义文艺运动宣言》。据说，这三四千字的宣言，是颇经过一番苦思深虑，而且经过某大衙门掌柜之批准的。”（这里所指的“某大衙门掌柜”，系指当时执掌国民党宣传文艺大权的张道藩——笔者注）接着，胡秋原在批驳民族文艺派鼓吹的文艺“中心意识”论时指出：“文化与艺术之发展，全靠各种意识互相竞争，才有万华缭乱之趣……用一种中心意识独裁文坛，结果，只有奴才奉命执笔而已……各种意识之竞争批评，正是光明而不是危机；而要用什么民族意识来包办，才算是危机，不，简直是畜牲道而已。”

在第三节的论述中，胡秋原在批驳民族文艺派捏造的“艺术作品在原始状态是从民族的立场所形成的生活意识里产生”的说法时，断然指出：文艺之起源与民族意识无关。他还嘲笑道：“可怜民族文艺派连文艺起源几个字都不懂，还高谈理论；可笑也，亦可怜也！”

在随后的第四节中，针对民族文艺派们宣扬的“说什么民族文艺之发展第一需要政治上的民族主义，第二要造成政治上的民族主义”，胡秋原斥之为“牛头不对马嘴”。胡秋原写道：

> 将文艺与政治混为一物，已经表示他们没有谈文艺的资格，那意思无非是说：民族文艺是民族主义的儿子，民族文艺又要生民族主义的孙子；也就是说，文艺是政治的走狗，文艺又是政治的忠臣。

鸣乎，这是阿狗文艺的肺腑！

最后，胡秋原结论性地认为：

……现代的民族主义只有在殖民地半殖民地之彻底的反帝国主义运动上，才有进步的意义。然而若是一个单纯民族主义运动，离开其真实的同盟者，不仅不能达到目的，而结果必形成民族主义的反面。结果，只是资产阶级之改良的、虚伪的民族主义。

综上所云，胡秋原的《阿狗文艺论》，通篇充斥着对国民党右翼文人鼓吹的《民族主义文艺运动宣言》的批判。而有关他文中“所谓普罗文学之盛极而衰”一说，据胡秋原在相隔 37 年后的一系列论述中（主要见其《一九三二年文艺自由论辩》一文）指出：一是对国民党蒋介石的独裁统治和实行文化围剿而言；二是对此前创造社、太阳社的某些作为而言；三是对“左联”施行关门主义一些做法的提醒，而断非是“对普罗文学、对当时‘左联’所领导的革命文学运动进行攻击”。至于导致“左联”极度愤懑，瞿秋白、冯雪峰、周扬等人群起而攻之的有关胡秋原的“将艺术堕落到一种政治的留声机，那是艺术的叛徒”的说法，笔者以为，这是他们对所谓胡秋原“攻击”“当时‘左联’所领导的革命文学运动”的恣意图解。毋庸置疑，胡秋原在批评右翼文人的同时，也击中了“左联”推行关门主义政策的要害。历史已经表明，在所谓“文艺为政治服务”的这一立论上，错的是“左联”，而非胡秋原！而且，也正是在这一口号下，“左联”的大多数成员在以后特别是在建国后人为掀起的历次政治运动中受尽了折磨。直到这一争论过去 47 年之后，拂去历史的尘埃，宣告了胡秋原先生当年坚持的立论的正确——实践是检验真理的唯一标准！

1979 年 10 月 30 日，在中国文学艺术工作者第四次代表大会的开幕式上，中国改革、开放的总设计师邓小平在代表党中央所作的祝词中强调指出：

党对文艺工作的领导，不是发号施令，不是要求文学艺术从属于临时的、具体的、直接的政治任务，而是根据文学艺术的特征和发展规律，帮助文艺工作者获得条件来不断繁荣文学艺术事业，提高文学艺术水平，创作出无愧于我们伟大人民、伟大时代的优秀文学艺术作品和表演艺术成果。

邓小平还指出：

> 我们提倡领导者同文艺工作者平等地交换意见……在文艺创作文艺批评领域的行政命令必须废止……文艺这种复杂的精神劳动，非常需要文艺家发挥个人的创造精神。写什么和怎样写，只能由文艺家在艺术实践中去探索和逐步求得解决。在这方面，不要横加干涉。

继邓小平这个高屋建瓴的祝词之后，茅盾在向大会所作的发言中再次明确宣布：

> 我们反对文艺作品堕落为政治口号的图解！

邓小平的祝词和茅盾的发言，激起了全场代表一阵又一阵雷鸣般的掌声。毋庸置疑，文艺的春天来到了！

同样，就在这次文代会期间，当音乐界代表傅庚辰向胡乔木询问有关“今后不宜再提‘文艺为政治服务’这一口号”的出处时，胡乔木作了一个很好的诠释。胡乔木说道：

> 这个问题是我在政治局讨论第四届文代会报告稿子的时候讲的，讲的比较简单，因为我也不能给政治局上课呀！政治局会议上对这个问题并没有什么争论。后来，夏衍同志就是根据这个情况讲出去的，既然经过了政治局，也就不算是我个人的意见了。之所以不再提“文艺为政治服务”而提“为人民服务、为社会主义服务”，是因为这样更有利于文艺的发展，……更有利于调动广大文艺工作者的积极性。我们回想一下历史，是不是不提“文艺为政治服务”就不能产生好作品、大作品和大作家呢？是不是《在延安文艺座谈会上的讲话》发表之前就没产生过好作品、大作品和大作家呢？不是的。伟大的文学家鲁迅1936年就已逝世了，巴金的《家》、《春》、《秋》，茅盾的《子夜》，曹禺的《雷雨》、《日出》和老舍的一些作品都产生于《讲话》发表之前。所以，不能说不提“文艺为政治服务”就不利于文艺的发展。而且有一些文艺作品虽然并没有明确的政治倾向性，但它符合审美要求，它能给人以美的享受和陶冶，

这样的作品就要允许它存在，……

还值得书上一笔的是，距四次文代会召开不过两个半月，1980 年 1 月 16 日，在中共中央召集的干部会议上，邓小平同志在其所作的《目前形势和任务》的报告中，用极为明确的语言再次宣布道：

> 我们坚持“双百”方针和“三不主义”，不继续提文艺从属于政治的口号，因为这个口号容易成为对文艺横加干涉的理论根据，长期的实践证明它对文艺的发展利少害多。

应当指出的是，1979 年四次文代会和 1980 年 1 月邓小平同志的两度宣告，以及文艺界所呈现出来的春天般的繁荣，在台湾的胡秋原先生也深深地领会到了。他同样感受到了华夏大地上的春风扑面。在笔者今年二月访台归来后与胡秋原家人及其弟子的数十次通话中，印证了这一点。与此同时，我们也可以从一度成为岛内政论界、思想界重镇、由胡秋原先生当年亲手创办的《中华杂志》刊发的众多文章中看到。在中共中央新文艺方针的感召下，胡秋原先生以往坚持的立场、倾向更加坚定，他也更加倾尽全力致力于两岸统一大业。及至到了 1988 年的那个金色收获季节，胡秋原先生全然不顾李登辉当局的百般恫吓、阻拦，毅然来到北京，与李先念、邓颖超、贾亦斌、郭述申等诸多中共老友共商两岸统一大计，从而被誉为“两岸破冰第一人”。诚如胡秋原先生坦诚相告的那样：“我以前是坚决反共的，但中共十一届三中全会的召开和邓小平推行的改革、开放路线，使我看到了国家的统一和民族复兴的希望。”

行文至此，令笔者大为不解的是：早在 1979 年和 1980 年邓小平就代表党中央把这一几十年来争论不休的问题解决了，而且是不拖任何尾巴的解决了，那么，又为什么在这之后发行的《鲁迅全集》，仍然要坚持过去“左”的那一套来加以诠释呢？不仅仅是诠释，而且给胡秋原先生扣上了一顶顶与反革命不相上下的帽子？从 1979 年 10 月 30 日和 1980 年 1 月 16 日邓小平的两度郑重宣告，到 1981 年第二版《鲁迅全集》的问世，其间尚有一年多的时间，《全集》的编辑者和注释者竟然没有一个人注意到文艺界春天的到来？！看来，在当时，人们还在或多或少地受着某些方面的影响。

论及胡秋原随后发表的《勿侵略文艺》和《钱杏邨理论之清算与民族文

学之批评》二文，笔者在通读全文之后的感觉，也并非如当年冯雪峰、瞿秋白等“左联”作家反击的那样。在《勿侵略文艺》一文中，针对一些人的流言，胡秋原郑重指出：“我更没有否定普罗文艺”；作为文学自由人，胡秋原强调：“我并不能主张只准某种艺术存在而排斥其他艺术”。胡秋原还指出：“无论中国新文学运动以来的自然主义文学，趣味主义文学，浪漫主义文学，革命文学，普罗文学，小资产阶级文学，民族文学以及最近的民主文学，我觉得都不妨让他存在，但也不主张只准某一种文学把持文坛。而谁能以最适当的形式，表现最生动的题材，较最能深入事象，最能认识现实把握时代精神之核心者，就是最优秀的作家。”

读着胡秋原的这些论述，不禁令笔者想起了四年后鲁迅在《答徐懋庸并关于抗日统一战线问题》一文中的一段海纳百川的论述，两者之间竟是何等的相似！鲁迅先生这样论述道：

> 我以为文艺家在抗日问题上的联合是无条件的，只要他不是汉奸，愿意或赞成抗日，则不论叫哥哥妹妹，之乎者也，或鸳鸯蝴蝶都无妨。但在文学问题上我们仍可以互相批判。

鲁迅还指出：

> 我认为应当说，作家在“抗日”的旗帜，或者在“国防”的旗帜之下联合起来；不能说作家在“国防文学”的口号下联合起来，因为有些作者不写“国防”为主题的作品，仍可以从各方面来参加抗日的联合阵线。

在《钱杏邨理论之清算与民族文学理论之批评》一文开始时，胡秋原撰有一个导语，这个导语泾渭分明地表明了他对左、右翼文人的态度。胡秋原写道：

> 最近三四年来，中国文艺理论界有一个最大的滑稽与一个最大的丑恶。前者即是左翼文艺理论家批评家钱杏邨君之“理论”与“批判”，后者是随暴君主义之盛衰而升沉的民族文艺派之“理论”与“创作”。

显而易见，在这里，胡秋原先生视“左联”诸君为友，而民族文艺派则是对立面，并被冠之以“随暴君主义”的“丑恶”，而且是“最大的丑恶”。其次，在此文中，胡秋原对钱杏邨散布的“阿 Q 死了”、“我们永远不需要阿 Q 时代”的说法所作的令人信服的驳斥，以及对钱杏邨曲解茅盾小说的真正含义，错误地认为茅盾小说“否认英勇的革命战斗的现实”等观点的分析，无不说明了胡秋原对鲁迅、茅盾经典作品的全力维护。

对钱杏邨错误理论批评归批评，但胡秋原还是实事求是地肯定了“钱杏邨先生的努力与精力，是可佩服的”，“但他在中国新文艺批评之初期建设上，不能不说他尽了相当的功绩”。

事实上，正是文学自由人的胡秋原，最早窥出了钱杏邨文艺理论与批评的软肋，或曰幼稚的呈苍白状的缺失。由于胡秋原抢在“左联”前面批评了钱杏邨的苍白理论，因而引发了推行关门主义政策的冯雪峰等人对胡秋原的进一步反击。

之所以笔者认为胡秋原先生对待左右翼文人泾渭分明的态度和立场，这可以从该文后半部分对民族文艺派旗帜鲜明的批评上反映出来。胡秋原猛烈地痛斥道：

> 总而言之：民族文艺是极低下的功利派，极下流的政治底宣传，是中国的法西（斯）主义文艺；是土司政治的文化“前锋”；他们的理论与创作是“狗”之“屁”，是说谎之堕落与堆集；他们侮辱艺术之高尚，玷辱文艺之尊严；他们仇视解放运动和解放思想，用可怜的文字，表现下贱的幻想，宣传剿灭苏联；他们的目的，是希望土司政治稳定与统一，满足帝国主义的欲望，中国完全殖民地化——这实在是反民族的文艺。

胡秋原先生的这一段论述，维妙维肖地勾勒出了《民族主义文艺运动宣言》的炮制者们及其后台老板蒋介石的嘴脸，也反映了他的憎爱分明的立场，我们能说他是在“诽谤当时的革命文学运动”、“是进攻整个普罗革命文学运动”吗？孰是孰非，一目了然。

论述到此，倒是有一个现象值得人们深思，这就是胡秋原撰写《阿狗文艺论》的初衷，是针对“仇视解放运动”“宣传剿灭苏联”和“满足帝国主义欲望”的《民族主义文艺运动宣言》派们攻击左翼无产阶级文艺运动“嚣张”的谬论的，殊料，却引发了“左联”一大批人对胡秋原的围攻，而右翼文人却一个个作壁上观，无一人同胡秋原论战，这，岂非咄咄怪事？实实在在的事实表明：对“当时的革命文学运动”，胡秋原是维护，而决不是什么“诽谤”与“否定”。

胡秋原是托派吗？

请读者们先读一段胡秋原本人的自述，胡的这段自述写于1972年7月15日。胡秋原写道：

> 一，略。
>
> 二，我从未加入托派。所谓托派，其正式名称是“共产党反对派”。……在俄国起于1927年，传到中国，……必须是共(产)党才是托派，……我不曾作共(产)党，所以无从做托派也不曾单独加入托派。……
>
> 三，我不仅与托派无组织的关系，在思想上亦从未受托洛斯基或者一派之影响。
>
> 四，我与马克思主义有十年的缠绵。但我的马克思主义来自普列汉诺夫，我从未承认“马列主义”，亦未认为……托洛斯基、史达林是真正马克思主义者。
>
> 五，马克思主义者确有文艺自由，……不过，……托洛斯基亦未尝主张文艺自由。在我相信马克思主义时期，我重视的是马克思主义方法论——唯物史观。
>
> ……
>
> 马克思主义者确有文艺自由。此由马恩通信中讨论文艺的通信，以及恩格斯在世之日德国社会民主党关于文艺倾向之讨论可知。

附带说明一下，自1935年末到1937年上半年，应中共驻共产国际代表团之邀，胡秋原赴莫斯科参与中共《救国时报》的编务及撰稿。此期间，胡秋原撰写了大量很有见地笔锋犀利的抗日文章，并对中共起草的《八一宣言》的最后完善提出了一些建设性的修改意见，如联蒋抗日等。其二，由于胡秋原一贯坚持的抗日立场及在海外华人中的影响，王明曾代表中共提议胡秋原加入中国共产党，但被胡拒绝。这个拒绝是胡秋原思想上的一个重大转折：放弃初期追求的"自由的马克思主义"的理想。他在八十寿辰时这样回顾道：

(1935 年末)我到苏俄时，正莫斯科大审时期，一批老布尔什维克都成为"卖国贼"。对史达林之个人阿谀令人恶心。……正在日本人成立冀东自治政府之时，我日夜为国痛心，思考种种问题。最后，我放弃八年来爱好的马克思主义和社会主义，同时，英国人讲的自由主义也不足取了。于是我的"自由主义的马克思主义"瓦解，而我的思想形成了。

综合上述，胡秋原是不是托派，也就清楚了。

而关于胡秋原是托派的最早说法，源自于冯雪峰的一篇论战文章。在《致〈文艺新闻〉的一封信》中(写于 1932 年 5 月 9 日，刊该刊 1932 年 6 月 6 日第 58 号上，原题：《"阿狗文艺论"者的丑脸谱》)。文中，冯雪峰以一种似是不容置疑的口吻写道：

……第二，胡秋原在这里不是为了正确的马克思主义的批评而批判了钱杏邨，却是为了反普洛革命文学而攻击了钱杏邨；他不是攻击钱杏邨这个人，而是进攻整个普洛革命文学运动。胡秋原曾以"自由人"的立场，反对民族主义文学的名义，暗暗地实行了反普洛革命文学的任务，现在他是进一步的以"真正马克思主义者应当注意马克思主义的赝品"的名义，以"清算再批判"的取消派的立场，公开地向普洛革命文学运动进攻，他的真面目完全暴露了。他嘴里不但喊着"我是自由人"，"我不是统治阶级的走狗"，并且还喊着"马克思主义"，甚至还喊着"列宁主义"(按，冯雪峰此说有悖事实，遍查胡秋原这一时期著述，胡秋原从来不曾打过"列宁主义"的旗号——秋石注)，然而实际上是这样的。这真正暴露了一切托洛斯基派和社会民主主义派的真面目！

这就是胡秋原被诬指为"托派"的最早文本，但冯文中列举的胡之"罪状"及被诬指托派的依据，却是无比的苍白而又不堪一击，自然也不足以令人信服。对此，鲁迅是不赞成的。在整个论战中，鲁迅始终不曾参与对胡秋原本人的公开批判。而对"托派"之所谓"罪恶"，鲁迅一开始也是有所保留的，现在已为人知。为此，他还写下了那篇脍炙人口的《辱骂和恐吓决不是战斗》的檄文，从某种意义上保护了具有鲜明抗日救国立场的胡秋原。后来，当论战结束时，鲁迅还特地托冯雪峰给胡秋原送去一张经精心翻拍的苏联友人送与鲁迅的普列汉诺夫的照片，以示关怀。对此，胡秋原请冯雪峰转达他对鲁迅的谢意。

关于对胡秋原"托派"的批判，其延续的时间很长。若胡秋原当初不离开大陆的话，他同样逃脱不了1952年12月22日斯大林七十寿辰那一天中国大陆境内500余托派一网打尽式的逮捕，以及随后长达27年的囚牢生活。尽管这样，在台湾的胡秋原还是领受到了"全党共讨之"的待遇。1972年3月出刊的中共中央理论刊物《红旗》杂志，刊登了一篇题为《为什么提倡读一些鲁迅的杂文?》的文章。此文无中生有地说鲁迅在杂文中所揭露的"'在马克思主义里发见了文艺自由论'的托匪胡秋原""不是孤立的个人，而是'代表着某一群'"，"是一定阶级、一定政治集团的代表"。文章还进一步发挥道："鲁迅同他们(胡秋原)的斗争，不是'个人间事，无关大局'，而是阶级对阶级的斗争。"

据说，当胡秋原在台湾新店中央新村寓所读到《红旗》杂志的这篇文章时，不禁哑然失笑：鲁迅在《论"第三种人"》一文中，对胡秋原虽不公开点名，但缺乏事实依据的抨击词，以及冯雪峰当年负气而写的一篇论战文章，竟然成了40年后的他正式沦为代表"一定阶级、一定政治集团"的"托匪"的依据!

岁月无情，但历史是公正的，不仅仅是对胡秋原这个与托派毫无瓜葛的文学自由人而言。上世纪八十年代末，尚未解体的苏共中央为包括托洛茨基本人在内的所有托派分子平了反。在中国，随着类似胡秋原持不同政见的王实味的最终彻底平反，有关中国托派的种种"罪恶"与指责，也渐渐烟消云散。例如，在旧版《毛泽东选集》的原注中引述的当年斯大林宣布托派为"暗害者、破坏者、侦探间谍、杀人凶手的匪帮"的诬指，以及原注添加中国托派完全是"帝国主义和国民党反对人民的卑污工具"等等，均被一一删除。1991年版《毛选》二卷第516页的新注正式承认："抗日战争时期，托派在宣传上是主张抗日。"与此同时，新注还廓清了一个史实："把托派与汉奸相提并论，是由于当时共产国际流行着中国托派与日本帝国主义间谍组织有关系的错误论断所造成的。"

苏汶、胡秋原“对人民的革命斗争进行歪曲和诽谤”了吗？

首先，为正视听：统览为胡秋原主持公道的苏汶先生的《关于“文新”与胡秋原的文艺论辩》一文，全文 7 000 字，无一处表明可以认定《鲁迅全集》4 卷 442 页之(1)注释有关“在文中对人民的革命斗争进行歪曲和诽谤”的说法。也就是说，“左联”“继续对胡秋原、苏汶等人加以反击和批判”的做法，显得过于苍白和无理。而且，苏汶在其文中并没有“左联”“霸占文坛”的任何说法。苏汶这段文字的原文是：“我这样说，并不是怪左翼文坛不该这样霸占文学。他们这样办是对的，为革命，为阶级。”

另，据胡秋原后来多次撰文加以说明指出：在这之前，他并不认识这位早在 1927 年蒋介石发动“四·一二”政变前后与他一样遭受过反动势力追捕、关押，并参加过 1930 年 3 月 2 日“左联”成立大会及成为“左联”第一批成员的苏汶或“戴杜衡兄”。及至这场由“左联”发起的论战受到时任中共中央宣传部长张闻天的严厉批评并加以调解告结束，苏汶主编《文艺自由论辩集》欲收录胡秋原的一干文章，两人方得交往。而且，苏汶并不因论战与另一方交恶，相反，他与冯雪峰等人一直保持着自 1928 年相交以来的友谊。如在收录冯雪峰的《致〈文艺新闻〉的一封信》入集时，冯雪峰特别函告，要求将《文艺新闻》原刊的谩骂式题目《“阿狗文艺”论的丑脸谱》改为现名，苏汶闻后当即照办。按理说，此文原题原文人人皆知，况又系“左联”刊物杜撰，与他人无关，可苏汶还是给予了通融，由此可见苏汶为人之一斑，也难怪他要半道挺身而出，为素不相识的个体弱者胡秋原仗义执言了。

苏汶为胡秋原说话，批评“左联”几员大将不公正对待文学自由人胡秋原，是建立在事实基础上的。如冯雪峰在《致〈文艺新闻〉的一封信》中将胡秋原打成比右翼文人还要凶恶、反动的托派，如周扬在《到底谁不要真理，不要文艺》一文中(刊 1932 年 10 月 1 卷 6 期《现代》)将胡秋原斥之为“那一阶级的狗”；更如遭到鲁迅严厉批评的芸生所写《汉奸的供状》讽刺诗(刊 1932 年 11 月 1 卷 4 期《文学月报》，鲁迅题为《辱骂与恐吓决不是战斗》的批评文章刊同年同刊 12 月 5、6 期合刊)，仅仅因为姓胡，竟把胡秋原比作在“一·

二八”事变中投向日寇遭万人唾弃的汉奸胡立夫等。此外，该诗还有威胁胡秋原“当心，你的脑袋一下要变做剖开的西瓜”的句子，等等。苏汶的文章虽也偶有嘲笑之意，但其宗旨毕竟是讲道理摆事实及为弱小者讨还公道。苏汶没有，胡秋原同样没有对“人民的革命斗争”进行过任何歪曲与诽谤，这是有大量史实为证的。

值得一提的是，苏汶撰文并没有一边倒，他在文中同样嘲笑了被他称作为“书呆子”的胡秋原，指出：“胡秋原先生纵然以马克思主义相标榜；其实，他充其量不过是一个书呆子马克思主义者。”他还嘲笑了被胡秋原奉若神圣的“蒲力哈诺夫也不免带一些这些书呆子的气份”。苏汶的笔锋还直指胡秋原自由人理论的软肋，批评道：“叫人不要碰艺术。……但不幸胡先生也不是一个彻底的自由主义者。他猛烈地攻击那种有目的意义的文学：照这看来，你还是不允许作者有整个的自由的。万一胡先生不准碰艺术的态度是这样：你们不要碰，让我来：那可不是同样的不自由?”真是一语中的。

尽管后来苏汶在其《一九三二年的文艺论辩之清算》（刊 1933 年 1 月《现代》2 卷 3 期）一文中认为通过论辩，“文艺创作自由的原则是一般地被承认了”；“左翼方面的狭窄的排斥异己的观念是被纠正了；”“武器文学的理论是被修正到更正确的方面了”，但是，苏汶丝毫也不曾产生过退出“左联”的想法。相反，在以后的文学活动中，仍以维护“左联”为重。这，可以从施蛰存先生的《没有感想的感想》一文（刊 1933 年 5 月《现代》3 卷 1 期）中得出结论。在该文中施蛰存这样写道：“我和杜衡有一个协议，要使《现代》坚持《创刊宣言》的原则。尽管我们对当时的左翼理论家有些不同意见，但决不建立派系，决不和左联对立，因为杜衡和戴望舒都还是左联成员。”事实上，在这以后，《现代》一如既往地发表了鲁迅及众多“左联”成员的大量论文及其他作品。

有史为证，证实胡秋原全力支持抗御日寇侵犯的人民革命斗争，而决非是“歪曲”和“诽谤”!

就在胡秋原发表《阿狗文艺论》一个月后，上海发生了“一・二八”日寇挑起的战火，胡秋原甫一闻讯，迅即与冯雪峰等“左联”成员一道，前往激战中的淞沪前线慰问我英勇抗击日寇进犯的十九路军将士。1932 年 2 月 7 日，战争爆发的第 9 天，在租界里一间阴冷的校舍内，50 多位沪上著名文化人士聚集在一起，成立了“中国著作者抗日联合会”，胡秋原与冯雪峰一道，被推选为该会15名执行委员之一。与此同时，经全体与会者审定，一致通过了由胡秋原执笔起草的《中国著作者为日军进攻上海屠杀民众宣言》，巴金、李达、周谷城、郁达夫、钱杏邨、陈望道、丁玲、叶圣陶、夏丏尊、匡互生在内的129位文化名人签字支持。

次年，针对独夫民贼蒋介石推行的“攘外必先安内”的卖国投降政策，胡秋原于同年6月出版的《现代》杂志3卷2期上发表了《“中日亲善”颂》的檄文。在这篇可以和鲁迅的《“友邦惊诧”论》相媲美的檄文中，胡秋原以其独特的辛辣笔调，一层一层地剥去了蒋介石的伪装。胡秋原写道：

“中日亲善自然是交关好的，所可惜者，日本人的枪炮是太不可善了……”

“……小民固然苦，政府也确不安闲，一面要‘安内’，一面又要‘攘外’……但混蛋的是‘内’而不是外，所以非‘攘内安外’不可，而且也只能如此。所以非大举攘内，大攘、特攘、痛攘不可。国难至此者，完全是家奴混蛋之致。”

“所以，日本人天天来打，我们无抵抗，这是‘安外’主义；我们天天向内打，这是‘攘内’主义。这是救国之正谊，不足稀奇的。”

写到最后，胡秋原干脆将矛头直接指向了蒋介石及其卵翼下的投降派。

“‘安外’也是有办法的。前天北平政委会成立，大都是‘安外’的专家，经验丰富。委员长更是慷慨陈词，说‘决不负国’。其实此地无银，是无须招贴的。”

之所以笔者将胡秋原的《“中日亲善”颂》与一年半前鲁迅发表的《“友邦惊诧”论》相提并论，请读者们比对一下鲁迅此文的一些精彩片断就明白了：两人的笔法及矛头指向何其的相似！鲁迅写道：

只要略有知觉的人就都知道：这回学生的请愿，是因为日本占领了辽吉，南京政府束手无策，单会去哀求国联，而国联却正和日本是一伙。读书呀，读书呀，不错，学生是应该读书的，但一面也要大人老爷们不至于葬送土地，这才能够安心读书。……

好个“友邦人士”！日本帝国主义的兵队强占了辽吉，炮轰机关，他们不惊诧；阻断铁路，追炸客车，捕禁官吏，枪毙人民，他们不惊诧。中国国民党统治下的连年内战，空前水灾，卖儿救穷，砍头示众，秘密杀戮，电刑逼供，他们也不惊诧。在学生的请愿中有一点纷扰，他们就惊诧了！

……

可是“友邦人士”一惊诧，我们的国府就怕了，“长此以往，国将不国”了，好像失了东三省，党国倒愈像一个国，失了东三省谁也不响，党国倒愈像一个国，可以博得“友邦人士”的夸奖，永远“国”下去一样。

同年11月20日，为响应中国共产党提出的联合抗日主张，陈铭枢、蒋光鼐、李济深、蔡廷锴等国民党爱国将领在福州发动兵变，成立了抗日联共倒蒋的中华共和国人民革命政府。年仅23岁的胡秋原被任命为文化委员会委员。来自全国各地和海外侨胞代表组成的人民代表大会，一致通过了由胡秋原等人执笔起草的《人民权利宣言》和《人民革命政府政纲》。事变失败后，遭通缉的胡秋原被迫流亡海外，在海外仍从事与中国共产党紧密结合的抗日宣传救亡工作，直到抗战全面爆发后才回到祖国……

笔者在这里还要浓墨重彩书上一笔的是：胡秋原虽系一介“自由人”书生，与中共倡导的意识形态持不同观点，但他一向视中共著名文化人为友。如就在论战结束不久，面对白色恐怖的迫害，他在毫不问询某位“朋友”真实面目的情况下，慨然允诺星夜急访的冯雪峰之请求，充分利用自己作为自由人的中间派色彩，卓有成效地掩护了正遭国民党蒋介石通缉的中共要员瞿秋白；抗战时期在重庆，他同样二话没说，接受中共领导人董必武的委托，利用自己作为《中央日报》副总主笔和蒋介石政府国防最高委员会秘书的有利身份，积极参与了由毛泽东发起的中共高层营救关押在上饶集中营里的冯雪峰的行动。他的这些行为，与其晚年毅然返抵大陆，与中共高层及其老友一起畅谈两岸统一，是一脉相承的。

这就是胡秋原的一段历史，纵观这段历史，胡秋原既没有“对人民的革命斗争进行歪曲和诽谤”，也没有片言只字“诬蔑中国工农红军为‘土匪’”。恰恰相反，胡秋原对蒋介石推行卖国投降政策不惜一切围剿中国共产党领导下的苏区红军"攘外必先安内"的反民族反革命的行径进行了有力的声讨。

历史的回声

有关当年这场论战的终局，史实告诉我们，是当时任中共中央宣传部长的张闻天化名歌特所写的《文艺战线上的关门主义》一文起了决定性的作用。在文章中，张闻天严厉地批评了"左联"领导者所犯的左倾关门主义和左倾空谈的错误：第一，对"第三种人"和"第三种文学"的否定；第二，认为文艺只是某一个阶级的"煽动的工具"、"政治的留声机"的理论。认为凡是不愿做无产阶级的煽动家的文学家，都是资产阶级的走狗，不承认有"第三种人"和"第三种文学"的存在，这在理论上也行不通，何况现实的存在了。张闻天严肃指出："左联"负责人所奉行的"这种关门主义不克服，我们决没有法子使左翼文艺运动变为广大的群众运动。"

张闻天还语重心长地告诫道：

> 无产阶级文艺批评家的任务，正是以马克思主义的武器去批评所有的文艺作品，正确的指出这些作品的阶级性与他们的艺术价值（或无价值）而不是把一切这些作品因为他们不是无产阶级的作品，就一概把它们抛到垃圾堆里，去痛骂这些作品的作家为资产阶级的走狗。马克思主义的文艺批评家不是资产阶级的自由主义者，拿所谓超阶级的观点去批评艺术（如胡秋原），但同时他也不是疯狂的宗教的信徒。

张闻天还指出：

> 对于革命的文学家，就是不是无产阶级的文学家，我们都应该爱护。马克思对于海涅，列宁对于高尔基那种亲爱的态度，应该给我们很好的榜样。

继张闻天的批评之后，陈望道首先以陈雪帆的名义发表《关于理论家的任务速写》的文章。陈望道指出：不应把胡秋原、苏汶等人"对于理论或理论家的不满，扩大作为对中国左翼文坛不满，甚至扩大作为对于无产阶级文学不满,……"

陈望道最后写道:"尤其对于无产阶级文学作家,在未从作家学得一些常识以前,还是让作家自己各人尽量发表各人的所得有益些。"

应当说,张闻天关于"左联"在胡秋原问题上存在着严重的关门主义错误的批评,在很大程度上指的是当时任"左联"党团书记的冯雪峰及其代表作《"阿狗文艺"论者的丑脸谱》一文而言。事实上,也正是如此。冯雪峰在此文中"首先"承认了一个客观事实,即:"钱杏邨的文艺批评,自他的开始一直到现在,都不是正确的马克思主义的批评,并且对于他的批评的不满现在已成为一个普遍的意见。"冯雪峰虽然"更欢迎一切人的严厉的批评",但对于胡秋原的批评,他却视作"敌人"及"进攻整个普洛革命文学运动的阴谋"对待的。冯雪峰还抱怨道,由于"左联"内部的迟缓,"要批判杏邨的错误,特别是他的政治的,阶级的错误,是八九个月以前决定了的,……竟到现在也还没有形成一篇有系统的批判他的错误的论文。"因而,问题的实质在于:正是由于胡秋原抢在"左联"前面对钱杏邨理论加以了系统的批评式的"清算",于是,便有了冯雪峰认定的"对于杏邨的批判的迟缓这件事的严重,不仅在于给了敌人(这里指胡秋原——秋石注)以阴谋的便利",于是,胡秋原便成了他笔下比国民党右翼文人还要反动、还要凶恶的"阴谋者"和"托派"了!

当然,到了最后,作为一名老党员,作为"左联"党团书记的冯雪峰还得执行党的决定。在张闻天的严厉批评之下,冯雪峰以何丹仁的笔名写了《关于第三种文学的倾向与讨论》的文章,有限度地检讨了自己所犯的关门主义错误。冯雪峰检讨说:我们不能否认我们的左翼批评家往往犯着机械论(理论上)和左倾宗派主义(策略上)错误,同时,他也明确肯定:"苏汶先生们反对地主资产阶级及其文学,是我们所确信的。"

在写完《关于第三种文学的倾向与讨论》之后,受张闻天和鲁迅的双重委托,冯雪峰找胡秋原作了沟通,并将鲁迅委托转赠的一张普列汉诺夫的照片交给了胡秋原。胡秋原后来撰文,称冯雪峰这次交心"很有人情味儿",于是,论战停止了。

也亏得冯雪峰及时地给胡秋原带去了鲁迅的问候,以及使胡秋原从心底里感受到"很有人情味"的交心,从而给胡秋原与"左联"之间的论战划上了一个比较圆满的句号。据周扬若干年后回忆说，当芸生谩骂胡秋原的诗刊出后，胡秋原也立马写了一首回骂《文学月报》主编周起应（周扬）的诗，准备刊登在最近一期的《读书杂志》上。恰恰在此时，冯雪峰来找胡秋原交心了。交心过后，深明大义的胡秋原迅速跑到《读书杂志》编辑部，抽下了已拼版即将付印的那首回骂诗。以至于后来当读者拿到那一期的《读书杂志》时，却发现开了天窗：在其目录上还印有胡秋原诗的标题，可内页正文却没有了踪影。

胡秋原本应借所赠普列汉诺夫照片的东风前往探望鲁迅的，可惜他不曾向冯雪峰提出，这成了他终生一大遗憾。这其中，除却胡秋原本人桀骜不驯的本性外，还牵制于许多客观因素。四年后，当鲁迅逝世时，胡秋原又失却了一个机会——当时他正遭受国民党蒋介石的通缉亡命欧洲，给中共驻共产国际代表团编辑《救国时报》。但在他的内心深处，始终充满了对鲁迅的敬仰之情。他忘不了在当年这场本不该发生的“左联”作家与他的论战中，鲁迅出来为他主持公道及赠送普列汉诺夫的照片的事（鲁迅赠送的这帧普列汉诺夫照片他一直珍藏在身边），在其晚年著述中时有提及。

附带在这里说一下，较之胡秋原，鲁迅也是格外的推崇普列汉诺夫。1930 年 5 月，鲁迅翻译并校阅完毕普列汉诺夫的《艺术论》（1930 年 7 月由上海光华书局出版，为冯雪峰主编的“科学的艺术论丛书”之一）。在其为该书所作的“译本序”中，鲁迅先生怀着极其虔诚的心情引用了列宁对普列汉诺夫的一段评价。列宁这样评价道：“我觉得在这里应当附带向年轻的党员指出一点：不研究——正是研究——普列汉诺夫所写的全部哲学著作，就不能成为一个觉悟的、真正的共产主义者，因为这是整个国际马克思主义文献中的优秀著作。”（《列宁选集》第 4 卷第 453 页，人民出版社 1972 年出版）不仅如此，鲁迅还依据自己的理解，指出：“蒲力汉诺夫（普列汉诺夫在中国当时的通译——秋石注）也给马克思主义艺术理论放下了基础。他的艺术论虽然还未能俨然成一个体系，但所遗留的含有方法和成果的著作，却不只作为后人研究的对象，也不愧称为建立马克思主义艺术理论，社会学底美学的古典文献的了。”鲁迅还认为：“……蒲力汉诺夫不但本身成了伟大的思想家，并且也作了俄国的马克思主义者的先驱和觉醒了的劳动者的教师和指导者了。”

鲁迅的普列汉诺夫《艺术论》译著出版一年后，胡秋原费了两年心血的力作——七十万字的《唯物史观艺术论——蒲力汗诺夫之研究》一书也相继在上海出版。由此可见，在有关普列汉诺夫之哲学、艺术学的研究上，胡秋原的心是与鲁迅相通的。这也就是在胡秋原与"左联"的论战结束后，鲁迅委托冯雪峰送给他普列汉诺夫的照片之缘由所在了。

1936 年 12 月 15 日，在法国巴黎大学二号国际中心大厅举行的旅欧华侨团体和旅法华人华侨追悼鲁迅大会上，继陈铭枢将军在发言中高度赞扬鲁迅是"中国文坛上首屈一指的先进左翼作家"之后，胡秋原也作了一个专门论述鲁迅文学成就的演讲。胡秋原动情地指出：

> 我只谈谈鲁迅先生在文艺上的事业。第一，他是一贯地以写实主义作风描写中国旧社会的一个最伟大的作家；第二，他是介绍外国（欧洲、日本、苏联）文学到中国最初人物之一，同时也是成就最大的一人；第三，他是介绍东西文艺理论和批评著作到中国最初的一人，也是功绩最大的一人；第四，他是中国无产阶级文学提倡者之一，他介绍了许多无产阶级作品及理论到中国，在今日民族危机日深之日，他就特别起来提倡民族革命战争的大众文学；第五，他不仅是个大作家，同时也组织过若干文学团体和刊物来指导青年，训练新的作家；第六，近年来鲁迅先生在他的杂感中用极深刻痛烈的笔调揭发一切黑暗，鼓励一切光明。鲁迅先生曾对一个向他问出路的青年说过：第一要生存，第二要温饱，第三要发展，这话也可以说是对中国民族说的。因此我们在纪念鲁迅先生的时候，就不要忘记为中华民族的生存幸福和发展而斗争，为全人类的幸福和发展而斗争。

如今，距当年这场论战已经过去了 72 年，历史早已廓清了是非曲直。当年参与论战的各方人物均已告别人世，惟以倔强，好斗著称的"自由人"胡秋原活得最长——他于今年 5 月 24 日在台湾台北县新店耕莘医院逝世，享年 95 岁。在其逝世前，笔者有幸拜访了这位一生充满着传奇色彩又充满着种种非议的老人，并与他互相交换了各自的理论评论及研究著作。

在本文结束时，我期待着符合历史本来面目的新版《鲁迅全集》的早日问世。

注：

本文撰写，缘起于2001年春夏之交对历史遗留下来的有关冯雪峰研究中的一个不确定"成果"的质疑，及恢复其本来面目（详见本书《冯雪峰是怎样逃脱国民党囚牢的》一文》）。最终撰写并完稿于2004年8月15日—11月28日，三稿毕。

另：新版《鲁迅全集》已于2005年11月出版。遗憾的是，其注释不止一处仍存在着"左"的痕迹，且有前后纠正不一的明显缺失。有关胡秋原的注释尤甚。

（本文刊于2004年6月2日《中华读书报》，题《胡秋原："两岸破冰第一人"》，有删节，全文被收入多种著作。）

文艺战线上的关门主义

科德（张闻天）

中国左翼文艺运动，所以一直到今天没有发展的原因，主要的是我们的右倾消极与左倾空谈。

不论在介绍世界无产阶级的文艺上，尤其是在介绍苏联无产阶级的文艺上，不论在无产阶级的文艺批评上，不论在开展群众的革命文艺运动上，更不必说在无产阶级文艺的创作上，我们都很少成续（绩）。我们一天到晚讲着文艺的大众化，然而我们还没有在这一方面的真正努力。通俗的白话小报、工农通讯、壁报、报告文学等等的大众文学运动，我们差不多等于没有开始。许多讨论了，决定了的工作，执行上是非常迟缓，不充分，甚至消极怠工的。

无疑的，右倾机会主义在文学运动上，同样是目前的主要危险。

但是，使左翼文学运动始终停留在狭窄的秘密范围内的最大的障碍物，却是“左”的关门主义。换句话说，在左翼文艺运动中，我们同样的看到了以“左”倾空谈掩盖了实际工作中的机会主义的现象。

试翻阅最近文艺杂志上关于文艺性质与文学的大众化等问题的讨论，我们立刻可以看到在我们同志中所存在着的非常严重的“左”的关门主义。这种关门主义不克服，我们决没有法子使左翼文艺运动变为广大的群众运动。

这种关门主义，第一，表现在对“第三种人”与“第三种文学”的否认。我们的几个同志，认为文学只能是资产阶级的或是无产阶级的，一切不是无产阶级的文学，一定是资产阶级的文学，其中不能有中间，即所谓第三种文学。

这当然是非常错误的极左的观点。因为在中国社会中除了资产阶级与无产阶级的文学之外，显然还存在着其他阶级的文学，可以不是无产阶级，而同时又是反对地主资产阶级的革命小资产阶级的文学。这种文学不但存在着，而且是中国目前革命文学最占优势的一种。（甚至自称无产阶级的文学作品，实际上也还是属于这类文学的范围），排斥这种文学骂倒这些文学家，说他们是资产阶级的走狗，这实际上就是抛弃文艺界上革命的统一战线，使幼稚到万分的无产阶级文学处于孤立，削弱了同真正拥护地主资产阶级的反动文学做坚决斗争的力量。

当然，这并不是说，我们应该抛弃我们无产阶级的立场，同革命的小资产阶级文学混淆起来。却正相反，我们的任务是在正确的估计那些小资产阶级文学作家的革命方面，给以鼓励与赞扬，使小资产阶级文学中的革命性发展起来，同时指出这种文学中所存在着的一切弱点，使他们在我们的具体指示之下（决不是谩骂）走向革命的斗争。

革命的小资产阶级的文学家，不是我们的敌人，而是我们的同盟者。我们对于他们的任务，不是排斥，不是谩骂，而是忍耐的解释说服与争取。只有这样才能实现无产阶级对于小资产阶级的领导，实现广泛的革命的统一战线。

这种“左”的关门主义，第二，表现在文艺只是某一阶级“煽动的工具”、“政治的留声机”的理论，照这种“理论”看来，凡不愿做无产阶级煽动家的文学家，就只能去做资产阶级的走狗。这种观点，显然把文学的范围大大的缩小了，显然大大的束缚了文学家的"自由"。

在革命的小资产阶级的文学家中间，有不少的文学家固然不愿意做无产阶级的"煽动工具"或"政治的留声机"，但是他们同时也不愿意做资产阶级的"煽动工具"或"政治的留声机"，他们愿意"真实的""自由的"创造一些"艺术的作品"。对于这类文学家，我们的任务不简单在指出在帝国主义和统治阶级的社会中间文艺决没有超阶级的自由，而且还要去领导这些革命小资产阶级的文学家，为了争取自由而进行反帝国主义与反统治阶级的斗争。只有这样才能使小资产阶级的文学家了解到我们所指示的道路的正确，而走到我们的道路上来。

此外，在"煽动的工具"、"政治的留声机"中固然有文艺的作品，然而决不是一切宣传鼓动的作品都是文艺的作品。在有阶级的社会中间，文艺作品都有阶级性，但决不是每一文艺作品，都是这一阶级利益的宣传鼓动的作品。甚至许多文艺作品的价值，并不是因为他们是某一阶段利益的宣传鼓动品，而只是因为他们描写了某一时代的真实的社会现象。托尔斯泰的作品的伟大处，并不在托尔斯泰宣传了代表统治阶级的无抵抗主义，而正是在他正确的描写了当时俄国的农民。许多揭破现社会的矛盾，描写小资产阶级的没落的作品，可以不是无产阶级的作品，但可以是有价值的文艺作品。

无产阶级文艺批评家的任务，正是在以马克思主义的武器去批评所有的文艺作品，正确的指出这些作品的阶级性与他们的艺术价值（或无价值）而不是把一切这些作品因为它们不是无产阶级的作品，就一概把它们抛到垃圾堆里，去痛骂这些作品的作家为资产阶级的走狗。马克思主义的文艺批评家不是资产阶级的自由主义者，拿所谓超阶级的观点去批评艺术（如胡秋原），但同时他也不是疯狂的宗教的信徒。

我们在左翼文坛上所需要的，就是这类的批评家，真正的马克思主义的文艺批评家！只有依靠这类批评家我们才能建立马克思主义的文艺理论在革命文艺界中的领导作用。

我们对于不能象我们一样做的文艺家，应该给他们以"自由"，因为事实上我们也没有法子强迫他们像我们一样的去做。我们的任务是在教育他们，领导他们，把他们团集（结）在我们的周围，而不是在把他们从我们这里推开去。

对于革命的文学家，就是不是无产阶级的文学家，我们都应该爱护。马克思对于海涅，列宁对于高尔基那种亲爱的态度，应该给我们很好的榜样。

要使中国目前的左翼文艺运动变为广大的群众运动，坚决的打击这种左倾空谈与关门主义，是绝对必要的。只有广泛的革命的统一战线，才能使我们的活动，从狭窄的，秘密的，走向广泛的，半公开的方面去。在文艺界上革命统一战线的执行，比在工人运动中，要求我们更多的细心，忍耐，解释，甚至“谦恭”与“礼貌”。因为这里，我们工作的对象，不是工人，而是小资产阶级的知识分子之群，而且是小资产阶级中最敏感之群。

然而我们必须重复的说：这并不是说，我们应该变成文艺上的自由主义者，投降资产阶级或小资产阶级，如像在许多情形之下，那些叫喊“马克思主义”的“左”的文艺家常常所做的那样，而是应该领导革命的文艺家走到马克思主义的道路上。这里所需要的，正是坚定的马克思主义的立场！

(1932 年)10 月 31 日

(本文最初以歌特的笔名发表于 1932 年 11 月 3 日中国共产党中央委员会机关报《斗争》第 30 期上，后经作者略作删改，以科德的笔名转载于 1933 年 1 月 15 日《世界文化》第 2 期)

后记：求是正未有穷期

屈指算来，自 2000 年 12 月出版长篇评传《两个倔强的灵魂》以来，已有九年左右的时间没有出版专著了（期间，2004 年曾在上海出版过一薄本由本人编辑并承担注释的《我们都是鲁迅的学生——巴金与黄源通信录》）。然而，这九年，是我认真学习的九年，深得老一辈左翼作家教诲的九年，也是我在学术道路上取得长足进步的九年：以学术类作品为主的创作、研究，于包括《求是》杂志、《人民日报》、《光明日报》在内的大型报刊上发表逾百万字。每当我检视以往成果，我就会情不自禁地缅怀起那些诲人不倦，身体力行指导我为人为文的左翼前辈们。如今，他们一个个地故去了，但是对于我来说，求是正未有穷期。

首先，我向在这九年中给我以精心扶持、真诚帮助，以及响锤重鼓式严厉批评的已故前辈们，致以深深的悼念。他们分别是：2003 年故世的鲁迅最后一位学生、著名翻译家、编辑家黄源先生，左翼诗人、著名文艺理论家蒋锡金先生，有“满族之鹰”誉称的硬骨头作家、第三国际及反法西斯老战士关沫南先生，2004 年去世的“左联”盟员、儿童文学作家梅志先生，以及 2008 年告别人世的著名文艺理论家、具有高昂民族气节和包容一切非凡气慨的贾植芳先生……

此外，还有一位文艺前辈不能不提及一下，他的名字叫胡秋原，上世纪三十年代文艺流派极具个性的代表人物，半个世纪以来台湾思想界、政论界、学术界重镇人物。他在历史上虽备受争议，但他毕生坚持一个中国的立场，曾不止一次撰文旗帜鲜明地抨击蒋介石媚日卖国投降打内战的不抵抗政策，还与美国大使赫尔利唇枪舌剑展开激烈的论辩，用无可辩驳的事实强烈谴责美国政府为了私利抛弃既定原则立场出卖中国利益。最终，在胡秋原咄咄逼人的攻势下，赫尔利，这位世界头号强国的驻华代表，不得不低下了他那傲慢与偏见的头颅！然而，七八十年来，由于在文艺论争中坚持独立自由主张，胡秋原遭到了冯雪峰、瞿秋白、周扬等"左联"头面人物的重炮轰击，继而又遭鲁迅不点名猛烈抨击，导致他这个早在大革命时期就与共产党人站在一起，不止一次遭受国民党右翼势力和蒋介石独裁政权的通缉迫害（他还两次欣然接受中共高层委托，不但掩护过瞿秋白，还积极参与营救冯雪峰），在因参加联共反蒋抗日的闽变政府遭围剿失败后，流亡欧洲期间他应约协助中共驻共产国际代表团编辑出版《救国时报》和《全民月刊》，撰写了大量爱国抗日的文章，并为修订具有划时代意义的《八一宣言》献计献策的硬汉子，竟然被极其荒谬地诬指为"托派"而遭受批判（1972 年 3 月，由"四人帮"掌控的中共中央理论刊物《红旗》杂志，引用四十年前鲁迅不明真相的抨击言辞，钦点已在台湾生活了二十多个年头的胡秋原为"托匪"……）。2004 年 2 月 13 日，我随同中国作家协会代表团访台，抢在死神前面登门拜访了这位颇具传奇色彩又备受争议的九十四岁高龄的老人。不日，临终前夕，他委托女儿给我打来电话，相逢一笑泯恩仇，喊出了"我永远忘不了鲁迅！"的这一新世纪强音。

而拜访胡秋原，恰恰是在我的学术领路人贾植芳先生鼓励下成行的。

无疑，在今后的相当一段时间里，于不断深入研究左翼文学运动的同时，我亦将进一步展开对胡秋原的哲学、史学、文艺理论及其人生的研究……

记得是在二十年前，刚刚历经了一场生死劫难的我，却又屡遭不尽如人意的事，一时间，生活艰危，病魔缠身，万念俱灰，就在我萌发出欲遁入空门念头的当口，正是关沫南这位曾经遭受过日寇百般摧残，"文革"中又遭曲解诬指复被投入牢狱的忠贞共产党员，一次次现身说法，给予了我莫大的抚慰，以及对祖国的忠贞信念。

是另一位对祖国对人民异常忠贞且四度狱里狱外的前辈贾植芳，在其生命的最后十年中，于为我指明为人为文方向的同时，引领我全面步入了纷纭众说的学术领域。

是蒋锡金、梅志两位左翼文艺老战士，用直言不讳乃至几近申斥的语言，为我指点迷津，使我摆脱了早期二萧研究的片面性和误区。

尽管我与胡秋原先生之间只有短短的一百分钟晤面时间，但从他身上，令我真正悟出了什么是一个炎黄子孙的浓烈民族情怀。

我是站在巨人的肩膀上，吮吸着他们的乳汁和鲜血，成长为新的一代文史研究工作者的。正因为如此，我就更有责任，有义务，为他们鼓与呼：承继他们的传统精神，捍卫他们的清白与业绩不受玷污。这，也正是多年来我所做一切的基石所在，同时，也是本文集出版的根本宗旨。

对于值得我信赖、尊敬、兄长般的中国作协负责人金炳华先生多年来给予的充分理解和关怀，对于我所在地昆山市九年前的两任市委书记张卫国先生和季建业先生给予的厚重扶持，再次予以衷心的感谢。

本书最终整合出版，得到了三位学界同行、著名文艺理论家陈思和先生、著名鲁迅研究专家陈漱渝先生、当代文学研究专家贺绍俊先生的真诚举荐，在此一并表示感谢。

秋　石

2009.10.31